隋唐佛教文物史論考

礪波　護　著

法藏館

隋唐佛教文物史論考＊目次

第Ⅰ部　隋唐の佛敎と國家

第Ⅱ部　祀天神と釋奠

隋唐佛教文物史論考

第Ⅰ部　隋唐の佛教と國家

第一章　天壽國と重興佛法の菩薩天子と

はじめに

一九九九（平成十一）年一月、拙著『唐代政治社會史研究』の第Ⅳ部「佛敎と國家」に「唐初の佛敎・道敎と國家――法琳の事蹟にみる――」（本書第Ⅰ部第二章）を加えた、『隋唐の佛敎と國家』（中公文庫）の刊行に際し、その二年前に執筆の「隋唐時代の中國と日本の文化[1]」と題し、「日出づる國からの使節」「隋の文帝、佛敎を復興」と「遣隋使・遣唐使が將來した文化」の三節からなる概論を巻頭に冠した。その「隋の文帝、佛敎を復興」で、佛敎が中國社會で勢力を擴大させるにつれ、四王朝の四皇帝による四大廢佛、いわゆる「三武一宗の法難」の直後に、つぎの王朝または皇帝によって、人心收攬をも意圖した佛敎復興政策がとられた史實を強調した。

まず、第一回目の北魏の太武帝による廢佛の直後に行なわれた佛敎復興事業の一環として開削されたのが雲岡石窟であることに言及した後に、つぎのように書いた（以下、『隋唐の佛敎と國家』の掲載頁を記す）。

第二回目の廢佛は、儒敎の聖典『周禮』を尊んだ北周の武帝により、五七四年と五七七年の二度にわたって斷行され、佛敎のみならず、道敎も廢されました。佛像などがこわされ、沙門たちは還俗させられました。まもなく北周王朝は滅び、外戚の楊堅が隋王朝を開きます。この楊堅こそ、小野妹子が「海西の菩薩天子」と呼

んだ、隋の文帝そのひとなのです。（一七頁）

ついで、長安で卽位した隋の文帝が打ち出した新政策、『周禮』にもとづく官制を廢止して漢魏の舊制を復活させ、佛教と道教に對する禁壓を撤回し、無宗教政治の下に潛伏していた人びとの不滿を解消したことに觸れた上で、

文帝は、佛教と道教に對して大彈壓を斷行した北周の武帝を反面敎師とみなし、當初は佛教と道教を平等に再興する宗教政策をとっていました。しかし幼名を佛教の保護者を意味する那羅延といい、般若尼寺で養育されたという誕生說話をもつ文帝は、しだいに佛教に熱中しだし、宮中で菩薩戒をうけさえし、晩年には國內各地に舍利塔を建造しました。文帝が在位した二十四年間に、得度した僧尼は二十三萬、建立した佛寺は三七九二もありました。（一八頁）

と總括した。また文帝の沒後に卽位した煬帝については、

煬帝は、皇太子になる前、江南統治の責任をになったとき、天台宗の開祖智者大師から菩薩戒を受けていました。そのせいか、文帝ほどには佛教に偏重した宗教政策をとりはしなかったものの、〈三韓〉すなわち朝鮮三國と倭からの留學生を指導し教授するために、特別の高僧を敕命で任用し、鴻臚館に外國僧教習所ともいうべき施設を設けたのです。それらの隋の高僧として、淨業・靜藏・靈潤らの事績が『續高僧傳』に載っています。（一九―二〇頁）

と論じたのである。

「隋唐時代の中國と日本の文化」を執筆するに當たり、大橋一章の大著『天壽國繡帳の研究』（吉川弘文館、一九九五年）を繙き、とりわけ「第六章　天壽國の解釋」の綿密な學說史に感銘をうけ、また「西方天壽國」の唯一の文獻とされる敦煌寫經、三井文庫藏の『華嚴經』卷第四六の卷首と卷尾のカラーの寫眞圖版に瞠目したにもかかわ

らず、「西方天壽國」について全く言及しなかったのは、寫經の眞僞について疑惑を抱いていたからで、僞寫經にもとづいての立論を論評することに氣が進まなかった。

ところが、二〇〇〇年八月に奈良國立博物館の特別展觀「國寶中宮寺菩薩像」に三井文庫藏の『華嚴經』が出陳され、翌年十一月には、大橋一章の業績を中核に据えた、NHKのテレビ番組、歴史ドキュメント「隱された聖徳太子の世界――復元・幻の「天壽國」」が放映された。まもなく大橋一章・谷口雅一『隱された聖徳太子の世界――復元・幻の天壽國』（NHK出版、二〇〇二年）が刊行され、天壽國は阿彌陀淨土であって、聖徳太子が憧れた中國の菩薩天子は隋の煬帝である、という説が喧傳されるに至った。そこで、三井文庫藏の『華嚴經』は僞寫經であって「西方天壽國」は存在せず、佛法を重興した海西の菩薩天子は隋の文帝であるという私見と論據を述べることにしたのである。

一　天壽國研究小史――天壽國か无壽國か

一九三五（昭和十）年五月十二日、第三十六回史學會大會の第二日目、三井家が珍襲してきたもののうち、史學の資料となるべき三十八點を出陳する三井家什寶展觀が、麻布區（現港區）笄町集會所において開かれ、史學會編『第三十六回史學會大會　三井家主催展覽會圖錄』が刊行され、同時に「船首王後墓志銅版拓影」と「唐銀鋌影印」との二枚が紙筒に入れて配布された。第一室には、國寶の元永本『古今和歌集』をはじめ、「船首王後墓志銅版」「唐銀鋌」や敦煌出土と銘打った佛典八點が並べられた。佛典の二番目が「八　華嚴經　卷第四十六　北魏延昌二年寫　一卷」であり、圖版に卷末八行と奧書の寫眞が掲載された。その解說文には、

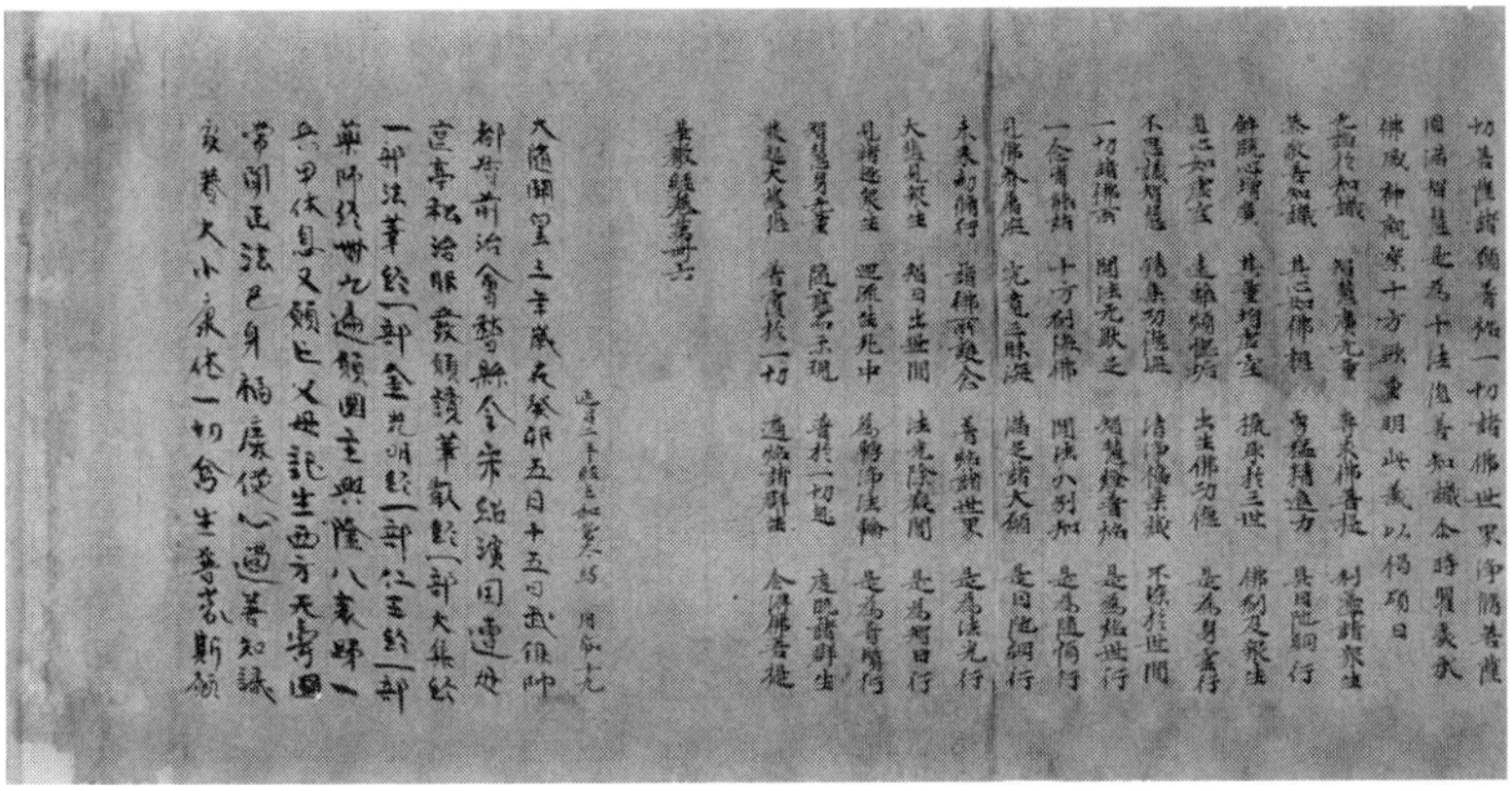

圖1　大方廣佛華嚴經卷第四六　卷末
（『敦煌寫經——北三井家——』財団法人三井文庫より）

首部缺損。　發端「利海微塵等」。　黄紙墨罫墨字。　紙數現在十六張。　卷末に、「延昌二年經生和常太寫　用紙十九」とあり、更に別筆にて「大隨（隋）開皇三年歳在癸卯五月十五日」納經發願の奥書がある。　延昌二年は北魏宣武帝卽位十五年（五一三）　わが繼體天皇七年。　一千四百二十三年前。開皇三年は隋楊堅帝を稱して三年（五八三）。　我が敏達天皇十二年。　千三百五十三年前に當る。

と書かれていた。行文の都合上、寫眞（圖1）に卽して奥書の部分を移錄しておこう。

大隨開皇三年歳在癸卯五月十五日。武候帥／都督・前治會稽縣令宋紹演、因遭母／喪、亭私治服、發願讀華嚴經一部・大集經／一部・法華經一部・金光明經一部・仁王經一部・／藥師經卌九遍。願國主興隆、八表歸一、／兵甲休息。又願亡父母託生西方天壽國、／常聞正法。己身福慶從心、遇善知識。／家眷大小康休。一切含生、普蒙斯願。

この『華嚴經』寫經が紹介されるや、北魏延昌二年の古寫經とい

う點よりも、隋開皇三年五月の宋紹演の納經發願のなかの「又願亡父母託生西方天壽國、常聞正法」とある文面により、學界の注目を浴びることになった。すなわち、願文の「託生西方天壽國」が、奈良斑鳩の中宮寺傳來の天壽國繡帳にかかわる『上宮聖徳法王帝説』に「應生於天壽國之中」とあった文言との類似に關心が寄せられたのである。

三井文庫藏の『華嚴經』寫經の奥書に最初に言及したのは、常盤大定であった。常盤はまず、一九三六（昭和十一）年刊の『佛敎考古學講座』（雄山閣）第一巻經典篇に收める、「大藏經概説」の單行本の條で取り上げ奥書を移録し、一九三八年には、三月刊の『後漢より宋齊に至る譯經總錄』（東方文化學院東京研究所）の圖版として、この『華嚴經』巻第四六の奥書の寫眞を掲載し、六月に『支那佛敎の研究　第一』（春秋社）を出版した際も、巻頭に奥書の寫眞を玻璃版として掲げるとともに、「天壽國について」と題する章を設けてほぼ同じ趣旨を述べた。

常盤『支那佛敎の研究　第一』によると、「或は无壽國でないかの說もあるとの事であるが、この奥書のものは判然天壽國である」と斷った後、「この託生西方天壽國は、西方とある以上西方淨土である事が、容易に想定せられる。予は一層之をたしかめんが爲に、北魏より北齊・北周・隋に亙る間の造像銘文を取調べて見て、其中に於て、明白に往生信仰の表はれて居るものを選び出して、少くも五十六個を得た」（二〇二頁）と述べ、開皇三年の奥書と頗るその文句の類似しているものは、つぎの二個であるとして、東魏天平四（五三七）年の「託生西方妙樂世界、不逕三塗、値佛聞法、一切衆生、咸同斯福」と、東魏武定元（五四三）年の「託生西方妙樂國土、生生世世、値佛聞法。……」を引用した。出典は明示されていないが、大村西崖『支那美術史彫塑篇』（佛書刊行會圖像部、一九一五年）本篇の二五五頁と二六四頁に著錄された石刻銘文に該當する。

常盤は「以上の五十六例を以て、往生信仰の明白なものは盡きる。之を通觀するに、西方の信仰は斷然優位を占めて居る。是等多數の類例を掲げ來る時は、天壽國の曼荼羅は、開皇三年の奥書に見られる西方天壽國のそれであ

り、而して西方天壽國は西方妙樂國土であるに相違ない」（二〇四頁）、と結論したのである。

これに反駁したのが大屋德城で、まず『寧樂佛教史論』（東方文獻刊行會、一九三七年）一一二―一一三頁で疑問點を指摘し、つぎに「最近の天壽國問題に就いて」（『密教研究』七〇、一九三九年。のち『日本佛教史論攷』〈大屋德城著作選集〉、國書刊行會、一九八九年に再錄）を書き、常盤の言う「西方天壽國」は「西方无壽國」と讀むべく、「西方无量壽國」の量の字を落としたものである、と述べつつ、持論の天壽國靈山淨土說を確認している。

一九三九（昭和十四）年十二月三日に三井家の笄町集會所を會場として開催された第二十五回の東京大藏會に、『華嚴經』卷第四六を含む三井文庫襲藏の敦煌出土、六朝・隋・唐の寫經三十三點が展觀され、十點の圖版を含む、B6判の展觀目錄が作成された。參加した橫超慧日は、當日の拜見記を昭和十四年十二月七日附『教學新聞』（教學新聞社發行）に寄稿し、問題の『華嚴經』卷第四六の奧書を特に取り上げ、

常盤博士は嘗てこの奧書に基いて、從來定說を見なかつた聖德太子の天壽國なる信仰が確に西方淨土なるべきを論證せられたが、吾人の見る所では天壽國の天の字がどうしても无の字のやうに思はれてならぬ。從つて常盤博士の說に一步を進め无壽國は无量壽佛國の略と解して「願はくは亡父母西方淨土に託生せん」と讀みたいが、西方天壽國と讀まねばならぬ理由が別にあるか知らん。

と述べていた。

「西方无壽國」と讀むべしとした大屋と橫超の說に對して、否定したのが岡部長章で、新たに寫眞撮影そして赤外線感光の乾板を用意しての撮影を行なった上で「三井家藏華嚴經奧書の卽物的考察」（『日本歷史』一二〇、一九五八年）と「天壽國問題の眞相と開皇の淸信士宋紹演の願文」（『書品』九一、一九五八年）を發表し、「西方天壽國」と讀むべきであると論じた。

先に言及した大橋一章『天壽國繡帳の研究』の「第六章　天壽國の解釋」は、鎌倉時代以降に提案された數多の解釋をていねいに跡づけ、無量壽國說と彌勒の兜率天說の二說が有力とした上で、最終的に無量壽國說に左袒している。しかし、三井文庫藏の『華嚴經』奥書が紹介されて以後、常盤をはじめ大屋・横超・岡部、そして大橋に至るまで、誰も問題の『華嚴經』奥書が贋物、すなわち近代作成の僞寫本であるとの疑問を抱きはしなかったのである。

敦煌出土とされる三井家藏『華嚴經』の眞贋については次節以下で檢討するとして、奥書に記された文言が「西方天壽國」なのか「西方无壽國」なのかに關しては、近年、三井文庫の全面的な協力體制のもと、寫本の現物に卽して筆跡鑑定した專門家の石塚晴通と赤尾榮慶は、「西方无壽國」と判定した。お二人の鑑定結果を私は尊重する。

二　宋紹願經の七部經に『華嚴經』は含まれない

一九五六（昭和三十一）年に、大英博物館所藏のスタイン將來敦煌文獻の焼き附け寫眞が京都大學人文科學研究所に屆き、藤枝晃が關西一圓の研究者を鳩合した共同研究班を組織した。翌年には、ジャイルズ編『大英博物館所藏敦煌寫本解說目錄』(2)が刊行され、三井家藏『華嚴經』の奥書「大隋開皇三年。歲在癸卯。五月十五日。武候帥都督前治會稽縣令宋紹演」をもつ願經と密接に關連するものとして、すでに矢吹慶輝の『鳴沙餘韻』（岩波書店、一九三三年）に圖版09—Ⅳとして紹介されていた、奥書に隋の開皇三年の武候帥都督宋紹の名の見える願經『大集經』卷第一八が、目錄番號一五八九（いわゆるスタイン本三九三五號）として解說されたばかりか、佛弟子宋紹の願經『大集經』卷第二五が、目錄番號一五九二（スタイン本五八二號）として解說された。ジャイルズの解說目錄には、『大集經』二點に附された宋紹の奥書が移錄されたのである。

二つの願經の奥書を寫眞に卽して移錄しておこう。

※大集經卷第一八の奥書（スタイン本三九三五號）

開皇三年歳在癸卯五月廿八日。武候帥都督／
宋紹、遭難在家、爲亡考妣、發願讀／
大集經・涅槃經・法華經・仁王經・金光／
明經・勝縵（ママ）經・藥師經各一部。願亡者／
神遊淨土、永離三塗八難、恆聞佛法。／
又願家眷大小、福慶從心、諸善日臻、／
諸惡雲消。王路開通、賊寇退散、疫／
氣不仟、風雨順時。受苦衆生、速蒙／
解脱、所願從心。

※大集經卷第二五の奥書（スタイン本五八二號）

佛弟子宋紹讀七部經、所願／
從心。

前者には武候帥都督の宋紹が亡くなった考妣つまり父母のために『大集經』をはじめ『涅槃經』『法華經』『仁王經』『金光明經』『勝鬘經』『藥師經』の合わせて七經を讀み、亡父母の神が淨土に遊んで、つねに佛法を聞くことを願い、最後に受苦の衆生が速やかに解脱を蒙り、所願從心ならん、と書かれている。後者の奥書に佛弟子の宋紹が七部經を讀み、所願從心ならん、とあるのは、前者の要點を記したものであろう。開皇三年五月二十八日の前後

に、宋紹が亡父母のために讀んだのは七部經、すなわち『大集經』『涅槃經』『法華經』『仁王經』『金光明經』『勝鬘經』『藥師經』の七經であり、『涅槃經』と『勝鬘經』はあるが、三井文庫藏のような『華嚴經』は含まれていなかったし、六經でもなかったのである。

ちなみに、藤枝晃は無紀年の敦煌寫經の年代鑑定に役立てるべく、『墨美』九七（一九六〇年）〈敦煌寫經〉特集を編集した。本文「敦煌寫經の字すがた」に續いて、圖版「スタイン收集中の紀年敦煌寫經三三例」を選擇した際、十三例目として三九三五號『大集經』卷第一八を選擇したのみならず、その奥書を卷末の「圖三四　奥附選影」の一つとして選んだ。この宋紹の願經を藤枝が解說した時、三井文庫藏の宋紹演の願經『華嚴經』に言及しなかったのは、眞僞の判斷に躊躇していたからであろう。(3)

ところで、一九六〇（昭和三十五）年春から藤枝主宰の敦煌寫本研究班に出席していた私は、二十年ばかり後に、唐の高宗朝から玄宗朝にかけての、中國社會における佛教の受容の實態を考察する論考「唐中期の佛教と國家」（福永光司編『中國中世の宗教と文化』京都大學人文科學研究所、一九八二年、所收。のち礪波護『唐代政治社會史研究』〈東洋史研究叢刊40〉同朋舍出版、一九八六年、および『隋唐の佛教と國家』中公文庫、一九九九年に再錄）を執筆して、第一次史料である當時の寫經の跋文奥書と造像銘文を檢討し、學界の通說に再吟味を加えた。

その際、隋唐初の紀年をもつ敦煌將來の寫經跋で、無量壽佛や阿彌陀佛に言及するのは淨土教經典のみには限らないことや、中國撰述經であるスタイン本四五六三號『大通方廣經』卷上の隋・仁壽三年の奥書に「命過ぎし已後は、西方无量壽國に託生し（命過已後、託生西方无量壽國）」とあり、スタイン本二二三一號『大般涅槃經』卷第三九の卷末に、本文とは別筆で加えられた唐・貞觀元年の奥書に「讀誦して一切衆生の、耳に聞聲する者をして、永く三途八難に落ちず、阿彌陀佛に見えんことを願うが爲にす（讀誦爲一切衆生耳聞聲者、永不落三途八難、願見阿彌陀

佛)」とあるのを引用した上で、

ここでは、隋の仁壽三年、西曆六〇三年の寫經跋に無量壽國の名がみえたのに對し、唐の貞觀元年、西曆六二七年の奧書に阿彌陀佛の名が擧げられていることに注目しておきたい。七世紀初頭、隋から唐初にかけての中國社會で、無量壽佛の名が阿彌陀佛の名におきかえられていく樣相の一端が、これらスタイン本敦煌寫經跋から、うかがえるわけである。

と結論したのであった(『唐代政治社會史研究』四〇九頁、『隋唐の佛教と國家』九八―九九頁)。

そして唐の高宗・武后期に『觀音經』が西方阿彌陀淨土思想と結びついていた一端を、スタイン本敦煌寫本の檢討を通じて示した際、『守屋孝雄氏蒐集古經圖錄』(京都國立博物館、一九六四年)の二二一『觀世音經』の奧書に「伏願已亡之父、託生西方妙樂淨土」とあり、亡くなった父が西方妙樂淨土に託生せんことを願っている次第が讀みとれる、と書きはしたが、

本章では、各地の收藏家の蒐集にかかる敦煌寫本にはなるべく言及しない方針をとりたいので、これはあくまでも參考文獻として引用するにとどめておきたい。

と特に斷った(『唐代政治社會史研究』四一五頁、『隋唐の佛教と國家』一〇七頁)のは、長年にわたる藤枝の敎訓を實踐したからであるが、とりわけ三井文庫藏の『華嚴經』卷第四六の奧書、「又願亡父母託生西方天壽國、常聞正法」の文言を意識してのことなのであった。なお北京圖書館藏の敦煌寫經のなかに、開皇三年の宋紹の願經、『大集經』卷第二六がある。すなわち、

※大方等大集經卷第二六の奧書(北京圖書館本一一二五)

開皇三年歲在癸卯五月廿八日。佛／

弟子武候帥都督宋紹、遭難在家、／
爲亡考妣、讀大集經・涅槃經・法／
華經・仁王經・金光明經・勝縵（ママ）／
經・藥師經各一部。願亡考妣、神／
遊淨土、不經三塗八難、恆聞佛／
法。又願家眷大小康住、諸善日／
臻、諸惡雲消、福慶從心。王路開／
通、賊寇退散。受苦衆生、悉／
蒙脫解、所願從心、一時成佛。

である。しかし、これは、北京圖書館善本部『敦煌劫餘錄續編』（線裝油印、一九八一年）の第二葉裏に、

尾題　開皇三年歲在癸卯五月廿八日佛弟子武候……等字十行　疑僞

と注記されているように、所藏機關である北京圖書館自體が僞寫本と判定したもので、贋物であることに疑問を差し挾む餘地はなかろう。

三　敦煌寫經の僞寫本――三井文庫藏の『華嚴經』奧書

一九九〇（平成二）年に池田溫は『中國古代寫本識語集錄』（東京大學東洋文化研究所）を刊行し、五節からなる解說の文章を執筆した。その「五　存疑の問題」で、敦煌寫本の眞僞の鑑別に關して、日本國內にある敦煌蒐集と

される寫本の九五パーセント以上が僞物、とする藤枝の所見を紹介した池田は、日本にある敦煌寫本の眞僞比率についていえば、藤枝の判定ほど僞が壓倒的ではなく、眞品が相當存在すると述べた。そして眞僞に問題を含むとみられる百餘件の寫本には表題の下に「疑」を加えつつ移錄し、

本書では既に學界に知られた資料は眞僞を問わず蒐錄する方針で臨んだ。現在中國古寫本の研究はなお草創の段階にあり、基礎的整理が甚だ不充分な狀態にある。眞僞の鑑別についても今後なさるべき作業が少なからず、その爲には關係資料を見やすい形で提供することが有益と判斷した結果である。（二七頁）

との見解を示した。池田はみずから編纂した『敦煌漢文文獻』（〈講座敦煌5〉大東出版社、一九九二年）の「敦煌漢文寫本の價値――寫本の眞僞問題によせて――」の章で、敦煌寫本の僞物、眞僞鑑別について、その見解を敷延する。(4)

ちなみに、三井家藏『華嚴經』の宋紹演願經と、スタイン本三九三五號および北京圖書館一一二五の『大集經』の宋紹願經の願文の個所は、黃徵・吳偉編校『敦煌願文集』（岳麓書社、一九九五年）八四七―八四九頁に著錄される。三井家藏『華嚴經』の宋紹演願經の奥書を移錄するに際しては、「又願亡父母託生西方無〔量〕壽國、常聞正法」として、「量」原脫、という校記を附し、「西方天壽國」という說を無視している。また北京圖書館一一二五の『大方等大集經』については、『敦煌劫餘錄續編』と『中國古代寫本識語集錄』が僞と判定していたという校記を附している。

ついで劉長東『晉唐彌陀淨土信仰研究』（巴蜀書社、二〇〇〇年）の「第三章　彌陀淨土信仰的興隆期――隋代」の「第三節　隋代彌陀淨土的信仰表現」では、隋朝皇室と彌陀淨土信仰の關係を論述し、ついで隋朝官僚階層のなかで彌陀信仰に關係のあった者として、宋紹演（或宋紹）の項を掲げて考察した際も、『敦煌願文集』に依って、

「又願亡父母託生西方無〔量〕壽國、常聞正法」と移錄している。

敦煌發見の古寫本の眞僞問題にやや冷淡だった中國の學界、出版界も、二十一世紀が幕を開くやいなや、關心を示しはじめた。まず敦煌藏經洞發見一百年を紀念する國際學術研討會論文集である郝春文主編『敦煌文獻論集』（遼寧人民出版社、二〇〇一年）が刊行されたが、その巻頭の榮新江「敦煌藏經洞文物的早期流散」の「1．廷棟舊藏」に、三井家に敦煌經卷が購入される經緯が、明らかにされた。榮新江によると、敦煌藏經洞を發見した王道士は、早い時期に一箱の經卷を安肅道道臺である滿人の廷棟に獻上したが、廷棟はあまり興味を示さず、彼の側近の人たちの間に分散した。廷棟舊藏の敦煌寫經數百卷を入手した人物の筆頭が張廣建（一八六七―？）で、遲くとも一九二九年以前に白堅（一八八三―？）の手を經て、三井家に賣却された。したがって、三井文庫所藏の寫經百十二件の大多數は佳良なのである、と。本書には敦煌文獻の眞僞に關する日本人の論文二篇、すなわち赤尾榮慶「關于僞寫本的存在問題」と石塚晴通「敦煌寫本的問題點」が掲載されている。

また榮新江『敦煌學十八講』（北京大學出版社、二〇〇一年）の「第十八講　敦煌寫本的眞僞辨別」では、藤枝の所說の行きすぎに注意を喚起し、特に李盛鐸（一八五八―一九三七）の舊藏にかかる敦煌寫本について、生前に所藏していたものは眞品で、李自身は僞造に關與しなかったこと、死後に舊藏の善本は北京大學圖書館に購入されたが、その際に印章を購入せず、古書店の手に入り、店主が高値をつけるために古書や敦煌寫本に捺印した結果、李盛鐸の藏書印の捺された大量の僞造品が出現した、と述べた。

二〇〇三（平成十五）年に、三井文庫藏の『華嚴經』に關する研究史上、畫期的な成果が公表された。赤尾榮慶の編著である『敦煌寫本の書誌に關する調査研究――三井文庫所藏本を中心として――』（京都國立博物館、科學研究費成果報告書）[5]と赤尾「書誌學的觀點から見た敦煌寫本と僞寫本をめぐる問題」（『佛教藝術』二七一〈特集　敦煌

學の百年〉）である。

前者巻頭の赤尾「調査概要」によれば、二〇〇〇年度から三カ年にわたり、敦煌寫本百十二件の書誌學的調査を實施し、僞寫本を除く寫本について、一紙ごとの法量・一紙の行數・界高・簀目の數・奧書などの書誌學的データを詳しく採錄した成果を纏めたものである。全體を通して、三井文庫所藏本には、唐時代七・八世紀に書寫された寫本に、「長安宮廷寫經」と見られる寫經など、優品が數多いが、僞寫本と判斷された寫本のなかに、『大方廣佛華嚴經』巻第四六も含まれている、と特記されている。

「三井文庫所藏敦煌寫經の傳來と調査の經緯」は、三井文庫學藝員の淸水實と樋口一貴による報告である。藤枝晃の研究により、敦煌寫經として傳世しているもののなかに僞物が多く含まれていることが明らかにされ、世界的な見直しが求められるようになった。そのような時流のなかで、赤尾榮慶（京都國立博物館）・石塚晴通（北海道大學）・富田淳（東京國立博物館）から、タイミングよく科學研究費による調査研究の依賴があったので、館藏の敦煌寫經に徹底的な檢討を加えるべく依賴を受け入れた、と述べる。

「三井文庫所藏敦煌寫經目錄」によれば、全部で百十二點の敦煌寫經のうち、「存疑」と判定されたのが七十八點、『華嚴經』巻第四六も「存疑」と判定されている。すなわち三十四點は眞品であると鑑定されたことになる。「存疑」と判定した寫本については書誌學的データを示さない方針にもかかわらず、「參考圖版」として『華嚴經』も巻末の個所と擴大部分の寫眞を掲げるばかりか、石塚「華嚴經巻第四十六の問題點」が特別の扱いで掲載され、中文譯が載っているのである。石塚の小論文のうち、前半の書誌學的データの部分などは省略して、要點を移錄しておこう。

手の込んだ近代の僞寫本の一である。奧書にある延昌二年（五一三）の寫本とするには、料紙が隋風の薄手

漉樹皮紙であり北魏寫本と異り、書體も北魏寫本と異る（用筆ガ軟毛筆デアリ北魏ノ剛毛筆ト異ル）ので具合が悪く、問題外である。延昌奥書は本奥書であり、隋の開皇三年（五八三）の寫本とすると、一見書體や字體及び料紙は隋風であるが、料紙の古色が不自然である。また同様に開皇三年宋紹演の奥書を有つ大英圖書館Ｓ・三九三五大方等大集經巻第十八の書式（一紙長三七・五㎝、二三行取）と違い過ぎるのも氣懸りである。

（三一頁）

『佛敎藝術』の赤尾「書誌學的觀點から見た敦煌寫本と僞寫本をめぐる問題」の本體は、「料紙と書寫の形式の變遷」「眞僞問題に關連した學界の動向」「僞寫本と見られる具體的な例」から構成されている。そして「僞寫本と見られる具體的な例」として取り上げた二點の寫本の内の一點が、三井文庫所藏の『華嚴經』巻第四六なのである。赤尾は、この寫經の紙色がスタインやペリオコレクションの寫本とは明らかに違う不自然な濃い褐色系の紙色であること、料紙の法量が縦は二六・五センチ、横は四五・一センチから四七・四センチであり、一紙に書寫されている行數は基本的には二十八行で、このような形式は一般的には七世紀以降に見られることなどを指摘した上で、これは六世紀の寫本ではなく、二十世紀初頭に造られた僞寫本と判定せざるをえない狀況である、と判定している。石塚と赤尾による鑑定の文章は、ともに說得力がある。この三井文庫藏の『華嚴經』は、一九三五年に初めて識者に公開されてから足掛け七十年。その間、奥書の文言の判讀と解釋を巡って論争が繰り返されてきた。しかし手の込んだ近代の僞寫經と判明したからには、今後は中宮寺の天壽國繡帳の解釋に援用されるべきではあるまい。

ところで、大橋一章・谷口雅一『隱された聖德太子の世界――復元・幻の天壽國』の「第四章　謎の「天壽國」を探せ！」（谷口雅一執筆）では、三井文庫藏の『華嚴經』の奥書を天壽國＝阿彌陀淨土說を强力に裏づける史料として用いるに先立ち、「阿彌陀淨土に往生して天壽を得る――中國山東省での發見」の節で、實見した千佛山の阿

彌陀像の造像銘を移録している。これは清・陸增祥撰『八瓊室金石補正』巻二四に「大像主吳題記」として著録、顧千里舊藏の拓本が北京圖書館金石組編『北京圖書館藏中國歷代石刻拓本匯編』第九册（中州古籍出版社、一九八九年）八三頁に收録されているものである。阿彌陀像一軀を造って、衆生が天壽を保つことを願ってはいるが、ありふれた「天壽」という文言があるからとて、この造像銘で天壽國＝阿彌陀淨土說を裏づけるのは强引すぎるであろう。

四　重興佛法の菩薩天子は隋文帝である

大橋一章と谷口雅一の共著『隱された聖德太子の世界――復元・幻の天壽國』は、お二人によるプロローグ對話とエピローグ對話のほか、本體は全九章からなり、大橋が四章分を、谷口が五章分を分擔執筆していて、「第八章聖德太子にとって天壽國とは何か」は第四章と同じく、谷口が執筆している。その冒頭の「聖德太子が憧れた中國の菩薩天子」で、聖德太子が六〇七（推古十五・大業三）年に國書を送った中國の皇帝、「海西の菩薩天子」とは誰のことなのかにつき、研究者によって、隋の初代皇帝文帝を指す人もいれば、二代煬帝を指すという人もいるが、今は斷然、煬帝說をとると書いた上で、つぎのような議論を展開している。

たとえば、こんなデータがある。佛教經典の整備・寫本九十萬三千五百八十卷、古像の修理十萬千體、新像の鑄刻三千八百五十體。これは煬帝が、その治世十四年の間に行った佛道實踐の數である。ちなみに、經典の寫本に關しては文帝二十四年間の治世でも、煬帝の七分の一の數でしかない。

文帝が篤い佛教信者だったことは確かだが、煬帝はそれ以上に篤い信者だった。云々。　　（一六五頁）

谷口はデータの論據となる原典を提示してはいないが、「護法菩薩」の再來と稱された隋唐初の法琳撰『辯正論』卷三・十代奉佛篇上の隋の記事であり、煬帝の條には、

平陳之後、於揚州、裝補故經、幷寫新本。合六百一十二藏、二萬九千一百七十三部、九十萬三千五百八十卷。修治故像一十萬一千軀。鑄刻新像三千八百五十軀。所度僧尼一萬六千二百人。

（『大正藏經』五二卷五〇九頁下段）

とある。しかし、文帝の條には、

自開皇之初、終於仁壽之末、所度僧尼二十三萬人。海內諸寺三千七百九十二所。凡寫經論四十六藏、一十三萬二千八十六卷。修治故經三千八百五十三部。造金銅檀香夾紵牙石像等、大小一十萬六千五百八十軀。修治故像一百五十萬八千九百四十許軀。宮內常造刺繡織成像及畫像、五色珠旛、五彩畫旛等、不可稱計。

（『大正藏經』五二卷五〇九頁中段）

と書かれ、文帝と煬帝の二代合計で、「寺有三千九百八十五所、度僧尼二十三萬六千二百人」（『大正藏經』五二卷五〇九頁下段）と記されている。

いかにも「經典の整備・寫本」に限れば、文帝治世では「一十三萬二千八十六卷」、煬帝治世の「九十萬三千五百八十卷」の七分の一の數でしかない。しかし國家の佛敎復興政策の觀點から最も肝要な「寺院の創設」と「度僧尼」の數に注目して言えば、文帝の治世の方が壓倒的に多い。また、「古像の修理」は文帝治世の「一百五十萬八千九百四十許軀」に對し、煬帝治世は「一十萬一千軀」であり、「新像の鑄刻」は文帝が「大小一十萬六千五百八十軀」であったのに對し、煬帝は「三千八百五十軀」である。同時代人の法琳（五七二―六四〇）による、この統計を目にし「文帝が篤い佛敎信者だったことは確かだが、煬帝はそれ以上に篤い信者だった」と結論するのは、首

肯しがたい。

この機會に、東洋史學を專攻して中國佛教史學の分野で輝かしい業績をあげた二人の先學、塚本善隆（一八九八―一九七六）と山崎宏（一九〇三―九二）の論考に依據して隋の文帝と煬帝の佛教觀、佛教政策の素描をしておこう。(6)

まず煬帝については、山崎『隋唐佛教史の研究』（法藏館、一九六七年）の「第五章　煬帝（晉王廣）の四道場」「第七章　隋の高句麗遠征と佛教」の論旨を紹介する。

煬帝は佛教と道教の信者であった。晉王廣の時期に揚州に僧と尼のための慧日道場と法雲道場、道士と女冠（女道士）のための玉淸玄壇と金洞玄壇、いわゆる四道場を置き、『資治通鑑』巻一八一・大業六年正月の條に、帝は「その兩都に在り及び巡遊するに、常に僧・尼・道士・女官を以て自隨し、これを四道場と謂う（其在兩都及巡遊、常以僧・尼・道士・女官自隨、謂之四道場）」とあるように、卽位後は地方巡遊の際さえも、僧・尼と道士・女道士に賴っていた。

晉王廣が、五九一（開皇十一）年に兵亂を避けて廬山にいた天台智顗（五三八―九七）を揚州に招き、菩薩戒と總持という法名を授けられ、智顗に智者大師の號を贈ったことは有名である。しかし、六〇四（仁壽四）年に卽位した煬帝は、高句麗遠征に先立ち、戰費捻出を意圖してであろう、道世撰『法苑珠林』巻一八に引く、唐臨『冥報記』（『大正藏經』五三巻四二〇頁中段）に「大業五年、奉敕、融併寺塔」と記錄するように、六〇八年に寺院融併令を發して、僧五十人未滿の小寺を廢して附近の大寺に融併するとともに、僧侶の沙汰、すなわち德業なき僧侶の還俗を命じたのである。ただし寺院融併令は六〇八年に發布されながら、緩やかに行なわれ、高句麗討伐の詔を發した六一〇年になって大規模に斷行されたが、僧侶の沙汰は大規模には强行されなかったらしい。

つぎに文帝については、『塚本善隆著作集』第六巻〈日中佛教交涉史硏究〉（大東出版社、一九七四年）の「第一

國分寺と隋唐の佛教政策並びに官寺」、および第三巻〈中國中世佛教史論攷〉（一九七五年）の「第五　隋佛教史序説――隋文帝誕生説話の佛教化と宣布――」の論旨を紹介する。[(7)]

前者では、『隋書』倭國傳の「聞海西菩薩天子、重興佛法」と密接に關連する文言が、仁壽と改元した六〇一年の六月十三日、文帝還暦の誕生日の當日に、朝廷から舍利を諸州に分布し、三十所に舍利塔を建立させた詔（『廣弘明集』巻一七所引。『大正藏經』五二巻二一三頁中段）の冒頭に「朕歸依三寶、重興聖教」とあるのを紹介、「重興佛法」は文帝一代の治世そのものを指す言辭であって、文帝の詔敕などの文中に、しばしば見られる、と述べた。

後者では、道宣『集古今佛道論衡』乙に引く王劭述『隋祖起居注』（『大正藏經』五二巻三七九頁上段）に、智仙尼により般若尼寺で養育された帝が、後にはたして山東より入りて天子となり、「重ねて佛法を興す。みな尼の言のごとし（重興佛法、皆如尼言）」とある文を紹介する。

塚本は引用しないが、王劭「舍利感應記」（『廣弘明集』巻一七所引。『大正藏經』五二巻二一三頁下段）に、智仙尼は北周武帝の廢佛を豫想し、幼い文帝に「兒は當に普天の慈父となり、重ねて佛法を興すべし（兒當爲普天慈父、重興佛法）」と言った、と記録しているのである。

中國で佛教を受容する過程で、國家權力と佛教教團との緊張關係を象徴する、王法と佛法をめぐる論爭、いわゆる「禮敬問題」は隋ではいかに推移したのか。文帝の治世では僧に拜君親を強いるような動きは全くなかったが、煬帝は大業三（六〇七）年四月、大業律令を頒下した際、雜令のなかに、沙門に帝および諸官長らを拜させる條を入れたのである。ただし大興善寺の明贍らの猛烈な反對運動が功を奏し、帝に對して致拜せよとの令文は、ついに空文化する。[(8)]

おわりに

およそ僞書や疑經といった、「僞」や「疑」という文字を含む題目を掲げた論考は、魅惑的である。中國古典籍に關する姚際恆『古今僞書考』や張心澂『僞書通考』、中國佛敎史の分野における牧田諦亮の『疑經研究』、日本佛敎史分野での藤枝晃の『勝鬘經義疏』僞撰說や、河內昭圓の『三敎指歸』僞撰說、また千本英史らによる日本古典文學における僞書の系譜の研究は、私には興味深くかつ有益である。[9] だが、本稿のような、二十世紀に中國で造られた、敦煌寫本の贋物・僞物を話題にするのは、氣が重かった。

しかし、NHKテレビの敎養番組の影響は甚だ大きく、二〇〇一（平成十三）年十一月に歷史ドキュメント「隱された聖德太子の世界――復元・幻の「天壽國」」が放映されると、數人の方から、聖德太子が憧れた中國の菩薩天子は隋の煬帝であるという說などについて、私見を求められた。思案を重ねた末、この機會に、三井文庫藏の『華嚴經』は僞寫經なので、天壽國曼荼羅[10]の解釋に援用すべきではなく、「重ねて佛法を興した海西の菩薩天子」は隋の文帝である、という私の論據を示そうと、本稿を書き上げたのである。

註

（1）拙稿の初出は、*NEXTAGE* No. 50〈特集　悠久の中國1〉（住友商事株式會社廣報室、一九九七年五月）。

（2）Lionel Giles. *Descriptive Catalogue of the Chinese Manuscripts from Tunhuang in the British Museum*. The Trustees of the British Museum. London, 1957, p.39.

（3）藤枝晃は、敦煌寫本の眞贋問題について、具體的に贋物を指摘しなかった。ただ敦煌寫本研究者には關心を持ってもらうべきであるが、廣く一般の人びとにまで知らせるべき問題でもないと考え、京都大學人文科學研究所の歐文紀要に掲載の英文「敦煌寫本總論」（*Zinbun* No. 9、一四—一五頁）で發表。藤枝『敦煌學とその周邊』（なにわ塾叢書51、ブレーンセンター、一九九九年）四六—五六頁および一八三—一八五頁參照。

（4）池田溫『敦煌文書の世界』（名著刊行會、二〇〇三年）に「敦煌漢文寫本の價値」のほか、豫報とも言うべき「「敦煌文獻」について」（『書道研究』五、一九八八年）も收載。

（5）本書は、先行の國際學術研究・學術調査の成果、赤尾編著『敦煌寫本の書法と料紙に關する調査研究』（科學研究費成果報告書。京都國立博物館、一九九九年）を繼承する。

（6）拙稿「日出づる國からの使節と留學生」（〈世界の歷史6〉『隋唐帝國と古代朝鮮』中央公論社、一九九七年）一一—一九頁は、多くを塚本善隆と山崎宏の業績に依據している。

（7）塚本は「隋文帝の宗教復興特に大乘佛教振興」（『南都佛教』三二、一九七四年）においても、同じような見解を披露するが、『塚本善隆著作集』には收錄されていない。

（8）拙稿「唐代における僧尼拜君親の斷行と撤回」（『東洋史研究』四〇—二、一九八一年。のち『唐代政治社會史研究』同朋舍出版、および『隋唐の佛教と國家』中公文庫に再錄）。

（9）小南一郎「僞書〔中國〕」（『大百科事典』平凡社、一九八四年）。牧田諦亮『疑經研究』（京都大學人文科學研究所、一九七六年）。前掲註（3）藤枝晃『敦煌學とその周邊』〈第三回／聖德太子〉一〇七—一三六頁。河内昭圓「『三教指歸』僞撰說の提示」（『大谷大學研究年報』四五、一九九四年）。千本英史編著『日本古典文學における僞書の系譜の研究』（科學研究費成果報告書。奈良女子大學文學部、二〇〇三年）。

（10）勝鬘經義疏と天壽國繡帳の研究史は、大山誠一『〈聖德太子〉の誕生』（吉川弘文館、一九九九年）および大山編『聖德太子の眞實』（平凡社、二〇〇三年）を參照。

附記（初出時）

脫稿後の一月二十四日、三井文庫別館で二〇〇四年新春展「シルクロードの至寶――敦煌寫經」を參觀した。赤尾榮慶・石塚晴通らにより眞品と鑑定された寫經三十四點を一堂に集め、本稿で檢討した『華嚴經』は「二十世紀初頭に造られた僞寫本」と判定、參考展示されていた。同時に刊行された『敦煌寫經――北三井家――』は模範的な藏品圖錄である。

第二章　法琳の事蹟にみる唐初の佛教・道教と國家

南北朝の後半から隋・唐にかけての中國社會で、インド傳來の佛教と民族宗教の道教は、互いに競合しつつ、教團組織を擴充し、皇室貴族から一般庶民に至る廣範な護持者・信奉者を獲得していった。しかしながら、夷狄の宗教と目された佛教は、儒教禮教主義にのっとる國家秩序を維持した中華の社會で、ときには法難つまり國家權力による彈壓や迫害を受けざるをえなかった。そして法難というほど大袈裟なものではなくとも、國家は僧尼たちの寺院生活や布教活動に對して規制を加えることがあり、その際に、道教の道士たちによる佛教批判が契機となる事例も多かったのである。

舊稿「唐中期の佛教と國家[1]」では、唐の高宗朝から玄宗朝に至る時期における佛教教團の活動に對して、國家はいかなる對應・規制をなしたかを考察した。そして、その前半の高宗朝から武后・韋后期においては、當時の贅をつくした造寺・造佛の盛行や寫經・鑄佛の流行に對して、國家は何らの規制も加えなかったのに、後半の玄宗朝になると、國政全般における綱紀肅正の重要綱目として佛教教團への抑壓策が推進され、その一環として、四世紀の東晉以來の懸案であった、僧・尼に拜君親を命じる詔が發せられた次第を跡づけたのである[2]。

そこで本稿では、それらに先立つ時期としての唐初、高祖・太宗朝において、佛敎敎團の活動に對して國家はいかなる對應をなしたかを考察したい。のちの玄宗朝における佛敎勢力抑壓に際しては、道敎の道士たちによる佛敎批判は問題にならなかったが、高祖・太宗朝においては傅奕（五五四—六三九）をはじめとする道士たちの辛辣な言動が佛敎勢力への規制の契機となったので、今回は唐初の佛敎・道敎と國家と題することにした。考察に當たっては、特にこの時期に佛敎擁護の論陣をはった護法沙門法琳（五七二—六四〇）の事蹟に焦點を合わせたい。

一　傅奕の排佛論の背景

南北朝後半から隋・唐にかけての中國中世の宗敎思想界では、儒・佛・道の三教が三幅對の樣相を呈した、という見解は今や定論とみなされよう。ところで、その時期において歴代王朝の諸皇帝が儒・佛・道の三教に對していかなる優遇政策をとったかは、十一世紀初頭に編纂された『册府元龜』帝王部で、それぞれ二卷分が配當されている「崇儒術」（卷四九・五〇）、「崇釋氏」（卷五一・五二）、「尙黃老」（卷五三・五四）を閲讀すれば、一往の知見をうることができる。

まず「崇儒術」では、當然のことながら、歴代の皇帝たちにより、國子學に行幸して釋奠を行なうといった儒學振興が絶えず行なわれた次第を納得させてくれる。それに對して、「尙黃老」では、北魏時代の多彩な記事につづき、北周の天和四（五六九）年二月に武帝が大德殿で百僚と道士を集めて討論させた條がみえるが、そのつぎは唐の中宗の神龍元（七〇五）年二月に制して、天下諸州におのおの道觀一所を置き、みな大唐中興と名づけたという條まで、百三十五年間が空白となっている。この時期の佛敎に關する「崇釋氏」では、北周の天和四年二月に武帝

が大德殿で百僚・道士・沙門らを集めて釋老の義を討論させたという記事と、唐の神龍元年二月に制して、天下諸州におのおの寺と觀一所を置き、みな大唐中興と名づけたという記事との中間に、北周武帝による佛教と道教への彈壓（五七四年・五七七年）、直後の大象元（五七九）年に宣帝が行なった佛像と天尊像の復興をはじめ、北周の靜帝、隋の文帝、唐の太宗・高宗朝における崇佛教の事例が十條も列擧されているのが注目される。

『册府元龜』の帝王部による限り、北周の武帝が佛・道兩教の廢毀に先立って召集した天和四年二月の討論會は、特に佛教を排除する意圖に出たものではなく、むしろ崇釋氏の事例なのであった。

かつて塚本善隆は『魏書釋老志の研究』を刊行した際、舊稿の「北周の廢佛に就いて」と同（下）の中間に二章を增補した雄篇「北周の廢佛」を附篇の一として收錄した。(3) その新稿の前半「七　武帝の三教齊一會談の失敗」において塚本は、天和二（五六七）年の衞元嵩による廢佛の上書に心を動かされた武帝が天和四年に開いた儒・佛・道三教の討論會が、唐の道宣らが考えるような、この當時からすでに武帝に熱心な道教信仰があって佛教を嫌惡し、佛教教團整理もしくは廢毀の政策を現實に行なわんとする決意をもっていたとは考え難いとし、元來は武帝も三教を齊しくせんと欲していて、儒教學者側も三教一致の穩健論が大勢であったのに、はからずも佛教徒と道教徒との間に、互いに虛僞の資料をもって相手を非難し廢毀にまで至らしめんとするがごとき、宗教的黨派性・排他性を露骨にあらわしていがみあう泥試合を出現し、武帝の三教齊一和協の目的に相反する結果となったのであると述べた。そして佛・道二教の教理が究極において歸一するものだと判定してくれると武帝が期待した數學曆法の權威者甄鸞（しんらん）は、もっぱら道教のみを愚弄し排斥する『笑道論』三卷三十六條を上り（たてまつ）、さらに僧の道安が『二教論』を上って三教は齊一ではない、と論じたので、協調精神を缺いた佛教徒への嫌惡の念を武帝に抱かせ、やがて佛・道二教の廢毀の實行にうつさせたのである、と塚本は述べたのである。說得力のある見解であり、天和四年の三教論衡を帝王

部の崇釋氏門にも入れた『册府元龜』の分類は妥當だったのである。

當初は儒・佛・道の三教齊一を意圖して三教論衡の會議を重ねていた北周の武帝は、宇文護らを誅除して親政を始めた後の建徳三（五七四）年五月中旬に佛・道二教の徹底的な廢毀を命じる詔を出しただけでなく、六月末には三教を通申する至道を研究する施設としての通道觀を設け、通道觀學士を選任した。そして二年半後の建徳六（五七七）年正月に鄴を陷落して北齊を滅ぼした武帝は、ただちに舊北齊領内においても佛・道二教の廢毀を斷行するとともに、北齊領内にいた僧侶・道士や有識者を通道觀學士に加えた。

北齊滅亡後に通道觀學士となった人物のうちに、學僧である趙郡李氏の彦琮（五五七—六一〇）と天文暦數に明るい傅奕が含まれていたのである。當時二十一歳であった彦琮は、宇文愷（五五五—六〇二）らと帝に陪侍して大易老莊すなわちいわゆる三玄の學を講論したりし、般若寺で尼に育てられたという誕生説話をもつ楊堅が宰相となって宗教復興政策を推進すると再び沙門となり、まもなく隋王朝が始まるや、文帝楊堅の意向を受けて道教の妖妄を究明する「辯敎論」二十五條を著したほか、「通極論」「福田論」などの論著や『衆經目錄』、そして多數の譯經を殘して、煬帝の大業六（六一〇）年に東都洛陽の譯經館で客死する。[4]

隋の文帝は、佛教と道教を大々的に復興させることによって、無宗教政治のもとに潛伏していた民衆の不滿を解消させ、新朝廷への慶祝に沸きたたせることに成功する。漢以來の長安城を捨て去って、その東南にあたる龍首原の地に大興城と名づける新都が造營されるが、その新城の都市平面の基本計畫は宇文愷の發案になるものと考えられている。新城では原則として主たる配置が東西對稱に計畫され、宗教施設についても、メイン通りたる朱雀門街をはさんで、東に大興善寺、西に玄都觀が對稱的に配置された。朱雀門街には龍首原の裾野がのびた六條の丘が横切っていたので、宇文愷は易の乾の六爻、つまり䷀のかたちになぞらえ、北から順に初九から上九までの六爻に

あて、貴位である九五の丘には庶民を住まわせることを望まず、そこで玄都観と大興善寺を置いて鎮めた、と傳えられるが(5)、その宇文愷が北周武帝の前で彦琮とともに易と老莊の學を講論していた經歷の持主であったことは甚だ興味深い。

彦琮よりも三歳年長であった傅奕は、『舊唐書』巻七九と『新唐書』巻一〇七に立傳されていて、相州鄴の人とするが、『廣弘明集』巻七・敍歷代王臣滞惑解下の唐傅奕の條の冒頭には（『大正藏經』五二巻一三四頁上段）、

傅奕は北地の泥陽の人なり。その本は西涼、魏に隨いて代に入り、齊の平げらるるや周に入り、通道觀に仕う。隋の開皇十三年、中山の李播とともに請いて道士と爲る。十七年に漢王に事え、諒の反するに及び、岐州に遷る。皇運の初め、太史令を授けらる。

傅奕。北地泥陽人。其本西涼。隨魏入代。齊平入周。仕通道觀。隋開皇十三年。與中山李播請爲道士。十七年事漢王。及諒反。遷于岐州。皇運初。授太史令。

とあり、北地郡の泥陽縣つまり現今の甘肅省東南端の寧縣附近の人で、先祖は西涼に屬していたらしい。正史に鄴の人というのは、北齊時代に國都の鄴にいたからであろうし、『法苑珠林』巻七九に「唐の太史令傅奕はもと太原の人なり。隋末に徙りて扶風に至る(6)」というのも、開皇十七（五九七）年に幷州總管となった漢王諒に仕えたときに太原にいたからであろう。いずれにせよ、名門の貴公子ではなかった。小笠原宣秀は「唐の排佛論者傅奕について」において、

佛教側では廣弘明集には北地范陽の人で其本は西涼とし、又法苑珠林には太原の人とする。大體に北地の人なることは明かで、唐朝に關係深い人であったとの觀がする。

と述べていたが、北地を北地郡とはみず、また「泥陽」を「范陽」に作る明本系統のテキストに眩惑された見解な

ので、顧慮する必要はなかろう(7)。

傅奕は、北齊が北周に倂呑されるや、鄴から長安に向かい、通道觀に仕えた。周隋革命が行なわれ、創業當初の文帝が、新都の大興城を中心に、佛・道二教を平等に尊崇し再興する政策を打ち出した頃、傅奕は、大興城の中心部に國家鎭護を願って建立された國立の大興善寺と玄都觀のうちの玄都觀にいたと考えてよかろう。宋敏求撰『長安志』卷九・崇業坊の玄都觀の條に「隋の開皇二年、長安故城より通道觀を此に徙し、名を玄都觀と改め、東のかた大興善寺と相比す(8)」とあるように、玄都觀こそ北周の通道觀の後身だったからである。當初は佛・道二教の再興を平等に實施した文帝の宗教政策は、しだいに佛敎に熱心になり、道教には疎になっていった(9)。

宗教都市といわんよりは佛敎都市さながらの景觀を呈していた大興城をはじめとする、隋文帝時期における佛敎全盛の諸相は、開皇十七年の年末に大興善寺翻經學士の費長房が撰上した『歷代三寶紀』の卷一二・大隋錄と、法琳撰『辯正論』卷三・十代奉佛篇の隋高祖文皇帝の條に詳しい。特に『辯正論』の開皇五（五八五）年の項に、文帝が大德の經法師のもと大興善殿において菩薩戒を受け、その機會に獄囚を放って慈悲の心を示すとともに、その年に敕を下して、

佛は正法をもって國王に付囑す。朕はこれ人尊にして、佛の付囑を受く。今より以後、朕が一世をおえるまで、每月つねに二七の僧を請じ、番に隨いて上下し、經を轉ずべし。經師四人・大德三人、大興善殿に於て、一切經を讀み、目は萬機を覽ると雖も、而も耳に法味を飡わん。每夜行道し、皇后および宮人、親しく讀經を聽き、若し疑わしき處あらば、三大德に問え。

佛以正法。付囑國王。朕是人尊。受佛付囑。自今以後。訖朕一世。每月常請二七僧。隨番上下轉經。經師四人大德三人。於大興善殿。讀一切經。雖目覽萬機。而耳飡法味。每夜行道。皇后及宮人。親聽讀經。若有疑處。問三大德。

（『大正藏經』五二卷五〇九頁上段）

と述べたとする記事と、『歴代三寶紀』に開皇十三（五九三）年十二月八日の釋尊の成道日に、隋皇帝佛弟子が含識に代わって、三寶の前で北周の廢佛を反省する懺悔誓願文を發表し、二日間にわたって設齋して經像を奉慶するという國家をあげての奉讚行事をした次第を述べる記事とは、文帝の奉佛の熱心さを餘すところなく傳えてくれる。(11)

卽位當初には佛敎と道敎を平等に再興する姿勢を示していた文帝が、佛から正法を付囑された國王としての自覺のもと、かくも奉佛一邊倒になってくると、重苦しく感じ居た堪らない心境になる人士が出てくるのも當然であろう。北周の通道觀に仕え、隋になってからは玄都觀にいたであろう傅奕が、中山の李播とともに請うて道士となったのは、まさに開皇十三年の時點なのである。四年後の開皇十七（五九七）年に儀曹という資格で漢王諒に事えるまで、正式に道士としての修業を積んだ。若い頃は熱心な佛敎信者で沙門になろうとまで思いつめた經歴のある秦王俊が、不行跡の廉で幷州總管の職を剝奪されたのが開皇十七年七月、後任に文帝の末子の漢王諒が任命され、河北一帶の五十二州を指揮下に收めた。七年後の仁壽四（六〇四）年七月に文帝が崩御する直前、たまたま兵亂の兆しを示すという熒惑星が東井を守るという現象が起こり、異圖を抱いていた漢王諒が天文星曆に曉るい儀曹の傅奕に說明を求めたところ、傅奕は答えをはぐらかし、漢王を不快にさせた。儀曹とは禮部と同義であるが、『資治通鑑』卷一八〇で胡三省が注したように、隋制には王府に儀曹という曹はないので、正規のポストではなかったものと思われる。(12)

煬帝が卽位するや漢王諒は兵を擧げたが、たちまちのうちに楊素が率いる討平軍に敗れてしまう。漢王は幽死し、部下の吏民で連坐し、殺されたり遠地に徙されたりした者が二十餘萬家と稱された。(13)

傅奕は反亂を起こそうとした漢王の意圖に迎合しなかったことで情狀酌量され、誅殺だけは免がれ、扶風に徙さ

れた。大業の初年にこの扶風郡の地に李敏の後任として太守となって來た李淵と傅奕との出會いが起こるのである[14]。傅奕を深く禮遇した李淵は、まもなく扶風を去って滎陽郡太守・樓煩郡太守を歴任する。卽位して以來、文帝ほどには佛教に偏重した宗教政策を採りはしなかった煬帝の治世（六〇四―一八）に、七年間も漢王諒の側近にいた過去をもつ傅奕が自己主張できる政治の場はなく、佛舍利信仰で有名な法門寺の前身たる成實寺が衰廢するのを目のあたりに見ながら[15]、廢佛論の構想を祕かに練っていたのであろう。

二　法琳の護法活動

隋の文帝による國家規模の崇佛事業がつづく最中の開皇十三（五九三）年に、のちに強硬な廢佛論者となる四十歲の傅奕が李播とともに道士となったが、その翌十四年五月に、のちに護法沙門と稱される二十三歲の僧法琳は、都會での佛道修行に疑問を感じ、靑溪山の鬼谷洞に隱棲した。靑溪山といえば、『道敎義樞』の著者である靑溪道士の孟安排[16]が想起されるが、『隋書』巻三一・地理志の南郡當陽縣（湖北省當陽縣）の條にみえる淸溪山のことであろう。

法琳の傳記については、唐の彥悰撰『唐護法沙門法琳別傳』三巻と道宣撰『續高僧傳』巻二四・護法下・唐終南山龍田寺釋法琳傳のほか、道宣撰『集古今佛道論衡』巻丙、法琳撰『破邪論』の巻頭に冠せられた虞世南撰「襄陽法琳法師集序」、法琳撰『辯正論』の巻頭に冠せられた陳子良撰「辯正論序」などに詳しく、それらにもとづき、庄野眞澄「唐沙門法琳傳について」、三輪晴雄「唐護法沙門法琳について」[17]などが發表されている。

幼少の頃に出家して以來、佛教のみならず儒家や諸子百家の典籍に親しんでいた法琳は、靑溪山に隱棲中、晝は

佛典を讀み、夜は俗典を覽るといった日課をつづけ、その間に、「青溪山記」を書き上げた。仁壽元（六〇一）年三月に、七年近く居た青溪山を去って都の長安に向かい、それ以後、關中各地を遍歴したりして、儒學を取りこみ老子道敎の敎理を體得すべく、方便として僧服を脱ぎ髪を伸ばした俗人の姿を多年にわたってつづけた。そしてついに隋末の義寧元（六一七）年には假に黄衣つまり道士の服裝をして道觀に入り、道敎の祕籍を縱覽して、道敎理の虚妄なることを見定め、佛典の素晴らしさを再確認し、早くも唐朝の初年にあたる翌武德元（六一八）年には還釋し、法服の姿に復歸したのである。(18) 青溪山に隱棲してからじつに二十四年が經過していた。還釋した法琳は、長安の皇城西の布政坊にあった濟法道場すなわち濟法寺に住することになった。

隋末に太原留守であった李淵は、次男の李世民にすすめられて擧兵し、南下して國都の長安を陷落させ、煬帝の孫の代王侑を擁立して皇帝とするとともに、江都にいる煬帝を棚上げして太上皇とし、まもなく煬帝が暗殺されると、禪讓革命を行なって李淵は唐王朝を開き、年號を武德と改めた。

しかし、この唐王朝の聲威は當初は、長安周邊の關中などに限られ、東都の洛陽にさえ及ばなかった。李淵・李世民の主導のもとに煬帝を太上皇としたといっても、一方的な措置にすぎず、煬帝は依然として皇帝であったし、煬帝が暗殺され長安で李淵が唐王朝を開いた段階で、東都洛陽では越王侗を皇帝とし、しかも洛陽の隋政權は翌（六一九）年四月に王世充に禪讓されて鄭國が生まれ年號を開明と改めていたからである。(19) 秦王李世民の率いる唐軍が、嵩岳少林寺の僧兵の協力をも得たりして王世充軍を破り、鄭國を滅ぼして洛陽に入城し、全國を名實ともに統一したのは、武德四（六二一）年五月のことであった。

ところで、扶風太守であった頃の李淵に知遇をえていた傅奕は、唐朝を創めたばかりの高祖によって太史丞に任じられ、まもなく太史令の庾儉の推薦によって太史令（定員二人）に昇進した。傅奕が上奏した天文に關する密狀

はしばしば上意にかない、武德三年に上進した「漏刻新法」はついに施行されるというまでになった。この太史令傅奕が、「減省寺塔僧尼益國利民事十一條」あるいは「減省寺塔廢僧尼事十有一條」略して「廢佛法事十有一條」と題する廢佛論を、武德四年の六月二十日（あるいは四月二十日もしくは九月）に高祖に上ったのである。[20]六月二十日だとすると、まさに秦王李世民によって洛陽の鄭國王世充政權が崩壞し、全國統一がなされたばかりの時機ということになる。上疏を手にした高祖が傅奕の提案を受け入れるかにみえ、宰相たちの抵抗もままならぬ雰圍氣となったので、當時の人びと、とりわけ沙門たちは、廢佛が斷行されるのではないか、と懼れざるはなかったのである。しかし高祖は、すぐには百官に議論はさせず、「問出家損益詔」[21]を出し、沙門たちに意見を徵した。この詔に應じ、傅奕の上疏に對して沙門たちの一部は反對の聲をあげたが、なかでも佛教護法の論陣を張ったのが濟法寺の法琳なのであった。

この武德四年の傅奕の上疏は、殘念ながら原文の姿では後世に傳えられず、佛教界からのさまざまな反駁文のなかでの引用として傳わっているだけである。この傅奕の上疏については、すでに先人たちによる詳しい紹介[22]もあり、近年では西山蕗子「法琳『破邪論』について」[23]と吉川忠夫「中國における排佛論の形成」[24]においても論じられているが、行論の都合上、簡單に觸れておきたい。この傅奕の上疏の序は、『廣弘明集』巻一一に「太史令朝散大夫傅奕上減省寺塔廢僧尼事十有一條」として收められている（『大正藏經』五二巻一六〇頁上下段）[25]。それを要約すると、上古の中國が太平を謳歌したのは、老子と孔子の教えに遵がって、胡佛がなかったからですが、漢の明帝が金人を夢みて佛教が傳來して以降、壯麗な伽藍や金銀の佛具が橫溢して、民財も國貯も減耗してしまいましたのに、朝廷の貴臣たちが一向に悟らないのは痛ましいかぎりです、どうか胡佛邪教を天竺に退還させ、沙門を故鄉に放歸して、課と役とに服さしめて下さい、ということになる。そして、傅奕が列擧した十一條の各論の標題は、『廣弘明集』

巻七・敍歴代王臣滯惑解下・唐傅奕の條（『大正藏經』五二巻一三四頁上段―一三五頁中段）と、同巻一一の全部を占める綿州振響寺の沙門釋明槩撰の「決對傅奕廢佛法僧事」（『大正藏經』五二巻一六八頁中段―一七五頁下段）をあわせ勘案すると、

(一) 僧尼の六十已下なるものを、簡びて丁と作さしむれば、則ち兵は強く農は勸まん。
僧尼六十已下、簡令作丁、則兵強農勸。

(二) 寺に草堂土舍を作るは、則ち秦皇・漢武すら有德の君と爲らん。
寺作草堂土舍、則秦皇漢武、爲有德之君。

(三) 諸州および縣にて寺塔を減省すれば、則ち民は安らぎ國は治まらん。
諸州及縣、減省寺塔、則民安國治。

(四) 僧尼、布を衣て齋を省けば、則ち蠶は横死すること無く、貧人は飢えざらん。
僧尼、衣布省齋、則蠶無横死。貧人不飢。

(五) 僧尼の居積を斷てば、則ち百姓は豐滿にして、將士は皆な富まん。
斷僧尼居積、則百姓豐滿、將士皆富。

(六) 帝王、佛無ければ則ち大いに治まりて年は長く、佛有れば則ち虐政にして祚は短かし。
帝王、無佛則大治年長、有佛則虐政祚短。

(七) 周孔の敎を封じ、送って西域に與うれば、胡は必ず行なわじ。
封周孔之敎、送與西域、而胡必不行。

(八) 佛敎を統論すれば、虛多く實少なし。

統論佛教、虛多實少。

㈨　農を隱み匠を安んじ、市鄽その中に處れば、國は富み民は饒かならん。

隱農安匠、市鄽處中、國富民饒。

㈩　帝王受命すれば、皆な前政を革む。

帝王受命、皆革前政。

⑪　直言忠諍は、古來口より出ずれば、禍い其の身に及ぶ。

直言忠諍、古來出口、禍及其身。

ということになる。

傅奕の上疏十一カ條のうち、佛教批判に直接かかわるのは㈠から㈧までなので、沙門である明槩の「決對傅奕廢佛法僧事」略して「決對論」が殘りの三條に言及しなかったのも納得できる對應ということができよう。しかしながら、㈩で「帝王受命すれば、皆な前政を革む」べきであるという標題を掲げていた點は、內容の詳細は不明ではあるが、すでに述べてきた傅奕の經歷に照らし合わせると、甚だ興味深い。北周とは異なり、佛教に著しく傾斜してきた隋朝の宗教政策に批判的で道士となった傅奕は、新王朝を樹立した唐の高祖に、宗教政策の大膽な變更を需めたものと解すべきであろう。

ところで、序と十一カ條からなる上疏を行なう場合、その眼目は序と㈠の「僧尼の六十已下なるものを、簡びて丁と作さしむれば、則ち兵は強く農は勸まん」に掲げられているはずである。すると、序のなかで沙門を故鄕に歸して課と役を喜んで負擔させるようにしたいと述べ、㈠で僧尼の六十歲以下の者を還俗させて壯丁とすれば兵と農の雙方で效果がある、つまり國家財政の充實という觀點が最も强調されていることになる。現今の中國において、

人口經濟史の分野で傅奕の人口論が注目されているのである[26]。ちなみに、この時期に傅奕が排佛論を上表した背景として、隋末唐初に惹起した佛僧の反亂という社會的狀況を特筆した小笠原宣秀「唐の排佛論者傅奕について」を高く評價した西山蕗子は、前揭の「法琳『破邪論』について」において傅奕の十一カ條を復元した際、第九條として佛僧が反亂した事例十餘件を指摘した項目などを復元しているが（八一頁）、從いがたい。これらの項目は、㈢の「諸州および縣にて寺塔を減省すれば、則ち民は安らぎ國は治まらん」の標題の下で傅奕が揭示した具體的な事例にすぎない、と見るべきであろう[27]。

『法琳別傳』卷上（『大正藏經』五〇卷一九八頁下段―一九九頁上段）によると、沙門が父母の鬚髮を棄て、君臣の華服を去るの利益は何か、と尋ねる高祖の「問出家損益詔」に應じた法琳は、悉達太子が袞龍の衣を去って福田の服を就けた故事を述べ、『佛本行經』の剃髮出家品の偈を引用した上で、

形を毀ちて以て其の志を成す、故に鬚髮美容を棄つ。俗を變じて以て其の道に會す、故に君臣の華服を捨つ。形は奉親を闕くと雖も、內には其の孝を懷き、禮は事主に乖くも、心には其の恩を戢む。

毀形以成其志。故棄鬚髮美容。變俗以會其道。故捨君臣華服。雖形闕奉親。而內懷其孝。禮乖事主。而心戢其恩。

といった內容の回答を上呈した。このようなありふれた返答だったからであろう、高祖は一覽しただけで、何も言わない。法琳は頻りに朝廷に出向くが、可とも否とも返事を貰えなかった。ただし、傅奕の上疏に關しても、握りつぶしの格好となったので、傅奕は自分が上った表狀の寫しを數多く作って、公然と遠近に流布させ、沙門のことを「禿丁」と呼び佛陀を「胡鬼」と呼んだ蔑稱が、民間や酒席で話題となるに及んだので、反駁文をしたためる道俗がしだいに多くなった。總持寺の僧普應は、傅奕の勤務先である祕書省太史局にまで出向いて、公開討論を挑んだが、禿丁の妖語など相手にできぬ、と言われただけなので、退くや『破邪論』二卷を執筆して、朝堂に持參し

たし、前扶溝令の李師政は『內德論』『正邪論』を撰述した、という。(28)(29)

このように傅奕に對する駁論がつぎつぎと發表されたが、それらを仔細に檢討した法琳は、駁論の根據となっている佛教經典そのものが、そもそも傅奕にとっては廢棄されるべきものであり、頑として認めがたいものなので、十分な反論にはなっていないと考えた。そこで傅奕が尊尙する外典、儒教と道教の文獻のなかで、佛を師敬する文章を論據として執筆した『破邪論』一卷を書き上げ、高祖に上呈したのである。(30)

『破邪論』の卷數については、一卷本とするもののほか、『大藏經』に收められている二卷本があり、その『大藏經』も高麗本と宋元明本とでは上卷と下卷の分け方が異なっていて、議論の存するところであるが、虞世南（五五八—六三八）の「襄陽法琳法師集序」を冠した『大藏經』本二卷は、『破邪論』に關する法琳の文章を網羅したところの『破邪論集』なのであって、元來の高祖に呈上した『破邪論』は八千餘字からなる一卷であったに違いない。ただし『廣弘明集』卷一一所收本が節略本にすぎないことは贅言を要しない。いずれにせよ、もともと外典の素養があり、その上に一時的にしろ、はたまた方便にしろ、道士になった經歷をもつ法琳は、道教經典への造詣が深かったので、駁論のための引用文獻は多彩であったが、同時に、すでに諸家によって指摘されているがごとく、『周書異記』や『漢法本內傳』といった、今日では僞書と目されている書物を論據として多用している點は、留意しておかねばなるまい。(31)(32)

それはさておき、『續高僧傳』卷二四・釋法琳傳に『破邪論』の要旨が引かれていて、その論末に（『大正藏經』五〇卷六三七頁中下段）、

議する者みな曰く、僧は惟れ佛種を紹隆し、佛は則ち國家を冥衞す。福は皇基を廕い、必ず廢退の理なし、と。

我が大唐の天下を有つや、四七の辰に應じ、九五の位に安んず。まさに上皇の風を興し、正覺の道を開き、治、

太平を致し、永く淳化を隆んにせんと欲す。ただ傅氏の述ぶる所の酷毒穢詞は、並びに天地の容れざる所、人倫の同に棄つる所なり。恐らくは聖覽を塵黷して、具さに觀るべからず。伏して惟るに、陛下、含弘の恩を布き、鞠育の惠を垂れ、其の逆順を審かにし、議するに眞虚を以てせらる。佛は正法をもって、遠く國王に委ぬ。陛下の君臨は、斯れ付囑に當る。謹みて破邪論一卷を上り、用て傅の詞に擬せん。

議者僉曰。僧惟紹隆佛種。佛則冥衞國家。福廕皇基。必無廢退之理。我大唐之有天下也。應四七之辰。安九五之位。方欲興上皇之風。開正覺之道。治致太平。永隆淳化。但傅氏所述。酷毒穢詞。並天地之所不容。人倫之所同棄。恐塵黷聖覽。不可具觀。伏惟陛下。布含弘之恩。垂鞠育之惠。審其逆順。議以眞虚。佛以正法。遠委國王。陛下君臨。斯當付囑。謹上破邪論一卷。用擬傅詞。

とあるのは、注目に値する。この個所は『廣弘明集』所引には見えないが、二卷本『破邪論』の卷下（『大正藏經』五二卷四八八頁上段）にはやや詳しく述べられていて、引用文の最後の部分に該當する個所は、

涅槃經に云う、佛滅度の後、法は國王に付す、と。陛下の君臨は、正しく付囑に當る。伏して願わくは、其の邪說を杜し、像教をして興行せしめられんことを。

涅槃經云。佛滅度後。法付國王。陛下君臨。正當付囑。伏願杜其邪說。使像教興行。

となっている。法琳は、唐の高祖に對し、陛下が君臨された今、みずからを佛から正法を付囑された國王であると表明する敕を開皇五年に下した隋の文帝と同じ存在であられんことを願望した、つまり隋文帝の宗教政策の踏襲を期待したわけで、これは疑いもなく、傅奕が上疏の終わり近くの㈩に「帝王受命すれば、皆な前政を革む」と題して、隋朝の宗教政策の變更を迫ったであろう内容に對應し、それを全否定する議論だったのである。

法琳は、三十餘紙からなる『破邪論』を高祖に上呈しただけでは濟まさなかった。傅奕が上疏の寫しを大量に流

布させているのに對抗すべく、法琳も啓文を添えた『破邪論』の寫しを「儲后・諸王および公卿侯伯」らに上ったのである。『大藏經』所收の『破邪論』集には、虞世南の序につづき、時の皇太子李建成に宛てた武德五（六二二）年正月二十七日附の「上殿下破邪論啓」と、武德五年正月十二日附（高麗本による。諸本は四年九月十二日附）の「上秦王論啓」が收錄されている。ところで、これらの日附を素直に信ずれば、法琳は皇太子よりも先に秦王に啓上したことになるが、いささか疑わしい。というのは、二つの啓文は『法琳別傳』卷上にも收められていて、それによると、儲后つまり皇太子に啓上したのは確かに五年正月であるが、のちの太宗つまり秦王に上啓したのは「武德六年五月二日」と明記されているからである。[33]ともあれ、高祖は法琳の『破邪論』を評價した皇太子らの助言を聞き入れたのであって、傅奕の上疏はついに却下されたまま陽の目を見ず、佛教教團はひとまず胸を撫で下ろしたのである。

しかし、佛教界が安堵したのは、束の間にすぎなかった。傅奕は排佛の宣傳活動をその後も執拗につづけ、高祖の氣持ちは搖らぎ始めるのである。武德七（六二四）年二月丁巳十七日、[34]國子學に行幸して釋奠に臨席した高祖は、その場に道士と沙門の代表者を招き、博士らと三教論衡を開催した。

國子博士の徐文遠が『孝經』を、清虛觀の道士劉進喜が『老子』を、勝光寺の沙門慧乘が『波若經』をそれぞれ講じ、太學博士の陸德明が質疑を行なったりして閉會した後、詔を下し、「三教は異なると雖も、善は一揆に歸す」はずであるから、佛寺が立ち並ぶのに比べて儒學の施設が衰微している現狀を改革するように命じた（『冊府元龜』卷五〇・帝王部・崇儒術二）。この時の三教論衡の模樣については羅香林「唐代三教講論考」[35]に讓るとして、五カ月後の七月十四日[36]に傅奕が上った「請除去釋教疏」を高祖は正式に受理し、群官に付して詳議させた。この際には太僕卿の張道源だけが傅奕の疏奏を理に合していると言っただけで、中書令の蕭瑀らが反對したので大事には至らな

かったが、傅奕は排佛の宣傳活動をその後も止めず、密かに道士を扇動して排佛論を造らせ、それに呼應して清虛觀の李仲卿は「十異九迷論」を、同じく劉進喜は「顯正論」を書き、傅奕に托して上奏した。武德九（六二六）年三月に至り、ついに廢佛の意向を固めた高祖が、皇太子李建成に意見を求めたところ、皇太子は佛教は深遠であって、周孔の儒術も莊老の玄風も比べものにならないし、世代の賢士も今古の明君も皆な崇敬してきた、なかに不心得な沙門がいるからとて、賢愚の區別なく全員を還俗させるのは、崑山に火を縱って玉石ともに灰燼にするようなもので、贊成できないと答えた。つぎに群臣たちに諮問したところ、左僕射の裴寂は、傅奕の狂簡を納れて佛僧を毀廢すれば黎元が失望しましょう、と强硬に反對したのであった。そこで高祖は、皇太子らの諫を納れ、四月辛巳二十三日に、戒行精勤の僧・尼と道士・女冠を除外し、その他はすべて還俗させて鄉里に還らせる詔を下したのである。[37]

『舊唐書』卷一・高祖紀・武德九年五（四）月辛巳の條に載せる詔のなかに、

朕、期を膺け宇を馭し、敎法を興隆し、志は利益を思い、情は護持に在り。玉石をして區分し、薰蕕をして辨あらしめ、長く妙道を存し、永く福田を固め、本を正し源を澄し、宜しく沙汰に從わしめんと欲す。およそ僧・尼・道士・女冠ら、精勤練行して戒律を守る者あれば、並びに大寺觀をして居住せしめ、衣食を給して乏短せしむるなかれ。それ精進する能わず、戒行に闕くるあり、供養に堪えざる者は、並びに罷遣せしめ、おのおの桑梓に還さしめよ。所司は明らかに條式を爲り、務めて法敎に依り、違制の事は、悉く宜しく停斷すべし。京城に寺三所・觀二所を留め、其の餘の天下諸州におのおの一所を留め、餘は悉く之を罷めよ。

朕膺期馭宇。興隆敎法。志思利益。情在護持。欲使玉石區分。薰蕕有辨。長存妙道。永固福田。正本澄源。宜從沙汰。諸僧尼道士女冠等。有精勤練行守戒律者。並令大寺觀居住。給衣食。勿令乏短。其不能精進戒行有闕不堪供養者。並令罷遣。各還桑梓。所司明爲條式。務依法敎。違制之事。悉宜停斷。京城留寺三所。觀二所。其餘天下諸州。各留一所。

餘悉罷之。

とみえる。京城の長安については佛寺三所と道觀二所、それ以外の天下の諸州では佛寺と道觀をそれぞれ一所のみ留め、それ以外はことごとく廢棄するという宗教政策が發表された。道士出身の傅奕は、前後七回に及ぶ上疏において排佛のみを主張してきたのに、いざ詔が下ってみると、僧・尼と佛寺のみならず、道士・女冠と道觀も沙汰の對象になってしまったわけで、心外だったに違いない。

このように、武德四年に始まる傅奕の排佛論上疏が起爆劑の役割を果たし、法琳の懸命な護法活動にもかかわらず、五年後の武德九年四月二十三日に至って、佛・道二教沙汰の詔が下されることになった。この五年間の推移は、表面的には傅奕と法琳をそれぞれの領袖とする、道・佛兩教團對決のなりふりかまわぬ宣傳合戰の展開と見られよう。

しかし、諸戸立雄「唐高祖朝の佛教政策」が明らかにしたごとく[38]、武德四年五月に秦王李世民の主導のもとに、かつての王世充支配下の河南で斷行された佛教沙汰政策、つまり州ごとに一寺、三十僧を留め、他はすべて還俗させるという新占領地での宗教政策が[39]、劉黑闥平定後の河北、輔公祏平定後の江南といった新占領地につぎつぎに適用された學句、ついに國都の長安を筆頭とする全國規模に、しかも佛教教團のみでなく道教教團にも擴大適用せんとした政治潮流を讀みとるべきなのである。

三　遺教經施行敕の發布

唐の高祖は、武德九年四月二十三日に、佛・道二教を沙汰する詔を發した。傅奕の思惑に反し、佛教だけでなく

道教をも對象としたものであった。しかし、詔の內容を詳しく載せた『舊唐書』高祖紀が「事竟不行」の四字を附加したごとく、實行はされなかった。その直後の六月庚申四日、すなわち秦王李世民がクーデタを起こして皇太子李建成らを襲殺した玄武門の變の當日、高祖は天下に大赦し、僧・尼と道士・女冠に對する沙汰も撤回されたからである。「皇太子建成齊王元吉伏誅大赦」(40)（『唐大詔令集』巻一二三・平亂上）の末尾に、

それ僧・尼と道士・女冠は、宜しく舊定に依るべし。國朝の事は、皆な秦王の處分を受けよ。

其僧尼道士女冠。宜依舊定。國朝之事。皆受秦王處分。

とあり、國家の全權を掌握したばかりの秦王李世民が示した人心收攬策の眼目として、佛・道二教の沙汰策の撤回が表明されたのである。三日後の六月七日に李世民は皇太子となり、二カ月後の八月甲子九日、帝位に卽く。太宗であり、高祖は太上皇に祭り上げられる。

この玄武門の變は、かなり周到な謀議の後に決行されたに違いないが、誘發彈の役割を果たしたのが、太史令の傅奕が前日の己未三日に行なった、「太白が秦分に見(あら)わる。まさに秦王が天下を有(たも)つべし」という內容の密奏であった事實は、注目に値する。(41)密奏をうけた高祖が秦王に渡し、そこで秦王は急いでクーデタの決行に踏み切った、と言うのである。排佛論者の傅奕にとって、儒教よりも道教よりも佛教の方がすぐれていると發言する皇太子李建成が、やがて帝位に卽くことは脅威であったから、皇太子を抹殺すべく秦王に決起を促す賭けにうってでて、まんまと圖に當たったのであろう。傅奕は、道教への沙汰だけが撤回されることを期待したはずである。しかし政治は非情なもの、世論の非難を承知の上で、强引に實兄の皇太子を殺害した李世民とその側近は、佛教への沙汰をも撤回することこそが、喫緊の人心收攬策として最善であるとみなし、當日の大赦文のなかに明記したのは、當然の政治判斷だったのであろう。

玄武門の變の當日に佛・道二教の沙汰が撤回された頃、法琳は、この歲の初めに傅奕の手を通して高祖に上呈された李仲卿撰「十異九迷論」と劉進喜撰「顯正論」に對する反駁論文として「十喩九箴篇」を執筆して回答するとともに、やがて二百餘紙からなる『辯正論』八卷十二篇を完成させる。十二篇の篇名は「三教治道篇」「十代奉佛篇」「佛道先後篇」「釋李師資篇」「十喩篇」「九箴篇」「氣爲道本篇」「信毀交報篇」「品藻衆書篇」「出道僞謬篇」「歷世相承篇」「歸心有地篇」で、まさに畢世の大著なのであった。

『大藏經』に收錄されている『辯正論』は、隱太子つまり李建成の東宮學士であった弟子の陳子良の序と注解をともなっていて、その成立過程に關しては、かつて武內義雄「敎行信證所引辯正論に就いて」が指摘したように[42]、おそらく一時の作ではなくて、李仲卿と劉進喜の二道士に答えたのは、「十喩篇」「九箴篇」と「氣爲道本篇」の三篇、つまり八卷本『辯正論』の卷六の部分だけであろう。『廣弘明集』卷一三の全體を占める「辯正論」も、これら三篇そのものである。ただし、武內義雄が、その成書は武德九年より貞觀十三年に至る十四年間にあるに似たり、と述べた點については、序と注を書いた陳子良が貞觀六（六三二）年に卒していること[43]、卷四の十代奉佛篇下・大唐今上皇帝の條の最新の記事が貞觀六年仲夏に穆太后のために弘福寺を造ったと述べていること[44]、貞觀十三年十月に法琳が刑部尙書の劉德威らから勘問をうけた際、八年已前に執筆したもので十一年正月の詔が出た已後では決してなく、それは高祖のことを創めは皇帝と言っていたがつぎに太上皇と書き、のちに帝謚が頒行された段階で、つまり貞觀九（六三五）年十月になって方めて太武皇帝と題した、とみずから明言しているのを總合して勘案すると[45]、貞觀六年段階で一應は完成していたが、推敲を重ねた末の成書は、貞觀九年の冬から翌十年にかけての時期に限定されることになろう。

傅奕の「廢佛法事十有一條」を論破する『破邪論』を書き了え、李仲卿の「十異九迷論」と劉進喜の「顯正論」

とに反駁する『辯正論』を執筆中の法琳に宛てた書簡のなかで、生活その他の便宜をはかっていた右僕射の杜如晦（五八五―六三〇）は、經に護法菩薩という語のあるを聞いていたが、法師こそ其の人です、と記している。[46]『太平廣記』巻九一に引く『感通記』にも、「高祖の龍顔を犯し、固く佛法を争う。佛法、全きを得るは琳の力なり。佛經の護法菩薩とは、それ琳の謂か」と評されているように、[47]護法沙門法琳の名は廣く人の知るところとなっていた。貞觀初年、『辯正論』を執筆して推敲を重ねていた法琳は、佛・道二教の沙汰を撤回することから出發した太宗の宗教政策に、廢佛の危機はあるまい、と見極め安堵したのであろう、住みなれた喧噪な長安城内の濟法寺から、高祖の奉爲に太宗が閑静な終南山の地の大和宮を捨して建立した龍田寺に移り住み、寺衆に推擧されて寺任を知しつつ、『寶星經』や『般若燈論』の漢譯にも協力して序文をしたためたりしていたのである。[48]

太宗は、貞觀三（六二九）年の年末には建義以來の戰場となった七カ所に佛寺を建立し、また沙門の玄琬を宮中に召して皇太子や諸王たちに菩薩戒を授けさせる（『續高僧傳』巻二二・唐京師普光寺釋玄琬傳）、といった、本心はいざ知らず、表向きには崇佛の態度を示していたし、貞觀五（六三一）年正月に僧・尼・道士らに父母への拜を命じはしたが、二年後には撤回してしまった。[49]そのような宗教政策がつづいたので、法琳も南山の地で靜かに四季を送り、貞觀七（六三三）年二月に太子中舍人の辛諝が佛教批判をした時も、慧淨ともども反論はしたが、穩やかな筆致であった。[50]特に、貞觀九（六三五）年四月に卒した弘福寺の智首の葬儀が、國葬の禮で營まれたことは、[51]隋朝においてさえ僧の國葬はなかったこととて、佛教界の注視を浴びたのであった。このような鹽梅であったので、太宗が、貞觀十一（六三七）年正月十四日に貞觀律令を頒布した翌十五日、上元の日に、[52]巡幸先の洛陽で、宗室李氏の本系が老子李聃より出ているがゆえに、今後は道士・女冠を僧・尼の前に在らしめて、本系の化を敦くし、祖宗の風を尊ばしめん旨の詔を發したことは、佛教界にとって衝撃以外の何ものでもなかった。かくて六十六歳の春を

迎えた老境の法琳の身邊は急に慌しくなったのである。

この詔が下るや、京邑の僧徒たちはただちに抗議運動を始めた。有司が抗議文を受理しないので、三十八歳の俊穎、大總持寺の智實は、大德の法常や法琳ら十人と闕口おそらく潼關まで出向いて上表文を論據とする道經や史籍と一緒に上呈した。(53)太宗は姿を見せず、中書侍郎の岑文本を派遣して、口敕を宣した。その口敕は、『法琳別傳』卷中によれば、

諸僧らにつげん。明敕すでに下れり、もしも伏さざれば、國に嚴科あらん。

語諸僧等。明敕既下。如也不伏。國有嚴科。

とあり、『續高僧傳』卷二四・智實傳には、「伏さざる者は杖を與えん。（不伏者與杖。）」とある。嚴しい內容の口敕を聞いた法琳らは「氣を飲み聲を呑んで」なす術もなく引き下がってしまった。智實だけは、この理に伏さずと言い、ついに杖罪に處された上で放免されたが、その月のうちに卒したのであった。

二年半ばかり後の貞觀十三（六三九）年秋に、法琳の生涯の論敵であった傅奕が八十五歳の人生を閉じるが、その九月に、西華觀の道士の秦世英が畫策し、親しくしていた皇太子を通じ、法琳の『辯正論』は皇宗を訕謗するために執筆されたもので、その罪は重大ですと申し立てた。烈火のごとくに怒った太宗は、『遺敎經』を官費で書寫させて天下に施行し、今後、僧・尼は『遺敎經』の敎えを遵守した業行をすべしとする旨の敕を發するとともに、法琳を逮捕するように命じたのである。この敕が、「佛遺敎經施行敕」と題されて『文館詞林』卷六九三に收錄され、そこから宋・志磐撰『佛祖統紀』卷三九や元・覺岸編『釋氏稽古略』卷三に移錄され、(54)さらに『遺敎經』の補注などとともに流布し、(55)『全唐文』卷九にも收められ、近年になって『文館詞林』の卷構成の觀點や太宗の佛敎政策を檢討する立場から取り上げられているものである。(56)テキストによって文字の異同があるが、およそつぎのよう

な内容である。

唐太宗文皇帝施行遺教經敕

さきに如來滅度のとき、末代の澆浮あらんことを以て、國王・大臣に付囑して、佛法を護持せしむ。然れば僧尼の出家は、戒行すべからく備わるべし。若し情を縱にして淫佚し、觸塗して煩惱し、人間に關涉して、ややもすれば經律に違えば、既に如來玄妙の旨を失い、また國王受付の義を虧く。遺教經は是れ佛が涅槃に臨みて說く所にして、弟子を誡勒すること、甚だ詳要たり。末俗の緇素、並びに崇奉せず。大道まさに隱れんとし、微言まさに絕えんとす。永く聖教を懷い、用て弘闡せんことを思う。宜しく所司をして、書手十人を差し、多く經本を寫し、務めて盡く施行せしむべし。須いる所の紙筆墨等は、有司より準給せよ。それ京官の五品已上および諸州の刺史に、おのおの一卷を付せよ。若し僧尼の業行、經文と同じからざるを見れば、宜しく公私ともに勸勉し、必ず遵行せしめよ。

往者如來滅度。以末代澆浮。付囑國王大臣。護持佛法。然僧尼出家。戒行須備。若縱情淫佚。觸塗煩惱。關涉人間。動違經律。既失如來玄妙之旨。又虧國王受付之義。遺教經是佛臨涅槃所說。誡勒弟子。甚爲詳要。末俗緇素。並不崇奉。大道將隱。微言且絕。永懷聖教。用思弘闡。宜令所司。差書手十人。多寫經本。務盡施行。所須紙筆墨等。有司準給。其京官五品已上。及諸州刺史。各付一卷。若見僧尼業行。與經文不同。宜公私勸勉。必使遵行。

法琳が『辯正論』で老子を非難した眞意は唐室の祖先を訕謗するにあったのだ、という秦世英の讒言をうけて、激怒した太宗が發した「遺教經施行敕」において、如來は滅度のときに國王・大臣に付囑して佛法を護持させていたので、付囑をうけた國王たる者の責務として、遺教經の本旨に逸脫した僧・尼の行業を許すわけにはいかない、と明言している點に、特に注意を喚起したい。

前節で述べたごとく、法琳は『破邪論』を高祖に上呈した際、隋の文帝のように、正法を付囑された國王であれるようにと期待し、時の秦王つまり太宗にも啓文を添えて上っていたのであるが、その太宗が正法を付囑された國王であると表明した上で、しかるがゆえに、僧・尼の業行には自主規制が要求される、と述べている。法琳の眞意が巧みに換骨奪胎されてしまっているのである。私は、「唐中期の佛教と國家」において玄宗朝の佛教政策を論じた際(57)、開元二十一（七三三）年十月に僧・尼に拜君を命じあわせて拜父母の再確認を期した詔のなかで、玄宗が佛法の宣布を付囑された國王であると述べていた點に檢討を加えたが、その詔は、およそ百年前に發せられた太宗のこの敕を踏まえていたことが確認されるわけである。「遺敎經施行敕」が下された時點の情況を認識すれば、『佛祖統紀』卷三九で、この敕を簡略して引用した志磐が、

太宗、務僧のもと遺敎に在るを知り、故によく有司を戒めて經本を寫し、公私をして相勸め、過を免れしむ。それ仁王護法の心に得るあるなり。

太宗知務僧之本在於遺敎。故能戒有司寫經本。令公私相勸。俾免於過。其有得於仁王護法之心也。

と述べていた意見には、同意できない。「太宗の遺敎經施行は、佛者が見るような佛敎尊崇の立場からではなくて、佛敎を王法の下に組み入れようとする動きと關連させて考える可きもの」とする滋野井恬の見解(58)の方が妥當であろう。

逮捕令の出た直後、法琳はみずから州廳に出頭して、身柄を拘束された。冬十月丙申二十七日(59)、太宗は刑部尙書の劉德威、禮部侍郎の令狐德棻、治書侍御史の韋悰、司空の毛明素といった錚々たる顏觸れを州に派遣して勘問させた。この際の劉德威らの尋問と法琳の答辯の詳細は、『法琳別傳』の卷中から卷下にかけてじつに詳細に記錄されている。

半月ばかり後の十一月十五日に、尋問と答辯の全容が太宗に報告される。そこで法琳を宮中に呼び、太宗は、朕の本系が老聃で、末葉が隴西より起こったことを承知していながら、なぜ『辯正論』の「釋李師資篇」と「佛道先後篇」で老聃の道教を批判したのか、「言なくば卽ち死し、說あれば卽ち生きん」と詰め寄ったところ、法琳は、拓跋達闍が唐の李氏であって、陛下の李はその末裔です、隴西の李氏である老聃とは全く無關係です、と答え、典據を並べたてたものだから、太宗は大怒竪目した。太宗はその後も嚴しく尋問をつづけるが、法琳は一向に臆せず、自說を主張しつづけた。最後には太宗も根負けして感心し、法琳を釋放しようとした。今度は憲司が承知しない。「およそ乘輿を指斥する者は、罪、大辟に當る」はずだ、と言う。そこで死刑は免れるが、關中の地を離れて益部つまり四川の僧寺に徙されることが決定された。

この頃、京邑の僧侶たちの間で、法琳の言動について、朝廷批判が過激すぎ、このままでは廢佛を引き起こしかねないから、はやく劍南つまり四川へ遷ってしまえ、といった風評が流行しだしたのである。「遺教經施行敕」は仕方ないとしても、廢佛のきっかけになりかねぬ法琳を遠地に隔離するに如くはない、というわけである。この身內からの批判攻擊に法琳は立腹し、屈原の心情をうたった詩篇を書き綴った上、涙ながらに長安を離れ、益部に向かう。貞觀十四（六四〇）年六月に、百牢關の菩提寺に至った時に下痢症狀となり、斷金の仲の沙門慧序に見とられつつ、七月二十三日に、六十九歲の生涯を終えた。護法菩薩の再來と稱された沙門の淋しい最期である。慧序をはじめとする道俗たちは、東山の山頂に手厚く葬り、上に白塔をたてた。

絕望のうちに法琳が關中の最南端で息を引き取った直後、法琳を告發した道士の秦世英の方も、治書侍御史の韋悰の手で、口實を設けて逮捕され、誅された。(60) 法琳を追悼する聲が政府批判に擴大するのを避けるための巧妙な動きと言えよう。同年十一月、尚書左丞の要職についている韋悰の言動が史書に記錄されている。

四　禁書とされた『法琳別傳』

舊稿「唐中期の佛教と國家」で對象とした時期に先行する唐初の宗教政策の動向を、法琳の事蹟を通して素描せんとした拙論を了えるに際し、最も多くの史料を仰いだ三巻からなる京弘福寺沙門彥悰撰『唐護法沙門法琳別傳』略して『法琳別傳』について、氣づいた事項を記しておきたい。

法琳その人については、『續高僧傳』巻二四に立傳されているほか、虞世南撰の「襄陽法琳法師集序」や陳子良撰の「辯正論序」などが殘されているが、李懷琳の序を冠した『法琳別傳』が傳わらなければ、陰翳に富んだ最晩年の心境を知るよすがなかっただけでなく、特に貞觀十三年九月に起きた勘問の生ま生ましい證言、宗教裁判記錄が失われていたことになる。

ところで、この『法琳別傳』は、『大正新脩大藏經』五〇巻・史傳部二に收錄されていて、現今のわれわれが閲讀するのは容易なのであるが、唐の智昇が『大藏經』五〇四八巻の基準となる『開元釋教錄』を撰した開元十八（七三〇）年の時點で、撰者未詳の『漢法本內傳』五巻とともに、明敕によって禁斷され、流行を許されていなかった、という事實は特筆に値するであろう。ただし、これら二部の傳は、禁書ではあったが、代々傳寫されていたのである。[61]宋・元・明の『大藏經』にも入藏されなかったが、『高麗版大藏經』には入藏され、それを底本として『縮刷藏經』『大正藏經』などに入れられたが、他のテキストとの校異を記されはしなかった（今では李懷琳の序をともなわないペリオ將來敦煌文獻二六四〇號などの『法琳別傳』によって、多少の校異は可能であるが）。「通極論」「福田論」の撰者として有名な隋の彥琮（五五七—六一〇）と似た名前の弘福寺の彥悰が、僧傳に殘らなかったのは、

禁書の著者だったからかもしれない。

『法琳別傳』はなにゆえに禁書とされたのか、おそらくは、唐室の李氏が隴西の李氏ではなくて、拓跋達闍の後裔であることを論證した法琳の證言(62)が、唐朝の禁忌に觸れたからに違いない。貴族社會の終末期に中國に君臨した唐朝は、隴西の李氏と自稱しつつ、三回にわたって氏族志を編纂するが、その第一回目が貞觀六年に一旦完成したにもかかわらず、太宗の怒りにあって改訂を命ぜられ、完成して天下に頒布されたのが貞觀十二年正月のことだったのである。そのような微妙な時期に、法琳は、唐朝の祖先は隴西の李氏ではなく、道教の始祖の老聃と無關係であるという主張を、太宗の面前で力說したのであった。それまでは護法沙門として尊敬を集めていた法琳が、迷惑がられるに至ったのも、あまりに時期が惡かったからなのである。

それにしても、この時期の法琳の言動をかくも詳細に記錄してくれた著者彥悰に、滿腔の敬意を表したい。

註

（1）　拙稿「唐中期の佛教と國家」（『中國中世の宗教と文化』京都大學人文科學研究所、一九八二年。のち『唐代政治社會史研究』同朋舍出版、一九八六年、および『隋唐の佛教と國家』中公文庫、一九九九年に再錄）。

（2）　玄宗朝の佛教政策の部分は、のちに縮約して英譯された。Tonami Mamoru, "Policy towards the Buddhist Church in the Reign of T'ang Hsüan-tsung," *Acta Asiatica* 55 (1988), pp. 27-47.

（3）　塚本善隆は、まず「北周の廢佛に就いて」（『東方學報　京都』一六、一九四八年）において「一　序說」から「六　北周の佛教」までを發表し、ついで「北周の廢佛に就いて（下）」（『東方學報　京都』一八、一九五〇年）において「七　武帝の宗教教團廢毀斷行」と「八　結語」を書き足されていたが、『魏書釋老志の研究』（佛教文化研究所、一九六一年）に再錄するに際し、「七　武帝の三教齊一會談の失敗」と「八　北周の道教と道士張賓」を中

間に增添し、元來の七と八を九と十に改めた上、論文名も「北周の廢佛」と改稱された。のち『塚本善隆著作集』第二卷（大東出版社、一九七四年）に、そのまま再錄された。なお拙稿「塚本善隆著『魏書釋老志の研究』書評」（『史林』四五―二、一九六二年）參照。

（4）道宣撰『續高僧傳』卷二・隋東都上林園翻經館沙門釋彥琮傳に「及周武平齊。尋蒙延入。共談玄籍。深會帝心。敕預通道館學士。時年二十有一。與宇文愷等周代朝賢。以大易老莊。陪侍講論。」（『大正藏經』五〇卷四三六頁下段）とある。釋彥琮については、隋唐の思想と社會研究班「通極論譯注（上）」（『東方學報　京都』四九、一九七七年）の卷頭の解題（福永光司稿）を參照。ただし、そこに「北齊を滅ぼした北周の武帝に招かれて、その建德三年（五七四）、都長安に設立された通道觀の學士となった二十一歲から」とある個所の「建德三年（五七四）」は「建德六年（五七七）」の誤記である。

（5）李吉甫撰『元和郡縣圖志』卷一・關內道一・京兆府の條の原注に「初隋氏營都。宇文愷以朱雀街南北有六條高坡。爲乾卦之象。故以九二置宮殿。以當帝王之居。九三立百司。以應君子之數。九五貴位。不欲常人居之。故置玄都觀及興善寺以鎭之。」とある。拙稿「中國都城の思想」（岸俊男編『日本の古代9　都城の生態』中央公論社、一九八七年）一〇六―一一〇頁、田中淡「隋朝建築家の設計と考證」（『中國建築史の研究』弘文堂、一九八九年）一九三―二〇三頁および二九二頁、參照。

（6）道世撰『法苑珠林』卷七九・十惡篇邪見部「唐太史令傅奕。本太原人。隋末徙至扶風。少好博學。善天文曆數。聰辯能劇談。自武德貞觀二十許年。常爲太史令。性不信佛法。每輕僧尼。至以石像爲塼瓦之用。至貞觀十四年秋暴病卒。」（『大正藏經』五三卷八七六頁中段）。

（7）小笠原宣秀「唐の排佛論者傅奕について」（『支那佛教史學』一―三、一九三八年）八五頁。同頁に「廣弘明集にはそれより以前の經歷を記して、魏人に隨って北齊を伐ち、平ぐるや周士通道觀に入り」と述べている部分も、明本大藏經系統の諸本が「隨魏人伐齊平入周士通道觀」と作るのに忠實に從った結果であろうが、『高麗版大藏經』が「隨魏入代齊平入周仕通道觀」と作っているのに從うべきであろう。ちなみに、小笠原も參照された久保田量遠

『支那儒道佛三教史論』（東方書院、一九三一年。のちに『中國儒道佛三教史論』と改題して國書刊行會、一九八六年）の第十五章「唐代に於ける道佛二敎の抗爭」二九九頁に、「廣弘明集第七（露五　p. 35）に依れば北地范陽の人にして魏人に隨って齊を伐ち、周士の通道觀に入り」と書かれていた。『高麗版大藏經』を底本にした『縮刷藏經』の露五を典據としながら、明本に隨っている。

（8）『長安志』卷九・崇業坊・玄都觀の條「隋開皇二年。自長安故城。徙通道觀於此。改名玄都觀。東與大興善寺相比。」。なお通道觀と玄都觀については、山崎宏「隋の玄都觀とその系譜」（『隋唐佛敎史の研究』法藏館、一九六七年、第四章）・同「北周の通道觀」（『東方宗敎』五四、一九七九年。のち追記を附して『中國佛敎・文化史の研究』法藏館、一九八一年に再錄）、窪德忠「北周の通道觀に關する一臆說」（『福井博士頌壽記念東洋文化論集』早稻田大學出版部、一九六九年）・同「北朝における道佛二敎の關係」（橫超慧日編『北魏佛敎の研究』平樂寺書店、一九七〇年）を參照。

（9）塚本善隆「隋佛敎史序說――隋文帝誕生說話の佛敎化と宣布――」（『鈴木學術財團研究年報』九、一九七三年。のち『塚本善隆著作集』第三卷、大東出版社、一九七五年に再錄）・同「隋文帝の宗敎復興特に大乘佛敎振興――長安を中心にして――」（『南都佛敎』三二、一九七四年）參照。また隋朝の佛敎と道敎については、山崎宏『隋唐佛敎史の研究』（法藏館、一九六七年）の第一章「隋朝の文敎政策」、第三章「隋の大興善寺」などを參照。

（10）『辯正論』卷三・十代奉佛篇上・隋高祖文皇帝の條に「開皇五年。爰請大德經法師。受菩薩戒。因放獄囚。仍下詔曰。朕夙膺多祉。嗣恭寶命。方欲歸依種覺。敦崇勝果。以今月二十三日。請經法師於大興善殿。受菩薩戒。云云。」（『大正藏經』五二卷五〇九頁上段）とある。經法師とは法經のことであり、大興善殿とは宮城の正殿たる大興殿のことで唐代の太極殿にあたる。

（11）『歷代三寶紀』卷一二・大隋錄に文帝の懺悔誓願文を載せたあと、「于時臺宮主將。省府官僚。諸寺僧尼。縣州佐史。并京城宿老等。並相勸率。再日設齋。奉慶經像。日十萬人。寺別敕使。香湯浴像。」（『大正藏經』四九卷一〇八頁中段）と記している。

(12)『資治通鑑』巻一八〇・仁壽四年八月の條「漢王諒有寵於高祖。爲幷州總管。(胡三省注)開皇十七年。漢王諒代秦王俊爲幷州總管。)自山以東。至于滄海。南距黄河。五十二州皆隷焉。特許以便宜從事。不拘律令。……會熒惑守東井。儀曹鄴人傅奕曉星曆。(胡三省注)按隋制。王府諸曹無儀曹。蓋不在諸參軍之數。)諒問之曰。是何祥也。對曰。天上東井。黄道所經。熒惑過之。乃其常理。若入地上井。則可怪耳。(胡三省注)奕知諒有異圖。詭對以自免於禍。)諒不悦。」

(13)同・前條のつづきに「群臣奏漢王諒當死。帝不許。除名爲民。絶其屬籍。竟以幽死。諒所部吏民坐諒死徙者二十餘萬家。」。

(14)『舊唐書』巻七九・傅奕傳「(漢王)諒不悦。及諒敗。由是免誅。徙扶風。高祖爲扶風太守。深禮之。」、『新唐書』巻一・高祖本紀「事隋譙隴二州刺史。大業中。歷岐州刺史・滎陽樓煩二郡太守。」、『隋書』巻三七・李敏傳「後幸仁壽宮。以爲岐州刺史。大業初。轉衞尉卿。」。

(15)氣賀澤保規「扶風法門寺の歴史と現狀」(『佛教藝術』一七九、一九八八年)、陳景富編著『法門寺』(三秦出版社、一九八八年)參照。

(16)吉岡義豊「初唐における道佛論爭の一資料『道敎義樞』の研究」(『道敎と佛敎』第一、國書刊行會、一九八〇年第二版)三一四頁では、孟安排が本據を有した青溪は武昌の青溪山とするのが妥當かもしれない、と書かれていたが、第二版の巻末に附された著者朱入本にもとづく補註40に、『集古今佛道論衡』巻丙(『大正藏經』五二巻三八〇頁下段)の法琳が「少出家住荊州青溪山玉泉寺」とある記事などが列擧されていて、吉岡が孟安排と法琳が住した青溪山は荊州に屬したと認識されるに至ったことが讀みとれる。

(17)庄野眞澄「唐沙門法琳傳について」(『史淵』一四、一九三六年)、三輪晴雄「唐護法沙門法琳について」(『印度學佛教學研究』二二―二、一九七四年)。

(18)『唐護法沙門法琳別傳』巻上(『大正藏經』五〇巻一九八頁下段)に「因以義寧初歲。假衣黄巾。冀罄宗源。從其居館。然法師素閑莊老。談吐清奇。而道士等競契金蘭。慕申膠漆。故使三清祕典。洞鑑玄津。九府幽微。窮諸要道。

遂得葛妄張虚之旨。韜韞襟懷。李氏奉釋之謨。記諸心目。武德年首。還莅釋宗。」とあり、『續高僧傳』巻二四・釋法琳の條（『大正藏經』五〇巻六三六頁下段）にも同趣旨の文が見える。

(19) 拙稿「嵩岳少林寺碑考」（川勝義雄・礪波護編『中國貴族制社會の研究』京都大學人文科學研究所、一九八七年、本書第Ⅰ部第三章）を參照。

(20) 法琳『破邪論』巻上（『大正藏經』五二巻四七六頁中段）によると、傅奕が「減省寺塔廢僧尼事」を上った年月日を『高麗版大藏經』では武德四年六月二十日とし、ほかの『大藏經』では武德四年四月二十日とする。なお、『法琳別傳』巻上には「後四年秋九月。有前道士太史令傅奕。先是黃巾黨其所習。遂上廢佛法事十有一條。」（『大正藏經』五〇巻一九八頁下段）とあり、これに從うと武德四年九月ということになる。西山蕗子「法琳『破邪論』について」（『鈴木學術財團研究年報』九、一九七二年）七四頁に「四月・六月・秋九月などの諸說のいずれが正しいかは不明である」と述べる。

(21) 『廣弘明集』巻二四・問出家損益詔幷答（『大正藏經』五二巻二八三頁上中段）。『唐文拾遺』巻一では、「問佛教何利益詔」と題している。

(22) 常盤大定「道佛二教交涉史」（『支那に於ける佛教と儒教道教』東洋文庫、一九三〇年）、久保田量遠「唐代に於ける道佛二教の抗爭」（前揭註7）など。

(23) 前揭註（20）西山蕗子「法琳『破邪論』について」特に「Ⅳ　十一條の再構成」。

(24) 吉川忠夫「中國における排佛論の形成」（『六朝精神史研究』同朋舍出版、一九八四年、所收。原題「中國の排佛論」〈『南都佛教』三四、一九七五年〉）、特に「三　道宣と傅奕」。

(25) 傅奕の上疏の序は、法琳撰『破邪論』巻上に收められた、皇太子の李建成に上られた「上殿下破邪論啓」（武德五年正月二十七日）のなかにも引用されている（『大正藏經』五二巻四七五頁下段―四七六頁中段）。

(26) 張光照・楊致恆『中國人口經濟史』（西南財經大學出版社、一九八八年）の第四章第二節「傅奕的人口經濟思想」二一一―二一三頁。

(27)　前揭註(24)吉川忠夫「中國における排佛論の形成」五三六—五三七頁參照。

(28)　『法琳別傳』卷上に「總持道場釋普應者。戒行精苦。博物不群。屬奕狂言。因製破邪論二卷。」(『大正藏經』五〇卷一九九頁上段)といい、『續高僧傳』卷二四・護法下・唐京師大總持寺釋智實傳に「初總持寺有僧普應者。亦烈亮之士也。通涅槃攝論。有涯略之致。以傅奕上事。群僧蒙然。無敢諫者。應乃入祕書太史局。公集郎監。命奕對論。無言酬賞。但云禿丁妖語不勞敍接。應曰。妖孽之作。有國同誅。如何賢聖俱崇。卿獨侮慢。奕不答。應退造破邪論兩卷。云云」(『大正藏經』五〇卷六三六頁上中段)とある。

(29)　『法琳別傳』卷上に「又前扶溝令李師政者。歸心佛理。篤意玄宗。義忿在懷。又撰內德正邪二論。」(『大正藏經』五〇卷一九九頁上段)とある。なお、『廣弘明集』卷一四に收められている門下典儀李師政撰『內德論』は辯惑篇・通命篇・空有篇の三篇からなり、辯惑篇では十條にわたって傅奕を批判している。道宣撰『大唐內典錄』卷五(『大正藏經』五五卷二八一頁下段)には、『內德論』が貞觀初年に作られたとする。李師政撰の『法門名義集』一卷が『大正藏經』五三卷に收められている。

(30)　『續高僧傳』卷二四・釋法琳傳「于時達量道俗、動豪成論者非一。各疏佛理。具引梵文。委示業緣。曲垂邪正。但經是奕之所廢。豈有引廢證成。雖曰破邪。終歸邪破。」(『大正藏経』五〇卷六三七頁上段)。『法琳別傳』卷上に「法師咸詢作者。備覽諸文。情用不安。謂衆人曰。經教奕之所廢。豈得引廢證成。雖欲破邪歸正。未遣邪原。今案孔老二教師敬佛文。就彼宗承。斥其虛謬。衆人皆以爲然。法師因著破邪論一卷。可八千餘言。」(『大正藏經』五〇卷一九九頁上段)。

(31)　虞世南撰「襄陽法琳法師集序」(『大正藏經』五二卷四七四頁下段—四七五頁上段)の文中に、青溪山記一卷を撰したこと、また破邪論一卷を撰したことを述べ、最後に「法師著述之性。速而且理。凡厥勒成。多所遺逸。今散採所得詩賦碑誌讃頌箴誡記傳啓論。及三教系譜釋老宗源等。合成三十卷。」と書いているので、この序が『破邪論』のための序ではないことがわかる。

(32)　吉岡義豐「道佛二敎の對辯書としての漢法本內傳の成立について」(『道教と佛敎』第一、日本學術振興會、一九

五九年）、大淵忍爾「敦煌本佛道論衡書考」（『岡山大學法文學部學術紀要』一三、一九六〇年）、大野達之助「佛教傳來說をめぐる周書異記考」（『日本歷史』二二〇、一九六五年）、楠山春樹「釋迦生滅の年代に關する法琳の所說」（『三藏』二〇五・二〇六、大東出版社、一九八〇年）など。

(33)『法琳別傳』卷上（『大正藏經』五〇卷二〇〇頁下段）に「武德六年五月二日。濟法寺沙門琳等啓上。時皇儲等。因奏法師之論。高祖異焉。故傅氏所陳。因而致寢。釋門再敞。」。

(34)『唐會要』卷三五・釋奠の條に「武德七年二月十七日。幸國子學。親臨釋奠。引道士沙門。與博士雜相駁難。久之。」とあり、『資治通鑑』卷一九〇・武德七年二月の條に「丁巳。上幸國子學。釋奠。詔諸王公子弟各就學。」とある。

(35)羅香林「唐代三教講論考」（『唐代文化史』臺灣商務印書館、一九五五年）の「2、高祖時代之三教講論及儒家之獲勝」と「3、太宗高宗時代之三教講論及道教之地位」。

(36)『唐會要』卷四七・議釋教上の冒頭に「武德七年七月十四日。太史令傅奕上疏。請去釋教。云云。」とある。

(37)『法琳別傳』卷上（『大正藏經』五〇卷二〇〇頁下段―二〇一頁中段）參照。

(38)諸戶立雄『中國佛教制度史の研究』（平河出版社、一九九〇年）の第四章「唐初における佛教教團と國家」の第二節「唐高祖朝の佛教政策」五一三―五五一頁。

(39)『資治通鑑』卷一八九・武德四年五月丁卯の條に「秦王世民觀隋宮殿。歎曰。逞侈心窮人欲。無亡得乎。命撤端門樓。焚乾陽殿。毀則天門及闕。廢諸道場。城中僧尼。留有名德者各三十人。餘皆返初。」とあり、『續高僧傳』卷二四・護法下・釋慧乘傳に「武德四年。掃定東夏。有敕。僞亂地僧。是非難識。州別一寺。留三十僧。餘者從俗。上以洛陽大集名望者多。奏請二百許僧。住同華寺。乘等五人。敕住京室。」（『大正藏経』五〇卷六三三頁下段）とある。この際に河南の地で佛教沙汰が嚴格に行なわれたことは、秦王李世民に協力した少林寺さえもが、武德五年から七年七月までの期間、廢棄されて僧徒は還俗し徭役に從わしめられた史實に確かめられる。

(40)この大赦文は『册府元龜』卷八三・帝王部・赦宥二にも全文が収められている。『資治通鑑』卷一九一・武德九

年六月庚申の條に「是日。下詔。赦天下。凶逆之罪。止於建成・元吉。自餘黨與。一無所問。其僧尼道士女冠。並宜依舊。國家庶事。皆取秦王處分。」と要約されている。

(41)『資治通鑑』卷一九一・武德九年六月己未の條に「太白復經天。傅奕密奏。太白見秦分。秦王當有天下。上以其狀授世民。云云」とある。『舊唐書』卷三六・天文下と卷七九・傅奕傳では武德九年五月のこととする。

(42) 武内義雄「敎行信證所引辯正論に就いて」(『武内義雄全集』第九卷、角川書店、一九七九年)の「一　辯正論の撰者と其の書」參照。

(43) 陳子良が隱太子李建成の東宮學士であったことは、『舊唐書』卷一九〇上と『新唐書』卷二〇一の賀德仁傳に見え、貞觀六年に卒したことは、宋・計有功撰『唐詩紀事』卷四・陳子良の條に見える。ちなみに、『辯正論』の序には「弟子潁川陳子良」とあり、『唐詩紀事』には「子良、吳人」とある。

(44)『辯正論』の十代奉佛篇では太宗が穆太后のために弘福寺を造った年月を貞觀六年仲夏と記すが(『大正藏經』五二卷五一四頁上段)、他の文獻では貞觀八年と傳える。小野勝年『中國隋唐長安・寺院史料集成』(法藏館、一九八九年)解說篇の修德坊の興〔弘〕福寺の條(一二九―一三六頁)參照。

(45)『法琳別傳』卷中に「法師對曰。琳所著論文。本緣劉李。實非詔出已後。乃是八年已前。但爲謚號未行。創云皇帝。次依漢史爲太上皇。後見帝謚頒行。方題大武。請尋論卷第四。云云」(『大正藏經』五二卷二〇六頁下段―二〇七頁上段)とある。

(46)『法琳別傳』卷上に「矚傅奕之狂簡。已製破邪。遇劉李之訛言。將修辯正。經云護法菩薩。正應如是。昔聞其語。今見其人。」(『大正藏經』五〇卷二〇一頁下段)。

(47)『太平廣記』卷九一・法琳の條「後唐高祖納道士言。將滅佛法。法琳與諸道士競論。道士慙服。又犯高祖龍顏。固爭佛法。佛法得全。琳之力也。佛經護法菩薩。其琳之謂乎。」。

(48) 三十餘卷あったとされる法琳の著作のうち、諸文獻のなかに書名の見える十部十八卷の名が、前揭註(20)西山蕗子「法琳『破邪論』について」の注(11)に擧げられている。このほかに、『寶林傳』卷八・第二十九祖可大師

章斷臂求法品第四十に、唐内供奉沙門法琳撰の碑文が引用されているが、法琳が内供奉であったとは考えられず、おそらく後世の假託であろう。

(49) 拙稿「唐代における僧尼拜君親の斷行と撤回」(『東洋史研究』四〇―二、一九八一年。のち前揭註(1)『唐代政治社會史研究』および『隋唐の佛教と國家』に再錄)の「二　隋唐初における不拜君親運動」を參照。

(50) 『法琳別傳』卷上(『大正藏經』五〇卷二〇二頁下段―二〇三頁中段)、『集古今佛道論衡』卷丙・辛中舍著齊物論淨琳二師抗釋事四條(同五二卷三八四頁上段―三八五頁上段)。

(51) 『續高僧傳』卷二二・唐京師弘福寺釋智首傳。

(52) 『唐會要』卷四九・僧道立位の條に「貞觀十一年正月十五日。詔道士女冠。宜在僧尼之前」、『通典』卷六八・僧尼不受父母拜及立位の條に「大唐貞觀十一年正月。詔道士女冠。宜在僧尼之前」、『廣弘明集』卷二五・令道士在僧前詔幷表の條に「貞觀十一年。駕巡洛邑。黃巾先有與僧論者。聞之於上。乃下詔云。云云」(『大正藏經』五二卷二八三頁下段)とあるのなどを參照。

(53) この上表文は、『法琳別傳』卷中では「琳」の名で書かれたことにし、『廣弘明集』卷二五では「某」としているが、『續高僧傳』卷二四・唐京師大總持寺釋智實傳では「法常等」に作っている。

(54) 『釋氏稽古略』卷三(『大正藏經』四九卷八一五頁下段)に「遺敎經　貞觀十八年。帝敕曰。云云」として、出典を「見唐書舊史幷文館辭林」とする。唐書舊史が何に該當するかは不詳。

(55) 中村裕一「文館詞林卷次未詳殘簡「敕」考證」(『史學雜誌』八二―六、一九七三年。のち『唐代制敕研究』汲古書院、一九九一年に再錄)。野澤佳美「文館詞林第六百十三卷佚文の卷次について」(『汲古』一六、一九九〇年)。

(56) 結城令聞「初唐佛教の思想史的矛盾と國家權力との交錯」(『東洋文化研究所紀要』二五、一九六一年)、滋野井恬「唐貞觀中の遺敎經施行について」(『印度學佛敎學研究』二六―一、一九七七年)など。

(57) 前揭註(1)拙稿「唐中期の佛教と國家」(『唐代政治社會史研究』四五九―四六三頁、『隋唐の佛教と國家』一七四―一七九頁)。

(58) 前揭註（56）滋野井恬「唐貞觀中の遺敎經施行について」。
(59)『法琳別傳』卷中。
(60)『續高僧傳』卷二四・釋法琳傳「于時治書侍御史韋悰。審英飾詐。乃奏彈曰。云云。」（『大正藏經』五〇卷六三八頁下段―六三九頁上段）。『集古今佛道論衡』卷丙・太宗文皇帝問沙門法琳交報顯應事の條「下敕。徙於益部僧寺。於時朝庭上下知英構扇。御史韋悰。審英飾詐。疑陽庶俗。乃奏彈曰。云云。」（『大正藏經』五二卷三八五頁中下段）。
(61)『開元釋敎錄略出』卷四「漢法本內傳五卷。未詳撰者。沙門法琳別傳三卷。沙門彥悰撰。右二部傳。明敕禁斷。不許流行。故不編載。然代代寫之。」（『大正藏經』五五卷七四六頁中段）。また『貞元新定釋敎目錄』卷二三「沙門法琳傳三卷。沙門彥悰撰。右一部傳。舊錄云。明敕禁斷。不許流行。故不編載。今詳此意。蓋在一時。然不入格文。望許編入貞元目錄。」（『大正藏経』五五卷九五九頁中段）。
(62) 陳寅恪「李唐氏族之推測」（『金明館叢稿二編』上海古籍出版社、一九八〇年）の（乙）李唐自稱西涼後裔之可疑、（己）唐太宗重修晉書及敕撰氏族志之推論の兩條を參照。

第三章　嵩岳少林寺碑考

はじめに

禪宗ダルマの面壁九年、慧可斷臂の傳承地として、また少林寺拳法の發祥地として史上に名高い中岳嵩山の少林寺は、隋唐の東都洛陽城の東南およそ七〇キロメートル、現今の河南省登封縣城の西一三キロメートルの少室山北麓、五乳峰下に位置する。この少林寺には數多くの石碑や墓塔が殘されているが、[1]それら石刻類の中において、單に一少林寺史の闡明という觀點からのみでなく、隋唐の佛教史ひいては政治社會史の研究にとって、きわめて重要な史料を提供してくれるのは、唐代の開元十六（七二八）年七月十五日に建立された裴漼撰書の「皇唐嵩岳少林寺碑」である。

この碑は、少林寺の境內、もとは鐘樓の前に建てられ、常盤大定・關野貞共著『支那文化史蹟』二（法藏館、一九三九年）圖版第七十九（本書の元版ともいうべき『支那佛教史蹟』佛教史蹟硏究會、一九二五年、では二の圖版第一一九）によった圖1からもわかるように、方趺上にあり、「螭首極めて雄麗、唐碑中の白眉である」と關野によって評されていた。[2]碑そのものの高さ約一三尺、廣さ四尺五寸、厚さ一尺二寸六分であり、趺は高さ二尺六寸五分、廣さ四尺二寸九分、長さ五尺七寸五分であった。しかし、民國十七（一九二八）年三月の軍閥石友三の軍による焼き

圖1　少林寺碑
（『支那文化史蹟』二より）

打ちによって少林寺が灰燼に歸したとき、鐘樓ともども崩壞してしまい、その後に復舊され、ブロック造りの碑樓に明の「小山禪師行實碑」と並べて嵌め込まれた際には、方趺の姿は消えてしまい、やはり關野によって「妍麗雄美、唐碑中之に比すべき者を見ぬ」と評された碑の兩側に所刻の瑞鳥神將の見事な文様（圖2）ともども、殘念ながら鑑賞することはできなくなっている。(3)

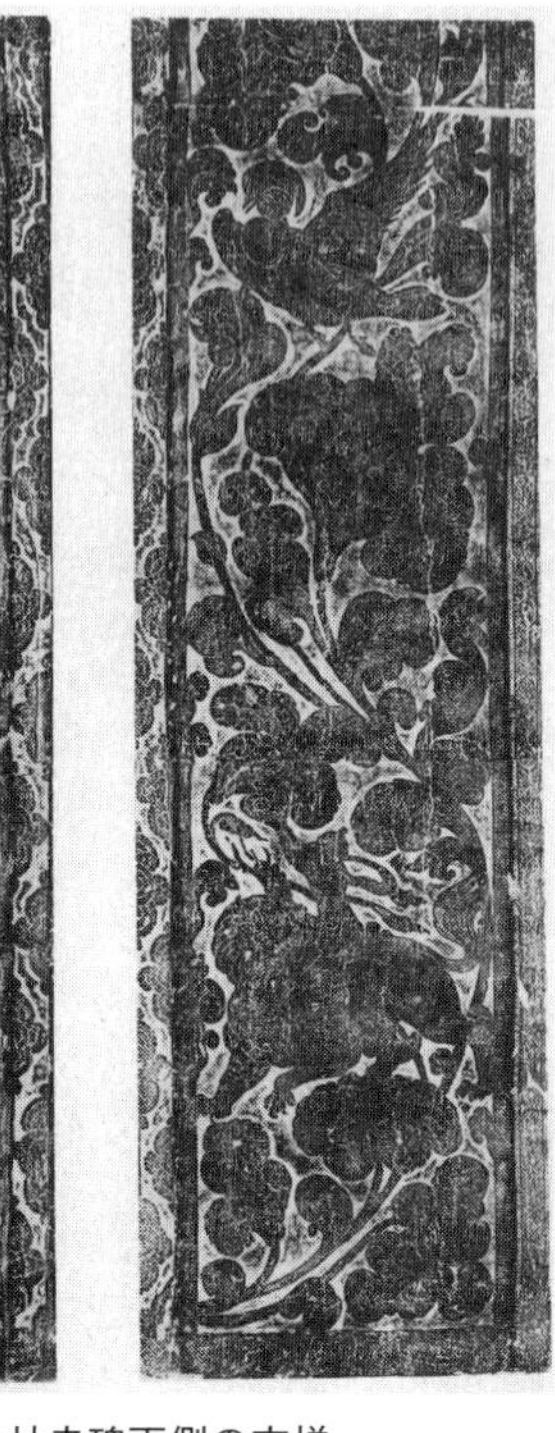

圖2　少林寺碑兩側の文様
（『支那文化史蹟』二より）

「嵩岳少林寺碑」は、『支那文化史蹟』二の圖版第八十（『支那佛敎史蹟』二の圖版第一二〇）の拓本寫眞によった次頁の圖3からもおおよその見當がつくように、碑陽・碑陰の兩面とも、上下二截に分けて刻され、兩面ともに圭額内に唐の玄宗の親筆にかかる「太宗文皇帝　御書」の七字が八分書つまり隷書にて刻されており、(4)碑文そのものは、いずれも正書つまり楷書にて刻されている。碑陽の上截には、のちの唐の太宗李世民が秦王であった武德四（六二一）年四月に、王世充の軍勢平定に協力した少林寺の僧衆たちを嘉賞して、少林寺に與えた敎書が刻されていて、そのなかのひときわ大きい行書の「世民」の二字は、太宗の親署である。碑陽の下截は、この碑の本體に當たる部分で、文と書はともに裴漼の手になり、北魏の孝文帝によって開創されて以來の寺史と、唐の歴

圖3　少林寺碑拓本　碑陽（左）　碑陰（右）
（『支那文化史蹟』二より）

代皇帝による保護崇敬について述べられている。一方、碑陰の上截には、武德八年二月に少林寺に對して田地四十頃と碾磑一具を賜與した時の敎書とそれに關連した公文書が刻され、文末には、開元十一（七二三）年十一月に、その事實を再確認して、武德四年の敎書と玄宗親筆の「太宗文皇帝御書」なる七字を書いた碑額を入內していた僧一行を通じて少林寺に與えた牒文が見える。碑陰の下截には、貞觀六（六三二）年六月に、この寺田について問題が起こった際、少林寺からの請願によってその所有を承認した長文の文書と、同じく開元十一年十二月にそれを再確認した牒文とを刻した後に、武德四年に王世充軍の平定に功績のあった十三人の僧名が列擧されている。この題名の下の餘白部に、大字の行書で刻された七言絶句が見えるが、言うまでもなく、後世の落書である。

この碑は、碑陰に太宗李世民が秦王時代に發した敎書が刻され、內容が皇室による寺院への施入文書であったために、佛教史家のみならず、法制史家や社會經濟史家によっても注目されてきた。そこで、拓本にもとづく碑陽と碑陰兩面の移錄と內容の檢討に先立ち、この碑に對してなされてきた從來の研究史を略述しておきたい。

一　少林寺碑研究小史

十九世紀初頭の時點において收集しえた限りの唐代の石碑類を集錄し研究した著作として知られる王昶撰の『金石萃編』は、內容の年代順に配列して集錄する編集方針を貫いている。その結果として、碑陽と碑陰とがおのおの上下二截に分段され、それぞれが年月日を異にするこの少林寺碑は、四つに分割され、つぎのような標題を與えられた上で、それぞれの年月日に適當する卷に收採されているのである。

碑陽の上截　卷四一　秦王告少林寺主敎　武德四年四月三十日

碑陰の上截　卷七四　少林寺柏谷塢莊碑　開元十一年十一月四日
碑陰の下截　卷七四　少林寺賜田敕　開元十一年十二月二十一日
碑陽の下截　卷七七　少林寺碑　開元十六年七月十五日

ここで留意すべきは、碑陰下截の後半に刻された十三人の立功僧名の題名部分が、『金石萃編』の本文には全く收録されていないことである。つまり、全碑の拓本ないしは拓本の寫眞が提供されない場合には、『金石萃編』の記事にもとづいて、碑陽と碑陰の全體像を復元することは困難である、ということになろう。

ところで、『金石萃編』卷七七「少林寺碑」の條には、王昶自身の按語は全く附せられていないが、卷七四の「少林寺柏谷塢莊碑」につづく「少林寺賜田敕」の條の按語において、まず「其の牒を請い石に刊せるの由、碑復た詳記せず。則ち寺僧の庸たる知るべし」と斷じ、ついでさらに疑問點があるとして、貞觀六（六三二）年は武德四（六二一）年からわずかに十一年しか距たっていないのに、貞觀六年の牒のなかで、當時なにゆえに早く陳論しなかったのか、と詰問していることと、貞觀六年に發給された牒を石に刻するように請うたのが九十二年も後の開元十一（七二三）年であることを指摘した上で、王昶は「これ皆な明らかにする能わざる者、姑く存して論ぜずと云う」の言葉で結んでいる。(5) つまり王昶は、碑陰をも含めた少林寺碑建碑の意圖を説明しえなかったのである。

一九二〇年代の十年間に前後五回にわたる中國佛教史蹟踏査行を敢行し、その一つとして一九二一年十一月に嵩岳少林寺を實地調査した佛敎史家の常盤大定は、(6) その學術成果報告書たる前掲の關野・常盤共著『支那文化史蹟』二の「解説」五六―五九頁で、この少林寺碑について、碑に刻されている寺史は佛敎史實を闡明する所すこぶる多い、と特筆された上で、碑文の內容を手際よく説明している。ただし、その際に「而して此の御書碑の建てられた理由は、實に柏谷塢の莊の敕賜ありしを表彰せんが爲である」と述べた點について言えば、これではなにゆえに開

元年間に至って初めて刻石されたのかの理由説明にはならず、王昶の疑問に答えたことにならないであろう。

同じことは、この碑の拓本寫眞と本文の移錄および解說を網羅した勞作たる鷲尾順敬監修『菩提達磨嵩山史蹟大觀』（菩提達磨嵩山史蹟大觀刊行會、一九三二年）の二四頁に、「玄宗の時に至り、寺僧志操等が王世充の亂を平定した勳功により、太宗より地四十頃を賜りたるを表彰せんとし、開元十一年十一月四日、太宗の敎書と玄宗宸筆の碑額とを一行禪師に付して少林寺に賜り、十六年七月十五日此碑が建立せられたのである」と解說されているのに對しても、言えるであろう。

ところで、禪宗史家の柳田聖山は、『ダルマ』（人類の知的遺產16、講談社、一九八一年）Ⅳの「1　碑文の時代」の條で、この碑建立の意義と理由について、つぎのようなユニークな見解を提示された。すなわち、まず「嵩山には、碑文が多い。道敎關係のものが、先驅をなす。碑文そのものに、靈的神性を認めてのことらしい」と書き出された上で、

隋が南北を統一し、唐がこれをうけて、三百年の泰平の基礎をすえるころ、嵩山少林寺はダルマを開山とする禪の本山となる。當時、秦王とよばれた唐の太宗が、賊軍に追われてこの山に逃げこんだとき、僧兵たちが秦王を助けて戰った話は、この寺と唐室の關係を、あらためて不動のものとする。秦王は、廣汎な田畑を供養として寄進している。拳と棒が、ダルマの禪にむすばれるのは、當然だろう。

開元十六年（七二八年）、敕によって裴漼がつづる「皇唐嵩岳少林寺碑」は、この寺のそんな歷史を高らかに歌いあげる。碑石の上半は、太宗の田畑安堵の御書である。古代以來の封禪の傳統は、この碑文に集大成される。（三一七頁）

と書き記された。そして神秀とその弟子たちが禪師號を與えられ、彼らの碑が續々と嵩洛の地に建てられることに

注意を喚起された上で、

> 先にいう、開元十六年に立てられた「皇唐嵩岳少林寺碑」は、神秀の弟子普寂（六五一―七三九）につぐ、一行禪師（六八三―七二七）の入内を記念するものである。　（三二〇頁）

と述べられたのである。「古代以來の封禪の傳統は、この碑文に集大成される」という文學的な表現の眞意が奈邊にあるかを臆測することは差し控えるとして、少林寺碑の建碑の理由を「一行禪師の入内を記念するものである」と論ぜられた點は、王昶による問題提起に直接かかわるので、第六節であらためて觸れることにしたい。

この碑には、少林寺に對して、隋代に國家より屯地一百頃を敕賜せられ、唐初には同じく國家より四十頃の田地と碾磑一具を賜與せられた記事が含まれ、しかも後者にかかわる一連の文書が刻されていたために、寺領莊園の形成過程を跡づけんとした社會經濟史家や、法律文書の樣式の復元を圖らんとした法制史家によっても、つとに關心を抱かれてきた。とりわけ一九三七年には、日中兩國で、この碑文に注視した著書が時を同じくして刊行された。仁井田陞の『唐宋法律文書の研究』（東方文化學院東京研究所）と鞠清遠主編の『中國經濟史料叢編　唐代篇之三寺院經濟』（國立北京大學出版組）の兩著である。

仁井田は、『唐宋法律文書の研究』第二編の「第三章　施入文書」で、碑文のなかに見えている寺院への土地施入文書を中心に論述された際、「第二款　土地施入文書の形式及び內容」の冒頭で、

> 唐宋時代に於ける皇帝又は皇族の土地賜與、卽ち施入文書として著名なのは嵩山少林寺碑中に存する唐の秦王（後の太宗）賜少林寺柏谷塢莊の敎書であらう。これは唐武德八年二月のものであるが、敎書としても貴重史料なるが故に、開元十一年少林寺賜田敕等と共に、第三編の敎の章に於いて、その全文を掲げること丶した。その敎書の要項乃至內容は、嵩山少林寺の僧衆の國初に於ける勳功によつて、一山の僧衆供養の爲、寺院常住

の產として、(一)嵩山少林寺に對し、(二)田四十頃、並に碾磑一ヶ所を、(三)武徳八年(625 A. D.)に、(四)秦王から、賜與することとせる旨を表したものである。卽ちこれには、賜與者、賜與を受くる者、賜與の目的物、賜與の年月日が表されてゐる。敎書の形式内容について詳しくは、第三編の敎の章を參照せられたい。

(二一〇・二一一頁)

と書き出され、第三編の「第四章　敎附牒」では、この秦王敎書は敎としての形式内容の整った珍しいものだとして、前述の常盤・關野兩氏の『支那佛敎史蹟』(當時は『支那文化史蹟』は未刊であった)所收の碑文拓本によって、武徳八年二月の秦王敎書とそれに連寫された牒二通の全文を移錄され、「これは金石萃編等にも收錄され、それらも參考したが、誤があるので、直接拓本の寫眞を基準とした」と特記した上で、入念な解說を施したのである(八三〇―八三八頁)。仁井田は、あくまでも、唐宋時代における法律文書研究の一環として碑陰の上截に所刻の文書類を取り上げ吟味されたのであるから、碑そのものの建碑の緣起などに說き及ばなかったのは、むしろ當然のことであった。

鞠淸遠は、『中國經濟』第二巻第九期(一九三四年九月)に何玆全の「中古時代之中國佛敎寺院」と並べて發表した「唐宋元寺領莊園研究」において、寺領莊園には四つの來源があるとし、その第一の皇室からの宣賜を來源とする例を、『金石萃編』巻七四の「少林寺柏谷塢莊碑」と同巻七七の「皇唐嵩岳少林寺碑」からの引用によって說き始めていたが、みずからの主編にかかる類別史料集、唐代の『寺院經濟』においても、「二四　嵩岳少林寺莊」(五六―六二頁)の項を設けて、關連史料を抄錄している。殘念ながら、本文の移錄に關しては、誤字や脫文もかなりあり、愼重な取り扱いを求められるのであるが、本書の巻首に、北京大學研究院藏藝風堂搨片と注記する少林寺碑の部分拓本が三枚、折り疊んだ體裁で插入されたことは、特筆しておくべきであろう。碑陽の下截の部分が「圖版

三　皇唐嵩岳少林寺碑」、碑陰の下截の部分が「圖版四　少林寺碑碑陰」、碑陰の上截の部分が「圖版五　少林寺碑額陰」とそれぞれ題されている。ただし、かつて別の機會に述べておいたように(7)、本書は世上にほとんど流布しなかったらしく、しかも本書の復刊と稱する陶希聖主編『唐代寺院經濟』（食貨史學叢書、臺北、食貨出版社、一九七四年）は不完全本で、これらの拓本寫眞は収められていないのである。

一九四七年には、西嶋定生が、唐末における二年三毛作の成立を推定せんとして「碾磑の彼方」（『歷史學研究』一二五、のち『中國經濟史研究』東京大學出版會、一九六六年に再録）を發表した際、諸種の史料に散見する「碾」「磑」「碾磑」などの用例は嚴密に區別して使用されてはいないことを、唐の太宗が少林寺に施入した同一の物件が、この少林寺碑に「水磑壹具」「水碾壹具」「水碾磑壹具」と刻されているのを例證として擧げられ、一九五六年には、デニス・トゥィチェットが唐代の寺領莊園に關する論文を執筆した際、前述の仁井田陞著『唐宋法律文書の研究』に依據して、武德八年二月の秦王教書とそれに關連する牒文を英譯された（Denis Twitchett, "Monastic Estates in T'ang China", *Asia Major*, n. s. 5-2, 1956.）。しかし、それ以後、この少林寺碑に關する言及はほとんどみられなかったのであるが、唐代の中國社會を對象とする研究狀況全般が一九八〇年前後に一變し活發になったのと軌を同じくして、少林寺に關する史料集や小册子、少林寺碑などの石刻史料に關する紹介と研究が、中國において相繼いで出現することになる(8)。すなわち一九五九年に完成していた『登封縣志簡編』（登封縣革命委員會文化局編印、一九七九年十月）が二十年ぶりに陽の目をみたのを嚆矢に、河南省開封地區文物管理委員會・河南省登封縣文物管理所・中國佛教協會編『少林寺日本兩禪師撰書三碑』（文物出版社、一九八一年）、王鴻鈞搜集整理『少林寺民間故事』（河南民間故事叢書之三、河南人民出版社、一九八一年）、無谷・劉志學編『少林寺資料集』（文獻百科叢書、書目文獻出版社、一九八二年）、無谷・姚遠編『少林寺資料集續編』（同、一九八四年）、河南省登封縣文保所編『少林寺』（中國文物小叢書、

文物出版社、一九八二年）、趙寶俊『少林寺』（上海人民出版社、一九八二年）、蘇思義・劉笠青・楊曉捷編『少林寺石刻藝術』（文物出版社、一九八五年）といった單行本のほか、河南省の文物に關する學術誌『中原文物』（中原文物編集部）に、王雪寶「少林寺新發現的幾件石刻」（一九八一年二期）、張家泰「少林寺考」（一九八一年特刊）、崔耕「唐《秦王告少林寺教碑》考」（一九八三年三期）、楊煥成・湯文興「我國最大的〝古塔博物館〟――少林寺塔林」（一九八六年二期）といった論考が發表されてきたのである。

裴漼撰書の嵩岳少林寺碑については、佛教と國家との關係を論じる際の重要史料であるとの認識のもと、私もかねてより深い關心を抱き、講義や公開講演の席で時に題目に取り上げてきていながら、なお一抹の疑念を拭いきれなかったのであるが、これら最近の論著を參考にすることによって、漸く機が熟し、建碑の緣起を納得づくで說明しうるようになった。そこで、次節以下に、『金石萃編』所收の年代順に從い、碑陽上截、碑陰、碑陽下截の順序で、所刻碑文を移錄しつつ、簡單な解說を加えることにしよう。

二　秦王告少林寺主教

內容の年月日順に收錄された王昶撰『金石萃編』全百六十卷のうち、唐代の碑刻類は、卷四一から卷一一八に至る七十八卷分で、全體のほぼ半分を占めているが、少林寺碑の碑陽の上截に刻された文章は、「秦王告少林寺主教」と題され、卷四一の卷頭に收められている。つまり、唐代に屬する碑刻類のうち、最も年紀が古いというわけである。京都大學人文科學研究所には拓本が三部所藏されているので、そのうちの一部の寫眞（圖4）を掲げ、それにもとづいた移錄を行なっておこう。

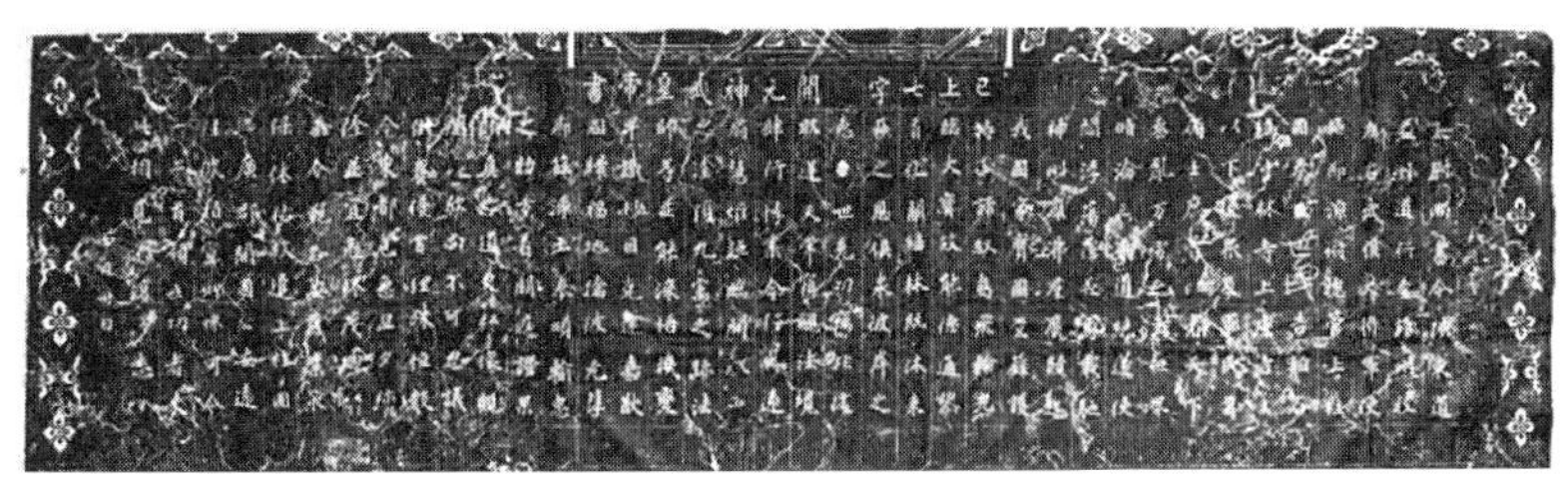

圖4　少林寺碑碑陽の上截拓本
（京都大學人文科學研究所藏）

太尉・尙書令陝東道／益州道行臺・雍州牧・／左右武候大將軍・使／持節涼州總管・上柱／國・秦王世民、告柏谷／塢・少林寺上座寺主／以下徒衆、及軍民首／領士庶等。比者天下／喪亂、萬方乏主、世界／傾淪、三乘道絕。遂使／閻浮蕩覆、戎馬載馳、／神州糜沸、羣魔競起。／我國家、膺圖受籙、護／持正諦、馭鳳飛輪、光／臨大寶。故能德通黎／首、化闡緇林、旣沐來／蘇之恩、俱承彼岸之／惠。王世充叨竊非據、／敢逆天常、窺覦法境、／肆行悖業。今仁風遠／扇、慧炬照臨、開八正／之塗、復九寓之跡。法／師等、並能深悟機變、／早識妙因、克建嘉猷、／同歸福地、擒彼兇孽、／廓茲淨土。奉順輸忠／之效、方著闕庭、證果／脩眞之道、更弘像觀。／聞以欣尙、不可思議、／供養優賞、理殊恆數。／今東都危急、旦夕殄／除。並宜勉終茂功、以／垂令範、各安舊業、永／保休祐。故遣上柱國・／德廣郡開國公安遠、／往彼指宣所懷、可令／一二首領立功者、來／此相見。不復多悉。／四月卅日。

太尉・尙書令陝東道益州道行臺・雍州牧・左右武候大將軍・使持節涼州總管・上柱國・秦王世民、柏谷塢・少林寺の上座寺主以下の徒衆および軍民の首領士庶らに告ぐ。このごろ天下喪亂し、萬方主乏しく、世界傾淪し、三乘道絕ゆ。ついに閻浮を蕩覆し、戎馬載馳し、神州を糜沸し、羣魔競起せしむ。我が國家、圖を膺け籙を受け、正諦を護持し、鳳を馭し輪を飛ばし、大寶に光臨す。故に能く德黎

首を通じ、化緇林を闡き、既に來蘇の恩に沐し、倶に彼岸の惠を承く。王世充、非據を叨竊し、敢て天常に逆い、法境を窺覦し、肆に悖業を行う。いま仁風遠く扇ぎ、慧炬照臨し、八正の塗を開き、九寓の跡を復す。法師ら、並びに能く深く機變を悟り、早く妙因を識り、克く嘉猷を建て、同に福地に歸し、かの兇孽を擒え、この淨土を廓す。奉順輸忠の效、方めて闕庭に著われ、證果脩眞の道、更に像觀を弘む。聞きて以て欣尙し、思議すべからず、供養と優賞と、理として恆數に殊なる。いま東都危急し、旦夕に殄除す。並びに宜しく勉めて茂功を終え、以て令範を垂れ、おのおの舊業を安んじ、永く休祐を保つべし。故に上柱國・德廣郡開國公安遠を遣し、彼に往きて所懷を指宣し、一二首領の功を立てし者をして、ここに來りて相見せしむべし。復た多くは悉せず。四月卅日。

『金石萃編』巻四一に注記してあったように、三十九行、毎行八字からなる正書の教碑の上には、「已上七字　開元神武皇帝書」という十一字が横書きされていて、二行に分けて刻されている隸書の題額「太宗文皇帝　御書」の七字が、開元神武皇帝つまり玄宗李隆基の親筆にかかることがわかる。讀み下し文を附したし、この內容については先人の言及、考證も完備していることとて、文末の「四月卅日」が武德四（六二一）年であることを含め、蛇足を加えることはしない。

ところで、秦王世民が少林寺の上座寺主らに宛てて發したこの教碑について、最初に著錄した金石書である宋・趙明誠撰『金石錄』巻三には、

第五百四十四。唐太宗賜少林寺敎書。八分書。無姓名。高祖武德二年。疑後人重書。

と記されていた。武德二年は單に武德四年の誤記であるとみなすとしても、八分書つまり隸書で刻されていたとあ

るのを、この少林寺碑の碑陽の上截に正書で刻されているのと同一の碑であると考えるのには、愼重でなければならなかった。清・顧炎武は『金石文字記』巻二に「秦王告少林寺主教　行書」を著録して、「いま寺中に在り、其の文は裴漼碑の上方に刻さる」と明記するとともに、『金石錄』に載せている「唐太宗賜少林寺教書」は八分書で、武德二年とあって、これとは同じではなく、あるいはこれとは別の一教ならん、と述べていたのである。しかし、別の教碑は少林寺には見當たらなかったので、乾隆『河南府志』巻一一〇・金石志五が苦心の案として、『金石錄』が八分書であるとしたのは、碑額のことを指したのであって、顧亭林（炎武）が別の教碑の存在を示唆したのは間違っている、との按語を附し、それが『金石萃編』に再録されて以來、その説が受け繼がれてきたようである。

ところが、顧炎武が推測していた隷書體の教書碑がついに發見されたのであって、その次第は、崔耕「唐《秦王告少林寺教碑》考」（『中原文物』一九八三年三期）に詳しい。それによると、一九八〇年に少林寺の達磨亭つまり立雪亭を修理した時、その東山墻の上に嵌め込まれた金代・大安元（一二〇九）年刻の觀音像をはがして、初めてその背面に刻された唐代教書碑を發見したとのことである。崔耕の論文から轉載した圖5からもわかるように、新しく發見された隷書體の教書碑は、高さ一〇四センチ、廣さ四五センチで、圓首、碑額は「大唐太宗文武聖皇帝龍潛教書碑」の十四字が篆書で書かれ、碑文は十五行、毎行二十四字が隷書體で書かれている。碑は三つに切斷されてしまっていて、前掲『少林寺石刻藝術』所收の「24　觀音像（金）」から轉載した圖6の觀音像碑が三つに切斷されているのと、見事に對應している。觀音像碑の方は、高さ一〇〇センチ、廣さ四四センチと記されている。

新發見の隷書體教書碑は、先に移錄した少林寺碑の碑陽上段所刻の教書と內容を比較すると、碑額の十四字および第一行に「太宗文武聖皇帝龍潛　教書　武德四年也」とある十六字が多いほかは、「世民」の二字が行書體の署名であることも含め、全く同文である。

圖6　觀音像碑
（『少林寺石刻藝術』より）

圖5　隷書體教書碑
（崔耕「唐《秦王告少林寺教碑》考」〈『中原文物』〉より）

この隷書體敎書碑の出現により、宋代の趙明誠が「八分書」であると記していたことが正確で、顧炎武が別の一碑の存在を想定していたのが卓見であったことが證された。崔耕は、初唐の風格をもつ隷書體の敎書碑が、少林寺碑よりも古く、少林寺の唐塔內に現存する永昌元（六八九）年刻の「法如禪師行狀碑」とほぼ同時期のものであろう、と論じるとともに、元來は敎書碑の碑陰に刻された觀音像を外側に向けて壁に嵌め込み、隷書體の敎書碑がついに碑陰に隱沒してしまったのは明初あるいはそれ以後のことであった、と述べている。

ところで、この隷書體敎書碑には「太宗文武聖皇帝」という帝號が刻されているが、「文皇帝」と諡されていた太宗を「文武聖皇帝」と追尊したのは、咸亨五（六七四）年八月壬辰のことであった。同時に皇帝を天皇と稱し皇后を天后と稱することを宣し、上元と改元して天下に大赦したのであった。この史實を勘案すると、建碑を永昌年間（六八九―九〇）前後、つまり六九〇年前後とする崔耕の見解は、傾聽に値するであろう。

三　少林寺柏谷塢莊碑

少林寺碑の碑陰の上截には、『金石萃編』卷七四に「少林寺柏谷塢莊碑」と題して收める文が刻されている。この部分の後半は、第一節の研究小史で觸れたように、敎書としての形式內容の整ったものとして、仁井田陞によって折り紙がつけられたことでもあり、文書の形式通りに移錄するのが至當であろう。そこで、圖7の拓本寫眞を掲げるとともに、碑文の移錄を行なうことにする。

なお、この部分の前半には、前節に移錄した、武德四年四月三十日の「秦王告少林寺主敎」の敎書を再錄しているので、『金石萃編』では「文見前不錄」と書いて、省略に從っているが、碑文の本來の姿をそのままに再現する

圖 7　少林寺碑碑陰の上截拓本

（京都大學人文科學研究所藏）

ことが何よりも肝要であると考えるので、煩をいとわず、省略はしない。

皇唐太宗文皇帝賜少林寺柏谷塢莊　　御書碑紀

開元神武皇帝　　御書額

太尉・尚書令陝東道益州道行臺・雍州牧・左右武候大
將軍・使持節
涼州總管・上柱國・秦囯世民
告柏谷塢・少林寺上座寺主以下徒衆、及軍民首領士庶
等。比者天
下喪亂、萬方乏主、世界傾淪、三乘道絕。遂使閻浮蕩
覆、戎馬載馳、神
州糜沸、羣魔競起。我國家、膺圖受籙、護持正諦、馭
鳳飛輪、光臨大寶。
故能德通黎首、化闡緇林、既沐來蘇之恩、俱承彼岸之
惠。囯世充叨

竊非據、敢逆天常、窺覦法境、肆行悖業。今仁風遠扇、慧炬照臨、開八正之塗、復九寓之跡。法師等、並能深悟機變、早識妙因、克建嘉猷、同歸福地、擒彼兇孽、廓茲淨土。奉順輸忠之效、方著闕庭、證果脩眞之道、更弘像觀。聞以欣尚、不可思議、供養優賞、理殊恆數。今東都危急、旦夕殄除。並宜勉終茂功、以垂令範、各安舊業、永保休祐。故遣上柱國・德廣郡開國公安遠、往彼指宣所懷、可令一二首領立功者、來此相見。不復多悉。

四月卅日

少林寺　　賜地肆拾頃　　賜水碾壹具

敎、前件地及碾、寺廢之日、國司取以置莊。寺今既立、地等宜並還寺。

武德八年二月十五日、兼記室參軍臨淄侯房玄齡宣

兼主簿玄道白奉

敎如右、請付外奉行、謹諮。

武德八年二月十五日

依諮　　二月十六日、錄事郭君信受

錄事參軍事師仁付田曹

陝東道大行臺尚書省　　牒少林寺

牒、今得京省秦王府牒稱、奉　敎連寫如右、此已准

敎、下洛州、幷牒秦府留後國司、准　敎、牒至准　敎、故牒。

武德八年二月廿二日、令史胥威幹牒。

主事

膳部郎中判屯田君胤

司戶　牒少林寺　賜地肆拾頃　水碓壹具

牒、上件地及碓、被符奉　敎、前件地及碓、寺廢之日、國司取以置莊、寺今既立、地等宜並還寺者、以狀錄牒、任即准　敎、故牒。

武德八年二月廿七日、史張德威

尉權判丞張開

太宗文皇帝敎書一本　御書碑額一本

牒、奉　勅付一行師、賜少林寺。謹牒。

開元十一年十一月四日、內品官陳忠牒。

『金石萃編』の注記によれば、高さ三尺二寸八分、廣さ五尺一寸、三十八行、毎行二十六字、正書で刻されている、ということになる。これは、高祖の武德八（六二五）年二月に、陝東道行臺尚書令でもあった秦王李世民が少林寺に對して田地四十頃と碾碓一具とを賜與した際の、秦王敎書とそれに關連した案卷たる牒、および玄宗の開元十一（七二三）年十一月に、その事實を再確認して、武德四年の敎書一本と玄宗が親ら「太宗文皇帝御書」と書いた碑額一本を、入內していた僧一行を介して少林寺に與えた牒文から成り立っている。開元十一年十一月の牒文は

まさに宮中の奥向きのもので、内品官つまり宦官の陳忠の手になる。

武徳八年二月の秦王教書および一連の牒文とに對しては、仁井田陞が前掲の『唐宋法律文書の研究』八三〇―八三八頁で詳細な檢討を加えているので、是非參看していただくとして、本文の移錄に當たっては、仁井田は保留していたが、秦王府の兼記室參軍であった房玄齡の爵號を「臨淄侯」と讀み、陝東道大行臺尙書省の屯田令史の姓を「胥威幹」と解していた。なお仁井田は、

行臺尙書省牒を受けた洛州では、之を寫し、更に洛州の職員なる丞及び史の連署ある司戶牒を之に連寫して少林寺に牒した。かくて、少林寺は秦王より土地及び水碾を賜與せられるに至つたのである。（八三八頁）

と結論されたのであるが、本文に「尉權判丞張開」と見えるように、丞を權判していた張開は尉だったのであり、次節で移錄する「少林寺賜田敕」に、「至八年二月、又蒙別敕、……其教敕案、今並在府縣」とあれば、張開は縣丞を權判していた縣尉であり、史の張德威ともども、洛州管轄下の縣の職員であったとみなすべきであろう。

ところで、仁井田は、武德四年四月三十日附のを「秦王告少林寺書」とし、武德八年二月のを「秦王教書」と稱して、明確に區別しておられる。しかし、新發見の隷書體教書碑（圖5）からも明らかなごとく、武德四年四月三十日附のも「教書」であり、したがって當面の碑文に言及せられるところの、僧一行を通じて少林寺に與えられた「太宗文皇帝教書一本」が、前節に讀み下し文を添えて移錄した文を指すことに、疑問の餘地はなかろう。

四　少林寺賜田敕

少林寺碑の碑陰下截には、『金石萃編』巻七四に「少林寺賜田敕」と題して收める文が前半部に刻され、後半に

は、『金石萃編』に収録されていない、武徳四年の際に武功を立てた十三名の僧名が刻されている（圖8）。「少林寺賜田敕」なる標題が適切であるか否かは扨置いて、まず全文を移録しよう。

少林寺、今得牒稱、上件地、往因寺莊、翻城歸國、有大殊勳、據格合得良田一百頃。去武德八年二月、蒙　敕、賜寺前件地、爲常住僧田、／供養僧衆、計勳仍少六十頃。至九年、爲都維那故惠義、不閑　敕意、妄注賜地、爲口分田。僧等比來知此非理、每欲諮改。今既有　／敕、普令改正、請依籍次、附爲賜田者。又問僧彥等。既云翻城有勳、准格合得賜田、當時因何不早陳論。翻城之時、頭首是誰、復誰委知。得欵／稱、但少林及柏谷莊、去武德四年四月、翻城歸國。其時卽蒙賞物千段、准格合得者。未被酬賚之間、至五年、以寺居僞地、惣被廢省、僧徒還／俗、各從徭役。於後以有翻城之功、不伏減省、上表申訴。至七年七月、蒙別　敕、少林寺聽依舊置立。至八年二月、又蒙別　敕、少林寺／賜地肆拾頃、水碾磑一具、前寺廢之日、國司取以置莊、寺今既立、地等並宜還寺。其　敎　敕案、今並在府縣。少林若無功勳、卽是雷／同廢限。以有勳勳、別　敕更聽存立。其地既張頃數、　恩　敕還僧、尋省事原。豈非賜田、不早改正。只是僧等、不閑憲法。今謹量審、始／復申論。其翻城僧曇宗・志操・惠瑒等、餘僧合寺爲從僧等、不願官爵、唯求出家、行道報國。若論少林功勳、與武牢不殊。武牢勳賞、合地一百／頃。自餘合賞物、及闕地數、不敢重論。其地肆拾頃、特敕還寺。既蒙此賚、請爲賜田、乞附籍從正。又准格以論、未蒙僉賞。但以出家之人、／不求榮利、少亦爲足。其翻城之時、是誰知委者。僞轘州司馬趙孝宰・僞羅川縣令劉翁重、及李昌運・王少逸等、並具委者。依問僧彥・孝宰等／所在。欵稱、其人屬遊仙鄉、任饒州弋陽縣令、無身。劉翁重住在偃師縣。李昌運・王少逸等二人、屬當縣、見在者。依狀、牒偃師、勘問翁重。得報／稱、依追劉重勘問。得報稱、少林寺去武德四年四月內、衆

僧等飜轘州歸國是實。當飜城之時重見、在城所悉者。又追李昌運等問、得欵、與／翁重牒狀、扶同者。又問僧
彦等既稱、少林僧等、爲歸國有功勳、未知寺僧得何官。欵稱、僧等去武德四年四月二十七日、飜城歸國。其月
卅日、／卽蒙　敕書慰勞。　敕書今並見在。又至武德八年二月、奉　敕、還僧地肆拾頃。　敕書今並
見在。當時卽授僧等官職。但僧等／止願出家、行道禮拜、仰報國　恩、不取官位。其寺僧曇宗蒙授大將軍、
趙孝宰蒙授上開府、李昌運蒙授儀同、身並見在者。並追在手　／敕敎及還僧地符等、勘驗有實者。少林僧等、
先在世充僞地、寺經廢省。爲其有功飜柏谷塢、功績可嘉。道俗俱蒙官賞、特　敕依舊置立／其寺。寺既蒙立、
還地不計、俗數足明、賚田非惑。今以狀牒帳次、准　敕、從實改正、不得因茲浪有出沒。故牒。　貞觀
六年六月二十九日。／　丞萬壽　佐董師　史吉海　／
敕麗正殿修書使　牒少林寺主慧覺
牒、謹連　敕白如前、事須處分。牒擧者使中書令判、牒東都留守及河南府、幷錄　敕牒。少林寺主檢
校了日狀報、／敕書額、及　太宗與寺衆　書、並分付寺主慧覺師取領者。准判牒所由者。此已各牒訖。
牒至准狀、故牒。／
開元十一年十二月廿一日、牒。　判官殿中侍御史趙冬曦／
用祕書行從印　副使國子祭酒徐堅　中書令都知麗正修書張說／
唐武德四年　太宗文　皇帝敕授
少林寺百谷莊立功僧名
上座僧善護
寺主僧志操

都維那僧惠瑒
大將軍僧曇宗
同立功僧普惠
同立功僧明嵩
同立功僧靈憲
同立功僧普勝
同立功僧智守
同立功僧道廣
同立功僧智興
同立功僧滿
同立功僧豐

この碑陰下截の前半には、太宗朝の貞觀六（六三二）年六月に、柏谷塢莊にある少林寺の寺田について議論が起こった際に、少林寺からの請願によって、その所有を承認した經緯を明記する長文の文書と、玄宗朝の開元十一（七二三）年十二月二十一日附で、それを再確認すべく麗正殿修書使に敕して少林寺主慧覺に宛てた牒文とが刻されている。貞觀六年六月二十九日の日附をもつ文書のなかには、問答體の生き生きとした證言を記録していて興味津津であり、上截所刻文つまり前節に移録した武德四年と八年の秦王敎書を理解する上からも、掛替えのない貴重な史料である。「丞の萬壽、佐の董師、史の吉海」の連署があるからには、上截と同じく、洛州管轄下の縣の責任

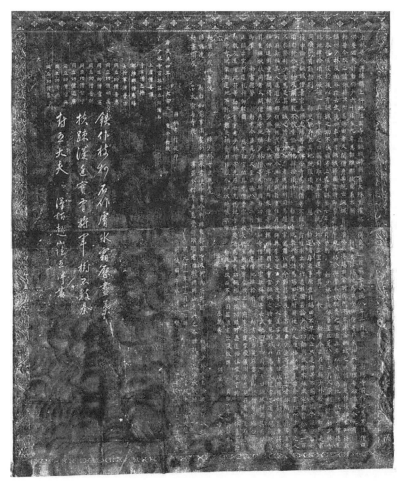

圖8　少林寺碑碑陰の下截拓本
（京都大學人文科學研究所藏）

で記録されたものであると考えられる。そして、この文書の書き出しで、武徳八年二月に常住僧田に宛てるべく少林寺に賜っていた土地が、翌九月に都維那の故惠義により、敕意をなおざりにして、口分田にされてしまった、と述べる部分は、唐初、河南地方にも口分田が存在したことを明記する資料として、注目されてきたのであった(9)。

また、開元十一年十二月二十一日附の麗正殿修書使からの牒文は、やはり上截の末尾に刻されていた開元十一年十一月四日附の內品官陳忠の手になる牒文を實行に移させたこと、すなわち太宗の御書碑額と太宗が寺衆に與えた敎書とを滞りなく寺主の慧覺に交付した次第を明記している。これらは、武徳四年の立功僧十三名の肩書姓名ともども、上截に刻された武徳四年と八年との敎書および陳忠牒に對する附屬文書ないしは解說文の役割を果たすものであって、賜田に關する敕文を引用しているとはいえ、『金石萃編』で與えられた標題「少林寺賜田敕」が不適切であることは明らかであろう。なお、『金石萃編』では、碑の高さ五尺九寸五分、廣さ二尺六寸六分、二十行、行五十三字、正書と注記されているが、これは碑陰下截の右半分の拓本にもとづいて書いているので、下截全體として言えば、廣さは五尺一寸ということになる。

僧一行の手を經て少林寺に與えられた十一月四日附の內品官陳忠の牒とは異なり、一カ月半後に麗正殿修書使から發せられた十二月二十一日附の牒は、公式の文書であるとはいえ、麗正殿修書使そのものが、開元年間に至って盛んに出現した令外の官たる使職の一であったことは、注意されて然るべきであろう。麗正修書院は、間もなく開元十三年四月に集賢院と改稱され、麗正修書使は集賢院學士と呼ばれることになる(10)。この牒を發した時點では、都知麗正修書は中書令の張說が兼任して、副使は國子祭酒の徐堅、判官は殿中侍御史の趙冬曦で、祕書行從印を用いているのであるが、『唐會要』巻六四・集賢院の條によれば、集賢院と改稱される時點では、中書令の張說を學士・知院事とし、散騎常侍の徐堅を副となし、考功員外郎の趙東曦(ママ)らを直學士にすることになる。

圖９　少林寺碑碑陰の現狀

ところで、この開元十一年十二月二十一日附の牒が、なにゆえに麗正殿修書使から發せられたのか、殘念ながら、その間の事情を詳らかにすることはできない。しかし、この年の春に、麗正書院の建物が大明宮の光順門外の新築になったばかりであったこと、またこの年に中書令張說の上奏によって、從來は門下省にあった閣議の場所たる政事堂を中書門下と改稱し、その後に五房を列して庶務を分擔させ、政事印を中書門下之印に變えるという、中央政府機構の大變革が時あたかも進行中であったことと、無關係ではあるまい。

第三・四の兩節にわたって、碑陰の上下截に所刻の文を、拓本に則して移錄し、解說を施してきた。「はじめに」で述べておいたごとく、民國十七（一九二八）年の大火で少林寺碑も壞れ、その後にブロック造りの碑樓に嵌め込まれて、現在に至っているのであるが、圖9の寫眞からも判るように、特に碑陰の面の損傷は甚だしく、新たな精拓を採ることは期待しえなくなっている。

五　裴漼撰書の少林寺碑

少林寺碑碑陽の下截に所刻の文は、『金石萃編』では卷七七に「少林寺碑」と題して收錄されていて、碑の高さ八尺七寸、廣さ五尺三寸、三十九行、行六十餘字不等、正書という注記がなされている（圖10）。前節までの例にならい、まず全文の移錄を行なっておこう。

皇唐嵩岳少林寺□

銀青光祿大夫・守吏部尙書・上柱國・正平縣開國子裴漼文幷書

原夫星垂梵界、聖緣開萬化之先、日照国宮、神跡蘊三靈之始。包至虛以見世、象敎久傳於曠劫、籠羣有

以示凡、法身初應於中古。見神通之力、廣拔／苦因、開智惠之門、深明樂界。鶴林變色、觀其戀慕之心、鴈塔開扉、通其瞻仰之路。少林寺者、後魏孝文之所立也。東京近甸、大室西偏、正氣居六合之中、清都／控九州之會。緱山北跱、亙宛洛之天門、潁水南流、連荆河之雲澤。信帝畿之靈境、陽城之福地。沙門跋陁者、天竺人也。空心玄粹、惠性淹遠、傳不二法門、有甚／深道業。緬自西域、來游國都。孝文屈黃屋之尊、申緇林之敬。太和中、詔有司、於此寺處之、淨供法衣、取給公府。法師廼於寺西臺、造舍利塔、塔後造飜經堂。香／水成塗、金繩爲約、苦心精力、俾夜作晝。多寶全身之地、不日就功、如來金口之説、連雲可庇。西緣長澗、夾松栢之蕭森、北拒深崖、覆筠篁之冥密。煙花濃靄、暝／下天香、泉籟清音、曉傳空樂。跋陁息心茲地、樂靜安居、感而遂通、境來斯證。寤寐之際、若有神人、致石磬一長四尺。規制自然、聲律咸具。得之河曲、空聞漢使／之談、浮于泗濱、徒入夏国之貢。管絃夙夜、合清響於中天、鍾梵霜晨、諧妙音於上劫。時有三藏法師勒那、飜譯經論、遊集刹土。稠禪師、探求正法、住持塔廟。虬／箭不居、光塵易遠、虹梁所指、象設猶存。周武帝、建德中、納元嵩之説、斷釋老之教。率土伽藍、咸從廢毀。明　皇帝、繼明正位、追崇景福。大象中、初復佛象／及天尊象。廼於兩京、各立一寺、因孝思所置、以陟岵爲名。其洛中陟岵、即此寺也。隨高　祖受禪、正朔旣改、徽號已殊。唯此寺名、特令仍舊。開皇中、有詔、／二教初興、四方普洽。山林學徒、歸依者衆。其栢谷屯地一百頃、宜賜少林寺。大業之末、九服分崩。羣盜攻剽、無限眞俗。此寺爲山賊所劫。僧徒拒之、賊遂縱火、／焚塔院。院中衆宇、倏焉同滅。瞻言靈塔、巋然獨存。天龍保持、山祇福護。神力所及、昔未曾有。寺西北五十里、有栢谷墅。羣峯合沓、深谷逶迤。複磴緣雲、俯窺龍／界、高頂拂日、傍臨鳥道。居晉成塢、在齊爲郡。王充潛號、署曰轅州。乘其地險、以立峯戍、擁兵洛邑、將圖梵宮。　皇唐應五運之休期、受千齡之景命。掃長／虵荐食之患、拯生人塗炭之灾。　太宗文皇帝、龍躍太原、軍次廣武、大開幕府、躬踐戎行。僧志操・惠瑒・曇

宗等、審靈睠之所往、辯謳歌之有屬。率衆以拒／僞師、抗表以明大順。執充姪仁則、以歸本朝。　太宗嘉
其義烈、頻降璽書宣慰。既奉優敎、兼承寵錫、賜地卌頃・水碾一具。卽栢谷莊是也。迨海寓既平、憲／章云始、
僞主寺觀、盡令廢除。僧善護、洞曉二門、遠該三行。詣　闕進表、特蒙置立。武德中、寺有白雀見。貞觀
中、明禪師、造重塔之辰、白雀復　／瑞見。　璿圖肇啓、初欲呈祥、寶殿纔興、遽聞相賀。
高宗天皇大帝、光紹鴻業、欽明至理、嘗因豫遊、每延聖敬。咸亨中、　乘輿戾止、　／御飛白書、
題金字波若碑、留幡象及施物。永淳中、　御札又飛白書一飛字題寺壁。雲開顧鶴、電搏遊龍。神草競秀於
椒塗、雲和逈飛於錦石。雕甍增耀、／若綴春葩、金疊分輝、似懸秋露。　天皇升遐。　則天大聖皇后、
爲　先聖造功德。垂拱中、有冬竹抽笋。塔院後復有藤生。證聖中、中使送錢於／藤生處、修理階陛。寺上
方普光堂、功德隨日修造。自爾飛鳥莫敢翔集。此寺跋陁蹤置、業造神微。　皇家尊崇、事光幽祕、珍符荐
臻於動植、靈應亟發於／庭除。　累聖屬心、每頒渥澤。囯言宸翰、既疊暎於雞峯、寶像珠幡、亦交馳於龍
壑。　皇上睿圖廣運、神用多能。藉明臺之化淸、繹天池之墨妙、以此／寺有先聖締搆之跡、　御書碑
額七字、十一年冬、爰降　恩旨、付一行師、賜少林寺鐫勒。梵天宮殿、懸日月之光華、佛地園林、動煙雲
之氣色。漢元・／魏武、徒銜奇於篆素、鍾繇・蔡雍、虛致美於緗簡。日者　明敕、令天下寺觀田莊、一切
括責。　皇上以此寺地及碾、先聖光錫、多歷年所、襟帶名山、延／袤靈跡、羣仙是宅、邁羅閲之金峯、上
德居之、掩育囯之石室、特還寺衆、不入官收。曾是國土崇絕、天人歸仰、固以名冠諸境、禮殊恆刹矣。高僧跋
陁、明三藏心／禪諸門。弟子惠光・道房・稠禪師等、精勤梵行、克傳勝業。惠光弟子僧達・曇隱・法上法師等
十大德、亦號十英。復有達摩禪師、深入惠門、津梁是寄。弟子惠可禪／師等、玄悟法寶、嘗託茲山。周大象中、
寺初復。選沙門中德業灼然者、置菩薩僧一百廿人。惠遠法師・洪遵律師、卽其數也。　皇唐貞觀之後、

有明遵・慈雲・／玄素・智勤律師、虚求一義、洞眞諦之源。復有大師諱法如、爲定門之首、傳燈妙理。弟子惠超、妙思奇拔、遠契玄蹤、文翰煥然、宗塗易曉。景龍中、　　／敕中岳少林寺、置大德十人。數內有闕、寺中抽補、人不外假、座無虛授。澄什聯華、林遠接武。星霜殆周於二紀、蘭菊每芳於十步。上座・寺主・都維那等、牢籠法／藏、遊息禪林。德鑒神珠、戒成甘露。海內靈岳、莫如嵩山、山中道場、茲爲勝殿。二室迴合、八谷潺湲、地迊貝花、門連石柱。妙樓香閣、俯暎喬林、金刹寶鈴、上搖清／漢。法界之幽贊如彼、皇家之福應如此。天長地久、不傳忉利之宮、劫盡塵微、孰記鐵圍之會。精求貞石、博訪良工、將因墨客之詞、或頌金仙之德。聿宣／了義、遠喩眞空。其詞曰。

恆沙國土、微塵品類。妄見飛奔、正心蘊櫃。昏途莫曉、淨根將墜。樂於蓋纏、若安夢寐。丞哉大聖、降跡閻浮。潛迴寶軸、廣運慈舟。實無滅度、示有降柔。紺宮西闢、白馬東／流。迷因慢生、悟爲信起。玉刹斯建、寶山載峙。花臺竹林、清泉妙水。靜唯眞相、湛然攸止。巖巖嵩嶺、河洛巨鎭。下屬九溪、上干千仞。天磴重阻、仙都清峻。式創招提、是資／誘進。婉彼上德、載誕耆闍。傳業西土、演敎中華。孝文申敬、恩錫仍加。經營宴室、迥出雲霞。中岳北阯、嵩高西麓。斜界玉池、洞開栢谷。紆餘崗澗、連延水木。鬱起旃檀、云／誰卜築。吾師苦行、清修道場。勵精像宇、專力經堂。金界繩直、椒塗水香。散花有地、栖禪得方。解空應眞、默識開士。乘盃遊集、振錫戻止。飜譯幽偈、發揮妙理。仙磬感靈、／神雀降祉。運交土木、代歷周隨。劫火遞起、魔風競吹。法身咸翳、浮國同隳。或聞興復、詎振崩離。　　神堯應期、撥亂反正。皇矣覺力、大弘福慶。式遏醜徒、聿快興　　／聖。累降　　恩旨、兼敷錫命。　　高宗時豫、先后卜征。亟迴雕輦、屢倚虹旌。巖題玉札、地振金聲。珍符荐至、在物斯呈。　　我皇龍興、有典咸秩。懿茲上界、式／儲神筆。雲搖大圍、鸞迴少室。草垂仙露、林昇佛日。護持八正、每候能仁。跋陀降德、稠公有鄰。厥後眞侶、更傳了因。辯才高行、無替淸塵。

倬焉梵衆、代有明哲。今我諸公、／蘊彼禪悅。芳越蘅杜、淨踰永雪。遠締津梁、無非苦節。潁上靈岳、山間寶殿。秀出梵天、孤標神縣。芥城可竭、桑田有變。貞石永刊、靈花常遍。　開元十六年七月十五日建。

すこぶる長文の碑であるが、標題の下に「銀青光祿大夫・守吏部尙書・上柱國・正平縣開國子裴漼文幷書」とあるように、撰文ならびに書が、吏部尙書の要職にあった裴漼の手になるので、文末に記された「開元十六年七月十五日建」の十一字を除く全文は、『全唐文』巻二七九の裴漼の項に、やはり「少林寺碑」と題して收錄されている。裴漼の本傳は、『舊唐書』巻一〇〇と『新唐書』巻一三〇とに見える。それらによって、彼は名族たる聞喜の裴氏の一員であり[11]、開元年間（七一三―四一）に高官を歴任し、特に親友であった張説の推輓によって吏部尙書に拔擢され、ついで太子賓客に轉じ、開元二十四（七三六）年に七十餘歳で卒したことがわかる。

碑の本文は、まず佛敎への讚仰から筆を起こされ、ついで北魏の孝文帝によって開創されて以降の少林寺の寺史が語られる。すなわち、この地は洛陽に近く、天下の中心と目されてきた陽城の福地にあり、天竺の人たる跋陀がこの寺に住して舍利塔と翻經堂を造って以後、勒那三藏や稠禪師といった高僧たちが住持となった。北周の武帝が建德年間（五七二―七八）に衞元嵩の進言を納れて佛敎と道敎とを彈壓し、率土の伽藍はみな廢毀されたが、後を繼いだ明皇帝つまり宣帝は、大象年間（五七九―八〇）に初めて佛像と天尊像とを復活させ[12]、兩京に孝思にちなんで命名した陟岵寺を一つずつ置いた。その洛陽の陟岵寺が、この寺なのである。隋の高祖が禪讓をうけると、寺名は舊來通り、少林寺と呼ばれ、開皇年間（五八一―六〇〇）に佛道二敎が復興され、少林寺に栢谷の屯地一百頃が賜與された。大業年間（六〇五―一七）の末年に、群盜が跋扈すると、この寺も山賊の燒き打ちに會い、堂宇はたちまちのうちに潰滅したが、天神の加護によってか、靈塔だけは巋然として殘存した。寺の西北五十里の地に栢谷

圖10　少林寺碑碑陽の下截拓本（京都大學人文科學研究所藏）

墅があり、晉代には塢、北齊時代には郡となっていた。王充つまり王世充は轅州と名づけ、この險要の地によって、まさに少林寺を手に入れようとしていた。時あたかも唐朝が興起し、太宗皇帝は太原より出發して廣武に陣し、幕府を開いていた。僧の志操・惠瑒・曇宗らは、時勢の潮流を察し、衆を率いて僞師たる王世充軍に抵抗し、姪の王仁則を執えて、唐朝に歸順した。太宗は、この功績を嘉賞せんと、頻りに璽書を降して宣慰するとともに、地四十頃と水碾一具とを賜與したのであって、これが柏谷莊なのである。天下が統一されると、僞地にあった佛寺と道觀とは盡く廢除されたが、少林寺は、僧の善護が朝廷に上表して、特別に置立することを許された。高祖の武德年間（六一八―二六）と太宗の貞觀年間（六二七―四九）には白雀が現れるという瑞祥がみられたし、高宗天皇と則天武后とは格別な庇護を與え寄進を行なった。

裴漼撰の本文には、歴朝の、とりわけ唐朝の諸皇帝による尊崇が以上のごとく綴られた上で、執筆當時の今上皇帝たる玄宗が、碑額の七字を御書して、開元十一（七二三）年冬に、恩旨を降して僧の一行に付し、少林寺に賜って鐫勒させたことと、先頃明敕が出されて、天下の佛寺と道觀の田莊は一切括責されたが、玄宗は、この寺地と碾とが先聖つまり太宗の賜與せしものにかかり、嵩岳少林寺は由緒のある存在という理由で、特に寺衆に還して官收の分には入れなかった次第とが、特筆されている。この個所については、次節であらためて檢討を加えることにするが、碑文の方は、それにつづけて、跋陀をはじめとして、この寺に住した幾多の高僧たちの事蹟を記録する。すなわち、跋陀の弟子の惠光・道房・稠禪師ら、惠光の弟子たる僧達・曇隱・法上法師らの十大德、また達摩禪師とその弟子の惠可禪師らがこの山に住したこと、北周朝で廢佛後の大象年間に佛寺が初めて復興し、一二〇人の菩薩僧が置かれた際、惠遠法師と洪遵律師とがその中に含まれていたこと、唐朝に入っては、貞觀年間以後、明遵・慈雲・玄素・智勤律師、また法如大師と弟子の惠超らがおり、中宗の景龍年間には中岳少林寺に大德十人を置き、缺

員あるごとに寺中より補充されるに至ったことを述べる。そして、嵩岳少林寺につき、「法界の幽贊かれの如く、皇家の福應これの如し」という結論を下した上で、「詞曰」として、寺史が歌われているのである。

文末には、「開元十六年七月十五日建」という十一字が、やや小さめの字で刻されていて、建碑の年月日が開元十六（七二八）年七月十五日であることがわかる。ただし、この十一字は明らかに本文とは異筆とみなされるので、吏部尚書の裴漼が撰文ならびに書を行なったのは開元十六年であると速斷することはできない。この點に關しては、裴漼の吏部尚書としての在任時期を、諸種の史料にもとづいて、開元十一（七二三）年夏から開元十四（七二六）年までで、十四年の冬には宋璟が吏部尚書の後任になっている、と考證した嚴耕望は、この碑にみえる開元十六年七月十五日について言及し、撰書はそれ以前になされ、この日に至って始めて上石しただけで、この時になお在任していたのではない、と述べていたのである。(13)

ところで、唐代の京兆府銅人原、現在の西安市の東郊、灞河の東に位置する洪慶村の三〇五號墓から出土した「大唐故成王妃慕容氏墓誌銘幷序」の拓本寫眞が、中國科學院考古研究所編著『西安郊區隋唐墓』（科學出版社、一九六六年）に圖五七として掲載され、その移錄と考釋とは九八・九九頁に見える。その拓本寫眞を複寫した圖11からも讀みとれるように、この墓誌銘は「銀青光祿大夫・守吏部尙書・上柱國・正平縣開國子裴漼撰」であり、「維開元十四年十一月廿八日」の日附が刻されているのである。書者の名は記されてはいないが、裴漼自身である可能性が強い。この新出文物の墓誌により、開元十四年十一月二十八日の時點で裴漼が吏部尙書の任にあったこととともに、ここに記された官銜、つまり銀靑光祿大夫（從三品の文散官）、吏部尙書（正三品の職事官）・上柱國（正二品の勳）・正平縣開國子（正五品上の爵）が、少林寺碑のと全く同一であることが確認されるのである。そして少林寺碑が成王妃慕容氏墓誌銘とほぼ同時期たる開元十四（七二六）年頃の撰書であったとすると、碑の二十七行目末か

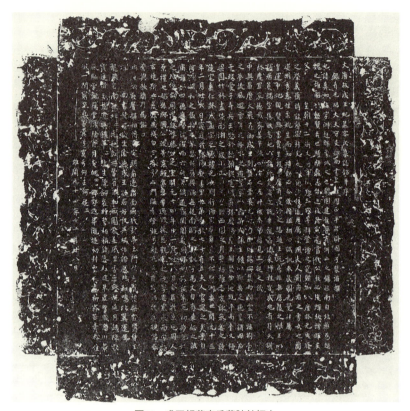

圖11　成王妃慕容氏墓誌銘拓本
（『西安郊區隋唐墓』より）

ら二十八行目にかけて、景龍中（七〇七―一〇年）に、中岳少林寺に勅し、大德十人を置き、それから「星霜ほとんど二紀に周ねく」と書かれていた文言とも、齟齬しないことになろう。ちなみに、『西安郊區隋唐墓』の「考釋」では、最後に撰誌者の裴漼について觸れ、『唐書』に傳があることを指摘した上で、「誌文に記す所の漼の散階・勳官と爵位とは、史傳に未だ載せざる所なり」と述べているだけで、嵩岳少林寺碑の撰書者であることに氣づいてはいない。

裴漼撰書の少林寺碑に對する一往の解說を了えるに際し、この碑に關して淸・顧炎武が『金石文字記』巻三で述べている見解に觸れておきたい。この碑の內に刻されていた「王」の字のほとんどが鐫去されていることについて、『金史』巻五の海陵本紀・正隆二年二月癸卯の條に、

親王以下の封爵の等第を改定す。置局に命じて、存亡の告身を追取し、公私の文書の但そ王爵の字ある者は、みな限を立てて毀抹せしむ。墳墓の碑誌と雖も、並びに發きて之を毀つ。

改定親王以下封爵等第。命置局追取存亡告身、公私文書但有王爵字者、皆立限毀抹。雖墳墓碑誌、並發而毀之。

とある記事を引用した上で、

則ち前代封爵の碑に王の字ある者、多く此の時に毀仆せらるるを知る。しかるに此の碑は梵力を以て獨り存す。乃ち其の間の王宮・夏王・王言・育王等の字、亦た從いて鐫去す。完顏の文義に通ぜずして、肆まに無道をなす、勝げて歎ずべきや。

則知前代封爵之碑有王字者、多毀仆於此時。而此碑以梵力獨存。乃其間王宮・夏王・王言・育王等字、亦從而鐫去矣。完顏之不通文義、而肆爲無道、可勝歎哉。

と述べている點は、確かに肯綮にあたった意見である。しかしながら、そのつぎに、

唐の碑、帝號に遇えば、必ず三字を空にす。此の碑に紀す所の宇文周の事、明皇帝の皇の上に三字を空にする有り、隋高祖の祖の上に三字を空にする有り。而るに前の周武帝に却って空にせざる有り。けだし緇流の古今に通ぜざる者の爲す所なり。

唐碑遇帝號、必空三字。此碑所紀宇文周事、有明皇帝皇上空三字、有隋高祖祖上空三字。而前有周武帝却不空。蓋緇流不通古今者之所爲也。

と斷じている點は、いかがなものであろうか。緇流つまり佛敎徒にとって、そして特に少林寺の寺衆にとって、北周の武帝は、衞元嵩の妄説を納れて廢佛を斷行し伽藍を廢毀させた最も嫌惡すべき皇帝であるのに對し、明皇帝（宣帝）と隋の高祖とは、佛敎を復興させて陟岵寺を置いたり、柏谷の屯地一百頃を賜與してくれたりした恩義ある皇帝たちなのであった。この碑で、北周の明皇帝と隋の高祖の個所には、唐朝の諸皇帝に對するのと同じく三字分を空格にしたにもかかわらず、北周の武帝に對しては一字をも空格にしなかったことにこそ、むしろ古今に通じた緇流たちの抗議の心情を讀みとるべきであると考える。この點に關する限り、顧炎武の見解は當を失したものと言うほかはあるまい。

六　寺領莊園の安堵——建碑の緣起

開元十六年七月十五日建立の嵩岳少林寺碑には、秦王時期の唐太宗による「世民」二字の親署と、碑額に玄宗による「太宗文皇帝　御書」七字の親筆とが刻されていたので、この碑は「一擧にして二天子を擒にす」と稱され、注目を集めてはきたが、何といっても長大な碑であったために、碑陽と碑陰の兩面に對して總合的に詳しく考察さ

れることはほとんどなかった。本稿では、前節までにおいて、內容の年代順に、碑陽上截の敎書碑、碑陰上下截にわたる文書群、碑陽下截の裴漼撰書の碑文をそれぞれ正確に移録するとともに、新出土の隸書體秦王敎書碑と裴漼撰「成王妃慕容氏墓誌銘」をも援用しつつ、必要な限りでの解説を施してきた。碑陰上截に刻された開元十一（七二三）年十一月四日附の內品官陳忠牒と、下截に刻された同年十二月二十一日附の麗正殿修書使牒との內容を熟知し、それを踏まえた上で、碑陽下截に刻された裴漼撰書の少林寺碑を讀み通すと、前節で檢討を約束しておいた、二十一行目から二十四行目に至る、以下に引用の個所こそが、建碑の緣起を探求する上で、最も重要な關鍵であることは明らかであろう。

　皇上……此の寺に先聖締搆の跡あるを以て、碑額七字を御書し、十一年冬、ここに恩旨を降し、一行師に付し、少林寺に賜いて鐫勒せしむ。……さきごろ明敕あり、天下の寺觀の田莊をして、一切括責せしむ。皇上、此の寺の地および碾、先聖光錫して、多く年所を歷し、名山を襟帶し、靈跡を延袤し、羣仙ここに宅して羅閲の金峯をめぐり、上德ここに居りて育王の石室をおおうを以て、特に寺衆に還して官收に入れず。すなわち是れ國土崇絕し、天人歸仰し、もとより名の諸境に冠たり、禮の恆刹に殊なるを以てなり。

　皇上……以此寺有先聖締搆之跡、御書碑額七字、十一年冬、爰降恩旨、付一行師、賜少林寺鐫勒。……日者明敕、令天下寺觀田莊、一切括責。皇上以此寺地及碾、先聖光錫、多歷年所、襟帶名山、延袤靈跡、羣仙是宅、邁羅閲之金峯、上德居之、掩育王之石室、特還寺衆、不入官收。曾是國土崇絕、天人歸仰、固以名冠諸境、禮殊恆刹矣。

開元十一年冬からみての日者の「明敕」とは、『唐會要』卷五九・祠部員外郎の條に、

　開元十年正月二十三日。祠部に敕し、天下の寺觀の田は、宜しく法に准じ僧尼道士に據りてまさに給すべき數の外は、一切管收し、貧下の欠田の丁に給せしむ。その寺觀の常住田は、僧尼道士女冠の退田を以て充つるを

聽す。一百人以上は十頃を過ぐるを得ず、五十人已上は七頃を過ぐるを得ず、五十人以下は五頃を過ぐるを得ざれ。

　開元十年正月二十三日。敕祠部、天下寺觀田、宜准法據僧尼道士合給數外、一切管收、給貧下欠田丁。其寺觀常住田、聽以僧尼道士女冠退田充。一百人以上、不得過十頃。五十人已上、不得過七頃。五十人以下、不得過五頃。

と著録されている、開元十（七二二）年正月二十三日に出された祠部への敕を指すことは明らかである。しかもこの敕を出した正月二十三日乙丑には、『冊府元龜』巻五〇六・俸祿の條に、

　乙丑、有司に命じて內外官の職田を收め、以て逃還せる貧下の戶に給せしむ。その職田は、正倉の粟畝ごとに二升を以て之に給す。

　乙丑。命有司收內外官職田、以給逃還貧下戶。其職田以正倉粟畝二升給之。

と著録されているように、內外官の職田を收めて、逃還してきた貧下の戶に給するように命じているのである[14]。この時點で、佛寺と道觀の田莊を官收ないし管收するばかりか、內外官への職田の廢止さえ斷行したのは、前年の開元九（七二一）年二月から開始された宇文融の括戶政策[15]を一層推進させる上からも、貧下の欠田の丁、とりわけ括戶による逃還貧下戶への給田を行なうための、供給源が必要だったからである。

　武德四（六二一）年四月三十日附の秦王教書を踏まえる八年二月の秦王教書によって、田地四十頃と碾磑一具とを賜與された少林寺には、その事實を確認する貞觀六年六月二十九日附の牒文が存在し、「世民」の親署をも刻した隸書體の「大唐太宗文武聖皇帝龍潛教書碑」がすでに建てられていたことでもあり、普通に考えれば、あらためて新たな教書碑を建立する必要などなかったと思われる。それにもかかわらず、つてを求めて內廷に働きかけ、僧の一行を介して、玄宗親筆の碑額の下附を強く懇願したのは、開元十年正月二十三日の祠部への敕によって、天下

の寺觀の田莊が一切括責された際には、玄宗の特別の配慮で少林寺には還附を許され、官收を免除されることができはしたが、宇文融の主導にかかる括戶政策は依然として進行中ではあり、今後も再び生起するであろう寺領莊園の沒收という非常事態に備えて、あらかじめ安堵のための最善の手段を構じておきたかったからであろう。この少林寺碑を建立した意圖は、常盤大定が「柏谷塢の莊の敕賜ありしを表彰せんが爲である」と述べられたがごとき、柳田聖山が「一行禪師の入內を記念するものである」と論ぜられたがごとき、悠長なものではなく、もともとは敕賜にかかる寺田つまり寺領莊園を安堵するための橋頭堡の建設であったと考えられる。

佛僧としてよりもむしろ天文曆數學者として有名な一行（六八三―七二七）が、二十一歲の時に兩親を失って厭世の志を抱き、出家して僧となるや、嵩山の普寂禪師に師事したのであった。その一行を宮中に召し入れるよう玄宗に薦めたのは、張說（六六七―七三〇）であった。[16] 開元十一年の十一月から十二月にかけて、宮中に伺候していた一行の盡力で、太宗の敎書一本と玄宗の御書碑額一本とを下賜せられるまでに漕ぎつけ、中書令であった張說が長官を兼任していた麗正殿修書使から正規の牒文を受領した少林寺主の慧覺らが、その碑文の撰書者として、張說の親友であり腹心である吏部尙書の裴漼に白羽の矢をたてたのは、あらゆる情況を勘案した上での判斷であったに違いない。

當面する宇文融主導の括戶政策から寺領を護り、將來における莊園の安堵を意圖して、少林寺碑の撰書を依賴された吏部尙書の裴漼が、張說の側近であったがために、宇文融の政敵となっていた點は、この際には特に注目されねばなるまい。張說は、宇文融の括戶政策に、一貫して反對の立場をとりつづけていたからである。少林寺主への御書碑額の下賜と傳達が行なわれていた開元十一年十一月末には、張說の建策にもとづいて、形骸化していた諸衞の兵士を募兵に賴ることにし、兵士を募集する詔敕が出された。この兵士たちは、十三年二月には、彍騎と命名さ

れる。この兵制の改革に呼應する形で、括戸政策の方も轉換され、客戶の合法的な存在が確定する。括戸が一段落を告げ、彍騎が出現した十三年の十一月、玄宗は泰山で封禪の禮を行ない、太平を天下に告げた。この封禪の儀式を行なうよう前年末に提案していたのが、吏部尙書の裴漼であった。(17)そして張說は、『東封儀注』などを撰し、禮儀使の大役をつとめるとともに、個人的に親しい中書門下の胥吏たちに要職をふり充て、儀式に參加した者にのみ論功行賞をして、內外の反感を買ったのである。

安祿山の背景を見極めるための一環として、この時期における中央政界の動靜についての詳細な研究を行なったエドウィン・プーリィブランクは、「安祿山の叛亂の政治的背景（上）」（『東洋學報』三五―二、一九五二年）の宇文融の節において、

このことは人々の感情を甚しく害し、かねて彼〔張說〕と快くなかつた宇文融は、公明を期するため吏部を十銓に分けて選事を典るやうに密奏した（從來の制度では官吏選任の事は三銓卽ち吏部の尙書と二員の侍郎の手にあつた。この時誰がこの職にあつたか知る由もないが、張說によつて任命された者であつたとすれば含蓄する所があらう）。宇文融の提案は暫くの間用ひられたが翌年廢止された。張說が上奏して宇文融一派を抑へたのである。

（一〇五頁）

という見解を提示していた。(18)この時に宇文融によって人事權を奪われた吏部尙書こそ、じつは裴漼だったのであって、『唐會要』卷七四・論選事の條によると、當時、

員外郤題銓裏牓　員外　郤って題す銓裏牓
尙書不得數中分　尙書　數中分を得ず

という牓詩が作られたそうで、そこには「尙書は裴漼、員外郎は張均」という原注が施されている。少林寺碑の撰

書を引き受けた裴漼が、渾身の力を振るった背景には、このような當時の政界事情が存在していたのである。

前節で論じたごとく、裴漼が吏部尙書として在任したのは、開元十一年夏から開元十四年冬までの期間であったから、碑額が下賜されてから三年以内には、裴漼の撰書は完成していたはずである。ところが實際には、一連の公文書類を網羅して碑陰の上下截に刻するという用意周到な新碑が建立されたのは、開元十六年の七月なのであった。これだけの規模の巨大な石碑であってみれば、完成までにこの程度の年月は必要であったのかもしれない。ただ、建立された日が、七月十五日、つまり少林寺における盂蘭盆會の當日であったのは、碑額下賜の際の功勞者であった一行が、前年の十月八日に四十五歳で示寂していた史實に鑑みると、僧一行の初盆の日を期して新碑の除幕式が擧行されたからであると推測するのは、あまりにも穿ちすぎであろうか。最後に、建碑の準備中であった開元十五年二月、宇文融と張說とは、朋黨の廉(かど)で同時に中央政界から追われ、一年後に相前後して復歸はするが、宇文融による括戶政策も一旦は頓挫してしまっていたことを附記しておこう。

註

（1）少林寺にある石碑のうちの代表的なものを通覽するには、淸・葉封撰『嵩陽石刻集記』が便利であり、また現存の二二七座におよぶ墓塔については、楊煥成・湯文興「我國最大的〝古塔博物館〟——少林寺塔林」（『中原文物』一九八六年二期）に一覽表が載せられている。

（2）『支那文化史蹟』二「解說」の五五頁。この個所は、關野貞・常盤大定共著『支那佛敎史蹟評解二』（一九二六年）一三六頁の說明を踏襲しているので、本來ならば、元版の方を引用すべきなのであるが、そこには分擔個所の明示がなされていない。また後者には、碑陽の下截と碑陰上下截の移錄もなされているが、拓本に依據したものではなく、誤字が多い上に、句讀點も信を置きがたい。なお、『支那文化史蹟』は、法藏館より一九七五・七六年に

復刊された際に、『中國文化史蹟』と改題された。

（3）少林寺にある歴代の線刻畫の代表作を集録した、蘇思義・劉笠青・楊曉捷編『少林寺石刻藝術』（文物出版社、一九八五年）にも見えない。

（4）この拓本寫眞では、碑陰の額は圭形ではなさそうに見えるが、じつは碑陽と同じく圭額なのであって、最頂部が採拓されていないだけである。

（5）『金石萃編』巻七四・少林寺賜田敕の條に附された王昶の按語の後半に、

然其請牒刊石之由、碑不復詳記。則寺僧之庸可知矣。且此牒又尚有可疑者。貞觀六年距武德四年秖十一年、係太宗及身之事、寺有翻城之功、太宗親賜教以告諭、朝廷豈無人稔知之者。何以牒內有詰問、當時因何不早陳論之語、似係事隔多年、因而反覆辨詰。然牒實是貞觀六年所給、而請而刻石在開元十一年。相距又九十二年何耶。是皆不能明者、姑存而不論云。

（6）常盤大定『支那佛敎史蹟踏査記』（支那佛敎史蹟踏査記刊行會刊、一九三八年）に掲載された「行歷日誌」によれば、十一月六日から八日にかけて、少林寺に滯在している。

（7）拙稿、池田溫『中國古代籍帳研究――概觀・錄文――』に對する書評（『東洋史研究』三九―一、一九八〇年）。

（8）拙著『唐代政治社會史研究』（同朋舍出版、一九八六年）の「序論」參照。

（9）仁井田陞『唐宋法律文書の研究』（東方文化學院東京研究所、一九三七年）八三二頁。

（10）池田溫「盛唐之集賢院」（『北海道大學文學部紀要』一九―二、一九七一年）、および陳祖言『張說年譜』（中文大學出版社、一九八四年）參照。

（11）聞喜の裴氏については、淸・顧炎武「裴村記」（『顧亭林文集』巻五）、竹田龍兒「唐代士人の郡望について」（『史學』二四―四、一九五一年）、矢野主稅「唐初の貴族政治について」（『東方學』九、一九五四年）・同「裴氏研究」（長崎大學學藝學部『社會科學論叢』一四、一九六五年）、毛漢光「從士族籍貫遷移看唐代士族之中央化」第十節、河東裴氏（『中央研究院歷史語言研究所集刊』五二―三、一九八一年）を參照。なお、本稿の概報たる拙稿

「裴漼「嵩岳少林寺碑」」（京都大學人文科學研究所『人文』二七、一九八三年。本書第Ⅰ部コラム1）で述べたごとく、宇文融の括戶政策の際、判官の一人に任ぜられた裴寬は裴漼の從祖弟で、嵩山に緣の深い、熱心な佛教信者であり、のちに東都洛陽の知事たる河南尹になった。

(12) 塚本善隆「北周の宗教廢毀政策の崩壞」（『佛教史學』一、一九四九年、のち『塚本善隆著作集』第二卷、大東出版社、一九七四年に再錄）參照。

(13) 嚴耕望『唐僕尙丞郎表』（中央研究院歷史語言研究所、一九五六年）五〇四・五〇五頁。

(14) 唐代の職田制については、大崎正次「唐代京官職田攷」（『史潮』一二―三・四合併號、一九四三年）、谷川道雄「唐代の職田制とその克服」（『東洋史研究』一二―五、一九五三年）、小西高弘「唐前半期の公田（職田・公廨田）について」（『福岡大學研究所報』二八、一九七七年）を參照。

(15) 宇文融の括戶政策については、拙稿「唐の律令體制と宇文融の括戶」（『唐代政治社會史研究』第Ⅲ部第二章）・「兩稅法制定以前における客戶の稅負擔」（同第三章）を參照。

(16) 春日禮智「一行傳の研究」（『東洋史研究』七―一、一九四二年）參照。

(17) 『册府元龜』卷三六・封禪二の條に「玄宗開元十二年閏十二月辛酉。文武百官吏部尙書裴漼等、上請封東嶽曰、……」とある。『唐會要』卷八・郊議の條にも同文が見えるが、もともと原闕の部分で、『册府元龜』によって補われた個所に當たる。

(18) 榎一雄・本田實信兩氏の譯。單行本に纏められた『安祿山の叛亂の背景』（オックスフォード大學出版局、一九五五年）では五〇、五一頁に當たる。Pulleyblank, E. G., *The Background of the Rebellion of An Lu-shan*, Oxford U. P., 1955.

コラム1

嵩岳少林寺碑

嵩岳とは、洛陽の東南七〇キロメートルにある中岳嵩山のことで、五岳の一つ。高さは一四四〇メートルある。北魏の道士寇謙之が、四一五年にこの嵩岳の山頂に降臨した太上老君から經誡を授けられた、と傳えられるように、大小三十六峰からなる嵩山は、宗教的な雰圍氣を色濃くただよわせていた。この嵩岳の少室山の北麓にあり、今では少林寺拳法の發祥の地として有名な少林寺は、北魏王朝の洛陽遷都直後の四九六年に、孝文帝が佛陀禪師のために創建したもの。禪宗の初祖菩提達磨が面壁し、その弟子の慧可が斷臂した傳說で名高い。

隋唐交替期の群雄割據の際、この地方が王世充の支配下に入っていたのに、少林寺の有力僧十三人らが李世民側に誼(よしみ)を通じたことも一つの契機となって、李氏の唐王朝が全國統一をなしとげたので、その論功行賞のため、寺領莊園と碾磑を安堵する敎書や敕が出された。それらの敎書や敕を刻されたのが、高さ三メートルに及ぶ「皇唐嵩岳少林寺碑」あるいは「唐太宗御書碑」と稱される石碑なのである。

古代から金元に至るまでの金石文を著錄した王昶撰の『金石萃編』によれば、この碑の碑額は玄宗の御筆で、碑の正面の上截には秦王李世民の署名入りの敎書が刻され、その下に、吏部尙書裴漼の撰文ならびに書の「皇唐嵩岳少林寺□」の長文が刻され、最後に、「開元十六年七月十五日建」とある。そして碑陰には、開元十一年十一月の內品官の牒を刻した「少林寺柏谷塢莊碑」と同十一年十二月の牒をつらねた「少林寺賜田敕」が刻

されたことになっている。從來は、正面の裴漼の文が禪宗史の研究者によって重視される一方で、法制史や寺院經濟史の研究者によって碑陰の諸文が取り上げられてきた。しかし、おおむね『金石萃編』などの金石書に依據して、もとの拓本を檢討されなかったようである。

私は、京都大學人文科學研究所に所藏する三種の拓本にもとづいて、正面と碑陰とを總合的に考察し、この碑は、いわゆる宇文融の括戶政策の一環として發布された、開元十年正月二十三日の佛敎道敎寺院の莊園を制限する敕から、二年がかりの請願運動、裏面工作の結果、少林寺のみを特別に免除してもらった次第を石に刻して記念するために裴漼に書いてもらったものである、との結論に達し、「開元十六年七月十五日建」は別筆との判斷を示した。ちなみに、宇文融の括戶政策の際、判官の一人に任じられた裴寬は裴漼のいとこで、ともに河東聞喜縣の名族の一員であったが、この裴寬は熱心な佛敎信者であり、のちに東都洛陽の知事たる河南尹になった。

なお、夏期講座（一九八二年）の當日は碑面と碑陰の寫眞を並べて解說したが、その際に柳田聖山敎授が表裝された碑面の拓本を初公開として展示していただき、聽講の方々に臨場感を味わっていただけたことに、紙上を借りて厚くお禮を申し上げたい。

第四章　玄祕塔碑考

はじめに――唐代石刻官文書

京都大學の文學部東洋史研究室と人文科學研究所東方部に所藏されている中國石刻拓本のなかから、特に歴史資料として注目される三十點を選んで、文學部博物館の平成二（一九九〇）年春季企畫展に公開展示された際、唐代の漢文のみの拓本としては六點を選びだした。六點とは原石そのものが同博物館に所藏される段會墓誌（六五二年）と崔府君夫人鄭氏合祔墓誌（八一七年）のほか、太倉銘甎（六三四年）、少林寺柏谷塢莊碑（七二三年）、憫忠寺寶塔頌（七五六年）、それに敕內莊宅使牒（八五一年）であって、これら六點の歴史資料としての意味については鮮明な寫眞をともなった『中國石刻拓本展出品圖錄』（京都大學文學部博物館、一九九〇年）で一往の簡潔な解說がなされた。そして、安史の亂の最中に史思明が唐に一時歸順する直前という微妙な時期に建てられた憫忠寺（北京の法源寺の前身）の寶塔に關して、史思明の幕下にいた節度掌書記張不矜が撰し蘇靈芝が書した憫忠寺寶塔頌は中國佛教圖書文物館編『法源寺』（法源寺流通處、一九八一年）に讓るとして、墓誌二點については拙稿「京都大學所藏の唐墓誌」（唐代史研究會編『東アジア古文書の史的研究』刀水書房、一九九〇年。本書第Ⅲ部第二章）でやや詳しく紹介し、太倉銘甎は舊稿「隋唐時代の太倉と含嘉倉」（『東方學報　京都』五二、一九八〇年）で含嘉倉の遺址から新出

圖1　玄祕塔碑碑陽
（陝西省西安碑林博物館藏）

圖2　玄祕塔碑碑陰
（陝西省西安碑林博物館藏）

土した銘甎と比較しつつ検討を加えていたし、裴漼撰書の少林寺碑の碑陰上截にみえる石刻官文書たる「少林寺柏谷塢莊碑」については、前稿（本書第Ⅰ部第三章）「嵩岳少林寺碑考」（川勝義雄・礪波護編『中國貴族制社會の研究』京都大學人文科學研究所、一九八七年。のちにP. A. Herbert博士によって補注が施された上で英譯された。*The Shaolin Monastery Stele on Mount Song*, ISEAS, 1990.）のなかで全文を移録しつつ説明しておいたので、やはり唐代の代表的な石刻官文書たる敕內莊宅使牒の説明だけが課題として殘されていることになる。

　この石刻官文書たる敕內莊宅使牒は、陝西省博物館の西安碑林第二室に陳列されている柳公權の書で有名な大達法師玄祕塔碑（圖1）の碑陰の上截に刻されて

おり、中截には比丘正言疏、下截には「綱紀重地」という極大の四文字が二字ずつ二行に刻されている（圖2）。つまり、この石碑の碑陽には奉佛の政治家として知られる裴休によって執筆された大達法師端甫（七七〇―八三六）の業績とその埋骨塔である玄祕塔の緣起を刻し、碑陰に端甫の弟子の僧正言が內廷から土地と家屋の拂い下げをうけた次第を證明する官文書などを刻している。この體裁は、前稿「嵩岳少林寺碑考」で取り上げた石碑が、碑陽の下截に裴漼の撰と書にかかる少林寺の寺史を記述し、碑陽の上截の秦王告少林寺主敎と碑陰の上截の少林寺柏谷塢莊碑、下截の少林寺賜田敕がいずれも石刻官文書であったのとほぼ軌を一にしているのである。

ところで、唐代中國において、佛敎敎團は國家權力との間に、おおよそ三度にわたって緊張した關係をもたされた。第一回目は唐朝の成立期たる高祖・太宗の治世、第二回目は玄宗の開元年間、そして第三回目は「會昌の廢佛」として知られる武宗の會昌年間、つまり八四〇年代の前半である。この三回にわたる佛敎敎團の危機的情況を證言する石碑こそ、これら少林寺碑と玄祕塔碑なのであって、いずれも碑陽には佛敎史にかかわる文章を記し、碑陰に寺領莊園ないし寺地の收得事情の正當性を保證する官文書を刻しているという共通點をもっている。前稿で說いたごとく、少林寺碑が第一回目と第二回目の國家權力からの壓力を防衞する對策として建立されたのに對し、玄祕塔碑は第三回目の會昌の廢佛に密接にかかわる石碑であるとみられる。そこで、前稿にならって「玄祕塔碑考」と題し、碑陽と碑陰を一體のものとして總合的に檢討するものの、全文を移錄した上での詳細な吟味は別の機會に讓り、今回は概要を述べるに止めたい。

一　裴休撰の大達法師玄祕塔碑

王昶撰『金石萃編』巻一一三に「元祕塔碑」と題して收録されている大達法師玄祕塔碑銘は、顔眞卿をつぐ晩唐の書家として著名な柳公權、字誠軒（七七八―八六五）の楷書の代表作として、その拓本寫眞は書道全集には必ず掲載され、書跡名品叢刊といったシリーズ企畫には單獨で選ばれ、その際には「唐　柳公權　玄祕塔碑」と題されるのが常であった。「唐故左街僧錄大達法師碑銘」なる三行各四字の篆額と、二十八行、毎行五十四字の本文がともに柳公權の書であり、『舊唐書』巻一六五の本傳に「當時、公卿大臣家の碑板、公權の手筆を得ざる者、人もって不孝となす（當時公卿大臣家碑板、不得公權手筆、人以爲不孝）」と記されていた評判通りの書法作品であるから、無理からぬことなのであるが、歴史資料として碑銘の内容を重視する立場を取る以上は、撰者の裴休（七九一―八六四）の名をこそ掲げることになる。なお裴休の生卒については、『アジア歴史事典』（平凡社、一九五九年）でも「七八七？―八六〇？」と書かれていたが、吉川忠夫の雄篇「裴休傳――唐代の一士大夫と佛教――」（『東方學報京都』六四、一九九二年）の出現により、確定されることになった。

玄祕塔碑は、宋代に採られた拓本においてさえ、すでに碑文の上から十字目、十一字目あたりに左右に斷裂があり、五十字あまりの文字が缺けているが、宋・姚鉉の編纂にかかる『唐文粹』巻六二に收められた裴休「上都大安國寺大達法師玄祕塔碑」によって缺字を補うことができ、黃洋考訂補正『柳公權書玄祕塔（無缺字本）』（中國書店、一九九二年）といった書物が北京で出版されたりしている。この碑石は現に西安碑林の第二室で展示され、螭首方座で高さ三八六センチ、廣さ一二〇センチという寸法を示しているが、碑文の第一行目に「唐故左街僧錄內供奉三

教談論引　駕大德安國寺上座賜紫大達法師玄祕塔碑銘幷序」とあることからも明らかなように、元來は長安城の左街の安國寺の境内に建立されたものであった。第二行目には撰者である裴休の官銜、第三行目には書者の柳公權の官銜を書きつらねた後、第四行目から「玄祕塔なる者は大法師端甫の靈骨の歸する所なり。云云。」という序文が書かれ、端甫は十七歳のとき比丘となって安國寺に所屬して以降、經律論の三藏に通じて天下に有名となり、德宗の知遇をえて宮中に出入し、儒者・道家の代表者と三教論衡をなし、憲宗のときには詔を與えられて佛の眞骨を靈山つまり法門寺より宮中に迎える役を勤めるといった次第が記された後、開成元（八三六）年六月の入滅と、三百餘粒の舍利をえた荼毘の模樣が述べられる。序文の終わりに、

門弟子の比丘・比丘尼は約そ千餘輩、或いは玄言を講論し、或いは大寺を紀綱す。禪を脩め律を秉り、分れて人師と作るもの五十、其の徒は皆な達者たり。於戲、和尚は果して出家の雄ならんか、然らずんば何ぞ至德殊祥かくの如く其れ盛んなるか。承襲の弟子の義均・自政・正言らは、克く先業を荷い、遺風を虔守し、大いに徽猷の時ありて堙沒するを懼る。而していま閤門使の劉公は法緣もっとも深く、道契いよいよ固く、亦た以て請を爲し、淸塵を播かんことを願う。休かつて其の藩に遊び、其の事を備う。隨喜讚歎して、蓋し愧辭なし。銘に曰く、

門弟子比丘・比丘尼約千餘輩、或講論玄言、或紀綱大寺。脩禪秉律、分作人師五十、其徒皆爲達者。於戲、和尙果出家之雄乎、不然何至德殊祥如此其盛也。承襲弟子義均・自政・正言等、克荷先業、虔守遺風、大懼徽猷有時堙沒。而今閤門使劉公、法緣最深、道契彌固、亦以爲請、願播淸塵。休嘗遊其藩、備其事。隨喜讚歎、蓋無愧辭。銘曰、

と書かれ、四字四十句からなる銘が刻され、最終行に「會昌元年十二月廿八日建」とあって入滅後五年半のちの會昌元年の年末に建碑されたことが明記されている。ちなみに、最終行の下部に小字で「刻玉册官邵建和幷弟建初

鐫」とみえる刻者名について觸れるならば、柳公權書の敦煌本金剛經と符璘碑の刻者が邵建和であることは知られていたが、一九八六年十一月に西安で新たに出土した令狐楚撰・柳公權書の「大唐迴元觀鐘樓銘并序」（圖3・圖4）の文末に「開成元年四月廿日立　　邵建和刻」とあり（馬驥「西安新出柳書唐迴元觀鐘樓銘碑」〈『文博』一九八七年第五期〉）、書者の柳公權と刻者の邵建和兄弟が、當時最高の組み合わせであったことを補強する出土文字資料と言えよう。

なお、唐代の高僧たちの傳記集として知られる宋・贊寧撰『宋高僧傳』巻六の「唐京師大安國寺端甫傳」の條は、ほぼ全文が裴休撰の玄祕塔碑の序文をそのままに敷寫したものであり、『宋高僧傳』の編纂過程を考察する上で貴重な事例を提供することを附記しておきたい。

二　敕內莊宅使牒と比丘正言疏

裴休撰・柳公權書の玄祕塔碑が建てられた武宗の會昌元年十二月二十八日から十年ばかり經過した時點になって、この玄祕塔碑の碑陰の上半部に二通の文書が追刻された。一通目は宣宗の大中五（八五一）年正月十五日の日附のある「敕內莊宅使牒」（圖5）で、二通目は翌大中六（八五二）年四月二十五日の日附をもつ「比丘正言疏」（圖6）である。ところで、玄祕塔碑のような傳世の石刻文字資料について考察する際にまず繙くのは、楊殿珣編『石刻題跋索引（增訂本）』（商務印書館、一九五七年）であるが、この玄祕塔碑の碑陰に關する情報には戸惑わされる。この索引の五六三頁には、大中五年正月の「敕內莊宅使牒」の諸項につづけて、やはり大中五年正月の「比丘尼正言疏」の諸項があり、それらとは別に大中五年の「唐安國寺產業記（大達法師碑陰）」の項が見える。そして最近に陝

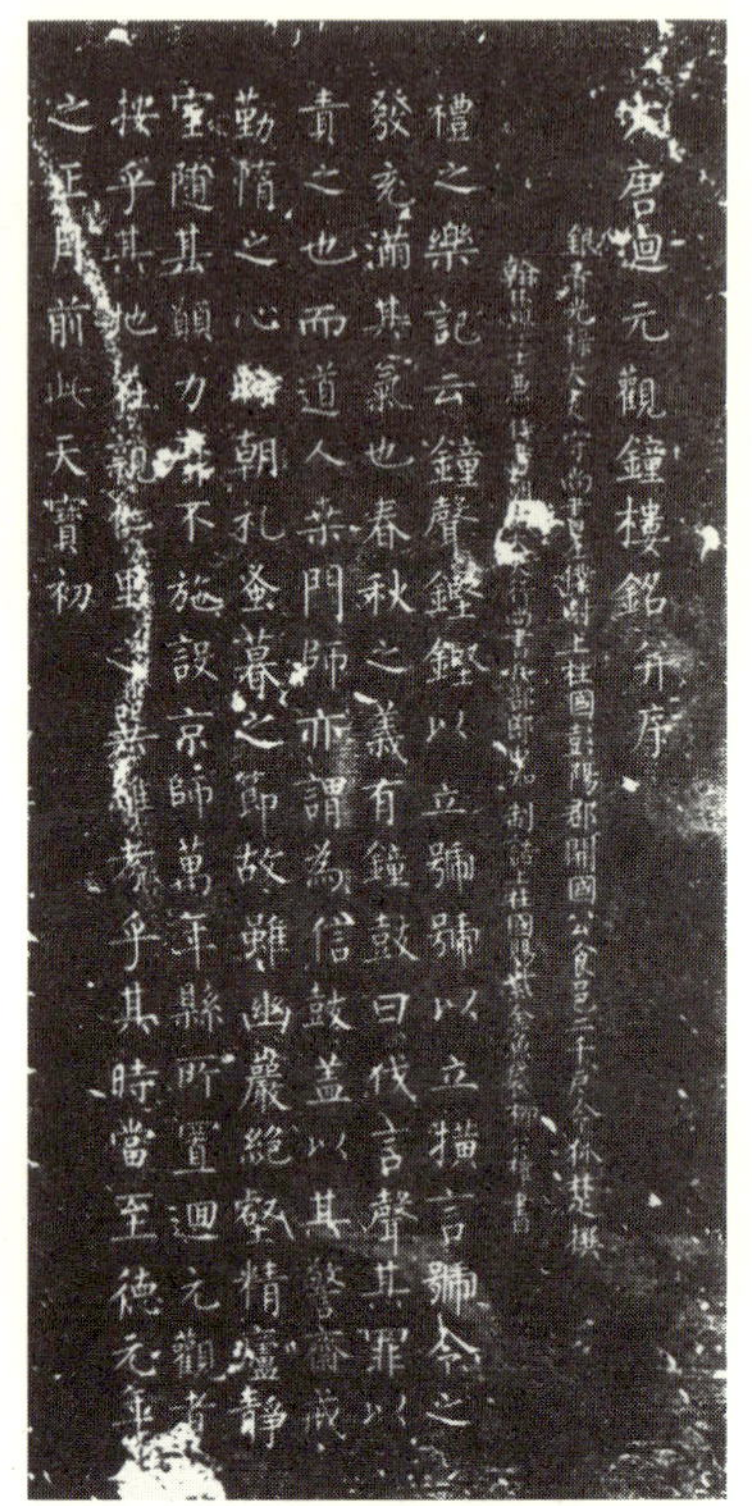

圖 3　大唐迴元觀鐘樓銘拓本　首部
（陝西省西安碑林博物館藏）

圖 4　大唐迴元觀鐘樓銘拓本　尾部
（陝西省西安碑林博物館藏）

圖5　敕內莊宅使牒拓本

（陝西省西安碑林博物館藏）

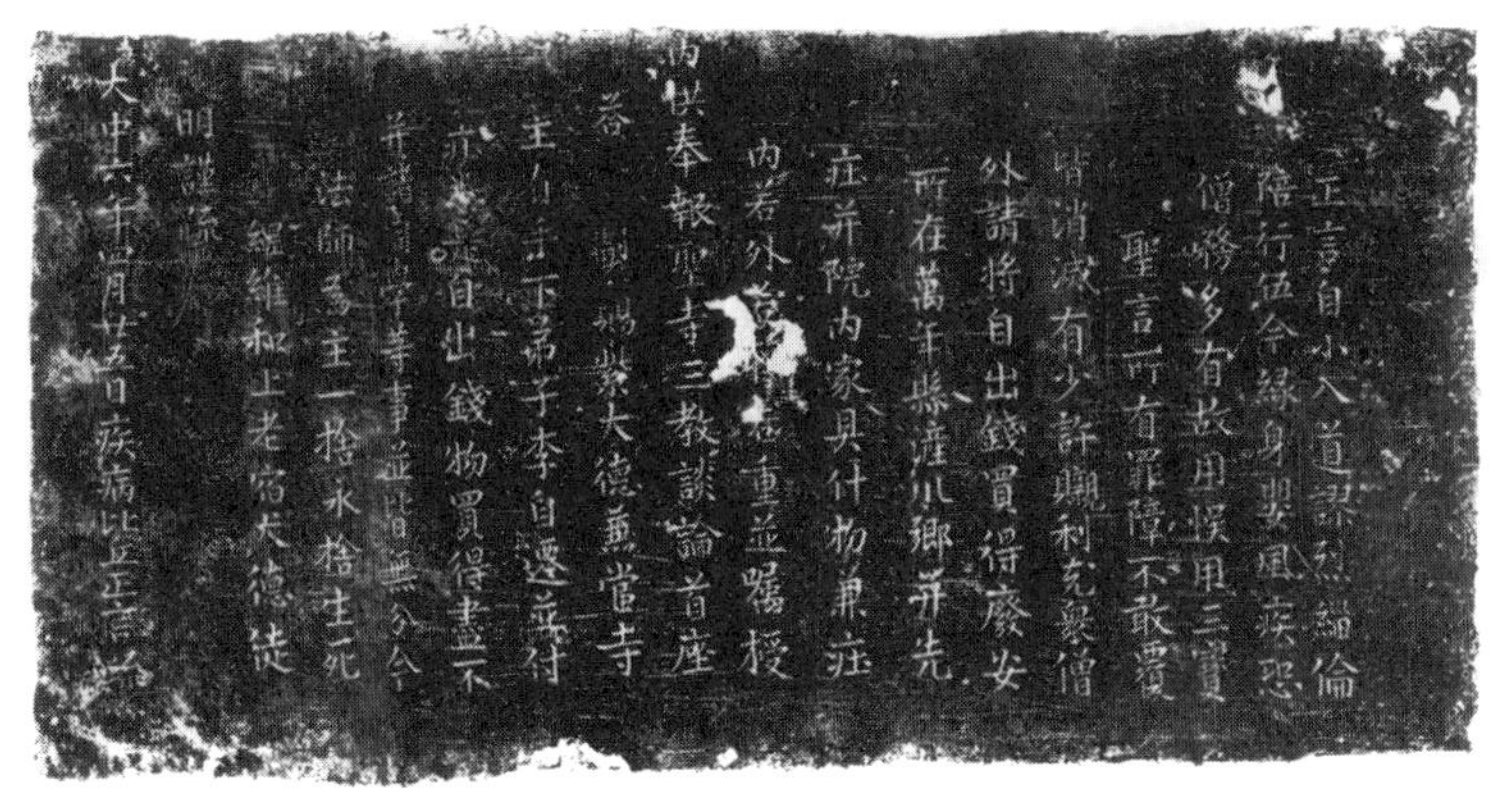

圖6　比丘正言疏拓本

（『寺院經濟』より）

西金石文獻叢書と銘打って刊行された陝西省古籍整理辦公室編『陝西石刻文獻目錄集存』（三秦出版社、一九九〇年）においても、「敕內莊宅使牒」「唐安國寺產業記」「比丘尼正言疏」の三條を掲げて、それぞれの文獻を列擧している。しかし實際は、「敕內莊宅使牒」と「唐安國寺產業記」は同一のものであり、前節で引用した裴休の序文の文末に見える端甫の承襲の弟子の正言は、比丘であって比丘尼ではなかった。『西安碑林書法藝術』（陝西人民美術出版社、一九八三年）の附錄に收められた「西安碑林藏石細目」に記すように、藏石編號六二三の玄祕塔碑の碑陰には、「敕內莊宅使牒」と「正言疏」および明の左思明が書した「綱紀重地」の四字が刻されている。碑陰の上截に刻された「敕內莊宅使牒」の拓本は、京都大學の文學部と人文科學研究所にも所藏され、北京圖書館金石組編『北京圖書館藏中國歷代石刻拓本匯編』第三二冊（中州古籍出版社、一九八九年）に寫眞が收錄されているが、中截の「比丘正言疏」の拓本は見當たらず、管見の限りでは、國立北京大學法學院中國經濟史研究室編『中國經濟史料叢編　唐代篇之三　寺院經濟』の圖版十に收められた繆荃孫舊藏の拓本の寫眞がある（圖6）。「敕內莊宅使牒」には、碑陽と同じく、上から十三字目ないし十五字目に橫の斷裂があって、この場合には脫字を補う方法はない。

大達法師端甫と弟子の正言が住した安國寺は、長安城の街東（左街）の第四街第一坊、つまり北は城壁を隔てて大明宮に接し、東は十六王宅に隣している長樂坊（延政坊）の半ば以上の境域を占める廣大な寺院で、大安國寺とも呼ばれ、もともとは睿宗の在藩時期の邸宅であった。大安國寺については小野勝年『中國隋唐長安・寺院史料集成』（法藏館、一九八九年）に讓るとして、「安國寺產業記」とも稱された「敕內莊宅使牒」と「比丘正言疏」は、斷裂による脫字のために十全を期することは不可能であるが、おおよその意味として、病中の比丘正言が、安國寺のために私財を投じて萬年縣滻川鄉陳村の官有地であった莊宅を拂い下げてもらった次第を證明する官文書たる「敕內莊宅使牒」を石刻にし、その間の事情を說明する疏を書き加えたものと考えて大過あるまい。

內莊宅使とは、關連史料を博捜した加藤繁「內莊宅使考」（『中國經濟史考證』上卷、東洋文庫、一九五二年）が明らかにしたごとく、宦官が任じられた內諸司使の一であって、莊宅をはじめとして碾磑・店鋪・車坊・園林などのあらゆる種類の官有不動產を管理した。『金石萃編』卷一一四所收の「敕內莊宅使牒」により、加藤は內莊宅使の下に副使・判官などが置かれたことが窺われるとされたが、牛僧孺撰の『玄怪錄』卷三・王國良の條（『玄怪錄　續玄怪錄』上海古籍出版社、一九八五年、一一一―一一三頁）が、

莊宅使巡官の王國良は、下吏の兇暴なる者なり。宦官に憑恃し、常に人を凌辱するを以て事となす。云云。

莊宅使巡官王國良、下吏之兇暴者也。憑恃宦官、常以凌辱人爲事。云云。

と書き出されているように、宦官の威勢を笠にきた莊宅使の巡官の存在が、當時の人びとにとって不愉快なものであった情況を知ることができるのである。

三　會昌の廢佛――建碑と追刻

裴休の玄祕塔碑の序文などによると、端甫はつとに德宗によって宮中に招かれ、皇太子時代の順宗とは兄弟のように親しくし、寢起きまで共にした。憲宗が卽位するや、左街僧錄・內供奉となり、「論佛骨表」を書いた韓愈の反對をも押し切って憲宗が元和十四（八一九）年正月に鳳翔の法門寺から佛骨を宮中に迎え入れた際には中心的な役割を果たした。文宗の開成元（八三六）年六月一日に入滅し、七月六日に長樂の南原で荼毘に附された。それから三年半後に文宗が崩じ、宦官同士の權力争いの果て、皇太子を廢して文宗の弟の武宗が卽位する。時あたかも外廷では牛僧孺・李宗閔と李德裕をそれぞれ領袖とする牛李の黨爭が激烈を極めていた。武宗が卽位した一年後に會

昌と改元され、さらに一年近くのちの會昌元年十二月二十八日に、閤門使の劉公の盡力により、裴休撰・柳公權書の玄祕塔碑が建てられた。閤門使も內諸司使の一であるから、劉公も有力な宦官だったのである。

大安國寺に玄祕塔碑が建てられた頃、日本からの入唐僧圓仁が長安に滯在し、建碑の翌年に當たる會昌二年になると、道敎びいきの武宗による佛敎敎團への規制が始まったことを『入唐求法巡禮行記』のなかで記録している。されば、吉川忠夫が前揭の「裴休傳——唐代の一士大夫と佛敎——」一五五頁で、玄祕塔碑の立碑の目的が、端甫の弟子たちが「大いに徽猷の時有って堙沒せんことを懼れ」たからであると記されているのも、あるいは廢佛への危機感の表現であったとすべきであろうか、と述べられたのは、正鵠を得ているといえよう。ともあれ、三武一宗の法難の第三回目たる會昌の廢佛が大々的に斷行された會昌五年には僧尼二十六萬五百人が還俗させられ、四萬餘の招提蘭若つまり小寺院と四千六百餘の寺院が廢棄され、寺田數千萬頃が沒收された。大安國寺も例外ではなかったはずである。

會昌の廢佛は永續はせず、翌年四月に武宗が崩じて宣宗が卽位すると、佛敎復興の政策が採用される。宣宗の復佛にあたって主導的な役割を果たした人物こそ裴休であった。安國寺も復興された。史書には、淸禪寺を改めて安國寺とした、とあるので、かつての大安國寺がそのまま復活したのか、あるいは長樂坊の東南に當たる街東の第五街第二坊の南門に近い場所にあった淸禪寺が安國寺と改稱したまま繼續したのか、斷定は差し控えたい。いずれにせよ、私財を投じて內莊宅使から官有の莊宅の拂い下げをうけた比丘正言が、再び廢佛の嵐が吹きあれることがあっても、沒收されないように、「敕內莊宅使牒」と病中をおしてみずからしたためた疏を玄祕塔碑の碑陰に追刻してもらい、防風林の役割を期待したに違いない。かの嵩岳少林寺碑の建立の意圖と軌を一にするのである。この正言の疏は『全唐文』卷九二〇に「病中上寺主疏」と題して收められている。なお卷八〇二の苗紳「正言上人碑

銘」はこの正言と同一人物であろうが、『全唐文』がどこから採錄したのか、殘念ながら詳らかにしえない。

第五章　文物に現れた北朝隋唐の佛教

はじめに

礪波護でございます。西暦一九三七（昭和十二）年生まれとご紹介いただきましたが、一九三七年に、じつはこの大谷大學と緣の深いと言いましょうか、眞宗大谷派の末寺に生まれたものでございます。

本日は、佛敎史學會という傳統ある學會の公開講演にご指名いただきまして、非常に光榮に思っております。

私はもともと、卒業論文で唐代の佛敎のことをしようとしたのですけれども、主任敎授の宮崎市定先生にご相談したら、佛敎史はおもしろいからやめておけと、もっとほかのことをして、あとから佛敎のことをしたらどうか、佛敎のことをはじめにやるとおもしろくなって、ほかのことが何も見えなくなるからと言われて、あっさり引き下がったようなことだったのです。

これが、佛敎史はおもしろくないと言われたら、やってみたかもしれないですけれども、非常におもしろいから、ほかのことを先にやってからあとでしたらどうと言われて、結果的に佛敎關係の論文を書くようになりましたのは、卒業してから二十年という歳月がたってからだったのです。

こちらの大學の『大谷大學廣報』に、數年前に文章を求められたときに、そのへんの仔細を書いたのですが、隋

唐佛教史の研究をするについて、準備期間に、非常に時間がかかったということです。

結果的には、中公文庫に『隋唐の佛教と國家』という本を出させてもらったわけですけれども、私の研究の手法は、佛教の教理史から入っているわけではなく、むしろ制度史的な、あるいは研究の手法としては、テキストクリティックとか、そういうところから入り込んだかたちで、これまでの研究とは違うので、ある意味では新鮮な印象を與えたものもあったらしく、じつはこの文庫本を上編として、下編に文物關係の佛教のもの三篇を追加しまして、『隋唐佛教文化』という書名で、上海古籍出版社から中國語譯を出しました。

本日の題をどういう題にしようかというときに、『ミネルヴァ通信』という、ミネルヴァ書房の通信のなかで、「私の忘れえぬ一册」という本を何か擧げよということで、そのときに私は、塚本善隆先生の『大石佛』という書物を、「私の忘れえぬ一册」として持ち出したわけです（本書第Ⅰ部コラム2参照）。それはどういう本かと申しますと、ご存じの方は案外少ないかもしれないですが、弘文堂から出ておりましたシリーズ、アテネ新書ですけれども、そのなかの『大石佛』でございます。

私は大學院に入りましてから、京都大學の人文科學研究所で開かれておりました、佛教關係の二つの研究班に毎週參加させていただきました。それ以外には、大學院の授業としてのものがいくつかあったのですけれども、その授業とは無關係なかたちで二つの研究班に出席させてもらいました。その一つが、塚本善隆先生が主宰された『弘明集』の研究でありました。もう一つが、藤枝晃先生が主宰されました敦煌寫本の研究です。

この二つの研究班に、その後かなりの年月、參加することによって、北朝から隋唐にかけての佛教史についてのいろいろな基礎知識というものを學ぶ機會があったわけです。塚本先生の場合は、まもなくご退官ということで退官記念論文集をつくられる一方、ご自身の著作として『魏書』釋老志の翻譯をなさいました。それは今では平凡社

の「東洋文庫」のなかに入っているわけですけれども、もともとは研究論文もつけ加えたかたちでの『魏書釋老志の研究』というものを、停年の個人的な記念として出されたわけです。

そのときは、牧田諦亮先生が編集に携わっておられて、論文のところの校正を、有無を言わさずするようにというかたちで持ってこられました。その結果、私は塚本先生の本の附編といたしまして、「北周の廢佛」という論文と、「北周の宗教廢毀政策の崩壞」という二つの論文、前の方は長編で、しかも、かつて『東方學報　京都』に二回にわたって連載されたものに、新しい原稿を二章分つけ加えられて出されたものだったのですが、それと「北周の宗教廢毀政策の崩壞」という論文の校正を手傳ったのです。

數年後、博士課程に在學中のときに『東方學報　京都』の特集號で「敦煌研究」というものすごく厖大な論文集が出たのですが、その校正も藤枝先生から押しつけられまして、その結果、塚本先生の論文と、藤枝晃先生が主宰された敦煌研究班の論文集の校正をする、そして原文にあたって、史料にあたってということによって、非常に鍛えられたという感がするわけです。

「北周の廢佛」の方は、人文科學研究所の機關誌でありました、『東方學報　京都』に載ったもので、二つ目の方は、これがじつは、『佛敎史學』の創刊號、つまり第一號の巻頭論文として載ったものでした。その頃から佛敎史學會の論文については關心をもってきたというわけです。

私が持っております『佛敎史學』の創刊號は、單なる創刊號という以上におもしろく、表紙に墨筆で書き込まれていますが、これは新村出先生の字なのです（圖1）。このときに佛敎史學會で發表があったら、平樂寺書店の二階で、座談會なのか合評會なのかわかりませんけれども、そういうものが催されていたということがわかる貴重な雜誌で、古本で手に入れたものですけれども、これも今となれば文物ということになるかもしれません。

圖１　『佛教史學』第一號

書評というものを私が初めて書いたのは、じつは塚本先生の『魏書釋老志の研究』なのでして、『史林』に掲載されました。考えてみれば、自分で校正して書評を書くなんて、ちょっとおかしなことですけれども、そういう仕事をいたしました。

この書評を執筆するにあたり、理解を深めるために併讀したのが塚本先生既刊の二冊の單行本でありまして、一つが「龍門石窟に現れたる北魏佛教」などの重厚な論考を集成した博士論文『支那佛教史研究　北魏篇』で、二つ目が、弘文堂のアテネ新書の一冊である、概說風の輕快な『大石佛』なのです。

この場合の大石佛というのは、雲岡の大石窟のことで、それまで多くの人びとによって、美術史考古學の對象として研究され、紹介されてきた雲岡の大石窟を、千五百年前の信者が精魂を注ぎこんだ佛教の聖域、信仰の結晶として解明し、その宗教史的意味を考えようとされていたもので、一氣に讀み終えて感動いたしました。

『塚本善隆著作集』全七巻が出ているわけですけれども、そのなかには『魏書釋老志の研究』や「龍門石窟に現れたる北魏佛教」が収録されております。しかし、この『大石佛』は、殘念ながら収錄されていない狀況です。

全集となれば、全部が網羅されるのでしょうけれども、著作集というかたちの場合には、ある程度の取捨選擇はやむをえない面があります。私の目から見ますと、當然入っていてしかるべきと思われる塚本先生の貴重な論考が入っていないという感がするわけです。この『大石佛』などの場合も、概說的なものではありますが、塚本先生の

學問というものを非常によく表していると思いまして、殘念なことでございます。

本日の題を、「文物に現れた北朝隋唐の佛教」としたのは、明らかに塚本善隆先生の論文、「龍門石窟に現れたる北魏佛教」をもじった題です。ほんとうだったら、「文物に現れたる北朝隋唐の佛教」としたいところなのですけれども、「る」を入れるか入れないかで迷ったのですが、最終的には「る」を省いたということでございます。氣持ちの上では「る」があると思って讀みこんでいただけたらと思うわけです。

一　近年の中國佛教史研究

中國本土における佛教研究というものは、私が申すまでもなく、中華人民共和國になりましてから、いろいろな紆餘曲折を經て、特に文化大革命の前後にあたる動亂の時期、そういうところをかいくぐったかたちで、今や中國本土における研究は非常に進んできているわけです。

特に私の印象では、唐代の佛教についても、これまで制度史的な研究をしておられた張弓といった方や、張國剛という、これまで制度史、政治史のことをしておられた方が、最近になって隋唐佛教關係の論文集を出してこられました。これは、私などが二十年ほど佛教史關係のものを書かなかったというような意味とはずいぶん違って、政治的な、書きたくてもいろいろなことを考えて書かれなかったのだろうということで、これまでは政治史、あるいは制度史的なことをなさってきた方々の研究も入ってくるということで、活氣が豫想されるわけですけれども、なかでも中國の佛教史の研究にとって畫期的なものは『中華大藏經』全百六巻の刊行だろうと思います。

日本の佛教史研究が世界で認められることの一つは、『大正新脩大藏經』という厖大な、入念なかたちのものが

出されて、それが今もいろいろなかたちで世界中から一目置かれているところがあると思うのですけれども、中國が今度新たに『中華大藏經』を出されました。

『書品』という雑誌といいましょうか、中華書局のＰＲ誌的な面もあるものなのですけれども、その一九八八年の第二期に、「『中華大藏經』を編集する意義に關して」という題で、中國國家圖書館の館長である佛教史家の任繼愈先生が、その意義を書いておられ、そして裏表紙のところには、『中華大藏經』の寫眞が載っています。この場合ですと、『中華大藏經』の漢文部分は、全部で二百餘册になるだろうということが書いてあるのですが、實際完成したものは百六册で終わっています。その百六册が終わりましてから數年たちまして、全體の「總目」というものが出版されました。ここに、奥附だけを掲げているわけですけれども、二〇〇四年一月に出版されて、ようやく日本にも渡ってきましたが、これは『中華大藏經』というものがどういう方針で、どういう人が協力したかということを述べた詳しい序文がついているのです。

『大正新脩大藏經』をお使いの方が多いと思うのですけれども、あの書物の場合には、各頁とはいいませんけれども、何頁かに一つは、明らかなる誤植があります。『大正新脩大藏經』で誤植が起こりますと、みながそれを使ってしまうとか、あるいは片方で版本がいいという『高麗大藏經』の場合には、消えかかっているところは勝手に活字で補っているというようなことで、その點から言えば、古い姿のままでテキストを讀もうというものにとっては、今度の『中華大藏經』は、よいものです。金代の大藏經を底本として、缺けている場合には『高麗大藏經』を採用し、しかも方針として、各巻の終わりに十數種類のテキストの異同表を全部入れてあるのです。

どれを正しいかと認定するには問題があるからという方針、これは見識なのかもしれませんし、使う側から言えば、むしろ變な判斷をされるよりは、あるがままの元の姿で出されて、そしてそれについての、ここと ここと ことがほ

かのテキストとは違うということを書いていただいたら、それはそれでありがたいということでございます。

中國における佛教研究というものは、最近において、日本と中國との交流史といいましょうか、遣唐使的なものについてもかなり興味のある書物が出ております。たとえば『行歴抄校注』というものが出されましたが、「『日本入華求法僧人行記校注』叢刊之二」と書いてあります。一は圓仁の『入唐求法巡禮行記校註』です。これは小野勝年先生のものの翻譯だったのですが、叢刊之二の本の場合も、小野勝年先生の成果を十分使っています。

こういうものが何册つづくのかわかりませんが、日本の入華、中國へ行った人ですから唐だけではなくて、おそらく宋代以後のものも入ってくると思うのですけれども、こういうシリーズがいろいろな、綿密な注釋をともなって出てきています。ご關心のある方は、中國關係の本屋さんで見ていただけたらと思います。最近の中國の書物は輸入部數が少ないので、注意しておかないとすぐに品切れになってしまうというケースが起こります。

全般的な印象としましては、中國における佛教史研究というものは、この十數年のあいだでどんどん様變わりしてきて、非常に堅實な研究が増えてきたという印象が強いわけでございます。

二　北朝の佛教文物

本日のテーマといたしまして、北朝隋唐の佛教ということで、まず北朝時代についてのところからお話を進めさせていただこうと思います。北朝時代の佛教で、これまで私たちが知らなかったような新しい文物が、佛像が地下からたくさん、各地で發掘されてきたことです。

そのうちの最初といいましょうか、關心をもたれましたのは、『埋もれた中國石佛の研究――河北省曲陽出土の

白玉像と編年銘文――』という書物が出されたのが大きいかと思います。カラーのものも含めて、たくさんの佛像が一括したかたちで、河北省の曲陽縣から出たのでした。日本語の翻譯が、東洋美術という出版社から刊行されています。松原三郎先生によって翻譯され、注が附けられ、解題がなされたものです。こういう書物が出たことで、中國における北朝時代の佛像についての新しい局面が出てくると思います。

それ以前の中國における石佛につきましては、今では大阪市立美術館の所藏になっております山口コレクションというのが、中國の石佛のコレクションとして名品を集めていて、こういうところから私なども、北朝時代、隋唐時代にかけての佛敎美術というものに關心をもってきたわけですけれども、何といいましても驚きの面をもちましたのは、山東省の青州龍興寺から出土いたしました多數の佛敎美術品だったわけです。

これにつきましては、中國ではもちろん山東美術出版社から一九九九年に非常に豪華な本が出ましたけれども、それだけではなくて、東京の國立博物館で中國國寶展という展覽會が催されたわけです。

そのときの圖錄がこの『中國國寶展』ということで、國寶展のなかで何分の一かがこの山東省青州の佛さまが紹介されたわけです。これはどうも、日本における中國美術に關する大規模な展覽會の二回目だったようで、最初の一九七三年の日中國交正常化記念出土文物展の場合は京都にも來たのですけれども、出土文物の展覽會ということで、この時期の展覽會では佛敎關係のものについての言及はなかったのです。

その點で、二〇〇〇年に擧行されました中國國寶展は、全體の文物のなかに占める佛敎關係のパーセンテージが非常に高くなったという點で、畫期的な展覽會だったと思います。

じつはその直前に、講談社から出ております、『日本の歴史』という二十六册のシリーズで、早い時期の月報を書けということで、その月報は、なるべく日本と中國との關係についてのことをテーマにしたものを書くようにと

いう依頼を受けました。そのときに私が選びましたテーマは、半跏思惟像でした。右手を頬にあてて、右足を折っている像です。その像がどういうかたちで、中國で行なわれていたかということについての文章を寄稿したわけでございます。

半跏思惟像の變遷につきましては、水野清一先生がていねいな論文を書いておられたりしたのですけれども、中國の文物出版社と日本の平凡社から『中國石窟シリーズ』というものが出されて、キジールの石窟とか、敦煌の石窟についての、非常に大判の圖版が出たものですから、私はそれを元にして半跏思惟像についての變遷を跡づけしたわけです。

水野清一先生が「半跏思惟像について」という論文を『東洋史研究』の第五巻第四號（一九四〇年）に書かれたのですけれども、雲岡の石窟では、半跏思惟像は交脚彌勒菩薩の左右脇侍として現れるのが普通ですが、第六洞の明窗の左右一對の像は、佛傳中の一節の太子像で、愛馬のカンタカに別れを告げる場面、そういうところに半跏思惟像が出ているということを指摘されたわけです。

半跏思惟像は北魏の最初から流行の最後たる隋代に至るまで、もっぱら太子思惟像であったこと、つまり彌勒菩薩という形ではなくて、悉達太子の姿であったということを、水野先生は唐の道宣の『集神州三寶感通錄』を參照しつつ論證されたわけです。

そのときに、山中商會に藏されていると紹介された、太子思惟像という刻銘が明記された太和十六（四九二）年の石像は、その後山口コレクションのなかに入って、今では大阪市立美術館に入っております。それらを展示した特別展が行なわれて、私はそれを觀にまいりました。

水野清一、長廣敏雄のお二人によって進められた『雲岡石窟』だったわけですけれども、その後に、今度は長廣

敏雄先生と、その助手を務められた岡崎敬先生などを編集委員とする『中國石窟シリーズ』全十七巻というものが平凡社から出たわけですけれども、敦煌莫高窟に納められた北涼時代の、つまり五世紀前半の第二七五窟の一對の樹形龕のなかに、瞑想する半跏思惟の彌勒像が見えるわけです。

北魏時代の第二五七窟、第二五九窟の建物のかたちをした窟にも、それぞれ寶冠をいただいた彌勒と目される半跏思惟の彩塑、色づけされた塑像があることがわかるわけです。

またそのシリーズによりまして、キジールの石窟にもやはりそういうかたちでの、一對の半跏思惟像の壁畫が左右對稱の形で殘されているのがあったわけですけれども、北魏から隋にかけて盛んになった半跏思惟像が、朝鮮半島を經て日本にやってきた場合に、日本で一對の左右對稱の形の彌勒菩薩の像というものはないのです。

後には密教系、眞言系の佛像のなかに、如意輪觀音として右手を頰にあてたかたちで眞ん中に納まるわけですけれども、そういう狀況のもとで、月報に載ってから直後に展覽會が開かれて、私がそれを參觀したら、驚いたことに中國の河北省から出土した、左右對稱のペアの形の半跏思惟像というものが陳列されていたのです。

この二つの像を見ると、右頰に指をつけるというのは、みなさんよくご覽になる圖だと思うのですけれども、反對の左の頰に指をあてて、足の組み方もちょうど逆になっているものです。

この『中國國寶展』は全部カラー版で紹介されましたので、非常にほほえましいかたちの、同時に非常に美しいので感心いたしまして、自分の回想錄や月報の類などを、京都大學を停年退官するときに集めました『京洛の學風』というエッセイ集のなかに、その月報を再錄すると同時に、附記のかたちで、その展覽會のことについてつけ加えたわけです。

中國で流行した左右對稱の像が、その展覽會だけではなくて、『埋もれた中國石佛の研究』のなかにも、これは

痛々しいかたちなのですけれども、こういうかたちで、やはりペアの彌勒菩薩というものがあって、片一方だけの場合は右手なのですけれども、ペアの場合にはおそらく左手を頰にあてておられるのだろうということなのです。そういうことで、半跏思惟像の變遷については關心をもってきたわけですが、その後、全く同じ名前の「中國國寶展」というのが東京の國立博物館で、また始まったのです。

中國國寶展という名前でありながら、前回もいろいろなほかの文物があるなかで、青州の佛像を表紙にするという試みがなされたのですが、今回の中國國寶展は、また同じようなかたちで、同じ青州のものを出しています。

じつは今度の展覽會（二〇〇四年九月二十八日―十一月二十八日開催）は、來年一月に大阪にも來るので、そのときにゆっくり觀ればいいと思っていたのですが、足利市立美術館の十周年記念の特別展へ行きました歸りに、大急ぎで東京國立博物館へ行って、前と同じような半跏思惟像がないものかと思って回りましたら、あったのです。それは、「釋迦・彌勒像龕」というもので、上がお釋迦さまで、下が彌勒さまなのです（圖2）。

圖2　釋迦・彌勒像龕
（東京國立博物館・朝日新聞社編『中國國寶展』朝日新聞社より）

それを解説で、「この作品で目をひくのは、釋迦の兩脇、外側で膝を曲げて立ちながら合掌するインドのバラモン風の人物である」ということで、上から二段目の左右、左足と右足がインドの修行僧のような形だということで、これについて關心がいっておりまして、解説なさった方は注目されていないの

ですが、一番上の段の右端、これがやはり半跏思惟像です。しかも上の段の左端は少し缺けているのですが、これもやはり半跏思惟像で、前回のときと同じ左右對稱の半跏思惟像の形をしているだろうと思います。

つまりこうなってきますと、お釋迦さまと彌勒さまが上と下とにあって、そのお釋迦さまを取り圍む脇侍のようなかたちの端に、一番上段ですけれども、ペアの半跏思惟像が出てくるわけです。

これは、水野先生が注目されていた、敦煌やキジールの石窟の壁畫にあるのと同じ形のものがちゃんとあるのに、なぜか日本には、私の知る限り、日本でペアの彌勒菩薩的なものは觀たことがありません。朝鮮半島にもなさそうなので、そうすると、そういうような變貌がなぜ起こったのか。そういう違いがあったということを申しておきたいと思うわけです。

先ほど申し遲れましたが、今回の國寶展のおよそ六割が佛像なのです、佛教關係なのです。これは三回にわたる、最初の出土文物展のときには、ほとんど齒牙にもかけられなくて、四年前のときには、かなりの程度のものが出てきたのですが、今回は六割ほどまでが佛教美術の作品で、今東京の國立博物館で陳列されていて、來年一月には大阪に來るという狀況です。

その苦勞話を、東京國立博物館の副館長の方が『人民中國』（二〇〇四年十月號）という日本人向けの雜誌の特集記事「歷史のロマンがよみがえる「中國國寶展」の文物と佛たち」のなかで語っておられます。佛教美術の展覽會だけをしたいと言ったら、そんな展覽會は中國で開いたことがないということで、それだけで展覽會を開いてもらうのは、ちょっと困るということなのでしょう。しかし、最大限の配慮をして、各地からの名品を集めた佛教美術展が現在、東京で開かれているということです。

私が若いころは、『人民中國』に佛教のことなどというものは、惡口は書かれてあっても、褒めるものとしては

出てこなかったのですけれども、特集で、「歴史のロマンがよみがえる」などと、眞っ先に紹介されるというのは、そういう狀況に今やなってきているということでございまして、「中國佛教美術史を彩る佛たち」とか、國寶展はここがおもしろいとか、紹介されています。

北朝についてはそれぐらいで、焦點を半跏思惟像の變遷というところで押さえました。

三　遣隋使と海西の菩薩天子

隋のところについては、遣隋使についての問題と、聖徳太子が憧れた海西の菩薩天子とは誰であったのかということについて、少し話をしたいと思います。

これは、『大谷學報』第八三巻第二號に載ることになった論文についてです（本書第Ⅰ部第一章參照）。

ＮＨＫが歴史ドキュメント「隱された聖徳太子の世界――復元・幻の「天壽國」」という特集をするにあたって、大谷大學の私の研究室へＮＨＫの方が來られて、こういうことをしたいので意見を聞きたいということだったのです。

その主眼は、中宮寺の天壽國繡帳に關しまして、三井文庫にあります敦煌寫經の『華嚴經』の奥書を使って、そしてそれを中心としたかたちでテレビ番組を制作したいということだったのです。

これはなかなか言いにくいことなのですけれども、あの敦煌寫經は本物とはとうてい思えないから、そんなものを中心に据えたものはやめておいた方がよろしいと申しましたら、それから連絡がなくて、突然速達がまいりました。來られた方の上司のデスクの方ですが、その方とは何年か前に、隋の煬帝と聖徳太子の關係のことで資料提供

をしたことがあるのですが、こういう番組があるから觀てくれということでした。

結局、その番組は放映され、その翌年（二〇〇二年）にＮＨＫ出版から、ＮＨＫ歴史ドキュメント『隱された聖德太子の世界――復元・幻の天壽國』という本が出版されました。今でも本屋さんにあるような本です。じつは日本にあります、敦煌將來と稱されている文獻のなかに、どの程度の本物があり、どの程度が僞物なのかということについては非常に難しい、デリケートな問題で、特にコレクションをお持ちであるところの方に對しては、なかなか言いにくい面があります。

その點に關しまして、東京の三井文庫はたいへんな英斷を下し、自分のところにある百點あまりの敦煌寫經が本物であるかどうかということについての調査を研究者に委ねたのです。

その結果として出てきた結論は、「天壽國」の傍證によく使われていた『華嚴經』は、二十世紀になって作られた手の込んだ僞物であるという結論を出されまして、今年の正月に東京の三井文庫の別館で展示會がありました。

私もさっそく參觀いたしました。そうしましたら、三十四點の敦煌寫經がずらっと並んでいるなかで、一點だけ「參考展示」というかたちで出されたのが、この『華嚴經』でした。

このお經につきましては、『第三十六回史學會大會　三井家主催展覽會圖錄』というものに掲載されておりまして、三井家が、昭和十（一九三五）年五月に東京の史學會の行事の一環としてなされたものが、三井家に收藏された敦煌寫經も含めての展覽だったのです。

今となってみますと、じつは三井家に入った敦煌寫經の流入の經路が非常によくて、およそ三割程度が本物だったのです。これは、日本にある敦煌寫經コレクションとしては畫期的なものなのですけれども、そういうこともあって公開に踏み切られたのだと思います。その藏品目錄『三井文庫別館藏品圖錄　敦煌寫經』というのも同時に

出されました。

詳しいいきさつは『大谷學報』に書きましたので省略いたしますけれども、隋から唐にかけてということでの佛教史、「文物に現れたる」となりますと、やはり房山の石窟寺の研究だろうと思います。

四　房山石窟

房山の石窟についての研究は、つまり石に彫られた佛典、大藏經、一切經がずっと眠っていたのが掘り出されて、全部拓本に取られて研究者のところに、いわば便宜が提供される時代に、今やなっているということです。

この點に關しまして、一つ注意を喚起しておきたいと思いますのは、中國における佛教文物、遺物の調査につきましては、常盤大定先生と關野貞先生の、お二人の共同事業として出されたものが最も有名であり、法藏館で復刻も出されたわけですから、一番役に立つことは申すまでもないのですが、忘れてはならないのは、松本文三郎先生の『支那佛教遺物』という書物です。

松本文三郎先生は、京都大學の文學部をつくるときの開設委員でもあり、インド哲學史から佛教史についての非常に視野の廣い先生で、この先生の最初の教え子が羽溪了諦です。その羽溪了諦さんを連れて中國の佛教遺跡を回られたのです。

これが大正六（一九一七）年の八月一日から十月十六日まで、二カ月半にわたって中國各地を回られまして、そのとき通譯をされたのが、鈴木虎雄という中國文學の先生です。

この中國の石に彫られた佛典、石經についても、さっそく歸られて『宗教研究』という雜誌に、二回にわたって

「支那の石經」という論文をお書きになりました。

ただし、この『宗教研究』のときには、佛教だけではなくて、道教の石碑に掘られた教典、また儒教の石經についてもお書きになったのですけれども、單行本に收める段階では、佛教の部分だけを取り出して、少し增補されて出ております。

だから、もとの『宗教研究』には大正九年ですけれども、九號から十號にかけて、「支那の石經」というものを書かれて、それのうちの、最初の佛教關係のものだけを『支那佛教遺物』という書物に收められたわけです。

松本先生のは百年以上前の研究ですから、現在において佛教をなさっている方々にどの程度の影響を與えているのか知りませんけれども、私個人に關して申せば、この先生の『佛教史雜考』に載せられた論文とか、そういうものについて、非常に學恩をこうむっています。

松本先生は、常盤大定先生と比べて一年早く生まれて、一年早く亡くなられた。だから全く一年ずつの先輩というかたちなのです。松本先生の、そういう踏査の數年後から常盤大定先生の研究が始まって、そしてこれはほんとうに見事なものです。

房山の雲居寺の石經というものに關心をもつときに、一番問題になりますのは、最初、誰がつくったかといえば、隋の時代に靜琬という人の發願でつくったということが書いてあります。

房山の雲居寺に對しても、松本先生はちゃんと行っておられて、その數年後に、眞っ先に行かれたのが常盤先生であり、それからまた、東方文化學院の京都研究所が總力を擧げたかたちでなされた調査が、『東方學報　京都』第五冊の副刊というかたちで「房山雲居寺研究」という副題をつけました。

このなかで一番主役を演じておられるのは、もちろん塚本善隆先生ですけれども、しかし、塚本善隆先生が大學

を卒業されたあと、コーチ役をされたのが松本文三郎先生ですから、房山雲居寺研究について、全體を見通しておられたのは松本先生だと思います。

それは別としまして、塚本善隆先生の房山雲居寺の研究については、『東方學報』そのものは少し珍しくなっているので圖書館にないかもしれませんが、『塚本善隆著作集』のなかに収められて壓倒される思いがするわけです。玄宗皇帝の開元十八（七三〇）年に『開元釋敎錄』を編纂したものが、大藏經の原本といいましょうか、石に彫るもとのものを提供したのが、じつは金仙公主という、その頃は長公主ですけれども、玄宗皇帝の妹にあたる方です。

それはしかし、單に玄宗皇帝の妹にあたるというだけではなくて、道教の道觀に入って、金仙公主と妹の玉眞公主のために建てた道觀が、國家的財力をすごく使うということで、非難囂々で、たくさんの意見が正史のなかに出てくる。あるいは『唐會要』などの書物にも出てくるという状況です。

この道教に凝ったはずの金仙長公主が、佛教の一切經四千餘巻を送って石に彫るように勸めたということになるわけです。そのことが彫られているのが石刻であって、大唐の開元十八年、金仙長公主が皇帝のために新しく翻譯されたり、古い譯を合わせて四千餘巻を送ったのです。

四千餘巻というのはおかしな數字でありまして、『開元釋敎錄』から申せば、普通の五千四十八巻というのが固定したのが、ちょうどこの時期なのですけれども、しかしここで石に彫られているのは、四千餘巻なのです。

重複してすでに彫られていたものもあったからかもしれません。このへんの事情はわかりませんが、いずれにしましても、こういう貴重な史實が石に彫られていたということで、それ以前からも有名ですし、松本先生の書物のなかにもこの文章を全部引いてあります。

ただし、それらの文章はすべて『金石萃編』にもとづいて移録されていますので、清朝の皇帝の諱は避けて書かれてあります。ですから、もとの石に卽したかたちで移録されたものは、じつはこの『東方學報』に載っている塚本論文と、小川茂樹、のちの貝塚茂樹ですけれども、その方の研究が非常に詳しくて、「房山雲居寺石浮屠記銘考」という長大な論文を書いておられます。この金仙長公主についての論文は、松本文三郎先生の論文からの引用も參考として、小川茂樹先生は書いておられるのです。

ところが、なぜかそれから以後の研究をされる方は、『塚本善隆著作集』第五卷の方に、增補された論文について注意を喚起して、そこから頁數を指摘されたりするのですけれども、この論文が、『貝塚茂樹著作集』第六卷のなかにちゃんと入っていて、そこに拓本の寫眞までがちゃんと收まっているということは誰も氣がつかないのです。貝塚茂樹というと、古い時代のこととか、あるいは現代のことであって、房山雲居寺の研究が著作集のなかに入っているとは思わないのでしょうけれども、しかし、これは非常に讀み應えのある論文なのです。

もうひとつ氣になりますのは、石刻の上の部分が房山の金仙公主の塔のなかに嵌め込まれているということで、もとの圖版でいくと、最後の五行が前の方とは書き手のトーンが違うから、『金石萃編』までは全部同じだけれども、塚本善隆、貝塚茂樹は、このうしろの五行分は時代が違うということで區別されています。

僞物の敦煌寫經を使っての研究というものが困ったものであると言いましたが、それほどのことではないのですけれども、往々にして石刻の拓本の場合、あとからの模刻というのがあって、もとの拓本を石に貼りつけて、それで彫り直すということが起こるわけです。

このことに關して私から言いますと、中國佛教協會編『房山雲居寺研究』というかなり豪華な本が出たのですが、そこに載っている拓本は、もとの拓本ではなくて、模刻にもとづく拓本だろうと思うのです。そればかりでなく、

北京圖書館から歴代の石刻についての拓本集が百巻本として出ましたけれども、そこに出ているのも、やはり上の部分だけの、非常にきれいな拓本です。

きれいな拓本というのは、じつは怪しいということなのですが、論文につきましては、日本で『立正史學』に手島一眞さんが書かれた、二號にわたる詳細な金仙公主についての論文。それから、京都大學學術出版會から出ました、氣賀澤保規氏が編集された『中國佛敎石經の研究』など、全部このあとのものは、今拓本で紹介されているものが、もとのものとは違うのだということを注意していない。

手島さんなどは、こちらは鮮明であると書いてある。鮮明であると怪しいのですけれども、讀みやすいとか、鮮明であるということのほうで重點を置かれてしまうと困るのです。そのことに關しまして、昔、池田溫先生の『中國古代籍帳研究』という著書について、『東洋史研究』第三九巻第一號（一九八〇年）で書評を書いたことがあるのですが、そのときに私が書いた根據をご紹介しておきたいと思います。

中國で盧溝橋事件の直前ぐらいのときに、『中國經濟史料叢編』という「唐代篇」だけで八册出すという厖大な企畫が起こりました。そのうちの『唐代之交通』と『土地問題』と『寺院經濟』という、三册が出版された段階で、戰爭の結果、あとはつづかなかったという状況なのです。

編集全體の責任者は陶希聖という方で、蔣介石のある意味ではブレーンでもあったわけですけれども、臺灣で「食貨史學叢書」というシリーズがあったときは、陶希聖主編の『唐代之交通』と『土地問題』とのリプリントが出されました。リプリントということは、もとの頁のままで出るのです。

『唐代寺院經濟』も出されたのですが、もともとの題は『寺院經濟』という題だったのですけれども、出された段階では、『唐代寺院經濟』というかたちになったのです。しかもこの書物は、前の『唐代之交通』、あるいは『土

地問題』と違って、影印版ではなくて、新しく活字に起こしているのです。

なぜ活字に起こしたのかといえば、陶希聖先生ご自身が使っておられた本は、民國時代のもので、ぱらぱらと外れてしまうのです。その結果、もとの本の一三四頁の段階でうしろがなくなってしまった。北京から臺灣へ逃れているわけですから、總責任者の陶希聖先生が持っておられたのが、うしろがないものなのです。だから、そのままでは影印ができないので組み直されたと。そればかりではなくて、そこには厖大な拓本の附録が入っていて、折りたたんで、まだこれよりも大きなものが頁に入り込んでいました。

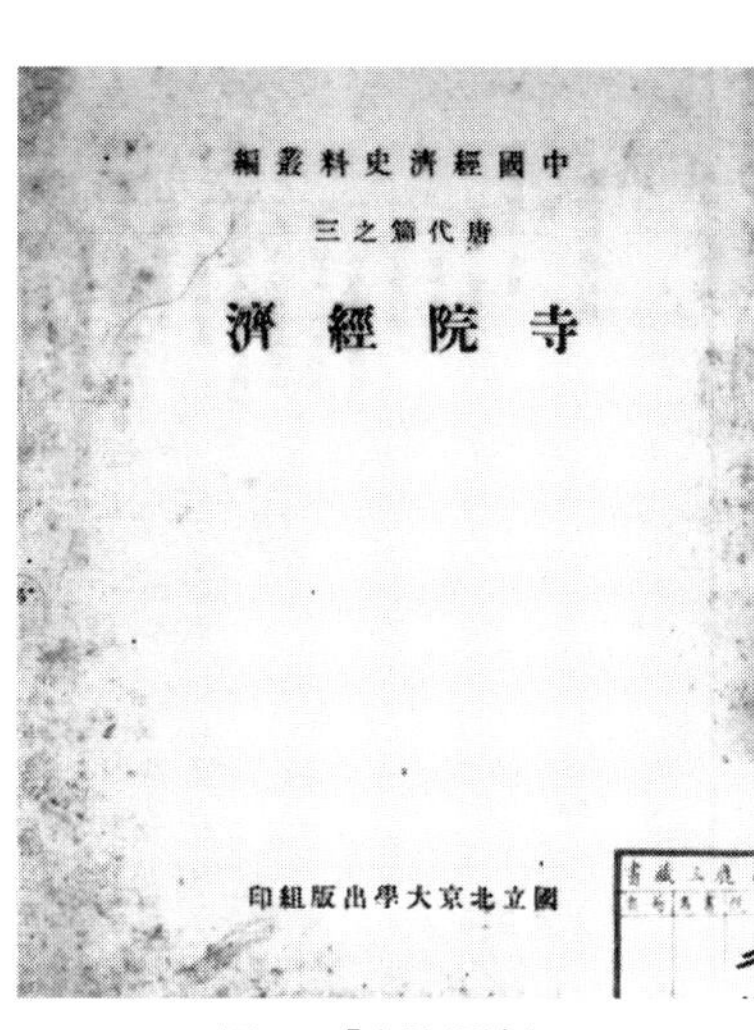

圖3　『寺院經濟』
（森鹿三舊藏）

私の知る限り、京都でこの本を持っておられたのは、塚本善隆先生と森鹿三先生のお二人であって（圖3）、宮崎市定先生なども含めて、ほかの先生方がこの本を持っておられたということは聞いておりません。

そして、出た直後に『東洋史研究』第二卷第六號（一九三七年）に書評が載ったのですが、『唐代之交通』に關しては森鹿三先生が、『土地問題』に關しては宇都宮清吉先生が書評を書いておられるのですが、『寺院經濟』は書評も現れなかったのです。

臺灣で陶希聖先生が複製された段階では、もとの本は出版されなかったと紹介されているのです。そこでおもしろいのは、一番勉強されたのは陶希聖先生ご自身なのでしょうか、前の方に入っていた圖版がなくなってしまって、うしろの方も途中ちぎれてしまったものですから、出來上がった複製本は、もととは似ても似つかない格好になっ

ているのです。しかし、氣賀澤さんなども含めて、どうもこの複製本を利用されているので、危ないですね。

私は塚本善隆先生から本をお借りして、マイクロフィルムとしてコピーを取らせてもらったのですが、塚本先生の書き込みがあちこちに入っていまして、非常に熱心に勉強されていたのがよくわかります。問題のありそうなところにつきましては、欄外にいろいろな書き込みがされている。しかし塚本先生の本には、前の方の圖版の部分はなかったのです。一番きれいな本で全部そろっているのは森鹿三先生の本だけであって、たぶんこの本は佛教大學に入っていると思います。

圖4　房山　山頂石浮屠後記
（『寺院經濟』より）

そうしますと、もとの本そのものは、北京大學研究院藝風堂の拓本であると書いてあるのですが、これはつまり、繆荃孫という著名な學者が持っていた拓本が北京大學にあったということです（圖4）。

北京圖書館にあったのだったら、北京圖書館編の、先ほどの厖大な

百巻本のなかに収めればいいものを、現在でも取れるかたちの模刻が載っているという状況だろうと思うのです。

金仙長公主につきましてはお墓の、これは玄宗皇帝の父親の睿宗皇帝の陵墓でありますというものの陪葬墓としてあって、それの地上の方に殘されてあった神道碑は非常に傷んでいたのだけれども、上の方三分の一ぐらいが殘されていたので、今まで殘っていたのですが、この房山の石經の原本を提供するお金を寄進した金仙長公主の墓誌銘が出土したのです。

これは一九七四年に陝西省の、蒲城縣の金仙長公主のお墓から出土したのであって、現在は蒲城縣の博物館の石刻室に納まっています。開元二十（七三二）年に亡くなるのですが、洛陽で亡くなりまして、數年後に移し替えられて、開元二十四（七三六）年に、新しくつくられたお墓で、墓誌の一邊は一〇六センチと一〇八センチということですから、非常に立派な、墓誌としては最大級のものです。

ほぼ同時期のものが、遣唐使の石刻ということで井眞成の墓誌が西安で出ましたが、あれは三九センチですから、三九センチ四方と、一〇六センチ、一〇八センチとでは格が違うのは當然です。

この金仙長公主につきましては、これまで『立正史學』に書かれた手島さんの論文、非常にていねいな研究の積み重ねなのですが、それと氣賀澤さんが、ご自分の編集された本だけではなくて、あとで明治大學から出された『明大アジア史論集』の創刊號に、金仙長公主のお墓について書いておられます。

この墓誌のちょうど眞ん中あたりに、亡くなった月について書いてあるのが、終わりから十行目のところに「建午之月十日」とあります。この「建午之月」について、單行本の方では、十一月のことかとクエスチョンマークがつけてあって、別の新しい論文の方を見ると、「建午之月」はいつのことかわからないと書いてあるのですが、これは「午をざすの月」である舊暦五月のことに間違いがないのであって、そうすると、正史の『新唐書』の「公

主傳」に、五月に亡くなったと書いてあることとちゃんと合うのです。

氣賀澤さんは狀況判斷で進めて行かれるものですから、墓誌が出土しても、墓誌の方が悪いようなことになってしまったりするのですけれども、やはり墓誌銘というのは、何といっても第一級の史料ですし、虛心坦懷に文字に卽して讀んでいくということをしなければならない。これは自戒の念を含めてですけれども……。

もうひとつ、影響を與えていると思いますのは、亡くなった場所です。先ほどの文章の四行前、「加」という字があって、「一千四百戶」という數字のあるところがあります。要するに一千四百戶の實封を與えたということなのです。

これが、玄宗皇帝治世の初期なのですけれども、このときは、金仙長公主だけではなくてほかの姉妹の方々にも一千四百戶にしたという記載があちこちに出てまいりますから、それは間違いないのです。問題はそのあとです。

五　京と都

京都（けいと）において、二つながら「道觀を雙建す」という言葉があります。この文字の解釋を、氣賀澤さんは『中國佛教石經の研究』で、京都というのは、長安ではなくて洛陽のことであるというふうに書かれています。

しかしその翌年ぐらいに出された明治大學の雜誌（『明大アジア史論集』）の方では、これは長安のことであると書かれるのです。同じ文章を解釋しているのに、一年あいだを置かずに書くのに、京都（けいと）というのが洛陽なのか、長安なのかというかたちで解釋を變えてしまう。あとで書かれた方が長安の說ですけれども、一般の人は『明大アジア史論集』というのはなかなか讀まなくて、單行本の方を利用すると思うのです。

そうすると、なぜそういう亂れが生じたのかということになるのですが、金仙長公主が玄宗皇帝の開元五年段階までは長安にいて、それからあと、洛陽に移って、そして洛陽で十五年間住んで亡くなるわけです。

これはしかし、私に言わせれば、ほかの時代の文獻ではなくて、唐代の文獻に卽して言えば、京都（けいと）というのは、一つの都市のことではなくて、「京（けい）」および「都（と）」と讀まなければならない。

つまり「京」というのは西の「京」、長安であり、「都」というのは東の「都」、洛陽と讀むのです。もちろん漢文というのは、その時點における制度的な取り決めがあっても、それを離れたかたちで文章だけが一人歩きをするということがありますから、すべての「京都」という言葉が出てきたら、これは長安プラス洛陽というふうに讀まなければならないとは言いませんけれども、しかしかなりきちんとした書物の場合には、特にこの時期が開元二十四年という時期であるならば、まさに『唐六典』の時代になるわけです。

「京都」という文字を唐代ではどのように使っていたかという實例を出してみます。『唐六典』巻第三・「戸部」の條ですが、その最後のところで、「およそ都の東の租は都の含嘉倉に納める（凡都之東租納于都之含嘉倉）」。洛陽から東の租・庸・調の租は、洛陽の含嘉倉に納める。

「含嘉倉から轉運して京の太倉を實たす（自含嘉倉轉運以實京之太倉）」。西の京、長安の太倉を實たす。つまり、長安の太倉と洛陽の含嘉倉が對應していることは明らかなのです。「洛より陝に至るは陸を運び（自洛至陝運於陸）」、「陝より京に至るは水を運ぶ（自陝至京運於水）」。陸運と水運との違いということです。これは租・庸・調の租を納める、米倉の話なのです。

つぎの巻第四は「禮部」で、元日の式典のときに大陳設、非常にきちっとした儀禮が行なわれるのはどこで行なわれるかというと、太極殿で行なわれると書いてあるのですが、じつは、この則天の時代から後に、大明宮という

のが長安でつくられて、そちらで全部の儀式が行なわれるようになりますから、「註」のなかで、今の大明宮では含元殿で行なうのだと。そのつぎ、「在都則於乾元殿」都にありては、つまり、東の都、洛陽にありては、乾元殿で行なうのだと。これから見ても、京というのと、都というのとではたいへんな違いがあるということがおわかりいただけるかと思うのです。

しかも、巻第五の「兵部」のところをご覧いただきますと、およそ「車駕」というのは皇帝ということですけれども、車駕が京にある場合には、洛陽の、東都の方の、「南北の衙（近衛軍）はみな左右屯營を置く（南北衙皆置左右屯營）」。「別に使を立てて以て之を統ぶ（別立使以統之）」とありますし、もし車駕、皇帝が都すなわち洛陽にいる場合には、すなわち、今度は逆に長安の方が、京城側が同じようなことをする。「京城またかくのごとし（京城亦如之）」。

後には、唐の王朝の發祥の地である太原が北都となるわけですけれども、「北都もこれに準ず（北都准此）」と註に書いてあるわけです。つまり「京」と「都」はぜんぜん違うというわけなのです。

今度は巻七・「工部」です。都の建築ですけれども、ここは洛陽の方、都の方の状況なのですけれども、「皇城は都城（洛陽城）の西北隅にあり（皇城在都城之西北隅）」、南面に三つの門があって、と書いてあります。最後の段階で、「皇城は東城の內にあり、百僚の廨署は、京城の制のごとし（皇城在東城之內、百僚廨署、如京城之制）」。「都城」というのと、「京城」というのが對になっているわけです。

日本では「都城制」という言葉があたりまえになっていますし、私も都城というシリーズで二種類ほど文章を書いているわけですけれども、しかし、都城というのは、唐ではじつは長安ではないのです。東都洛陽の城なのであって、長安の方は「京城」と書くのです。

「京都」とあれば、「京」と「都」という二種類のものである。そのことがはっきりするのは、今度は『唐六典』を離れまして、杜佑の『通典』選擧典のところですが、ここはちょうど、道教が大事にされたこともありまして、老子を學ぶことによって科擧に合格するということにも關係してくるのですけれども、これも開元年間（七一三—四一）なのです。「玄宗方めて道化（道教の教化）を弘（ひろ）め（玄宗方弘道化）」。佛典などに出ていますと、道化というのは佛教の道化なのですけれども、この場合は道教の道化なのです。道教の化を弘め、「二十九年に至りて、始めて京師に崇玄館を置き、諸州に道學を置く、生徒に差有り（至二十九年、始於京師置崇玄館、諸州置道學、生徒有差）」。

その註釋ですが、標點本に「京、都各百人」とありまして、京（けい）と都（と）はおのおの百人なのです。この「各」に意味があって、「各」の字がなければ京都（きょうと）と讀んで、上の「京師」と同じことであろうと讀まれがちですけれども、京と都はおのおの百人。だから長安だけではなくて、そういう勉强の場所を、崇玄館を置くのは長安だけれども、洛陽においてもやはり、定員は百人である。それ以外の諸州では同額置くけれども、定員がないのだということを書いてあるわけです。

この『通典』の文章は、後に『通志』という書物のなかに受け繼がれてきますけれども、この『通志』二十略の標點本には、京と都のあいだに點が入っていないのです。入っていないから、その人は讀み間違えたとは言いませんけれども、こういうふうにちゃんと點が入っていれば、京と都、おのおのなのです。

これは晉代の話であって、司馬師の諱を避けて京師の師を都に代えるという、だから諸橋轍次の『大漢和辭典』も含めて、そういうことがみな書いてありますし、『漢語大詞典』十二卷なども、みな書いてありますけれども、「京都」という二字が、じつは「京」と「都」の兩方を指すのだということはどこにも書いていないのです。

先ほどの墓誌銘の文章はどうなるかといいますと、京と都において二つの道觀を建てた。長安においても道觀を

建てて、開元五年以後の段階で洛陽の方にも道観を建てたと読むべきであって、このことは、じつは神道碑にも、ここの銘にあたるところを見れば、二つの京、二京において、「道觀」とは書いていませんが、難しい字で、「惢觀」という字で書いてあるのですけれども、長安と洛陽の二つの京、二京に置いたということが書いてある。

その神道碑と、あとから出てきた墓誌銘とはきちっと合うわけであって、それを、これは長安ではなくて洛陽であると言ってみたり、これは洛陽ではなくて長安であると言ってみたり、そこから持ってきて墓誌銘の文章は悪いと書かれると、これはやはり書いた人には悪いなということになるでしょう。

だいぶ、取り急ぎましたけれども、このあたりで、私の話を終わらせていただきます。どうも、ご清聴ありがとうございました。

コラム2

塚本善隆著『大石佛』

書評というものを私が初めて書いたのは、中國佛教史の研究で知られる塚本善隆先生が京都大學人文科學研究所を停年退官するに際して上梓された『魏書釋老志の研究』（佛教文化研究所出版部、一九六一年）に對してであり、當時、大學院の修士二回生のことで、たいへん緊張した。

この書評を執筆するに當たって、理解を深めるためにあわせ精讀したのが、先生既刊の二冊の單行本であった。一つは、「龍門石窟に現れたる北魏佛教」などの重厚な論考を集成した博士論文『支那佛教史研究　北魏篇』（弘文堂、一九四二年）で、二つ目が弘文堂のアテネ新書の一冊である、概說風の輕快な本書なのであった。

この大石佛とは、雲岡の大石窟のことで、それまで多くの人びとによって、美術史考古學の對象として研究され紹介されてきた大石窟を、千五百年前の信者が精魂をそそぎこんだ佛教の聖域、信仰の結晶として解明し、その宗教史的意味を考えようとされていた。一氣に讀み了え、目から鱗の感を深くした。

『塚本善隆著作集』全七巻（大東出版社）には、『魏書釋老志の研究』や「龍門石窟に現れたる北魏佛教」は收錄されている。だが本書『大石佛』は漏れている。殘念です。

京都大學人文科學研究所の宗教研究室

待望の『牧田諦亮著作集』の第一回配本『疑經研究』（二〇一四年）が刊行され、「附錄しおり」に方廣錩が「牧田諦亮先生を懷う」と題する文章を綴っている。そこには一九九四年に落合俊典の斡旋で牧田諦亮（一九一二―二〇一一）に初めて會い、寓居で行なわれた七寺古逸經典研究班に參加して以降の、華々しく活躍する牧田の動向を餘すところなく活寫している。

牧田は滋賀縣の現在の湖南市に生まれ、佛教專門學校（現佛教大學）、大谷大學文學部東洋史學科を卒業した後、さらに一九三九年に京都帝國大學文學部史學科東洋史學選科を修了した。選科とは、今で言えば科目等履修生ということになる。その後、上海に渡り東亞同文書院で小竹文夫（一九〇〇―六二）教授のもとで助手を務めた。

當時の思い出として、私に宛てた二〇〇一年六月七日附の私信に「武田泰淳とは戰後の半年を小竹先生とともに每朝二十二史劄記や史記列傳を讀んでいたものですが、彼自身も一時は自分の生れた目黒の長泉院（江戸時代の律院）で夫婦生活を送ったこともありましたが、後に寺を出て在俗の生涯を送ったのです」と書かれていた。上海の中日文化協會に就職していた武田泰淳が、廣い境內の長泉院で生まれたというのは誤解で、じつは本鄕の潮泉寺（淨土宗で當時の檀家は約百軒）に住職大島泰信の次男として生まれ、十七歳の時に父が長泉院

住職に轉任したので、泰淳も引っ越したのだ。それはさておき、のんき者の泰淳がハリキリ屋の百合子夫人と、「くりひろげるカー時代の彌次喜多道中！」と銘打った『新・東海道五十三次』（中公文庫）で「京大阪でも食べられるフナ壽司。あれは野洲の友人の寺でたべたのが、一番おいしかった」とあるのは、牧田が入寺していた淨土宗念佛寺のことである。戰後に、泰淳とほぼ同時に引揚船で歸國した牧田は、一九四六年四月から塚本善隆（一八九八―一九八〇）研究員が主宰する、東方文化研究所の宗教研究室に勤めることになった。

東方文化研究所とは、一九二九年に創立された東方文化學院の京都研究所が、一九三八年に東京研究所と分離し獨立したものである。東方文化學院では東京と京都の兩研究所ともに指導員、研究員、助手などを依囑した。京都の宗教分野では、評議員の松本文三郎（一八六九―一九四四）が指導員で、塚本善隆は研究員となり、塚本の最初の研究報告書として『唐中期の淨土教』（東方文化學院京都研究所、一九三三年）が刊行された。

創立の翌一九三〇年十一月、北白川の地にスパニッシュ・ロマネスクと呼ばれる僧院風の新所屋が完成した。僧坊に相當する中庭を取り圍む回廊の周圍に配された研究室は、五つの大研究室と十七の小研究室であった。東側の回廊の中央の部屋が、小研究室のなかでは一番大きく、それが宗教研究室であり、東方文化研究所でもそのまま繼承された。牧田が入所した時點では、塚本と長尾雅人（一九〇七―二〇〇五）の兩研究員が個室の小研究室で、先任の藤吉慈海（一九一五―九三）囑託員が宗教研究室で研鑽していたのである。

一九三八年四月に新しく出發した東方文化研究所の所長には松本文三郎が就任した。松本は一九〇六年に京都帝國大學文科大學の開設委員となり、翌々年から七年半にわたり學長の重責を果たし、引き續き印度哲學史講座擔當教授として、佛教學の講義もした。松本については、人物評價に嚴しかった大地原豊が「明治～昭和期のインド文化および佛教美術史研究の先驅的開拓者」「終始して德望高き學界の重鎭であり、また卓越した

研究活動の組織者であった」（『日本大百科全書』）と高く評價していることを紹介しておこう。

東方文化研究所が發足した頃、日中戰爭は長期戰の樣相を呈し、物不足と物價騰貴という現象が顯著となっていた。翌一九三九年になると、京都帝國大學に「國家に須要なる東亞に關する人文科學の綜合研究を掌る」人文科學研究所を附置する動きが急速に具體化し、法・文・經・農の四學部の協力のもとに創立された。ただし規模は小さく、所長のほか、專任所員は教授一名、助教授五名、助手十一名であった。發足時點での所長は小島祐馬、教授は高坂正顯、助教授は安部健夫や柏祐賢らであった。そして助手のなかには、六朝宗教史を專攻する宮川尚志（一九一三―二〇〇六）が含まれていた。

敗戰後に牧田が入所した頃、東方文化研究所を取り卷く狀況は嚴しさを增し、研究所豫算の確保に苦しみぬいていた。紆餘曲折を經て、一九四八年三月に大規模ながら民間の東方文化研究所は、小規模の京都大學人文科學研究所のなかに發展的に解消し、西洋文化研究所とともに吸收合倂されることになり、牧田は解雇されたのである。

一九四九年四月に新發足した京都大學人文科學研究所（以下、人文研）は、十一部門からなり、日本部・東方部・西洋部の三部制をとった。所員は個人研究のほかに、所內外の研究者を糾合した共同研究班に參加することが義務づけられ、助手は共同研究班の庶務を擔當することになった。個人研究室だけで共同研究室のなかった日本部と西洋部の共同研究班は研究發表を主としたが、建物・藏書ともども東方文化研究所のそれを繼承した東方部のそれは、漢籍を會讀するのが主流であった。

宗教學研究部門は教授が塚本善隆、助教授が長尾雅人、助手が藤吉慈海であり、初年度の七月になって塚本を班長とする「中國中世思想の研究」班が發足した。中國に佛教が傳入して以來の儒佛道三教の交涉について

の資料集である梁の僧祐編の『弘明集』全十四巻の會讀を中心に運營された。一九五〇年二月に長尾雅人が文學部に配置換えとなる。それ以來、人文研の宗教研究室が中國佛教を、文學部がインド佛教とチベット佛教を擔當するという形式が出來上がった。

建前では人文研の共同研究班の庶務を擔當するのは、助手の藤吉の役割であるが、實際には無職の牧田が庶務萬般を處理するという不自然さがつづいた。塚本は大學本部の斡旋で他の部局に一時的に講師ポストを提供し、代わりに助手ポストを借用する便宜策に着目し、一九五〇年十一月に牧田を助手に採用することに成功する。ただし一年ごとに契約を更新せねばならず、牧田の不安定な身分が十年餘りもつづくのである。牧田は、共同研究班の雜務ばかりか、塚本の個人研究のための資料蒐集など、骨身を削る毎日であった。

最初の研究會の出席者は、塚本・長尾・藤吉のほか、木村英一・島田虔次・牧田の六名であったが、參加者はしだいに增える。横超慧日（一九〇六―九五）や川勝義雄（一九二二―八四）らである。『弘明集』の會讀は一九六九年七月の全巻讀了までつづけられるが、しばしば班員の研究意欲は、關連する他の資料の解明にも注がれ、僧肇の『肇論』や慧遠の遺文などが取り上げられ、研究班の最初の成果として、塚本善隆編の『肇論研究』（京都大學人文科學研究所、一九五五年）が刊行された。一九五五年九月に塚本は研究所所長に選出され、四年間、多忙を極めた。

一九六〇年四月、私が京都大學大學院の東洋史學專攻の修士課程の一回生となって一年先輩の藤善眞澄と吉川忠夫とともに研究班に參加した時、第二回目の報告書、木村英一編『慧遠研究』の遺文篇の校正が進行中であった。翌年二月、六十三歳の誕生日に塚本は停年退官する。退官に際し大册『塚本博士頌壽記念佛教史學論集』（塚本博士頌壽記念會、一九六一年）が獻呈されたが、これと對をなす塚本自身の著書として出版されたの

が『魏書釋老志の研究』（佛教文化研究所出版部、一九六一年）であり、出版の雜務はすべて牧田の肩にかかった。校正の一部を私に擔當するように、また刊行後に『史林』に書評を書くように慫慂したのも牧田であった。三十二年間にわたって宗教研究室を主宰してきた塚本の後任人事は注目されたが、牧田は講師に昇格しただけで、助教授には京都大學の支那哲學史出身で老莊研究者の福永光司（一九一八―二〇〇一）が愛知學藝大學から採用された。

一九六四年二月に文部省令「國立大學の大學附置の研究所の研究部門に關する省令」が公布され、それに先立って、同一大學においては複數の部局で同じ名稱の（學部の）講座・（教養部の）學科目あるいは（附置研究所の）研究部門は認められない旨の指導がなされた。その結果、人文研の東方部の場合、「考古學」「地理學」兩部門の名稱が文學部と重複するので「東洋考古學」「歴史地理」に手直しする一方、文學部の講座名と重複する「宗教學」と、教養部の學科科目名と重複する「歴史學」の兩部門は消され、代わりに「藝術學」と「科學史」の兩研究部門が新設された。「宗教學」と「歴史學」兩部門の教授は、塚本の退官と安部健夫（一九〇三―五九）の逝去以後、長廣敏雄と藪內淸の名が張り附けられていたからである。宗教研究室などは、從來通りの運營が所內では默認されていくが、公式には存在しない狀態がつづく。

牧田は助教授を經て、一九七四年四月に教授に昇任、二年後に停年退官する。牧田が主宰した最後の研究班は「中國佛教史學史の研究」で、成果報告書は出なかったが、副産物として『高僧傳索引』シリーズを編纂され、刊行ごとに頂戴した。共同研究の成果報告書『弘明集研究』全三卷と、個人研究の成果『疑經研究』の上梓については學界周知のことであろうが、「京都大學を去る日」にしたためられた「はじめに」を冠し、六月に出版された概說書『アジア佛教史・中國編Ⅱ　民衆の佛教――宋から現代まで――』（佼成出版社、一九七六

年）があることを附記しておこう。牧田の後任には禪宗史の柳田聖山（一九二二―二〇〇六）が着任した。

宗敎學研究部門が消滅して十六年、一九八〇年一月末に塚本が病沒する。その生前には間に合わなかったが、宗敎史研究部門の復活ならぬ、宗敎史研究部門の新設內定の朗報が、本葬の際に河野健二所長の弔辭のなかで披露されたのである。文部省內に塚本ファンがいて、人文研に宗敎研究の部門がないのはどうか、宗敎史研究部門の新設を申請しては、というありがたい誘いがあったそうだ。

二〇〇〇年四月、人文科學研究所は半世紀以上にわたってつづけてきた小部門制から大部門制に移行した。日本部と西洋部の研究部門は人文學研究部、東方部のそれは東方學研究部とした。後者は文化表象部門と文化構成部門の二つの大部門に編成され、宗敎史研究部門は文化構成部門の一翼を擔った。宗敎史研究部門の名は消滅したが、宗敎研究室は從來通り存續した。ところが二〇〇八年五月に、人文學研究部と東方學研究部の研究部門は吉田キャンパス內の新本館へと移轉し、八十年近くつづいた宗敎研究室は無くなったのである。

牧田が三十年間にわたって宗敎研究室で送った研究生活は、苦勞の多い毎日であった。しかし停年後は頗る快適であったようである。特に愛弟子の落合俊典による七寺古逸經典の發見以降の活躍は刮目に値する。牧田と落合による七寺古逸經典の調査については、關心を共有した、今は亡きイタリア東方學研究所のアントニノ・フォルテ所長からしばしば情報をえたことを懷かしく憶い出す。

附章　禮敬問題
――東晉から唐代まで――

インド渡來の佛教が、君臣・父子といった儒教禮教主義にのっとる國家秩序を維持した中國本土に初めて傳來したのは漢代（紀元前二年頃）であるが、爲政者たちに佛教教團の力量に對する警戒心を抱かせるようになるのは四世紀、南北朝直前の東晉の治世になってからである。具體的には、王法と佛法をめぐる論爭、禮敬問題として表面化する。

最初の禮敬論爭は、東晉の咸康六（三四〇）年に、幼少の成帝（在位三二五―四二）を輔佐する庾冰が、沙門も王者に敬禮すべきであるとした時であるが、何充らの反對によって撤回させられた。その六十年後の元興元（四〇二）年に、帝位簒奪を目前にした桓玄が、政府の首腦部である八座と、王謐ならびに沙門の慧遠（三三四―四一六）に書簡を與えた上で、沙門に王者への敬禮施行を指令した。ところが、桓玄は晉を簒奪した日、敬禮王者の命令を撤回する。桓玄沒落ののち、慧遠は『沙門不敬王者論』五篇を執筆して、佛教者を出家と在家の二つに區分し、出家した沙門は王者を禮する必要はない、と主張した。東晉を繼いだ南朝では、宋の武帝（在位四二〇―二二）や南齊の武帝（在位四八二―九三）も、沙門への抑壓を強いようとしたが、成功しなかった。

禮敬問題は、東晉・南朝と胡族治下の華北・北朝とでは、全く樣相を異にした。五胡十六國の夏の赫連勃勃（世祖、在位四〇七―二五）は、沙門に自分への禮拜を命じたが、まもなく國そのものが滅んだので、ごく短期間に終わった。しかし北魏では、道人統として僧徒を統監した沙門の法果（生沒年不詳）が、太祖（道武帝、在位三八六―四〇九）は當今の如來であるから、沙門は禮を盡くすべきであるといって、禮拜した。

このような風潮に危機感を抱いた人びとによって、五世紀中頃に後秦の鳩摩羅什（三四四―四一三、または三五〇―四〇九）譯ということにして出されたのが、大乘菩薩戒を說いた『梵網經』二卷で、中國撰述經であり、「出家人の法、國王に向いて禮拜せず、父母に向いて禮拜せず」と、出家者の不拜王父母が明示されたのである。

北周の武帝（在位五六〇―七八）による廢佛の直後に王朝を開いた隋の文帝（高祖、在位五八一―六〇四）は、佛教と道教の復興に力を注いだ。その治世では、沙門に拜君親を強いるような動きは、全くなかった。ところが、つぎの煬帝（在位六〇四―一八）は大業三（六〇七）年に大業律令を頒布した際、雜令のなかに僧・尼と道士・女冠（女性の道士）は帝と諸官長に對して拜禮する條を盛り込んだのである。しかし、僧・尼たちは從來通り拜禮をせず、皇帝に對する致拜の試みは挫折に終わった。

唐代になり、太宗（在位六二六―四九）は貞觀五（六三一）年正月に、僧・尼・道士に對して拜父母を命ずる詔を發布したが、わずか二年間で撤回してしまう。禮敬問題が白熱化するのは、つぎの高宗（在位六四九―八三）と則天武后（六二四―七〇五）の治下においてであった。則天武后の執政が始まり、龍朔二（六六二）年に、沙門らは君主と兩親に拜を致すべきや否やについて檢討するようにとの敕が出され、佛教側から猛烈な反對運動が起きた。九品以上の文武官僚と畿內の州縣官たち千餘人に詳議させた結果、僧尼不拜君親を主張した者は五百三十九人、僧尼拜君親を主張した者は三百五十四人ということになった。このような意見分布になったので、高宗と武后は君后に

對する拜は撤回、父母に對してのみ拜すべきことを命じた。その拜父母の詔も、まもなく撤回される。この時のいわば闘爭記錄が、當事者である道宣（五九六―六六七）によって、彼の編著にかかる『廣弘明集』の卷二五に收められ、彥悰（生沒年不詳）は『集沙門不應拜俗等事』六卷を編纂し、二卷分で東晉から隋代における禮敬問題の議論を集大成し、四卷分を唐代における論爭の經過報告にあてたのである。

玄宗（在位七一二―五六）が卽位すると、宰相・姚崇の提案にもとづき、綱紀肅正の一環としての佛敎・道敎敎團への抑壓策が實行された。開元二（七一四）年閏二月に、僧・尼・道士に對して拜父母を命ずる詔が發せられ、開元二十一（七三三）年十月には、ついに僧・尼に拜君を命じ、あわせて拜父母の再確認を期した。佛法と王法との優先權をめぐる爭いは、ついに王法の勝利、佛法の屈服というかたちで、一往の結着をみたのである。

ところが、天寶十四（七五五）載に安史の亂が勃發し、玄宗が長安を脫出して蜀に逃れ、皇太子が卽位して肅宗（在位七五六―六二）となるや、肅宗と張皇后は佛敎に熱中しだした。上元二（七六一）年九月の肅宗の誕生日たる天成地平節の日には、宮中の三殿に道場を設け、宮女たちが假裝した佛・菩薩に向かって大臣たちに禮拜を命じた。そして、僧・尼に拜君を命じた七三三年の詔は撤回され、天子に對して臣と稱することも、拜禮することも必要ではなくなった。『入唐求法巡禮行記』卷二に見える、開成五（八四〇）年三月に登州で、入唐僧の圓仁（七九四―八六四）が目擊した、詔書披露式における「僧尼と道士は拜さず」の記事は、これより七十九年後の時點で、公式には不拜が認められていたことを明證する貴重な記錄である。

僧・尼の拜君が强制されたのは、開元二十一（七三三）年十月から上元二（七六一）年九月までの、わずか二十八年間にすぎなかった。安史の亂の終息期に僧・尼の拜君が公式に撤回されて以後、宋代・金代もそのまま不拜の立場は踏襲されるのである。

表　禮敬問題における對立

拜禮王者の立場（王法優位）	不拜王者の立場（佛法優位）
〈東晉～五胡十六國〉 庾冰　沙門の王者拜禮を初めて提案 桓玄　拜禮を指示するも失敗 赫連勃勃　王者禮拜を命令	〈東晉～五胡十六國〉 何充ら朝廷官僚・知識人が反對 廬山慧遠『沙門不敬王者論』
〈南北朝〉 宋　武帝　沙門抑壓策（失敗） 南齊　武帝　沙門抑壓策（失敗） 〈北魏〉 法果「太祖は當今の如來」として禮拜 〈隋〉 煬帝　僧・尼に王者拜禮を指示（失敗）	〈南北朝〉 『梵網經』出家者の「不拜王父母」を明示 ※中國撰述經といわれる
〈唐〉 太宗　僧・尼に拜父母を命令（撤回） 高宗・則天武后 　評議の結果「父母のみ拜禮」を命令 玄宗　王法と佛法の上下關係を確立	〈唐〉 道宣『廣弘明集』 彥悰『集沙門不應拜俗等事』 肅宗・張皇后　僧・尼拜君の詔を撤回

文獻案內

板野長八「東晉における佛徒の禮敬問題」（『東方學報　東京』一一―二、一九四〇年）。

塚本善隆「シナにおける佛法と王法」（宮本正尊編『佛教の根本眞理』三省堂、一九五六年）。

道端良秀『唐代佛教史の硏究』（法藏館、一九五七年）。

島田虔次「桓玄―慧遠の禮敬問題」（『慧遠硏究　硏究篇』創文社、一九六二年。のち『中國思想史の硏究』京都大學學術出版會、二〇〇二年に再錄）。

拙稿「唐代における僧尼拜君親の斷行と撤回」（『東洋史硏究』四〇―二、一九八一年。のち『唐代政治社會史硏究』同朋舍出版、一九八六年と『隋唐の佛教と國家』中公文庫、一九九九年に再錄）。

第Ⅱ部　祀天神と釋奠

第一章　中國の天神・雷神と日本の天神信仰

はじめに

菅原道眞（八四五―九〇三）は、代々の學者の家に生まれ、祖父の淸公は遣唐判官として橘逸勢・最澄・空海らとともに入唐した經歷の持ち主であった。道眞自身も、貞觀十四（八七二）年に存問渤海客使に任命され、元慶七（八八三）年には渤海客使と詩を唱和して接伴員としての任をよく勤めるなど、國際感覺を磨く機會に惠まれた。政道刷新の理想に燃えた宇多天皇の知遇をうけて藏人頭に拔擢され、まもなく參議に任じられるという榮達を遂げていった。

その菅原道眞が、寬平六（八九四）年八月に遣唐大使に任命された時、遣唐使派遣の停止を建議して許され、以後遣唐使が絕えたことは史上に有名である。その背景としては、日本文化が發達して、もはや唐から學ぶ意味が減少したことや、行路の危險のみならず、唐末の騷亂によって唐國內の旅行が危險であったことが擧げられてきた。しかし、坂本太郎の『菅原道眞』や「菅原道眞と遣唐使」によると[1]、それは皮相な觀察にすぎず、遣唐使の任命そのものがジェスチャーであって、政府に派遣の意志がなかったらしい。停止のことが決まったのちも、道眞は遣唐大使の肩書を公認されていたそうである。

昌泰二（八九九）年に右大臣にまで登りつめた菅原道眞は、延喜元（九〇一）年正月、天皇の廢立を圖ったかどで、突如として大宰權帥に左遷され、配所で謫居し、二年後に薨じた。死後に道眞の亡靈の祟りと稱する異變が相繼ぎ、その怨靈が雷神となって猛威を振るうと信じられたり、平安時代以來、學問・詩文の神とされ、室町時代になると、遣唐使の廢止を提言した道眞が皮肉にも天滿天神となって渡唐したと考えられ、渡唐天神像が描かれさえした。

菅原道眞の沒後一〇八〇年に當たる一九八三（昭和五十八）年に、雄山閣から民衆宗教史叢書の一冊として、村山修一編『天神信仰』が出版され、西田直二郎「菅公と天滿宮」（一九一七年）を筆頭とする、天神信仰に關する代表的な十二篇の論考を集録するとともに、村山「天神信仰の研究成果と課題」が附載された。そして、北野天滿宮の祭神である菅原道眞公の千百年忌に當たり、それを記念する「北野天滿宮神寶展」や「天神さまの美術」といった展覧會が、京都のほか、東京・福岡・大阪といった有緣の各地で開催され、同名の豪華な圖錄が刊行され[2]、『國文學　解釋と鑑賞』（至文堂）平成十四年四月號は「特集　學問の神樣・菅原道眞」と銘打って、竹居明男「天神信仰の歴史」などの論文や「菅原道眞・天神信仰研究文獻目錄抄」が編まれている。

村山修一による研究史や、それ以後の企畫において、多樣な研究成果が紹介され、裨益をうけること多大であるが、中國學の分野でなされた先學の創見が無視されている嫌いがある。そこで本稿では、中國の天神と雷神に關する史料と、研究成果の一端を、この機會に紹介することにしたい。

一　中國の天神

中國の史書に造詣の深かった菅原道眞は、八八〇年前後に文章博士として『後漢書』の講義をし、上奏文において、『大唐開元禮』や『唐六典』を典據とした獨自の見解を表明していた。道眞は沒後に「天神」として崇拜されるに至るが、天神について、『唐六典』巻四・尙書禮部の祠部郎中・員外郎の條に、

凡そ祭祀の名四あり。一に曰く天神を祀ること、二に曰く地祇を祭ること、三に曰く人鬼を享くこと、四に曰く先聖先師に釋奠すること。

凡祭祀之名有四、一曰祀天神、二曰祭地祇、三曰享人鬼、四曰釋奠于先聖先師。

とあるように、唐代の中央政府尙書省の祠部が管掌する祭祀として、祠天神は祭地祇・享人鬼・釋奠と並列され、その筆頭に置かれている。そして具體的に天神とは、昊天上帝・五方帝などを指し、冬至の日には昊天上帝を圜丘に祀る、などと書かれている。

中國で天神といえば、古來、天上の諸神を指し、宇宙を主宰する神や日月、星辰、風雨、生命などを司る神を總稱する。五經の一たる『周禮』では、春官の大宗伯の條に、

大宗伯の職は、邦の天神、人鬼、地示の禮を建て、以て王を佐けて邦國を建保するを掌る。

大宗伯之職、掌建邦之天神、人鬼、地示之禮、以佐王建保邦國。

とある。地示とは地祇のこと。同じく春官の大司樂の條に、

乃ち樂を分ちてこれを序し、以て祭り、以て享し、以て祀る。乃ち黃鍾を奏し、大呂を歌い、雲門を舞い、以

て天神を祀る。乃ち大簇を奏し、應鍾を歌い、咸池を舞い、以て地示を祭る。

乃分樂而序之、以祭、以享、以祀。乃奏黃鍾、歌大呂、舞雲門、以祀天神。乃奏大簇、歌應鍾、舞咸池、以祭地示。

とあり、春官の巻末に「冬日至を以て、天神と人鬼を致す（以冬日至、致天神人鬼）」と見えていたのである。日本の奈良朝から平安朝の初期にかけて、唐の制度文物、とりわけ祭天の禮をいかに受容したかについて、綿密な検討を加えたのが狩野直喜「我朝に於ける唐制の模倣と祭天の禮」（『德雲』二―二、一九三一年。のちに『讀書籑餘』みすず書房、一九八〇年に再錄。引用は後者による）であった。狩野は、

次に申述べたきものは、唐制を模型として萬事彼を學んだ結果、全く我國に必要なく、又或意味よりすれば我國體から考へて、少し具合のあしきものまで採用された、郊天の禮である。郊天とは申す迄もなく、天子が冬至南郊に於いて天を祭り給ふ儀式であつて、中國では、歴代祭祀の內、之より重いものはないが、我國にては大寶令にも見えて居ない。

と書いたのち、わが國には恆祭として定められていなかったが、臨時にその祭の行なわれたことが、『續日本紀』に二條、『文德實錄』に一條だけ見えることを指摘した。

『續日本紀』の二條とは、桓武天皇延曆四（七八五）年十一月の條の、

壬寅。天神を交野の柏原に祀る。宿禱を賽してなり。

壬寅。祀天神於交野柏原。賽宿禱也。

という記事と、同じく延曆六年十一月甲寅に、天神を交野に祀った記事であり、後者には、祭文二通、すなわち一は昊天上帝を祭る文、一はこれに配せる高紹天皇（光仁天皇）を祭るの文を載せている。その後は祭天のことは國史に見えなかったが、『文德實錄』の齊衡三（八五六）年十一月の條に、藤原良相らを桓武祭天の場所であった交

野の柏原に遣わして習禮せしめ、圜丘に祭天の儀があったことなどが見えている。以上の三條がわが國における祭天に關して今に存する文獻である、と。

狩野直喜は、このように指摘したのち、

> 前に述べたる如く、この儀が唐制に倣ひ給ひしことは、明白にして疑を挾む餘地がない。然るに中國に於ける祭天の禮は、秦漢以後制度上の沿革一ならず、故に我が祭天の事を知らむとせば唐制を知らざるべからず。又唐制を知らむとせば、勢其以前に溯らねばならない。一體祭天の事を記した文句は、周禮禮記等に見え、之が後世祭天の制度の根據となつて居るが、注を下した鄭玄と王肅と其說が違ふ。

と書いて、鄭玄と王肅の說の違いを例を擧げて解說した。そして歷代の祭天につき、鄭玄の說を用いるか、王肅の說によるかに從って、全く樣子が變わるわけであるが、唐の時の祭天は鄭玄と王肅の兩說を折中したものであり、その唐の祭天の制がわが國に採用されたので、兩說折中の痕跡がわが祭天の記事にもよく顯れている、と述べている。

狩野はさらに、『續日本紀』と『文德實錄』の記事について說明を加え、天神という字を「アマツカミ」と讀ませている點につき、

> 之は一見すると、「アマツカミ」といふ我言葉を、漢字で天神と書いたとも思はるゝが、其實は然らずして彼に使用した天神の文字を其儘使用し、これに日本流の假名を振つたのであつて、從來我國にて崇敬した「アマツカミ」とは概念が違つて居る。

という見解を表明している。

狩野はまた、一體天神に限らず、およそ神祇を祭る場合の祝文（祭文）には一定の形式があることを述べた上で、

『大唐郊祀錄』『大唐開元禮』に出ている祝文の形式と、『續日本紀』に載せた延暦六年十一月の祭文を比較した。その際兩方の文章を並べつつ、非常に似通っているものの、兩者に差異がある點につき、蘊蓄を傾けた解説を施した。まことに有益な論考である。

ちなみに、唐の祝文と延暦の祭文を對照した部分、初出の『徳雲』に掲載された時は、延暦の祭文は墨色で、唐の祝文は朱色で、すなわち朱墨の二色刷りだったので、一目瞭然であったが、『讀書纂餘』に再錄されているものは單色刷りなので、判別しにくい。

狩野直喜は、漢字の天神という字を日本で「アマツカミ」と讀ませている點について、注意をうながした。同じことは、中國の史書に漢字で「祭天神」あるいは「祭天」と記錄されている北アジア諸民族の祭祀を考察する際にも、要注意であることを意味する。

この觀點から紹介したいのは、津田左右吉の「上代支那人の宗敎思想」の「四　神祇」である。この論文は、一九二〇年に『滿鮮地理歴史研究報告』六に掲載されたが、文獻の成立事情やその年代についての見解を改めたために、廢棄の扱いにしていた。その旨を注記した上で、沒後『津田左右吉全集』第二八巻（岩波書店、一九六六年）に「第二篇　シナ思想の研究」の一として收錄された。

津田論文の指摘に從って、中國の正史に記錄された、北アジアと東北アジアの諸國についての祭祀の記事のいくつかを拾うと、『後漢書』南匈奴傳に「匈奴の俗、歲ごとに三龍祠あり、常に正月、五月、九月の戊の日を以て天神を祭る」とあり、『三國志』東夷傳の高句麗の條に「十月を以て天を祭る。國中で大會あり、名づけて東盟という」とある。『周書』異域傳下の突厥の條には可汗が「毎歲、諸貴人を率いて、其の先窟を祭る。又た五月中旬を以て、他人水に集まり、天神を拜祭す」とあり、『隋書』巻八三・黨項傳に「三年に一たび聚會し、牛羊を殺して

以て天を祭る」とあり、唐代でも『舊唐書』吐蕃傳に「巫者をして天地山川日月星辰の神に告せしむ」と見える。これらの祭天神や祭天が、シャーマニズムなどといかなる關連があるのかを含めて、津田の言のごとく「これらの簡單なる記事で、神の性質を推論することは、危險といはねばならぬ」のである。

二　日本の天神信仰

桓武天皇が延暦四（七八五）年十一月壬寅十日に交野の柏原、現在の大阪府枚方市樟葉の交野神社の地で天神を祀ったのは、平城京から長岡京に遷都した延暦三年十一月戊申十一日からちょうど一年後のことであった。延暦十三年十月に、桓武天皇は造營事業を續行中の長岡京を放棄して、平安京に遷都する。桓武が長岡京を放棄したのは、皇太子となっていた同母弟の早良親王の憤死以後、周邊に不吉なことが相繼いで起こり、その原因が早良親王の怨靈によるものと信じられ、遷都を決意したらしい。また桓武による祭天の儀を七十年後に再現させた文德天皇の事跡を記錄するのは、『文德實錄』であり、その序文を書いたのが菅原道眞である。道眞が左遷させられた大宰府の配所で憤死し、沒後にその怨靈の祟りが恐れられ、やがて天神信仰が興ることになる。

日本の天神信仰に關する優れた研究史整理は、民衆宗教史叢書の一册たる、前掲の村山修一編『天神信仰』の卷末に掲載された、村山自身の「天神信仰の研究成果と課題」であり、彼が選擇して收錄した十二篇の論考は、いずれも有益なものである。(3)

西田直二郎「菅公と天滿宮」（『歷史と地理』一―一・二・四・五、一九一七年、『天神信仰』に再錄）は、天神信仰についての先驅的な研究である久米邦武の「天滿宮は如何なる神ぞ」（『史學會雜誌』三―二七、一八九二年。久米邦武

歴史著作集第二巻『日本古代中世史の研究』吉川弘文館、一九八九年に再錄）が、天滿宮は菅原道眞公の靈を祀ったものではないなどと菅公祭神説を否定していたのを、補訂せんとして、天滿宮の創建や天滿宮信仰の歴代にわたる崇敬の様子を啓蒙的に說いている。

長沼賢海「天滿天神の信仰の變遷」（『史林』四―二・四、一九一八年。『天神信仰』に再錄）は、前年に出た西田論文を受け繼ぎつつ、天神信仰を神佛習合史的觀點に立って、中世における信仰の變遷を考察した。

西田・長沼論文から六十年後に書かれた、林屋辰三郎の「天神信仰の遍歷」（『新修日本繪卷物全集』一〇、角川書店、一九七七年。『天神信仰』に再錄）は、まず菅公以前に、じつは北野にも天神があったという事實を確認することから論を進める。そして『續日本後紀』承和三年二月庚午朔の條に「遣唐使の爲に天神地祇を北野に於いて祠る」とある記事を取り上げたり、炎旱に苦しむ農民が競って天神に雨を祈ったものであるが、その場合の天神は、ほかならぬ雷神であった、と指摘する。そして佐伯有淸の「八・九世紀の交における民間信仰の史的考察」（『歴史學研究』二二四、一九五八年）を受けて、天神信仰の本質を殺牛信仰だとするなど、目配りのきいた學說史の樣相を呈している。

西田論文よりも早くに書かれた喜田貞吉の「北野神社鎭座の由來管見」（『國學院雜誌』二〇―五、一九一四年。『天神信仰』に再錄）は、延喜四年十二月十九日の「雷公を北野に祭らしむ」という記事に着目し、「雷公は、すなわち、火雷天神なり。もと、年穀豐饒を祈りて北野に祭る。いわゆる雷公の靈なる神とは名同じうして實異なる北野天神これなり」と斷定していた。

天神と雷神信仰の關連について、民俗學の觀點から論じたのが、柳田國男の「雷神信仰の變遷――母の神と子の神――」（原題は「若宮部と雷神」一九二七年。『妹の力』創元社、一九四〇年。『柳田國男集』第九卷、筑摩書房、一九六

二年に再錄）である。柳田は神託の自由に着目し、人物としては聖寶・空也などが傑出したごとく、神道においては石清水に次いで北野が新たに顯れ、永く不退の地步を占めるに至った、と述べた上で、

兔に角に神代紀の八雷生誕の物語に始まつて、近くは延喜の代の神名帳の中にまで、尙あれだけの威風を留めて居た多くの雷電の神が、少なくとも京畿近國に於ては一朝にして統一せられ、且つ其信仰を改造せられたのは、悉く北野を中心とした託宣の力であつた。男山は不思議にも之に參與しては居ないのである。改造の要點は、あらゆる天災人禍を冤癘の遺憤に基づくものとした當時の御靈思想を、天と人間との仲に立つ者、卽ち雷神の信仰に結び附けたことである。

と論じたのである。

ちなみに、折口信夫が雷神の名に言及するのは、「手習鑑雜談」（『日本演劇』五―七、一九四七年。『折口信夫全集』第二二巻、中央公論社、一九九六年に再錄）で、

五段目では、宮中へ雷神となつて乘り込むのは、道眞ではない。天神記では出してゐるが、此方では、道眞は幻影でも出て來るやうにしか書いて居ない。天神樣を宮中で荒れさせては、聖賢であり、忠誠である天神樣に似あはしくなくなるので、露はには出さなかつたのであらう。

と述べると、「民族史觀における他界觀念」（『古典の新研究』第一輯、角川書店、一九五二年。『折口信夫全集』第二〇巻に再錄）の「地下國」の項に、

いかづちは古代にも旣に雷及び雷神であるが、一方、雷神の原體としての蛇を同時に考へてゐた。

と見えるだけで、天神信仰や雷神信仰には關心を示さなかった。

三　雷を天神ということ

前節でいくつかを紹介したように、北野天滿宮をはじめとする天神信仰と雷神とのかかわりについて、多角的な考察がつづけられてきたが、中國における雷神との關連を指摘した論文は見當たらない。

雷神といえば、中國の神話のなかで、管をもって雷を打つ神が有名で、擬人化されて、漢代の畫像石にも描かれた。『山海經』海內東經には、「雷澤の中に雷神あり、龍身にして人頭、其の腹を鼓つ」と見える。

一般に信仰と傳說との關係は、どのように位置づけられるのであろうか。ともあれ、天神信仰の場合は、天神傳說と緊密に結びついている。一九八七年に平凡社から刊行された、太陽スペシャル『天神傳說――菅原道眞は何處にいる』は、色彩豐かな書物で、まことに有益にして樂しい一册であった。

同書は「第一部　菅原道眞の肖像」と「第二部　天神の信仰」のほか、二つの特別企畫、すなわち寫眞家の內藤正敏による「全國縱斷、天滿宮・特寫　天神を追う」と、グラフィック・デザイナーの杉浦康平による「アジア的視點からみた『北野天神緣起』天の牛・雷神・斑の力」からなる。

第二部の冒頭に、櫻井好朗・宮田登・山折哲雄による鼎談「天神信仰の展開――新しき神としての菅原道眞」が掲載され、最初に櫻井が「話のいとぐちとして、ごく常識的なことしか申し上げられないのですが、要するに天神地祇、つまり天の神・地の神という考え方があるわけですね。その天の神様というところから、天神信仰は出てきているのですが、しばしば雷神とつながります」と切り出している。

本書の卷末に「天神傳說參考文獻」が附されており、單行本の部の最初が、前掲の坂本太郎の『菅原道眞』で、

論文の部の最初が、宮崎市定「錦天神考」（『獨歩吟』岩波書店、一九八六年）と宮崎市定「雷を天神ということ」（『アジア史論考』上、朝日新聞社、一九七六年）であった。宮崎の二つの文獻のうち、前者は隨筆であるのに對し、もともと『日出づる國と日暮るる處』（星野書店、一九四三年）に收録された後者「雷を天神ということ」は、中國における雷信仰について蘊蓄を傾けた論考であり、『宮崎市定全集』第二二巻（岩波書店、一九九二年）に再録され、一九九七年には私の解説を附して、中公文庫版の『日出づる國と日暮るる處』に入れられた。

日本の雷信仰は中國の雷信仰との間に連絡があったであろうとする宮崎の所說は、論文そのものについてお讀みいただくことを希望する。宮崎は、唐の貞觀八（六三四）年にはじめて雷州という名を與えられた、廣東省西南端、雷州半島の雷州において、雷と牛とが結びついている點に着目していた。なお康熙の『雷州府志』（稀見中國地方志彙刊第四七册）には、「雷は貞観より始めて名づく。說者謂う、其の地雷多く、冬に至り蟄れて彘と爲り、郡人掘りて之を煮る、と。其の說、誕に近し（雷自貞観始名。說者謂其地多雷、至冬蟄而爲彘、郡人掘而煮之。其說近誕）」と見える。

おわりに

『天神傳說――菅原道眞は何處にいる』巻末の「天神傳說參考文獻」に宮崎市定の隨筆「錦天神考」は掲載されていたが、これの續編ともいうべき隨筆「天使突拔考」（『獨歩吟』岩波書店、一九八六年）の名は見えない。

宮崎の「錦天神考」と「天使突拔考」は、どちらも元來は一九八四年に、『洛味』という小册子に寄稿されたもので、一九九三年に『宮崎市定全集』第二三巻に收録された。「錦天神考」では、京都きっての食品街として知ら

れる錦小路の東端の錦天神は、もと西向き天神であったのが略されてニシキ天神となったのではなかったか、と主張した。

つづく「天使突抜考」では、西洞院松原西入ル下ルにある天使突抜という町名の意味は、五條天神へ突き抜ける近道小道、天神さまの細道のことで、天神が天使になったのであると述べた。京都にはたくさんの天神社があるが、それは全部が菅原道眞を祀った天神とは限らず、ことに五條天神はそれと關係なく、人皇以前の神代の神さまを祀ったもので、テンジンと發音せず、清音でテンシンと讀むべきであった。京都人は何でも音聲を節約して省略してしまうので、テンシと發音し、天使の漢字をあてた、というのである。

註

（1）坂本太郎『菅原道眞』（人物叢書、吉川弘文館、一九六二年）・同「菅原道眞と遣唐使」（『歴史随想　菅公と酒』東京大學出版會、一九六四年。のち中公文庫、一九八二年）。ともに坂本太郎著作集第九巻の『聖德太子と菅原道眞』（吉川弘文館、一九八九年）に再録。

（2）京都國立博物館編『北野天滿宮神寶展』（東京新聞、二〇〇一年）、東京國立博物館・福岡市博物館・大阪市立美術館編『天神さまの美術』（NHK・NHKプロモーション・東京新聞、二〇〇一年）。

（3）本文で『天神信仰』に再録として擧げた西田、長沼、林屋、喜田の諸論のほか、本書にはつぎの論考が再録されている。大野功「平安時代の怨靈思想」（『日本歴史』一一四、一九五七年）、西田長男「北野天滿宮の創建」（『神社の歴史的研究』塙書房、一九六六年）、源豐宗「『北野天神緣起繪巻』について」（『新修日本繪巻物全集』一〇、角川書店、一九七七年）、櫻井好朗「天神信仰の表現構造——『北野天神緣起』成立前後——」（『文學』四〇—七、一九七二年）、村田正志「渡唐天神思想の源流」（『菅原道眞と太宰府天滿宮』上、一九七五年）、高橋俊乘「寺子屋

における天滿天神の信仰」(『藝文』二〇—四、一九三九年)、伊地知鐵男「北野信仰と連歌」(『書陵部紀要』五、一九五五年)、荒木良雄「『北野天神緣起繪卷』から『てんじん』まで」(『中世文學の形象と精神』昭森社、一九四二年)。

第二章　唐代の釋奠

はじめに

只今、ご紹介いただきました礪波護と申します。先ほど、庠主の前田專學先生の格調高いお話につづきまして、少し何と申しますか、平たいようなお話をさせていただいて、今日は寒いですし、氣樂に聞いていていただきたいと思います。

この十一月というのはいろんなところで行事がございましたが、私は京都から參りまして、この足利の地が東の京都であるというのを、驛や町のあちらこちらのポスターなどに書かれているのを見まして、ほっとしているところでございます。

私は、こちらの足利學校には五、六年前に一度參ったことがございますが、その時は單に參觀させていただいただけなんですけれども、こういう形で釋奠の日に記念の講演をさせていただくことを、非常に嬉しく思っております。

日本では、あちらこちらにこういう釋奠の儀式が行なわれるところがあるとは申しましても、こういう形で、公式のと申しましょうか、生涯教育の場となっている足利學校のように、きちんとした形でなされるのは少ないこと

だと思います。私が琉球大學に集中講義に行ったおり、沖縄の那覇市に久米至聖廟と呼ばれます孔子廟があり、釋奠の禮が今もなお九月末に執り行なわれていることを知り、少しびっくりいたしました。

また關西に住んでいるものですから、岡山縣備前市の閑谷學校の聖廟も二度參觀したことがありますし、江戸時代の昌平黌、昌平坂學問所の傳統をひきついでいます、東京の湯島聖堂にも何度か參觀したことがありますが、湯島聖堂の場合も毎年四月の第四日曜日に行なわれています孔子祭、すなわち釋奠を見學したことはございません。そのようなわけで、本日、釋奠の儀式に參列する機會を與えていただき、感激しております。

私は先ほどご紹介いただきましたように、中國の歷史、東洋史を專攻いたしまして、とりわけ唐の時代を中心とした政治社會史を研究し、宗教史にも關心がございますので、今の前田先生の、儒教の「中庸」と佛教の「中道」とが似ているところと違うところがあるとの御講話をたいへん興味深く拜聽した次第でございます。私はそういう思想史でなくて、歷史畑でずっとやってきておりますので、唐代における孔子さまに對する見方の變化といったようなものについてお話ししたいと思います。

これも一口に唐代と言っても、二百六十餘年つづいた江戸時代よりも永く、二百九十年もあります。孔子さまが生まれてからですと二千五百年にもなるわけですから、その間に孔子さまに對する見方といいましょうか、待遇の仕方といった方がいいかもしれませんが、どんどん變わってきている。そういう變化の違いというものを、どのように理解するかということを、掻い摘まんで、お話しさせていただこうと思います。

一　『唐六典』にみる釋奠

まず、平凡社から出ておりります、『大百科事典』の項目によりながら三つの書物についての説明をいたします。最初は『唐六典』、二つ目は『貞觀政要』、三つ目が『制度通』で、いずれも私が數十年前に書いた文章です。今日のお話は、この三つの書物を中心としつつ、つまり『唐六典』『貞觀政要』『制度通』、それに唐の初めの頃の書家として有名な虞世南の「孔子廟堂碑」を資料といたしまして、お話しさせていただこうと思います。

『唐六典』とは、中國で唐の玄宗朝の開元年間、すなわち八世紀前半の官職を基準にいたしまして、その職掌に關する律令格式および敕などの諸規定を分類し編集した書物でございます。

菅原道眞、ご存じの方が多いと思いますが、遣唐使の廢止を進言し、天神さまという形で祭られている方で、その方が亡くなられたのが九〇三年ですので、それから一千百年になった記念として各地でお祭りがなされ、記念行事が行なわれました。私もその菅原道眞につきまして論文を書きました。それは、『日本歴史』という雜誌の九月號なのですけれども、そこに「中國の天神・雷神と日本の天神信仰」（本書第Ⅱ部第一章）という題で發表したわけです。その書き出しのところで、中國の天神信仰というものを説明するのに際しまして、この『唐六典』の文章を引用したのでした。『唐六典』は全部で三十卷で、唐の玄宗の敕撰であって、宰相の李林甫らが注を書いたものです。七三八年に完成しましたが、およそ五十年間は行用されなかったらしい。『周禮』の六官の制にならい、唐の設官分職の體系を明示した政典なので、『大唐六典』といい、『唐六典』と略稱する。本書に引用された律令格式は開元七（七一九）年度のものです。本書は唐の官制に對する基本文獻であるのみならず、令格式の研究にとって貴

重な資料であり、日本の京都で一七二四年、享保九年に前太政大臣の近衛家煕が序文を書き、家煕自身が校訂いたしました、いわゆる「近衛本」が最良のテキストなのです。

唐の制度の書物『唐六典』に對して、江戸時代の中期のお公家さんで太政大臣を勤め、書畫や茶、華道などにおいて多くの業績を残した近衛家煕が三十年の歳月をかけて文字の訂正に盡力したのです。肝心の中國の方では『唐六典』の良いテキストがなかったのでして、この「近衛本」を影印した本が、世界の各地で、中國の唐代の制度を研究する人の一番のテキストとなっているのです。古代の日本では、遣隋使あるいは遣唐使という形で、中國の制度を日本は學ぼうとしました。唐の制度についての一番基本的な文獻である『唐六典』の「近衛本」のほかに、同じ江戸時代に「官版」、政府つまり江戸幕府が公式に出した焦茶表紙の本がありまして、それが『官版唐六典』というものです。

ところが、不思議なことに、この足利學校の藏書目錄、こちらで出されました長澤規矩也編著『訂補足利學校遺蹟圖書館古書分類目錄』のなかには、この『唐六典』は「官版」も含めて一册も入っていないんですね。入っていないからこの書物はもともと、無かったのかどうかといいますと、私は疑いをもっています。よく讀まれ、使われていたので、誰かが持ちだしたりしてしまった結果、現在の遺蹟圖書館には所藏されていないのではないでしょうか。この本が、こちらで讀まれなかったはずはないと思うんですよ。

前置きはこれくらいにいたしまして、それでは唐の時代の制度として釋奠の儀というのは、どういうふうに位置づけされていたのかということを見ていきたいと思います。

まず「近衛本」の『唐六典』巻四の「尙書禮部」、つまり現在の日本でいえば、文部科學省についての行政機構なんですけれども、そのなかでも「祠部郎中・員外郎」というのは、宗教擔當の局長・局次長ということになりま

す。彼らがどういうことを擔當するのかといいますと、「祠祀・享祭・天文・漏刻・國忌・廟諱・卜筮・醫藥・道佛の事を掌る（掌祠祀・享祭・天文・漏刻・國忌・廟諱・卜筮・醫藥・道佛之事）」とあります。すなわち職掌として、祠祀・享祭つまりお祭り、天文と漏刻つまり水時計、國忌つまり年忌・廟諱、卜筮つまり占いと醫藥、道教と佛教の事を擔當したのが、禮部の四つの部局の一つである祠部だったのです。

そして「凡そ祭祀の名四あり。一に曰く天神を祀る、二に曰く地祇を祭る、三に曰く人鬼を享く、四に曰く先聖先師に釋奠する（凡祭祀之名有四。一曰祀天神、二曰祭地祇、三曰享人鬼、四曰釋奠于先聖先師）」とあります。唐王朝としての祭祀、お祭りの名前として四つあり、天の神をまつること、地の神をまつること、人鬼をまつることのほかに、四つ目としまして、先聖と先師に釋奠するということが列擧され、この四つが唐王朝としての公式のお祭りということになります。

この祭祀には大中小の三クラスがあり、「昊天上帝・五方帝・皇地祇・神州・宗廟のまつりが大祀、日月・星辰・社稷・先代帝王・岳鎭・海瀆・帝社・先蠶・孔宣父・齊太公・諸太子の廟のまつりが中祀、司中・司命・風師・雨師・衆星・山林・川澤・五龍祠等及び州縣の社稷・釋奠のまつりが小祀（其差有三。若昊天上帝・五方帝・皇地祇・神州・宗廟爲大祀、日月・星辰。社稷・先代帝王・岳鎭・海瀆・帝社・先蠶・孔宣父・齊太公・諸太子廟爲中祀、司中・司命・風師・雨師・衆星・山林・川澤・五龍祠等及州縣社稷・釋奠爲小祀）」と規定されています。そして「先聖先師に釋奠する」に關しましては、「仲春の上丁に、孔宣父に釋奠し、顏回を以て配す。其の七十二弟子及び先儒並びに從配す。仲秋の月亦た之の如し。仲春の上戊に、齊太公に釋奠し、留侯張良を以て配す。仲秋の月亦た之の如し（仲春上丁、釋奠于孔宣父、以顏回配。其七十二弟子及先儒並從配。仲秋之月亦如之。仲春上戊、釋奠于齊太公、以留侯張良配焉。仲秋之月亦如之）」とされ、また釋奠の禮では、「孔宣父廟は則ち國子祭酒が初獻を爲し、司業が亞獻を

爲し、國子博士が終獻を爲す。齊太公廟は則ち太常卿が初獻を爲し、少卿が亞獻を爲し、丞が終獻を爲す（孔宣父廟則國子祭酒爲初獻、司業爲亞獻、國子博士爲終獻。齊太公廟則太常卿爲初獻、少卿爲亞獻、丞爲終獻）」とされています。

唐の玄宗朝の前半における祭祀につきまして、『唐六典』巻四の尙書省禮部の條では、このように記載されています。ここで注目していただきたいのは、孔子さまに對する呼び方が「孔宣父」でして、敬ってはいるんですけれども、あまり大袈裟ではないということ、そして孔宣父が「齊太公」つまり太公望の名で有名な、周代齊國の始祖である呂尙と同格のかたちで釋奠されていることなんですね。

孔宣父への釋奠は、仲春の上丁の日と、仲秋の上丁の日に行なわれました。ここでいう春とか秋とかは、舊暦なものですから、春は一月から始まって一月、二月、三月が春。ですから仲春というのは二月のことで、七月、八月、九月が秋ですから八月が仲秋。中秋の名月はだから舊暦の八月。その八月の上丁に孔子への釋奠が行なわれたわけです。現在の日本では、孔子のお祭りは、東京の湯島聖堂では四月の第四日曜日に行なって、こちらの足利學校では十一月の二十三日に行なわれると、まあ言ってみれば春のお祭りが東京、秋のお祭りがこちらで行なわれているというふうに理解していただけたらわかりやすいと思いますね。

唐朝において四つあった祭祀のうち、天神・地祇・人鬼の三つのまつりを擔當したのは、實務官廳の九寺の筆頭である太常寺で、詳細は『唐六典』巻一四に記載されています。先聖先師への釋奠については、『唐六典』巻二一・國子監に、

國子祭酒・司業の職、邦國の儒學訓導の政令を掌る。六學あり。一に曰く國子、二に曰く太學、三に曰く四門、四に曰く律學、五に曰く書學、六に曰く算學。凡そ春と秋の二分の月の上丁に、先聖の孔宣父に釋奠し、先師の顏回を以て配す。七十二弟子、及び先儒二十二賢を從祀す。

國子祭酒・司業之職、掌邦國儒學訓導之政令。有六學焉。一曰國子、二曰太學、三曰四門、四曰律學、五曰書學、六曰算學。凡春秋二分之月上丁、釋奠于先聖孔宣父、以先師顏回配。七十二弟子及先儒二十二賢從祀焉。

とあります。およそ春と秋の二分の月、春分と秋分の月、つまり舊暦の二月と八月の上旬の丁、ひのとの日に釋奠が行なわれました。

釋奠のお祭りをする時にどういうふうにしたかといいますと、まずお酒を供えます。先ほど孔子廟で行なわれた釋奠の禮のように、雀の形をした爵という銅器にお酒を注いでお供えをします。その際に、最高の學府である國子學、現在でいえば帝國大學、その總長に當たる祭酒が初獻を爲し、副總長に當たる國子司業が亞獻を爲し、教授に當たる國子博士が終獻を爲したのです。ただし終という字を避けたのでしょうか、こちらでは修めるという字を用いて、修獻といっています。皇太子が列席した場合には、皇太子が初獻を爲し、國子祭酒が亞獻を爲し、國子司業が終獻を爲すことになっていました。

つづいて「凡そ釋奠の日、則ち諸生を集め、經を執りて論議し、奏請して京の文武七品以上の清官をして、並びに與り觀せしむ（凡釋奠之日、則集諸生、執經論議、奏請京文武七品以上清官、並與觀焉）」と言い、「凡そ敎授の經は、周易・尙書・周禮・儀禮・禮記・毛詩・春秋左氏傳・公羊傳・穀梁傳を以て、各おの一經と爲す。孝經・論語・老子は、學ぶ者これを兼ね習う（凡敎授之經、以周易・尙書・周禮・儀禮・禮記・毛詩・春秋左氏傳・公羊傳・穀梁傳、各爲一經。孝經・論語・老子、學者兼習之）」とあります。すなわち唐の太宗の時に孔穎達が「五經正義」を編纂した際には『周易』『尙書』『禮記』『毛詩』『春秋左氏傳』を五經としましたが、玄宗の時には『周禮』『儀禮』と『春秋公羊傳』『春秋穀梁傳』を加えた九經を講義し、そのほかに『孝經』『論語』『老子』が必修科目だったわけです。

氣をつけていただきたいのは、そこに『孟子』という書物は載っていないんですね。つまり、先ほどの孔子廟で

の釋奠の場合には、孔子さまの像の向かって左側に「亞聖孟子」という形で孟子さんが祭ってあるんですが、唐代には孟子に對する敬意はなかったということですね。ですから、中國での儒敎、孔子の始められた儒敎を受け繼ぐ段階で、どういう方を大事にして受け繼いだかという時に、まだ唐の段階では孟子という人は、全然頭になかった時代なんですね。しかも、この『唐六典』の文章は、唐の中頃の玄宗時代の話になるんですが、隋以前の諸王朝の場合はあまりはっきりしませんが、少なくとも唐の初代皇帝である高祖李淵の治世には、孔子さまもまだ主人公ではなかった。つまり、孔子さまを中心とした形で、一番眞ん中にお祭りするのは唐の王朝が始まった直後ではなくて、二代目の皇帝、太宗李世民の治世から始まったのです。

それでは、唐の高祖の段階で誰が中心であったかと言えば、孔子が「久しいかな、吾れ復た夢に周公を見ず」と嘆いた、古代の周公が先聖とされて中心人物だったので、その周公に次ぐのが孔子だったのです。ですから、同じ唐代の釋奠の儀といっても、孔子は最初は周公に次ぐ二番目であったのが、一番に移ってくる。こういうような變換が行なわれたということに氣をつけていただけたらいいかと思います。

二　『貞觀政要』

まず、『貞觀政要』という書物についての說明をしようと思います。これは唐の貞觀年間（六二七―四九）に、太宗が群臣と政治上の得失を問答した言や群臣たちの事跡を分類編纂した書で、十巻、四十篇。唐の史家吳兢の撰です。武后と韋后による政治混亂を經驗した時期に、「貞觀の治」を顯彰せんとする意圖で編まれたので、史書としてよりも治道の要諦を說いた政治教科書としての色彩が濃く、中國のみならず朝鮮や日本の爲政者に廣く讀まれま

した。これが、『貞觀政要』という書物なんですね。

この『貞觀政要』は、いつ頃日本で廣く普及されるようになったか。この點に關しましても、じつはこの足利學校が非常に重要な役割を演じているんですね。どういうことかと言いますと、わが國で最初に本書を出版した人物こそ、この足利學校の第九世庠主の三要元佶、閑室禪師だったのです。京都の洛北に圓光寺というお寺がございまして、このお寺を創建したのが、こちらの第九代目の庠主三要でした。三要は、はじめ豐臣秀次に信頼され、秀次の自殺後は德川家康に接近して恩寵をこうむりました。その家康は、十六世紀の末、關ヶ原の戰以前から、個人趣味からも、また文化政策上、印刷文化を非常に大事にしたのです。

ちょうど二年前に東京のトッパン小石川ビルに印刷博物館というのができまして、その開館記念に、「江戶時代の印刷文化――家康は活字人間だった!」（二〇〇〇年十月七日―十二月十日開催）という企畫展が行なわれ、同名の圖錄が出版されました。その展覽の「活字人間　家康」の「伏見版と駿河版の印刷」のコーナーに、伏見版木活字そのものと、木活字版の『孔子家語』『貞觀政要』も並べられていました。

瑞巖山圓光寺は、三要元佶（閑室）禪師を開山、德川家康公を開基とし、臨濟宗の南禪寺派に屬しています。慶長六（一六〇一）年に家康は國內教學の發展を圖るため、下野足利學校第九代學頭の三要元佶禪師を招き、伏見に圓光寺を建立し學校としました。圓光寺學校が開かれると、僧俗を問わず入學を許した。また『孔子家語』『貞觀政要』など多くの書籍を刊行し、これらの書物は伏見版または圓光寺版と稱されました。當寺には、出版に使用された木活字が現存しており、わが國の出版文化史上特筆すべき寺院です。その後、圓光寺は相國寺山內に移り、さらに寛文七（一六六七）年、現在の一乘寺小谷町に移轉されました。圓光寺傳來の木活字は、平成四（一九九二）年に重要文化財に指定されました。

最初に言いましたように、この十一月はいろんな形で記念すべき催しが行なわれておりまして、東京大學の安田講堂で、歴史學界の一番大きな學會であります史學會の第百回大會がございました。記念講演をなさった國立西洋美術館館長の樺山紘一さんは、十六世紀の頃というものは、日本だけではなくて世界的にみても活字文化の非常に大事な時代であったことを强調されていました。樺山さんは、先ほど述べた企畫展の圖録『江戸時代の印刷文化――家康は活字人間だった！』の「監修のことば」においても、家康が木活字による伏見版、鑄造活字による駿河版と稱する出版を熱心に推進していたことを述べていましたが、今回も、十六世紀頃の日本は、キリシタンの文化が傳わってくると同時に、家康によって推進された木活字、鑄造の金屬活字といった出版熱が燃えつづけた時代であったと力説されていました。いかにもその通りで、『貞觀政要』などの出版は、まさに特筆に値する出版事業だったのです。

それでは『貞觀政要』には、唐の釋奠について、どのように記されているのかを見ていきましょう。慶長五（一六〇〇）年刊の古活字本伏見版ではなくて、文政六（一八二三）年に紀州藩で刊行された訓點つきの和刻本を用意しました。その巻七・崇儒學、儒學をたっとぶという章から三つの文章を引用しました。まず最初の文章を讀んでみます。

貞觀二年、詔し、周公を先聖と爲すを停め、始めて孔子の廟堂を國學に立て、舊典に稽式し、仲尼を以て先聖と爲し、顔子を先師と爲す。兩邊の俎豆、干戚の容、始めて玆に備わる。是歳、大いに天下の儒士を收め、帛を賜い傳を給し、京師に詣ら令め、擢くに不次を以てし、布いて廊廟に在る者甚だ衆し。學生の一大經に通ずる已上は、咸く吏に署するを得。國學、學舎を增築すること四百餘間、國子・太學・四門・廣文、亦た生員を增置す。其の書・算、各おの博士・學生を置き、以て衆藝を備う。

貞觀二年、詔、停周公爲先聖、始立孔子廟堂於國學、稽式舊典、以仲尼爲先聖、顏子爲先師。兩邊俎豆、干戚之容、始備于茲矣。是歲大收天下儒士、賜帛給傳、令詣京師、擢以不次、布在廊廟者甚衆。學生通一大經已上、咸得署吏。國學增築學舍四百餘間、國子・太學・四門・廣文、亦增置生員。其書・算各置博士・學生、以備衆藝。

とあります。

ここで注目していただきたいのは、太宗治世の初めである貞觀二年、すなわち西暦六二八年、以前は周公を先聖としていたのを停止し、孔子廟堂を國學に立てて、仲尼すなわち孔子を先聖とし、顏回を先師としたということです。釋奠の儀式の主人公は、それ以前は孔子ではなく、周公でした。孔子を先聖とし、顏回を先師として脇に置くという配置は、唐の太宗の時から始まるのです。つぎの高宗は卽位直後に周公を先聖、孔子を先師としますが、すぐに孔子を先聖とし、以後この配置が定着いたします。

少しつづきを讀みますと、

太宗又しばしば國學に幸し、祭酒・司業・博士をして講論せしめ、畢りて各おの賜うに束帛を以てす。四方の儒生、書を負いて至る者、蓋し千を以て數う。俄にして吐蕃及び高昌・高麗・新羅等、諸夷の酋長も、亦た子弟を遣わし、學に入らんことを請う。是に於て國學の內、鼓篋し講筵に升る者、幾ど萬人に至る。儒學の興、古昔も未だ有らざるなり。

太宗又數幸國學、令祭酒・司業・博士講論、畢各賜以束帛。四方儒生負書而至者、蓋以千數。俄而吐蕃及高昌・高麗・新羅等諸夷酋長、亦遣子弟請入於學。於是國學之內、鼓篋升講筵者、幾至萬人。儒學之興、古昔未有也。

とあります。

唐の太宗は、國都の長安に設けた大學にしばしば行幸して、總長・副總長や教授たちに講義をさせ、終わると褒

美を與えました。國內各地から儒學を學ぼうとして、數千人がやって來ただけでなく、吐蕃と稱したチベットをはじめ、高昌すなわちトルファン、高句麗と新羅という朝鮮半島の國ぐに、これら諸國の酋長たちが、子弟を長安に派遣して勉強させた、というのです。ちなみに、鼓篋の篋というのは竹製の書籍を入れる四角い箱のことなので、「鼓篋し」てとは、鼓をうって學生を召し篋を開いて書籍を出す、つまり大學で勉强することです。

ここでも書いてあることだけを讀むと何でもないのですけれども、これらの諸國のなかに日本が入っていないことに注目していただきたいのです。唐の太宗の時に、周公を棚上げして、孔子さまを主人公にする形の釋奠の儀をはじめ、チベットやトルファンや、あるいは高句麗と新羅という朝鮮半島の國ぐにから國王や貴族たちの子弟が長安に留學して儒學を學ぼうとしたのに、日本からは儒學を學ぶための留學生はいなかったことになります。これは非常に興味深いことなんですね。

ですから、書いてあることだけでなく、何が書かれていないのかということなのですが、この時代に日本から唐へ留學生が行っていなかったかというと、そうではなかったのですね。ご承知のように、前の王朝の隋の時から、小野妹子らの遣隋使が聖德太子によって派遣されていました。初めに派遣された時には、國家の體制、行政機構を學ぶための留學生と、佛敎を學ぶための留學僧、お坊さんが行ったのですね。そして二十年、三十年、時には四十年も向こうで勉强して歸ってきました。しかし儒學を學び、孔子廟堂に參る日本人はいなかったようなのです。これは非常に興味深いことだと思います。

それでは『貞觀政要』卷七・崇儒學の二つ目の引用個所です。貞觀十四年、西曆六四〇年に詔して、梁の皇侃ら九人は前代の名儒なので、特別な待遇を與えるとともに、それらの子孫の現存する者を訪ね、その姓名を錄して奏聞せよ、と言っています。そして二十一年にまた詔して、左丘明以下の二十一人は、その著書を國學で使用してい

るので、今後、太學での祭事の際には、尼父の廟堂に配享すべきである（「貞觀十四年、詔曰、梁皇侃・褚仲都・周熊安生・沈重、陳沈文阿・周弘正・張譏、隋何妥・劉炫、並前代名儒經術可紀、加以所在學徒、多行其講疏、宜加優賞、以勸後生、可訪其子孫見在者、錄姓名奏聞。二十一年、詔曰、左明丘・卜子夏・公羊高・穀梁赤・伏勝・高堂生・戴聖・毛萇・孔安國・劉向・鄭衆・杜子春・馬融・盧植・鄭玄・服虔・何休・王肅・王弼・杜預・范甯等、二十一有一人、並用其書、垂於國胄、既行其道、理合褒崇、自今有事於太學、可並配享尼父廟堂、其尊儒重道如此。」）、と言っています。尼父というのは、孔子の諡なので、孔子廟堂に合わせ祭れ、と命じているのです。

三つ目の引用文に移ります。年代は溯るのですが、貞觀四年に太宗は、經籍が聖を去ること久遠にして、文字の誤りがあるからということで、前中書侍郎の顏師古に詔し、祕書省において「五經」を攷定させた。完成段階で學者たちに意見を求めたところ、疑義百出したのですが、顏師古は見事に反駁したので、その定めた書を天下に頒布し、學者に習わせた。太宗はまた儒學に學派が多く解釋が繁雜なので、顏師古に詔して、國子祭酒の孔穎達らの諸學者と五經の疏義、すなわち注釋を撰定させた。すべて一百八十卷、「五經正義」と名づけ、國學に付して施行させた、とあります（「貞觀四年、太宗以經籍去聖久遠、文字訛謬、詔前中書侍郎顏師古、於祕書省攷定五經。及功畢、復詔尚書左僕射房玄齡、集諸儒、重加詳議。時諸儒傳習師說、舛謬已久、皆共非之、異端蠭起。而師古輒引晉宋以來古本、隨方曉答、援據詳明、皆出其意表、諸儒莫不嘆服。太宗稱善者久之、賜帛五百匹。加授通直散騎常侍、頒其所定書於天下、令學者習焉。太宗又以文學多門、章句繁雜、詔師古與國子祭酒孔穎達等諸儒、撰定五經疏義、凡一百八十卷、名曰五經正義、付國學施行。」）。五つの大事な經、「五經」の定本を作り、注釋附きの決定版「五經正義」を作成したのです。

ここで氣をつけていただきたいのは、「五經」の定本を作り、標準的な注釋書である「五經正義」を作った唐の太宗の時期、木版印刷術はまだ發明されていなかったという點です。木版印刷術は唐代の末期から使われ始めます

が、「五經」や「五經正義」の一番古い版本は、宋代になって出版された宋版なのです。そして、こちらの足利學校では、この「五經」や「五經正義」を大事にしてこられました。そして「五經正義」のうちの『周易注疏』『尙書正義』と『禮記正義』のいずれも宋版が所藏されて、國寶に指定され、また『毛詩注疏』と『春秋左傳注疏』のいずれも宋版が重要文化財に指定されているということは、皆さまご存じの通りなのです。念のために申し上げますと、孔子の『論語』と『孟子』は、宋代以後に『大學』『中庸』とともに「四書」として尊重されますが、それらの宋版は足利學校に傳世されていません。

三　虞世南「孔子廟堂碑」

つぎは、唐初の政治家かつ書家として有名な虞世南が文章をつくり、みずから楷書で書寫した「孔子廟堂碑」についてです。虞世南は、歐陽詢と褚遂良とともに唐初の三大書家と呼ばれている人物で、いずれも楷書の名手でした。その褚遂良の代表作「雁塔聖敎序」は、玄奘三藏の新譯大藏經の完成を稱える唐の太宗の序文を楷書で書寫したものの石碑で、現在も西安の大慈恩寺大雁塔の入口の壁面に塡め込まれていまして、觀光客が熱心に見とれるだけでなく、その拓本は書道を始められる方々の手本とされています。ところが、歐陽詢の「化度寺碑」と虞世南の「孔子廟堂碑」は、元來の唐代の石刻はいつしかなくなってしまい、宋代以後では、拓本が残されただけでした。楷書の最高傑作とされる石刻の宋代の拓本は、歴代の蒐集家の手を經て、兩方とも淸朝中期の翁方綱の有に歸して詳しい鑑定が施されたのでした。二つの拓本は、今では兩方ともわが國に所藏されています。中國本土には殘っていないのです。

つまり、日本というのは、中國の古い文物や書籍で、世界に一つしか殘っていないような貴重な物を大事に保存するという傳統があるのです。歐陽詢の「化度寺碑」の宋拓本は大谷瑩誠の手を經て、京都の大谷大學圖書館の禿庵文庫に、虞世南の「孔子廟堂碑」の宋拓本は東京の三井聽冰閣舊藏として三井文庫に大事に收藏され、現物を彷彿とさせる原色版の複製が、前者は『宋拓墨寶二種』として大谷大學から、後者は「原色法帖選」の一册として二玄社から刊行されています。二玄社刊の「中國法書選」に入っている三井本の「孔子廟堂碑」はもとの石が傷んで缺けている個所もありますが、この孔子廟堂の石碑は、虞世南が敕を奉じて撰し、幷びに書したものです。途中省略していますが、「武德九年十二月二十九日、詔有り、隨の故紹聖侯孔嗣哲の子德倫を立てて、褒聖侯と爲す（武德九年十二月二十九日、有詔立隨故紹聖侯孔嗣哲子德倫爲褒聖侯）」とあります。武德という年號は、唐の初代の高祖皇帝の年號なのですが、じつは、この武德九（六二六）年の六月四日に秦王李世民が「玄武門の變」と呼ぶクーデタを起こして、兄である皇太子の李建成らを襲殺して全權を掌握し、三日後に皇太子となり、ほぼ二カ月後の八月九日には帝位に卽いて太宗となり、父の高祖を太上皇に祭り上げていたので、十二月二十九日の詔は太宗によって發布されたものなのです。

先ほど『貞觀政要』で孔子廟堂を國學に立てたことに言及する記事を紹介しましたが、この「孔子廟堂碑」は、長安城內の國子監の地、太學に新築された孔子廟堂の落慶を祝賀するために建立されたものです。碑文のなかに「淸滌と玄酒と、茲の日に敬を致し、合舞と釋菜と、終古に絕ゆる無し（淸滌玄酒、致敬於茲日、合舞釋菜、無絕於終古）」の文言が見えます。先ほど擧行されました、こちらの孔子廟での釋奠の儀で、祭主（祝）の市長さんが孔子と顏回や孟子らの四配に、豆と呼ぶ祭器で白菜や大根などの野菜を供え、爵と呼ぶ祭器でお酒を供えられましたが、碑文の「釋菜」と「淸滌玄酒」はその儀式を簡潔に表現しています。

庠主の講話と私の講演に引き續き、雅樂の合奏がこの方丈で行なわれます。碑文の「合舞」はそれを意味しているのです。「玄武門の變」と呼ぶクーデタを起こして、高祖を祭り上げた太宗は、高祖期の釋奠の主人公であった先聖の周公を棚上げし、先師の孔子を先聖に、顏回を先師にそれぞれ格上げし、孔子の廟堂を貞觀初年に新築しました。その意向を汲んだ虞世南は、孔子廟堂で擧行された、おそらく落慶式を兼ねた釋奠の當日、すなわち「茲の日に」、孔子らに「敬を致し」、この盛儀が「終古に絕ゆる無し」、すなわち永遠に絕えないように、との期待を天下に宣言したものと解釋したいと存じます。

つぎに引用しましたのは、『册府元龜』の卷九七四・外臣部褒異門、唐の玄宗の開元五（七一七）年十月の條です。

丁卯。日本國、使を遣わして朝貢す。戊辰。詔す。日本國は遠く海外に在り、使を遣わして來朝す。既にして滄波を涉り、兼ねて邦物を獻ず。其の使眞人莫問等、宜しく今月十六日を以て、中書に於て宴集すべし。乙酉。鴻臚寺奏す。日本國使、孔子廟堂に謁し、寺觀を禮拜するを請う、と。之に從う。

丁卯。日本國遣使朝貢。戊辰。詔。日本國遠在海外、遣使來朝。旣涉滄波、兼獻邦物。其使眞人莫問等、宜以今月十六日、於中書宴集。乙酉。鴻臚寺奏。日本國使請謁孔子廟堂、禮拜寺觀。從之。

とあります。乙酉の記事は、卷一七〇・帝王部來遠門にも全く同じ文が見えます。鴻臚寺とは外交擔當の役所で、外務省に當たります。寺觀の寺とは佛敎の寺院、觀とは道敎の寺院のことです。正史の日本傳には、この時の遣唐使が、鴻臚寺において四門助敎の趙玄默を師として經學を學んだことを記錄していましたが、『册府元龜』の記事により、遣唐使の一行が孔子廟堂に參詣し、佛敎と道敎の寺院を禮拜したい旨を鴻臚寺に申請し、許可されたことがわかります。

遣唐使の動向に關しまして、『冊府元龜』の記事は、二つの點できわめて興味深いのです。第一には、唐の太宗が孔子を先聖とし、孔子廟堂を立てたのは貞觀二年、六二八年。それから九十年後の玄宗朝の開元五年に、日本からの遣唐使一行が初めて孔子廟堂に參詣したことです。先ほど、太宗の治世には日本から儒學を學ぶための留學生はいなかったと言いましたが、それを裏づける史料だと存じます。

興味深い第二は、遣唐使一行が佛敎寺院だけではなく、道敎の寺院も禮拜したい旨を申し入れたという點です。これは玄宗が道敎を大事にした皇帝であることに配慮したためだと思われるのです。日本には道敎は入っていませんし、當然のことに遣唐使のなかに道士は含まれていません。にもかかわらず、道觀をも禮拜したいというのは、玄宗朝廷の宗敎政策に迎合しようとしたからに違いありません。

この遣唐使の隨員のなかに、若き日の吉備眞備や阿倍仲麻呂が含まれていました。仲麻呂は唐の朝廷に仕えてついに歸國できませんでしたが、眞備はこの時の孔子廟堂への參觀といった經驗を含め、釋奠の儀式についての正確な知識をわが國にもたらしたのでした。吉備眞備の功績はきわめて大きいのです。

四　『制度通』

最後に『制度通』の紹介に移りたいと思います。これは江戸時代中期の儒學者、伊藤東涯（一六七〇―一七三六）の著書です。東涯は京都の堀川で私塾「古義堂」を開いた父の仁齋に比べると、歴史學や博物學などにも關心をよせたことで知られています。本書は、天文・曆法とか禮樂といった制度全般にわたり、中國歴代の制度の沿革と、それに對應する日本の制度との關連を項目的に並べた書物で、全部で十三卷あります。そのなかの一つに「釋奠の

事」というのが巻一一に入っています。本書は「それぞれの條に「本朝之制」の名目を唐の記事に續けて設け、唐制と比較しやすくしていて、今なお最も信頼しうる制度史入門書である」と『平凡社大百科事典』に書きました。ここでは「釋奠の事」の條の唐以後の記述から、一部分を切り拔きました。本書は岩波文庫にも入っていますが、ここでは東涯の息子の東所が校訂して古義堂から出版した木版本を用いることにします。「三國魏の齊王の時に、孔子を釋奠し、はじめて顏淵を配す」と書き、顏淵すなわち顏回あるいは顏子と呼ばれる、孔子の高弟を先師として配享するのは、三國時代の魏の齊王の時から始まることを指摘しています。

また、すでに何度も言ったことですが、唐の高祖と太宗時期の釋奠について、東涯は、

唐の高祖の時には、周公を先聖とし、孔子を配享す。太宗の貞觀二年に左僕射房玄齡等が議によりて、晉宋以來の故事により、周公を祭ることを停めて、孔子を先聖とし、顏回を配享す。十一年に孔子の裔德倫を封じて褒聖侯とす。十四年に國子學に幸して、釋奠を觀る。二十一年詔ありて、左丘明已下賈逵まで二十二人、經書に功ある人を以て、尼父の廟堂に配享す。後世諸儒配享のはじまりなり。配享と云は、相伴にまつることなり。

と、見事に要約しています。そして、高宗の乾封元（六六六）年に、孔子を追贈して太師とし、總章元（六六八）年に、顏子に太子少師を贈り、曾子に太子少保を贈り、並びに配享したこと、武后の天授元（六九〇）年に、孔子を封じて隆道公としたことを指摘しています。

ついで玄宗の開元年間（七一三—四一）に言及して、

七十弟子の像を圖し、二十二賢の上に列し、顏子亞聖なるによりて、御製の贊あり。其餘は當代の文士に分て是を作らしむ。是七十子從祀のはじめなり。二十七年に追謚して文宣王とし、その後嗣褒聖侯を改めて嗣文宣王に封じ、諸弟子各封爵を加ふ。

とあります。開元二十七年、七三九年に孔子をあとから溯って謚して文宣王としたのですね。はじめて王さまの扱いにした。孔子さまのことを文宣王と中國でいうのは普通なのですけれども、王さまの待遇にしたのは、玄宗皇帝の開元二十七年、七三九年からだったのです。

唐のつぎに「本朝之制」、すなわち日本の制度について述べています。まず漢文で、「毎歳、春と秋の二仲の上丁の日に、大學寮に釋奠し、先聖・先師を祭り、九哲を從祀す」と書いた上で、「本朝釋奠のこと。文武天皇大寶元年二月丁巳の日、はじめて行ふ。本朝釋奠のはじめなり」と斷定しています。つぎの『續日本紀』の條では、光仁天皇の寶龜六（七七五）年冬十月に、右大臣の吉備公が薨ず、すなわち亡くなった記事につづけて引用された吉備眞備の傳記を紹介するのです。

伊藤東涯は、右大臣吉備公傳を「靈龜二年二月、使に從つて入唐し、留學して業を受く。經史を研覽し、衆藝に該涉す。我が朝臣學生、名を唐國に播す者は、唯大臣と朝衡と二人のみ。是れより先、大學の釋奠、其の儀未だ備はらず。大臣、禮典に依り稽へ、器物始めて修り、禮容觀るべし。云々」と引用した上で、「しかれば、本朝釋典の禮、文武のときよりこれありといへども、吉備公の潤色に因りていよ〳〵備はれりとみへたり」と、考證しているのです。遣唐使に從って入唐した學生たちのうち、唐で名前の知れ渡った者は、大臣すなわち吉備眞備と、朝衡すなわち阿倍仲麻呂の二人だけであったのですが、彼らが孔子廟堂へ行ったことの效果が發揮されたことになります。

また「本朝之制」の終わりに、先聖孔子と先師顏子以下を祭る祝文を掲載した後、東涯は「何れも祝文の分は、音にてこれを讀み、訓讀せず。これ又延喜式に詳なり」と注記しています。しかし、先ほどの釋奠の儀では、足利の市長さんは祝文を讀み下し、訓讀されていましたね。結構なことだと思います。

「本朝之制」のつぎは、中國の宋代の制に返ります。宋の眞宗が文宣王の孔子を追謚して玄聖文宣王と稱し、のちにまた、至聖文宣王と稱したことを述べます。そして神宗の元豐年間（一〇七八―八五）に「孟子を封じて鄒國公とす」、と書いています。この段階で初めて孟子を大事に扱ったのです。先に言いましたように、唐代では孟子を特別視しなかったのですが、宋の神宗の元豐年間から公爵待遇となったのです。

神宗の子の徽宗は、書畫をよくし、特に花鳥畫に巧みな文化人でしたが、道教に耽ったりして國政みだれ、北方遊牧民族の金が南下して攻めてきた時に、欽宗に讓位し、やがて金軍の捕虜となって北に送られ、金の地で沒した北宋末の皇帝です。この徽宗の時に、孔子の子の伯魚と孫の子思を封じて侯としました。子思というのは、先ほどの釋奠の儀でも、孔子の横に「述聖子思子」として神位が配されていましたね。

おもしろいことに、徽宗は王安石を舒王に封じて王さま待遇にし、孔子廟に配享して、孟子のつぎに置いたのです。王安石は「王安石の新法」の提唱者として有名ですが、皇帝が代わるごとに、褒めそやす場合とそうでない場合があるのでして、欽宗の治世になると、王安石の王爵を奪い、孔子廟に配享することを止めて、その像を壞し、鄭玄の例にならって從祀するだけにしたのです。

つぎはモンゴル王朝の元の時代。『制度通』には、「元の成宗大德十一年に、至聖文宣王を加封して、大成至聖文宣王とす。その制に曰く、孔子に先だって聖なる者は、孔子にあらざれば以て明らかにすること無し。孔子に後れて聖なる者は、孔子にあらざれば以て法とること無し。いわゆる堯舜を祖述し、文武を憲章し、百王に儀範し、萬世に師表する者也と。大成と云は、音樂の始終を云。孟子に孔子の德を集大成すと云をとれり」と書かれています。

大德十一年は、西暦一三〇七年に當たりますが、この年の一月、元の第二代皇帝の成宗が四十二歳で病沒した後、內亂が起こり、甥のハイシャン（海山）が即位して元の第三代皇帝となったのが五月二十一日で、その七月に孔子

の至聖文宣王に加封して、大成至聖文宣王とする制を出しました。ですから、東涯が成宗の大德十一年とするのは誤りで、武宗が卽位直後にとった文教政策だったのです。あたかも先ほど檢討しました「孔子廟堂碑」に見える、唐の太宗が卽位直後に孔子を先聖に格上げする詔を發布した年月が武德九（六二六）年十二月であったのが、高祖の政策ではなかったのと、揆を一にするのです。

元の初代皇帝世祖フビライの曾孫ハイシャンが、中國に君臨して武宗となり、儒學を尊重する姿勢を具體的に表明するため、宋の眞宗以來の爵號、至聖文宣王に「大成」の二字を加えました。ところで、こちらの孔子廟は正式には大成殿と呼ぶのですが、『宋史』禮志の「文宣王廟」の條に見えますように、宋の徽宗の崇寧年間（一一〇二—〇六）の初めに、文宣王廟を大成殿と名づけたことに由來するのです。

モンゴル族の元王朝の末期、各地に割據した群雄のなかで、朱元璋だけは讀書人を幕下に招いて優遇し、彼らの獻策を活用して全國制覇をなしとげ、一三六八年に明王朝を開くことができました。洪武という元號を立てた朱元璋は、死後に廟號によって太祖と呼ばれますが、一人の皇帝の治世では一つの元號を用いるという一世一元の制を始めました。朱元璋も洪武帝と呼ばれます。その洪武帝は、卽位の直後、すなわち國初に、諸神の封號を變更しましたが、孔子に對する封爵だけは大成至聖文宣王という舊來通りのままにして、釋奠の儀を行なったのでした。

それから百六十年ばかりたった世宗嘉靖帝の嘉靖九年、一五三〇年に、孔子に對する王號を取り止めるという畫期的な文教政策が採られました。唐の玄宗朝の開元二十七年、七三九年以來、およそ八百年にわたって與えられてきた文宣王とか大成至聖文宣王といった王號を止めて、單に「至聖先師孔子」と呼ぶことになったのです。また宋の度宗の咸淳三年、一二六七年に四人に固定されて孔子に配享され、公爵の待遇を受けてきた四配の封號を改めて、「復聖顏子」「宗聖曾子」「述聖子思子」「亞聖孟子」の神位ということになり、いずれも公爵號を削られました。先

ほど孔子廟の釋奠で、市長さんが朗讀なさった祝文に「至聖先師、孔夫子」とありましたこと、また孔子坐像の左右に祭られている四配の神位の名稱の起源は、いずれも明の嘉靖九年、一五三〇年に溯るのです。

伊藤東涯の『制度通』は、各條の途中や終わりに、しばしば圖表を插入します。この「釋奠の事」の條では、まず「唐時釋奠配享圖」を掲げ、左丘明から始まって鄭玄を經て賈逵に至る二十二人の姓名を列擧します。つぎの「本朝釋奠先聖先師九哲圖」では、先聖文宣王、先師顏子と閔子騫ら九哲の配列を圖示し、「三牲圖」では日本の釋奠に供えられる犧牲、大鹿・小鹿・豕と兎を擧げ、中國の三牲、牛・羊・豕に替え用いたと述べています。最後が圖1の「歴代封謚爵號圖」です。

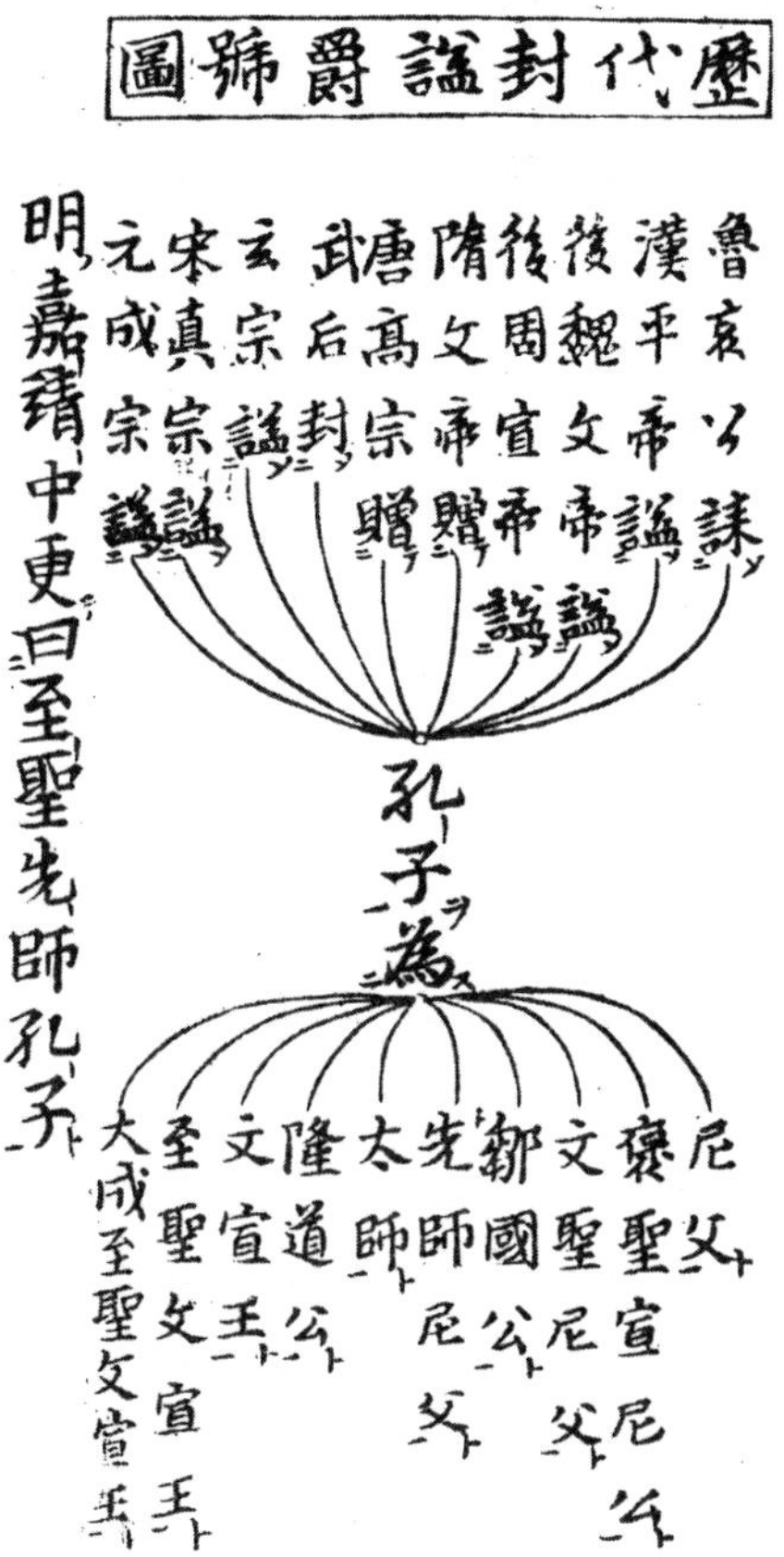

圖1　歴代封謚爵號圖
（『制度通』より）

この一風變わった圖は、すでに紹介してきました伊藤東涯の説明を見事に要約しています。最初は孔子が亡くなった時のことで、「魯の哀公、孔子を誄して尼父と爲す」と書いています。追悼文のなかで尼父と呼んだというのです。つぎの漢の平帝以後については、後世に溯って與えた諡や爵號を示しています。漢の平帝は褒聖宣尼公、後周すなわち北周の宣帝は鄒國公と諡しました。いずれも公爵です。後魏すなわち北魏の文帝は文聖尼父と諡しました。隋文帝は先師尼父と呼びました。先聖ではありません。

唐朝に入りますと、高宗が孔子に太師の官位を贈り、則天武后は隆道公という公爵に封じたのです。そして玄宗は文宣王と王號を初めて諡とし、宋の眞宗は加號して至聖文宣王と諡しました。モンゴル族王朝の元の成宗（ではなく、じつは武宗）は、大成の二字を加えて大成至聖文宣王と諡したのです。ところが、明の嘉靖帝は王號を削って、單に至聖先師孔子と呼びました。漢の平帝以來の公爵號や唐の玄宗以來の王號が、すべて消え去った狀況が、一目瞭然なのです。

伊藤東涯『制度通』の巻一一は、「釋奠の事」につづく、「樂の事」「經籍の事」「學校の事」の合わせて四條で一巻を構成しています。儒敎に限らず、世界の多くの宗教行事には、音樂が大きな役割を果たしてきました。ヨーロッパの有名な總合大學には、音樂學部が置かれています。私は、一九六九年夏にケンブリッジ大學に一カ月半滯在いたしまして、唐代研究會議というのに出席いたしました。その時にケンブリッジ大學のピッケンという先生が東洋の音樂、日本の音樂の大家であることを知りました。會議後の宴席で、先生による東洋樂器の演奏も聽くことができ、感銘を受けました。

一九八三年に再びケンブリッジ大學に八カ月滯在しました際に、ピッケン教授門下のウォルパートとマーカム夫妻と親しくなり、翌年一年間、お二人が京都大學人文科學研究所に一年間留學された時には、お世話しました。夫

のウォルパート博士は唐の音樂、唐樂の研究をなさっていました。夫人のマーカム博士は日本の催馬樂（さいばら）の研究書を出版しておられ、京都滞在中に雅樂のグループに入り、笙を習っていました。ピッケン教授らが編集された『唐朝傳來の音樂』と題した英文論文集を、ウォルパート博士夫妻から頂戴しました。第一巻はオックスフォード大學出版局から、第二巻はケンブリッジ大學出版局から刊行されています。二巻とも、表紙には英語のほかに、日本語でも「唐朝傳來の音樂」と書かれ、裏表紙には中國語で「來自唐朝的音樂」と併記されています。

中國の古典文化を總體的に理解するには、唐樂や雅樂に關する知識が必要不可欠のはずですが、私には全く遠い存在でした。ピッケン教授門下の活動を目の當たりにいたし、不思議な感動を覺え、それ以後「天平・平安時代の音樂」といったレコードを購入し、聽いたりしています。これから、この方丈で、釋奠の儀に關連深い雅樂の演奏が行なわれるのを樂しみにしております。

講演の終わりに當たりまして、ヨーロッパ世界に知られた足利學校の評判について觸れておこうと思います。中公文庫で二つの十二册からなるシリーズが出ました。一つは、私が文庫版の監修をしました「中國文明の歷史」でして、もう一つが「實際に會い、見て、記錄した戰國日本」と銘打って刊行された、ルイス・フロイスの著作で、松田毅一と川崎桃太との共譯「完譯フロイス日本史」十二卷のシリーズです。そのなかでも、『秀吉の天下統一と高山右近の追放――完譯フロイス日本史4　豐臣秀吉篇Ⅰ』のなかに、この足利學校についての記事が引用されているのです。フロイス（一五三二―九七）は、ポルトガルの首都リスボンに生まれ、十六歳でイエズス會に入會し、一五六三年に來日、のちに『日本史』の編述を命ぜられた人物です。

まず文庫版の第四卷第十二章、元來の第二部第八十八章は、一五八七（天正十五）年の「都地方で生じた幾つかのことについて」と題される部分で、堺での見聞です。それをちょっと讀ませていただきますと、第四卷の一五五

頁に、

坂東地方の足利の大學で十八年間研鑽の經驗ある僧侶が我らの修道院に來訪した。彼は三十歳にやや滿たぬ年齢で說教が巧みであった。彼は阿彌陀の宗派にこりかたまっており、同宗派の信者はそれを淨土宗と稱している。彼は幾日間もヴィンセンテ修道士と論爭した。

と記錄しています。その少し後には、一六〇頁に、

彼の息子は坂東の（足利）學校に學びに行き、稀有の才能を有し、きわめて怜悧だったので、來世と靈魂の不滅を否定する宗教である禪宗の奧義をそこで究めるに至った。

とあります。またもう少し後になりますと、第十五章、元來の第二部第九十六章は、やはり一五八七年の記事で、「副管區長が博多に赴いたこと、およびそこで彼が關白殿を訪問した次第」と題された部分で、博多での見聞ということになります。文庫版の第四巻一九三頁に、

司祭が滯在していた例の寺院へ、天德寺と稱する坂東の一人の貴人が三、四度、司祭を訪ねて來た。彼は思慮分別のある人物で、今なお繁榮している坂東隨一の大學、足利（學校）の第一人者であった。知識欲が旺盛なために、ヨーロッパの諸事ならびに我らの教えについて質問し、その答えのすべてに對して滿足の意を表した。

と書かれています。イエズス會士による、「坂東隨一の大學」という表現は、これまでも引用されてきましたが、翻譯の文庫本が刊行されました機會に、あらためて紹介した次第です。

西日本でキリシタン彈壓が行なわれる直前という切迫した時期に、西ヨーロッパ諸國に知られていた、足利學校が、脈々として四百年以上もこういう形でつづいてきて、最近では生涯教育の場としても活躍なさっていること、ご同慶の至りでございます。どうもご清聽ありがとうございました。

コラム1

寒食展墓の開始

『册府元龜』巻一五九・帝王部・革弊一には、唐の肅宗朝以前の各時期に生起した中國社會の弊害を、時の政府當局者が改革せんとして發した詔敕類が集録されている。『册府元龜』の性格から、その四分の三は唐代の記事であるが、しかも唐代の記事のうち大半は玄宗朝、とりわけ開元年間（七一三―四一）の詔敕なのである。

この巻を通觀すると、高宗・武韋時期の詔敕には佛教に言及したものが皆無であるのに、玄宗・開元年間のには佛教教團への肅正を命ずる詔敕の多いことに目を瞠らされる。

開元二（七一四）年七月の「禁百官與僧道往還制」「禁坊市鑄佛寫經詔」や開元九年の三階教教團への彈壓にかかわる「禁士女施錢佛寺詔」「分散化度寺無盡藏財物詔」なども、この巻に收録されている。このことは、七世紀中葉から八世紀中葉にかけての百年間のうち、前半の高宗朝から武韋時期においては、當時の贅をつくした造寺造佛の盛行や寫經鑄佛の流行に對して何らの規制も加えられなかったが、後半の玄宗朝になると、寺觀の創造や民間における鑄佛寫經を禁ずる詔が發布されて、造寺造佛・寫經鑄佛が減少してしまった事情を傍證するであろう。第一次史料たる寫經跋と造像銘を考察してみると、おのずから前半期の高宗・武韋期におけ る淨土信仰・觀音信仰の一端を浮かび上がらせ、佛教教團に對する詔敕類を検討していくと、結果的に後半期

の玄宗朝開元年間における國家の佛教政策を明確化する上で、いくらかの貢獻をなしえる。

しかしこれら現存の信頼すべき史料の語るところに忠實に従えば、この百年間に佛教がいかに中國社會に受容されていたかを跡づけすることができるだろう。

開元初年の佛道肅正に邁進した姚崇は、子孫を誡めた遺令[1]のなかで、自分の死後、遺族たちが初七より終七に至る七七日に、七僧齋の法要を勤めないわけにはゆかぬであろうが、その際の布施は、自分の縁身の衣物ですまし、餘分な出費はしてはならぬ、と書き殘している。いわゆる中陰四十九日の佛教の追善法要は、當時、社會一般に習俗化していて、造寺造佛に反對し寫經鑄佛の功德を認めなかったさしもの姚崇といえども、排除することはできなかった。追善のための大規模な寫經鑄佛が盛行したか否か、鎭護國家佛教の色彩を濃厚におび、祈禱佛教がしだいに勢力をのばしたか否かにかかわらず、武后朝から玄宗朝に至る時期の上層階級・貴族階層たちの社會生活は、明らかに佛教と密接な關係をもっていたのである。

しかし、南北朝末期から唐中期にかけて、佛教は中國社會全般に大いに滲透し、かくも廣範に受容されたにもかかわらず、ついに葬送儀禮としての火葬の風が、宮中はもちろんのこと、貴族や庶民たちの間に、全く行なわれなかった點は、注目に値するであろう。

日本では、文武四（七〇〇）年に元興寺の僧道昭の火葬が、遺言によってはじめて行なわれて以來、たちまち流行し、持統（七〇三年）・文武（七〇七年）・元明（七二一年）・元正（七四八年）といった天皇たちがいずれも火葬に附され、八世紀の前半、貴族たちの間にも火葬がかなり普及したとみられている[2]。火葬の法を傳えた道昭は六五三年に遣唐使にしたがって入唐し、長安の大慈恩寺で玄奘に會い、六六〇年に歸國した僧であり、唐では僧たちの火葬がかなり行なわれていたのである。しかし、一般の中國人が火葬に附されたという記錄は、

黄巣の亂（八七五―八八四）後の唐末にしか溯れず、十世紀の五代に至って漸く流行の兆しがみえるにすぎない。詳しくは宮崎市定「中國火葬考」(3)を參看されたい。

火葬は必ずしも佛教とのみ結びつくものではない。しかし、中國や日本における火葬が、佛教流傳の影響であったことは疑いようがあるまい。葬送儀禮において、天皇や貴族たちの火葬がいとも簡單に行なわれた日本における佛教受容とは異なった、中國における佛教受容の特質を、ここに看取すべきであろう。孝を中心とした儒教倫理が中國社會に與えた重壓は、あまりにも强大だったのである。

このような時期に、佛教と直接の關係はないが、さりとて全く無關係だともいえない、寒食展墓の習俗が開始され定着した點について觸れておきたい。

冬至から數えて百五日目の日を中心とした三日間が寒食節で、火を焚くのを禁じ、百七日目に禁火を解くが、この日が清明節である。陽暦でいえば四月の初めに當たるこの寒食・清明は、唐代では最も重要な年中行事であった。(4)人びとは野山に出て春の感觸を樂しみ、青年たちはポロに、少女たちはブランコにうち興じた。ところで、この寒食・清明の日に祖先の墓まいりをする習俗は、現代にまでつづいているが、その開始はじつは唐代になってからなのであって、『唐會要』卷二三・寒食拜埽の條を一覽すれば明らかとなろう。

高宗の龍朔二（六六二）年四月甲戌十五日に、『全唐文』卷一二に「禁止臨喪嫁娶及上墓歡樂詔」と題して收める詔を出した。これは、先に言及した『冊府元龜』卷一五九を史料源にするが、それによると、寒食の日に上墓して宴會するのを禁斷している。この詔によって、この頃までに、寒食の日に、上墓すなわち墓まいりする習俗がすでに始まり流行していたことが確認される。龍朔二年四月十五日といえば、沙門は君親に拜を致すべきや否やについて高宗が有司に檢討を命じる詔を出したまさにその當日なのである。もともと家廟をもた

ない庶民が野邊の墓前で直接にお祭りしたことから始まったこの寒食展墓は、やがて官僚階層にまで擴がり、公務を放擲して墓まいりする者まで輩出するようになった。この寒食展墓があまりにも盛行してしまい、この風潮を禁止することの不可能を悟った政府當局者は、ついに開元二十（七三二）年四月丙申二十四日に至り、寒食展墓の公認に踏みきらざるをえなかった。ただし宴會は別の場所でするようにと行政指導している。『全唐文』巻三〇に「許士庶寒食上墓詔」と題して収められた詔は、やはり『冊府元龜』巻一五九を史料源にするが、そこには、

二十年四月丙申、詔して曰う。寒食の上墓は、禮經に文なし。近代あい傳え、浸く以て俗を成す。士庶のまさに廟享すべからざる有れば、何を以て孝思を展ぶるを用いんや。宜しく墓に上りて拜掃するを許すべし。……仍お五禮に編入し、永く常式と爲せ。

二十年四月丙申。詔曰。寒食上墓。禮經無文。近代相傳。浸以成俗。士庶有不合廟享。何以用展孝思。宜許上墓拜掃。……仍編入五禮。永爲常式。

と述べられ、寒食の墓まいりを公認した上、五禮のなかに入れることを命じている。そして『唐會要』巻二三・寒食拜埽の條の長慶三（八二三）年正月の敕文中に「寒食の埽墓、著して令文に在り（寒食埽墓、著在令文）」とみえることをあわせ考えると、開元二十年以後、長慶三年以前に、寒食の埽墓は公式に認められ、『五禮』に編入され、『唐令』に載せられたということになる。この間に編纂された『唐令』といえば、開元二十五年令ということになるのであろうか。

開元二十（七三二）年にはじめて公認された寒食の墓まいりは、またたくうちに、社會全般にゆきわたる年中行事となった。元和五（八一〇）年に永州で流謫の歳月を送っていた柳宗元は、友人の許孟容に宛てた手紙

「寄許京兆孟容書」（『柳河東集』巻三〇）のなかで、「近世、禮、拜掃を重んず。今すでに闕くること四年。寒食に遇うごとに、則ち北に向いて長く號し、首を以て地に頓す。（近世禮重拜掃。今已闕者四年矣。毎遇寒食、則北向長號、以首頓地。）」と嘆き悲しんでいる。五代になると、ついに七廟をもつ天子までが寒食の日に野祭をして、後世の史官たちから非難をあびるまでに至るのである。

一九七六年四月五日のいわゆる天安門事件は、寒食・清明の墓まいりが、共産黨治下の現在にまで、習俗として脈々とつづいていることを示した。その寒食・清明の展墓は、唐の高宗朝から玄宗朝に至る時期に、習俗として定着したのである。日本では寒食・清明の墓まいりは移入されず、代わりに春秋のお彼岸の墓まいりが始まり、日本獨自の習俗となっている。

註

（1）『舊唐書』巻九六・姚崇傳に「其略曰。云云」として収められ、『全唐文』巻二〇六では、「遺令誡子孫文」と題されている。

（2）圭室諦成『葬式佛教』（大法輪閣、一九六三年）、岸俊男「文獻史料と高松塚壁畫古墳」（『宮都と木簡』吉川弘文館、一九七七年）參照。

（3）宮崎市定「中國火葬考」（『塚本博士頌壽記念佛教史學論集』一九六一年。のち『宮崎市定全集』第一七卷、岩波書店、一九九三年、礪波護編『中國文明論集』岩波文庫、一九九五年）。

（4）平岡武夫「白居易と寒食・清明」（『東方學報　京都』四一、一九七〇年。のち『白居易――生涯と歳時記――』朋友書店、一九九八年）參照。

第三章　釋沼空『死者の書』と唐代の宗教

はじめに

ご紹介いただきました大谷大學教授で京都大學名譽教授の礪波護です。専門は東洋史學でございますが、大谷大學の前學長で、眞宗大谷派の教學研究所の小川一乘所長から、高倉會館で日曜講演の講師をしてほしいという依頼がありました際、快諾いたしましたのは、私が東大阪市の俊德道に近い大谷派の末寺に生まれたからでした。本日（二〇一〇年）三月二十一日は、日曜であるとともに、春分すなわち春のお彼岸の中日ですので、格好のテーマとして、釋沼空著の『死者の書』を取り上げることにしました。

岩波書店版『佛教辭典』の「彼岸會」の項目によると、「彼岸會」とは、「春分と秋分の日を中日として前後三日、計七日の間に修される法會で、この行事は日本にのみ見られるもので、平安時代初期から朝廷で行われ、江戸時代に年中行事化した。また在家の信者はこの間、寺參りや墓參りを行うのが習わしとなっている」、と書かれていますように、このような習俗は、インドや中國にも見られず、日本獨特の佛事なのです。そして、浄土三部經の一つ、『觀經』の略稱で知られる『觀無量壽經』に說かれます、極樂淨土に生まれるための十六種の觀法、十六觀の第一、初觀の「日想觀」に由來するとされています。「日想觀」とは、やはり『佛教辭典』の「日想觀」の項目には、「太

陽が西の空に沒していくさまを觀察し、もって極樂淨土が西方にあることを、想い浮かべる修行で、唐の善導の『觀經疏』第三によると、春分と秋分の日は太陽がぴったり東方より出て眞西に沈むので、西方十萬億土の佛國土の彼方にある極樂淨土の所在を觀想する日想觀を行うのに適した時」だというのです。四天王寺の西門が極樂の東門に向き合っているという信仰があり、平安末期以降、お彼岸に四天王寺西門の落日を觀ずる風習が盛んとなり、今につづいています。後白河院の撰述になる『梁塵祕抄』巻二の極樂歌にも、謳われていました。ちなみに、儒敎の祭祀を規定する唐の祀令には「春分の朝、日を國城の東に祭る」「秋分の夕、月を國城の西に祭る」とありますが、「春分と秋分の夕、日を國城の西に祭る」という行事はありません。

一　釋迢空著『死者の書』

西暦七六〇（天平寶字四）年頃の春と秋のお彼岸の中日の夕方に、大和と河內の國境に位置する二上山の二つの峰の間に沈む太陽を、山麓の當麻寺から眺める藤原南家の郎女を主人公にする釋迢空著『死者の書』を話題にしたいと思います。釋迢空（一八八七―一九五三）とは、大阪の木津生まれで天王寺中學校卒で國學院大學と慶應義塾大學の教授を務めた國文學者・民俗學者で、かつ歌人・詩人の折口信夫の筆名とされてきました。學者としての論文は折口信夫の本名によって書かれており、歌を含む文藝作品に釋迢空名が使われているので、それを文學者としての筆名（雅號）と理解するのが普通でした。しかし折口と同じ大阪びとの土地勘を生かした富岡多恵子さんは『釋迢空ノート』（岩波書店、二〇〇〇年）の「ノート　1　法名」で、釋迢空は法名であり、その法名を附けた坊さんこそ、折口が十八歳で上京した際に同居した「新佛敎」家の藤無染（一八七八―一九〇九）であろう、と推測

しています。「新佛敎」家とは、明治三十六（一九〇三）年から大正四（一九一五）年まで、村上專精ら氣鋭の佛敎徒によって結成された「佛敎淸徒同志會」を母胎として發行された雜誌『新佛敎』の主張に共鳴した人を指します。釋迢空は法名であると考證した富岡多惠子さんの說は、お見事というほかはありません。

釋迢空の『死者の書』は、最初に「死者の書」「死者の書（正篇）」「死者の書（後篇）」と題して、三回に分けて連載されたのは雜誌『日本評論』において、昭和十四（一九三九）年のことでしたが、單行本になったのは戰爭中の昭和十八（一九四三）年に靑磁社から刊行されたのが最初でした。小說が單行本にされる際、雜誌掲載時の內容にある程度の推敲が加えられるのは普通ですが、『死者の書』の場合は、推敲のみでなく、大幅な改編がなされました。連載第二回分の「死者の書（正篇）」の部分が冒頭に回されたのです。これまでも大幅な改編がなされたということは知られていましたが、雜誌『日本評論』を繙くことは困難でした。ところが、安藤禮二さん編の『折口信夫　初稿・死者の書』（國書刊行會、二〇〇四年）が刊行されまして、比較檢討が容易になりました。

釋迢空の『死者の書』は、初稿と單行本とで構成と內容とに大きな違いがあるとはいえ、主人公は藤原南家の郎女であることは變わりません。春と秋のお彼岸の中日の夕方に、奈良の都にあった橫佩墻內と言われた藤原南家の大屋敷から、西に出奔し、發心して當麻寺に入り、そこから眺める二上山の雄岳と雌岳の峰の間に、落日の光のなかから浮き出る俤人の姿を見ることは印象的です。

折口信夫『死者の書　身毒丸』（中公文庫、一九九九年）は、舊版の「山越しの阿彌陀像の畫因」を附載した『死者の書』（一九七四年初版）が活字を大きくして改版される際に、私に編集擔當者から意見を求められたので、小說「身毒丸」を加えるとともに、表紙カバーのエジプト王家の谷にある墓の壁畫の模寫を、夕焼けの二上山を撮影した入江泰吉のカラー寫眞「大津皇子の眠る二上山」に代えることを提案し、實現したものです（圖1）。舊版と改

圖１　『死者の書　身毒丸』カバー

版のどちらも、解說は川村二郎氏の手になり、見事な文章と感心しました。おもしろいのは、舊版の解說の第一行では「『死者の書』は、明治以後の日本近代小說の、最高の成果である」と記していたのを、四半世紀後の改版では「最高」の代わりに「無比」の言葉を用いていることです。

藤原南家の當主が大宰府の帥となって筑紫の任地にいて（じつは遙任で、都とは目と鼻の難波にいつしか還り住んでいた）、家に殘されていた家族たち、ことに姫君にと言って一車に滿杯の贈り物をしました。そのなかで、一番姫君の心を饒（ゆる）やかにしたのが、新譯の『阿彌陀經』すなわち『稱讃淨土佛攝受經』一巻なのであって、一心不亂に手寫しはじめたのが、春のお彼岸の中日のことだったのです。改版本の五〇頁の終わりには、こう書かれています。

國の版圖の上では、東に偏（カタヨ）り過ぎた山國の首都よりも、太宰府は、遙かに開けてゐた。大陸から渡る新しい文物は、皆一度は、この遠（トオ）の宮廷（ミカド）領を通過するのであつた。唐から渡つた書物などで、太宰府ぎりに、都まで出て來ないものが、なか〱多かつた。

學問や、藝術の味ひを知り初めた志の深い人たちは、だから、大唐までは望まれぬこと、せめて太宰府へだけはと、筑紫下りを念願するほどであつた。

南家（ナンケ）の郎女（イラツメ）の手に入つた稱讃淨土經も、大和一國の大寺（オホテラ）と言ふ大寺に、まだ一部も藏せられて居ぬものであつ

た。

横佩墻内で南家の郎女が新譯の『稱讃淨土佛攝受經』を寫しはじめた當初は、百部を寫經するつもりであったが、はやくに寫し終えたので、つぎに千部手寫の發願をした。ところが五百部を越えた頃から、郎女の身は目立ってやつれてきました。それでも八百部の聲を聞く時分になると、衰えたなりに、健康は安定してきたように見えました。しかし、九百部を過ぎてからは筆も一向はかどらなくなりました。一年前の春のお彼岸の中日の夕方、山の端に沈む落日を眺めるべく正座していた郎女は、やや東南によった遠い二上山の峰の間に、ありありと莊嚴な人の俤が瞬間現れて消えるのに感動を覚えましたが、その秋のお彼岸の中日の夕方、やはり同じ風景が再來したのです。その半年後、春のお彼岸の中日に、郎女は九九九部を寫し終えて、千部目にとりついていたのです。その最後の行、最後の字を書き上げると、ほっと息をつき、夜を迎えた。その夜、郎女は神隱しに遭ったのでした。じつは、神隱しに遭ったのではなく、みずから失踪して西に向かい、二上山の麓の當麻寺にたどり着いたのです。これ以後、中將姫つまり郎女による當麻曼荼羅の作成にかかわる後半部は、省略しておきますが、結末部で曼荼羅を織る絲について乳母が「何しろ、唐土（モロコシ）でも、天竺から渡つた物より手に入らぬ、といふ藕絲（ハスイトオ）織りを遊ばさう、と言ふのぢやものなう」（二四一頁）と語り、曼荼羅を描くために、奈良の横佩の家に送られていた大唐の繪具を取り寄せて描いた、と書かれている點に注目しておきます。

『死者の書』が戰後の昭和二十二（一九四七）年に角川書店から出版された單行本は、青磁社版を踏襲するとともに、若干の補訂を行ないました。たとえば奈良の横佩墻内と呼ばれた藤原南家の大屋敷の位置を右京の「三條七坊」とあったのを、「三條三坊」に直しています。おそらく二上山を眺める場所に不適當であったからでしょう。そして巻末に「山越しの彌陀（山越しの阿彌陀像の畫因）」を附載したのです。謠曲『弱法師（よろぼし）』を典據とする「極樂

の東門に　向ふ難波の西の海　入り日の影も　舞ふとかや」（一五七頁）の書き出しで始まるこの文章によって、『死者の書』執筆の動機と背景を窺うことができます。中公文庫『死者の書　身毒丸』の一六七頁に「稱讚淨土佛攝受經（セフジュギャウ）を、姫が讀んで居たとしたのは、後に出て來る當麻曼荼羅の說明に役立てようと言ふ考へなどはちつともなかつた。唯、この時代によく讀誦せられ、寫經せられた簡易な經文であつたと言ふのと、一つは有名な遺物があるからである。ところが、此經は、奈良朝だけのことではなかつた。平安の京になつても、慧心僧都の根本信念は、此經から來てゐると思はれるのである。たゞ、傳說だけの話では、なかつたのである」とあります。そして慧心僧都すなわち源信の生まれが當麻村というが、詳しくは當麻の東北二里弱の五位堂のあたりであったらしい、と指摘しています。折口信夫は、大倉集古館に收藏される冷泉爲恭筆の阿彌陀來迎圖が、彌陀佛の腰から下が山の端に隱れていることや、禪林寺と金戒光明寺の山越しの阿彌陀像、また四天王寺西門の日想觀往生に言及しつつ、山越しの彌陀像や彼岸中日の日想觀の風習が、日本固有のものとして、深く佛者の懷に採り入れられてきたことが、少しでもわかってもらえればと考えていた、と述べています。そして最後に、「私の女主人公南家藤原郎女の、幾度か見た二上山上の幻影は、古人相共に見、又僧都一人の、之を具象せしめた古代の幻想であつた。さうして又、佛教以前から、我々祖先の間に持ち傳へられた日の光の凝り成して、更にはなぐ〳〵と輝き出た姿であつたのだ、とも謂はれるのである」（一八五頁）と締めくくっています。

　ここで郎女が千部寫經した『稱讚淨土佛攝受經』、すなわち新譯の『阿彌陀經』についてワイド版岩波文庫『淨土三部經（下）』（一九九一年）の『阿彌陀經』文獻、二二三頁と二二四頁によって解說することにいたします。

『阿彌陀經』の中國譯は古來三譯ありましたが、そのうち二譯が現存しています。

①鳩摩羅什譯（姚秦、四〇二年ごろ）――『佛說阿彌陀經』一卷（淨土三部經の一つで『小經』と略稱する）。大正

藏、第一二卷。羅什譯は簡素・流麗な譯文であり、梵本と最も近く、讀誦經典の隨一として中國・日本に廣く行なわれた。

②求那跋陀羅譯（劉宋、四五五年ごろ）――『佛說小無量壽經』一卷。缺。

③玄奘譯（唐、六五〇年）――『稱讚淨土佛攝受經』一卷。大正藏、第一二卷。羅什譯よりも詳細であり、特に羅什譯の六方段に比すれば、十方四十二佛と增廣されている。玄奘譯は羅什譯ほど尊重されず、かつ殆んど研究されなかった。

漢譯二本と梵本・チベット譯と合わせて四本を對照すると、梵本に最も近いのが羅什譯で、チベット譯がこれに次ぎ、玄奘譯は甚だ詳しく增廣されているということになる。

『死者の書』に關する最近十年の論著としては、すでに取り上げました富岡多惠子『釋迢空ノート』と安藤禮二編『折口信夫　初稿・死者の書』のほか、安藤禮二『光の曼荼羅――日本文學論』（講談社、二〇〇八年）。同『靈獸――「死者の書」完結篇』（新潮社、二〇〇九年）と、林浩平『折口信夫　靈性の思索者』（平凡社新書、二〇〇九年）があります。林氏の本の帶には「日想觀、京極派和歌、西方淨土、プネウマ、「山越の阿彌陀圖」、神道……」と記し、表紙裏には「富岡多惠子、安藤禮二らによる新しい折口研究の動向を踏まえながら、あらためて折口＝釋迢空という存在が「發生」する過程を捉え直し、折口學の孕む巨大な學問的射程を檢證する。靈的なものと感性的なもの、兩者の融合を體現する折口信夫」と銘打っています。

二　唐代の景教

折口信夫が『死者の書』を、最初に三回に分けて雑誌『日本評論』に連載したのは、昭和十四（一九三九）年で、大幅に改編して單行本にしたのは昭和十八（一九四三）年でしたから、五十歳前後の頃だったのです。およそ十年後に逝去した時、「死者の書」と題された遺稿が二つ殘されていました。『折口信夫全集』の編纂者たちによって、「死者の書　續篇（第一稿）」と「死者の書　續篇（第二稿）」と題されました。この續篇（第二稿）は昭和二十三、四年頃、折口が亡くなる數年前と推測されています。續篇（第二稿）は舊版の『折口信夫全集』において、續篇（第一稿）は決定版の新『折口信夫全集』において、初めてその全貌が活字化されました。そして先ほど話題にしました安藤禮二編の『折口信夫　初稿・死者の書』に再録されました。

「死者の書　續篇（第一稿）」は、

ちようど、その頃、左大臣は、熊野參詣の順路を、だいぶ乘り出してゐた。難波では四天王寺の日想院を宿房として、一夜どまりの後、住吉へ移つて行つて、そこに三日參籠と言ふことになつて逗留した。その間に、急に今度の熊野詣では、とりやめと言ふことになつて、急に使ひが、京都へ向けて出發した。熊野三山は元より、其への路次の寺社へはそれ〴〵、そのよしを通達する爲の使ひの下向したのは、今朝方のことであつた。（一二六頁）

と書き出されています。そして短い文章は、高野山の開山、弘法大師空海の御廟に參る敕使を迎える左大臣が、湯

殿で新發意に湯をかけてもらう場面で終わっています。

「死者の書　續篇（第二稿）」は、

　山々の櫻の散り盡した後に、大塔中堂の造立供養は行はれたのであつた。それでも、春の旅と言へば、まず櫻を思ふ習（ナラ）はしから、大臣は薄い望みを懸（カ）けてゐた。若し、高野や、吉野の奥の花を見られることのありそうな、靜かな心踊りを感じて居たのであつた。（一三九頁）

と書き出しています。そして開山が易の八卦をはじめて傳えられたとも聞いているが、それはどうなっている、と大臣に問われて、高野山の律師が、

　大師が唐土から將來せられたといふのは、易の八卦ばかりでは御座いません。もつと、西域の方から長安の都に傳つて居ました日京卜といふ、物の枝を探つて、虛空へ投げて卜ふ術まで傳へて還られました。（一四二頁）

と答えていることを記しています。そればかりではありません。律師はまた、

　西觀唐紀の逸文にあるのだがね——、その後に、昔、神變不思議の術を持つた一人の夷人が居てね。その不思議な術の爲に、訝まれ疑はれて、磔物にかゝつて死んだ。其後夷人の敎へが久しく傳つて、今も行はれてゐる。長安の都にも、その敎義をひろめる爲に、私に寺を建てる者があつて、盛んに招魂の法を行つて、右の夷人の姿を招きよせて、禮拜する。信じる風が次第に君子士人の間に擴つて流弊はかり難いものがある。とさう言う風のことが書いてあるのだがね。——ちよつと、空海和上が入唐したのが、大唐の貞元から元和へかけての間であつたから、西觀唐紀の出來て間もないことだ。（一四八頁）

と大臣に語っている、と述べているのです。

この文章を讀んだ時、唐代關連の漢籍に『西觀唐紀』というのは、聞いたこともないので、漢代の『東觀漢紀』

をもじったもので、折口の架空の創作だろうと思いました。

續篇（第二稿）の最後の場面は、高野山の律師が大臣の乘り物を見送ろうというつもりで山を降り、山の末寺でもある當麻寺まで送り屆けようとした。

葛城の峰は、門の簷（のき）から續いて、最後は、遠く雲に入つてゐる。その高い頂きばかり見えるのが、葛城のこゝせ山、それから稍低くこちらへ靡いてゐるのが、かいな嶽。その北に長い屋根がなだれるやうに續いて、この寺の上まで來てゐる。さうして、門を壓するやうに立つてゐるのが、二上山である。

大臣は、……（中絶）

當麻寺、二上山など、『折口信夫　初稿・死者の書』と話題は共通しますが、『西觀唐紀』に言及するのはなぜかわかりませんでした。

ところが『折口信夫　初稿・死者の書』の巻末に附された安藤禮二さんの「光の曼荼羅――初稿『死者の書』解說」を讀み進め、驚愕しました。この『西觀唐紀』は折口のつくりあげたフィクションであるが、しかしそこには明らかに現實のモデルが存在する。それは唐代につくられた重さ二トンに及ぶ巨大な石碑「大秦景教流行中國碑」のことなのである、と指摘されたのです。そればかりか、當麻寺は「光の寺院」であり、すでに平田篤胤からキリスト教化された「神道」を受け取っていた。折口はさらに「神道」と固く結び合わせたもの、それはキリスト教化された「佛教」すなわち眞言密教だったのであり、この密教化された「キリスト教」を日本に傳來した者こそ、弘法大師・空海だった、と論じられたのです。しかも、折口にそう構想させたのは、イギリス人女性、エリザベス・アンナ・ゴルドン夫人（一八五一―一九二五）で、その媒介の役を果たした人物こそ、富岡多恵子さんが『釋迢空ノート』で焦點を合わせた「新佛敎」家の藤無染と若き日の鈴木大拙（一八七〇―一九六六）であった、と想定し

ていたのです。

私が驚きましたのは、礪波護「唐代長安の景教碑と洛陽の景教經幢」（大谷大學圖書館・博物館報『書香』二七、二〇一〇年）の「I．釋迢空『死者の書』の周邊」で書いたことなのですが、私はかのオーレル・スタインのゴルドン夫人宛て未公刊書簡を所持していまして、關心のある女性だったからです。

景教とは、キリスト教ネストリウス派の中國での呼び名です。四三一年にエフェソス宗教會議で異端と決定され追放されると、東方に教圏をもとめ、イランを經て遠く中國に至りました。中國には唐の太宗治世の六三五（貞觀九）年に傳道團が堂々と長安に到着しました。その後の中國における盛衰の跡を記すのが、七八一（建中二）年に長安に建てられた「大秦景教流行中國碑」なのでした。唐の武宗の會昌の廢佛の際、外來の宗教も禁斷されたので、景教も迫害されました。この巨大な石碑も土中深くに埋もれ、忘れさられてしまいました。この石碑が再び發見されたのは、明末の天啓年間（一六二一—二七）になってからのことで、建立から八百年以上の月日が流れていました。安藤禮二さんはこの景教碑のレプリカを一九一〇（明治四十三）年に空海の眠る高野山に建立したイギリス人女性、佛教とキリスト教の根本における同一を確信し、雜誌『新佛教』に高楠順次郎譯で「物言ふ石　教ふる石」を寄稿したエリザベス・アンナ・ゴルドン夫人に注目することによって、「新佛教」家の藤無染との關連を浮かび上がらせ、ひいては『死者の書』と「死者の書・續篇」を執筆する動機を解明されたのです。感服いたしました。

「唐代の宗教」と題していながら、「唐代の景教」にしか觸れられず、羊頭狗肉のお話になりました。ご清聽ありがとうございました。

附　章　「兩晉時代から大唐世界帝國へ」補遺

オールカラー版の『世界の歴史6』（中央公論社、一九九七年）において、私が擔當した第1部「兩晉時代から大唐世界帝國へ」は、古代の「日本人が憧れた晉唐文化」という觀點に立脚して、「日本の傳世品と西域出土の文物」にできるだけ言及し、中國で續々と發掘される文物の圖版を活用した點で、類書と異なる特色となったであろう、と自負している。

正史や傳世品は增えないが、發掘作業が進む限り、新しい出土文物が研究對象に追加されるのは避けがたい。とりわけ晉唐時代に關しては、この十年餘りの間に、二つの分野できわめて重要な發掘がなされたので、文庫版（中公文庫）のあとがきとしての補遺を書いておきたい。

一つは、西域南道のバイパス「青海の道」から出土した厖大な絹織物であり、もう一つは太原・西安とトルファンのバダムの諸墓から出土したソグド人關係の文物である。

一　西域南道のバイパス「青海の道」とは

シルクロード「絹の道」とは、もともとは中國の洛陽や長安（西安）などの諸都市と、西方のシリアやローマなどの諸地域とを結んだ陸上東西交通路の總稱であった。

陸上のシルクロードの幹線は二つあった。長安からまず蘭州に至り、武威・張掖・酒泉を經て敦煌に至る「河西回廊」を通過するまでは同じ經路であったが、敦煌から南北の二幹線に分かれて西行した。第一は天山山脈の北を通る「天山北路」で、トルファン・ウルムチを通りタラス河畔を經てカスピ海に至る、草原地帯を横ぎる道路で、「ステップルート」と呼ばれる。第二はタリム盆地のオアシス諸都市をつないでいく、狭義のシルクロードであって、「オアシスの道」と呼ばれる。

天山山脈の南、崑崙山脈の北にあり、「アジアの心臓」とも稱されるタリム盆地を行く「オアシスの道」は、盆地の北のクチャなどを通る「天山南路」すなわち「西域北道」と、崑崙山脈の北のホータンなどを通る「西域南道」の二つに分かれる。東の分岐點が敦煌であるのに對して、西の合流點がカシュガルであった。

中國で文化大革命が終息した一九八〇年代になって、青海省の省名が由來する青海湖の西およそ三〇〇キロメートル、ツァイダム盆地の東南部に位置するオアシス都市の都蘭縣一帯の吐蕃時代の古墓群から、厖大な絹織物が出土しつづけ、シルクロードの大幹線である西域南道のバイパス「青海の道」が、たいへんな脚光をあびているのである。

「青海の道」の歴史的役割について、從來の通念を書き換える畫期的な考古學の大發見を紹介することにし、ま

ず六世紀の初頭以降の中國の史書を繙くことにしたい。

青海省はほぼ全域が、世界最大の高原である青藏高原の東部に屬し、一九二八年に成立した省であり、中央部の青海湖は鹽水湖で、中國最大の湖である。大部分が、平均標高およそ四〇〇〇メートルで、北西部のツァイダム盆地は二七〇〇メートルである。

歴史時代に入った青海地域は、漢族からはチベット系の「羌」族の住む地とされ、漢代には西羌と呼ばれた。この地には四世紀の前半より七世紀後半まで、モンゴリアから流入した鮮卑系の遊牧民族が吐谷渾という王國を建てて占據した。

吐谷渾は六世紀半ばに勢力を擴大し、西はツァイダム盆地を經てタリム盆地の南緣のオアシス都市をおさえ、酋領の夸呂（五四〇―九一）がはじめて可汗と稱した。

神龜元（五一八）年十一月、北魏の胡太后が使者宋雲と比丘惠生を派遣し、西域に行って佛典を求めさせた。彼らは「青海の道」を通って旅行し、ガンダーラ國に到着し、正光三（五二二）年二月に歸還したのである。『洛陽伽藍記』巻五に收錄された、紀行『宋雲行紀』によると、みやこの洛陽を出發してから西行すること四十日（『資治通鑑』巻一四九によると四千里）で國境の赤嶺に至り、さらに西行すること二十三日、流沙を渡って吐谷渾國に至った、という。赤嶺はすでに六世紀初頭から中國の西界と考えられてきた地であって、現在では西寧から西して青海湖に向かう途中にある日月山という、標高三五二〇メートルの峠あたりを指すようだ。古來この地は、草原と農業區の分水嶺なのであった。

西域南道のバイパス「青海の道」が注目されたのは、遊牧民族の吐谷渾王國がこの地帶に勢力を擴大した六世紀半ばのことである。東西交涉史上における、「青海の道」の重要性を明確に指摘したのは、松田壽男「青海史論

――古代アジアの國際交流にのせて――」（松田壽男著作集第四卷『東西文化の交流Ⅱ』六興出版、一九八七年）であった。

二　「青海の道」の古墓から厖大な絹織物

青海地方に盤踞した吐谷渾は、黃河中下流域の北魏との國際貿易を活發にすすめていたが、夸呂可汗は西魏と公的貿易をしつつ邊境地域では略奪を繰り返していた。『周書』卷五〇・吐谷渾の條によると、西魏廢帝二（五五三）年、夸呂は西魏に使者を派遣して方物を貢する一方、東魏を乘っ取って黃河下流に成立したばかりの北齊にも使者を派遣したところ、それを察知した西魏の涼州刺史史寧は、吐谷渾の使者を襲擊して、その僕射の乞伏觸狀らと、商胡二百四十人・駝騾六百頭と、萬を以て數える雜綵絲絹すなわち絹織物を略奪した。商胡とはソグド商人を指す。なんと一時に、二百四十人のソグド商人と、六百頭のラクダやラバ、そして數萬疋もの絹布を差し押さえた、と傳えていたのである。

一九八〇年代になって、『周書』吐谷渾傳の記事を彷彿とさせる精緻な絹織物や錦が、盜掘されて歐米の骨董商のもとに持ち込まれた。それらの絹織物や錦は、青海湖から南西にある都蘭縣の古墳墓から出土したものらしい、ということで、正式な發掘が開始されることになった。都蘭縣の郊外には三千もの古墳墓があるという。

都蘭縣郊外の古墳群は、一九八二年から發掘が開始された。とりわけ學界の關心をよんだのは、一九九六年に熱水大墓から、金銀器などのほかに、三百五十餘點、百三十餘種類の見事な絹織物が出土したことである。そのうち十八種が中央アジアと西アジアで織造されたもので、ソグド錦が最も多く、それ以外は中原の漢地からの輸入品で

あった。これらの古墓群は、唐代に吐蕃が統治していた地域のものであって、吐谷渾人の遺跡であるとされた。大部分が未發掘の古墓群から、今後の發掘によって、どのような絹織物が出現するのか、その成果が待ち遠しい。

三　中國出土の文物から見たソグド人の活躍

イラン系のソグド人が、內陸アジアの國際商業に從事し、ゾロアスター教を信仰して中國社會でも活躍したことは、早くから文獻にもとづいて論證されてきた。中國へは五世紀、北魏の中頃には傳來し、北周・北齊には、宮中にも信奉者を見いだした。

唐代の社會では、本籍地から遠く離れた土地に商用などで旅行し、關所を通過する時には、「過所」を携帶しなければならなかった。一九七三年に、トルファンのアスターナ古墳群の五〇九號墓より出土した「過所」については、本書第Ⅳ部第三章を參照されたいが、商人の石染典が作人の康祿山、石怒忿、家生奴の移多地とともに、驢馬十頭をつれて西に向かい、沙州敦煌に到着、市で交易をおえた、と記されていた。漢字で表記された石染典と石怒忿は石國（タシュケント）出身者、康祿山は康國（サマルカンド）出身者で、安祿山と同じ名前であり、四人はいずれもソグド人であったことは確かである。

中國におけるソグド人の活躍を傳えた文獻を傍證する、畫像石の發掘が、二十世紀末以降、山西省の太原や陝西省の西安などでつづき、研究者を驚喜させている。

太原市の南郊で、一九七九年から八一年にかけて發掘された北齊の婁叡の壁畫墓の見事さについては、『世界の歷史6』に述べたので省略する。騎馬人物の出行圖もさることながら、佛教とかかわりの深かった婁叡の墓だけに、

佛敎的な圖像の散見されるのは當然ながら、二頭のラクダの間に描かれた人物の風貌が、イラン人か西アジアの人物であると指摘され、東西文化交流の面で關心をよんでいたのである。

一九九九年七月に、この婁叡墓の東北わずか六〇〇メートルの太原市晉源區王郭村から、隋の虞弘墓が發掘され衝撃を與えた。墓室から發見された殿堂型石槨の內外壁面に、珍しい彩色畫像が、浮彫や壁畫のかたちで何面も描かれ、拜火壇が描かれていた。墓誌によると、魚國出身のソグド系の人らしく、隋の開皇十二（五九二）年に五十九歳で幷州の第で薨じた、と明記されていた。

ついで北周の安伽墓が、二〇〇〇年夏に西安市北郊の大明宮遺址の北で發掘され、墓誌のほか、ソグド人の生活の情景を描いた石棺床屛風が出土した。故鄕は安國（ブハラ）であろう。二〇〇三年夏には、安伽墓から東北二・二キロメートルの場所で、史君の石槨墓が發掘された。墓誌銘の代わりに石槨にソグド文字と漢文で併記した題記があり、墓主の史君は、サマルカンドの西南に近隣した史國（キッシュ）の人で、もともと西域に居たが、先祖の代に長安に遷り住んだ、と記されていた。二〇〇四年四月には、北周の安伽墓の北わずか一五〇メートルの地から、同じくソグド國王の後裔である、北周の康業の石槨墓が發掘され、やはりソグド人の生活の情景を描いた石棺床屛風が出土したのである。

特に『文物』二〇〇七年第二期で、北京大學の榮新江敎授らの「新獲吐魯番出土文獻概說」によって紹介された、二〇〇四年にトルファンの、有名なアスターナでもなく、カラホージョでもなく、バダムの諸墓で發掘された官文書の數々は、これまで知られていなかったトルファン地域の社會史的な史料であり、研究者を驚嘆させている。たとえば一一三號墓出土文書は、唐朝支配下の龍朔二（六六二）年の「高昌縣之印」が捺された思恩寺の三人の僧籍であり、最近明らかになった天一閣藏『唐令・雜令』に該當する文書であって、『文物』の同號には孟憲實の論文

が載っている。また一〇七號墓出土のソグド語文書殘片には、なんと「金滿都督府之印」と判讀される唐の官印が捺されていたという。今後の研究の展開が大いに期待されるのである。

コラム2

E・H・シェーファー著『サマルカンドの金の桃――唐代の異國文物の研究』序言

七世紀初めに中國に出現した唐朝（六一八―九〇七）治下の社會に、シルクロードを通って西から流入してきた異國文化の滿ちみちた樣相を麗筆でつづったのは、石田幹之助著『長安の春』（創元社、一九四一年）でした。この歷史觀は、カラー圖版を滿載した、週刊朝日百科『シルクロード紀行』全五十號の全篇にみなぎり、今では珍しくはありません。本書『サマルカンドの金の桃――唐代の異國文物の研究』（一九六三年）も『長安の春』と同じ歷史觀に立つ名著で、カリフォルニア大學で長年にわたって教壇に立たれた、唐代文化史家エドワード・H・シェーファー教授の代表作で、譯者の吉田眞弓さんは最晚年の受業生です。

一九五〇年代から四十年間、おもに中國中世領域の萬般について、魅力あふれる厖大な論考を發表しつづけたシェーファー教授は、初めから唐代を專攻したのではありません。一九一三年八月二十三日にワシントンのシアトルで生まれ、バンクーバーの高等學校で學んだのちに、ロサンゼルスに移住しました。

ところが大恐慌によって父が失業したため、若きシェーファーは七年間にわたり、食料卸賣業にたずさわりました。カリフォルニア大學ロサンゼルス校に入學したのちに、バークレー校に轉校し、一九三八年に人類學で學士號をえました。ついでハワイ大學の大學院で中國語學・文學を專攻して、四〇年に修士號をえ、ハーバード大學の博士課程に進學しました。まもなく第二次世界大戰が始まり、ハワイ大學で日本語を學んでいた

經歴から、海軍の情報部で日本語の解讀にあたって名聲を博し、表彰されました。四六年に海軍少佐の階級から除隊するや、カリフォルニアに歸り、バークレー校で言語學者ピーター・ブードバーグ教授の指導のもとで、五代十國の一つ、南漢の最後の皇帝を對象とした博士論文を完成させました。

博士號を取得して、同大學の助手に採用され、准教授に昇格したシェーファーは、一九五三年十月から一年間、京都大學人文科學研究所（以下、人文研）の外國人研修員として、滯日生活を送りました。指導教官は科學史家の藪内清教授で、研修科目は「中國中世文化史」でした。同時期に研修員だったのが、のちに米國中國學の領袖となる、佛教史専攻のスタンフォード大學准教授アーサー・ライトで、指導教官は塚本善隆教授でした。人文研の科學史研究室に留學した經驗は、その後の博物學風の研究手法に大きな影響を與えられたようです。本書の巻頭に、唐代文明に關する米歐中日の研究業績への謝辭、ベルトルト・ラウファーへの獻辭とともに、科學技術史文獻を自由に閲覽させてくれた、ケンブリッジ大學の科學史家ジョセフ・ニーダム博士の名前を特記しているのに關連します。

一九八一年に米國で唐學會が創設され、會誌『T'ANG STUDIES　唐學報』が發刊されました。第八・九合册號（一九九〇―九一年）は、一九九一年二月九日にバークレーで、肝臓ガンによって七十七歳で亡くなったシェーファーの追悼號で、追悼録・著作目録のほか、遺稿「中國學とは何か」が掲載されています。單行本が十四册、學術論文が百三十一篇です。水神を題材にした唐詩を紹介しつつ、ローレライのような西歐の水の精と比較した『神女――唐代文學における龍女と雨女――』が、西脇常記さんによって完譯され（東海大學出版會、一九七八年）、わが國で好評を博してから、早や三十年あまり。主著が邦譯され、江湖の讀書人の前に提供されることは、同學の私にとって嬉しい極みです。

第Ⅲ部　隋唐の石刻

第一章　唐代長安の石刻
――その社會的・政治的背景――

一　石碑・墓誌の研究について

本章のタイトルは「唐代長安の石刻」ということになっています。ただ、この題目そのものが、羊頭狗肉になるということを、豫めご了承願いたいのです。といいますのは、私は東洋史を専攻したものですから、美術史や考古學を専攻なさった方がたとは、アプローチの仕方が違います。石刻というのは、石に刻されたもので、佛像彫刻などあらゆるものを含みますが、文様とか形式とか、そういう美術的な觀點のことはあまりわかりませんので、そこに文字で記されたものについて、今回の「大唐長安展」〈一九九四年九月九日―十一月二十七日開催〈於京都文化博物館〉〉のすばらしい展示品に卽して、解說の一端をお話ししようと思います。

石刻は、中國では傳統的にどういう學問分野として扱ってきているかといいますと、金石學という學問の一部なのです。つまり、金屬に刻されたものと、石に刻されたもの、それらを同じものとして考えるのです。この場合の金というのは、金銀の金というよりは、青銅に彫られたものの方が多い。全般的に青銅器などに彫られた銘文なども含めて金石學といい、非常に長い傳統があります。宋代頃から、中國では金石に關する學問が體系化し、特に石に彫られたものについて、拓本にもとづいて考察した多くの研究書がつぎつぎと出されてきています。

タイトルは「石刻」となっていますが、單に石だけではなくて、金屬に刻されたものについても言及します。中國における學問體系がそういうかたちで進んできましたし、同時に、今回の展覽會のなかに、靑銅ではなくて本當の金銀、すなわち金器と銀製品に秀れたものがあり、なかに銘文が彫られて唐代史を考察する上できわめて貴重なものもありますので、それらの金銀製品をご覽いただく際の參考になるように、お話ししたいと思います。

石に刻されたものを中心に、金銀に刻された銘文についても、お話しするとしまして、一般の書道愛好家の方がた、あるいは書道や美術史の專門家の方がたの場合ですと、石碑やその拓本を見ても、誰が書寫した作品かという點に關心がいきます。今回の展覽會の圖錄でも、書者が誰で、どういう系統をうけており、いかに秀れた書體であるか、といったことに解說の重點が置かれます。しかし、私の場合、いくつかの例を取り上げますが、書き手が誰であるかということではなくて、その文章を誰が作ったのか、つまり撰者が誰なのか、あるいは、それらの石碑や墓誌がどのような社會的な背景、政治的な背景のもとで刻されたのか、といった點に關心があります。したがって、「石刻」と謳っていましても、書家の方がたのご期待には副えないであろうことを、お斷りしておきます。

お話しする順序は、最初に長安城圖の斷片を紹介したのち、石に刻された儒敎の經典について、佛敎經典と對比しつつ詳しく說明します。つぎに銀鋌と金銀器について觸れたのちに、柳公權の書として有名な玄祕塔碑の周邊に目配りし、最後に唐太宗の第八子であった越王李貞とわが京都との緣に言及したいと思います。

二　長安城圖碑と都城の思想

今回の「大唐長安展」では、いくつかの斬新な企畫がなされました。なかでも、コンピューター作畫の手法によ

る長安城復元映像は、學界で蓄積された厖大な資料にもとづき、最新の技術を驅使した見事な成果ですが、それらの根本資料の一つが、「長安城圖碑拓本」（圖1）と「興慶宮圖碑拓本」（圖2）です。

これらの拓本のもとになった長安城圖碑の二斷片は、現在は陝西省の西安碑林博物館で壁に塡め込まれて展觀されています。拓本がわが國にもたらされて、一般の方の目に觸れるのは、今回がおそらく初めてだろうと思います。唐玄宗の開元二十（七三二）年頃の長安城の都城を詳細に描いたとされる石刻の長安城圖碑は、宋の呂大防の製作にかかるものです。もともと京兆府公署の前に建てられていましたが、戰亂のために破壞されて、十三世紀の終わりには、すでに見當たらなかったのです。その後、いくつかの斷片が出土したという記録が殘されていて、それら

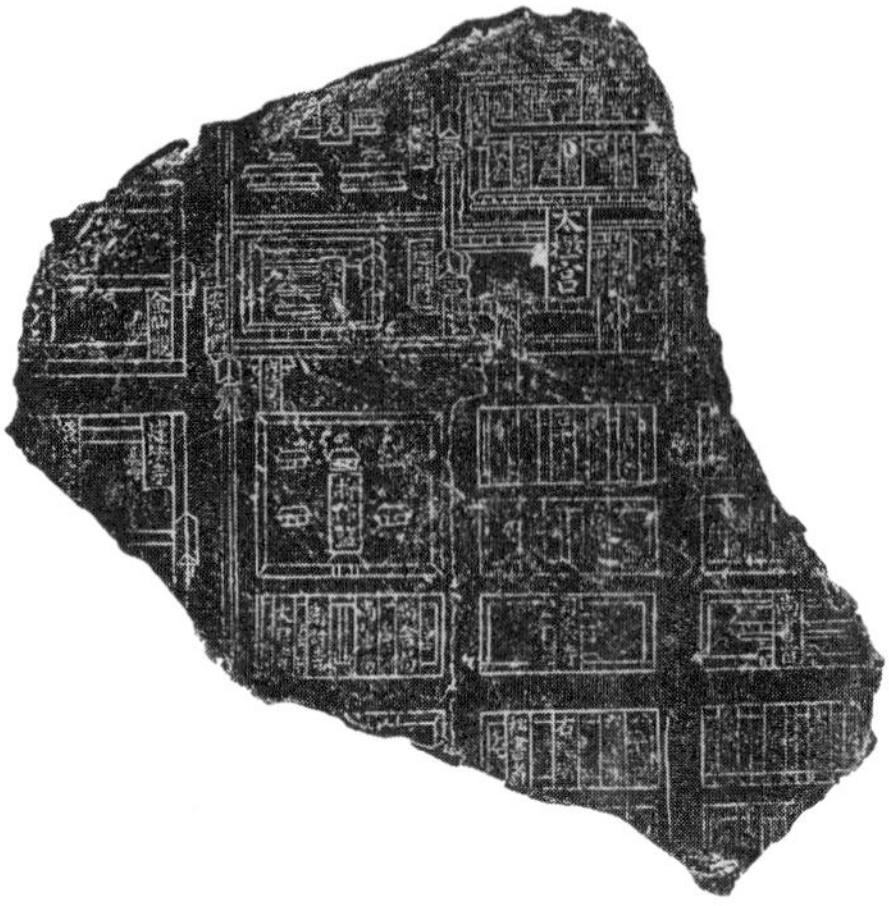

圖1　長安城圖碑拓本
（陝西省西安碑林博物館藏）

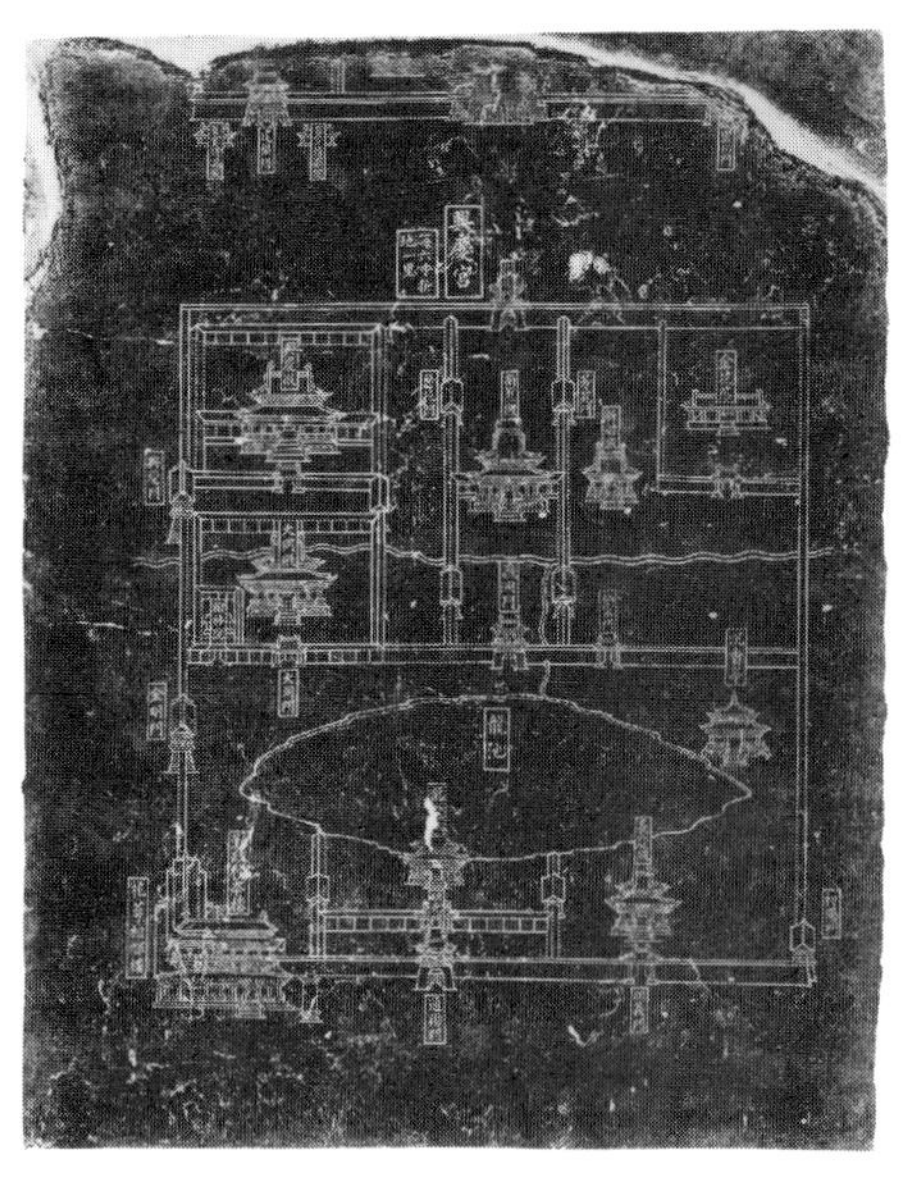

圖2　興慶宮圖碑拓本
（陝西省西安碑林博物館藏）

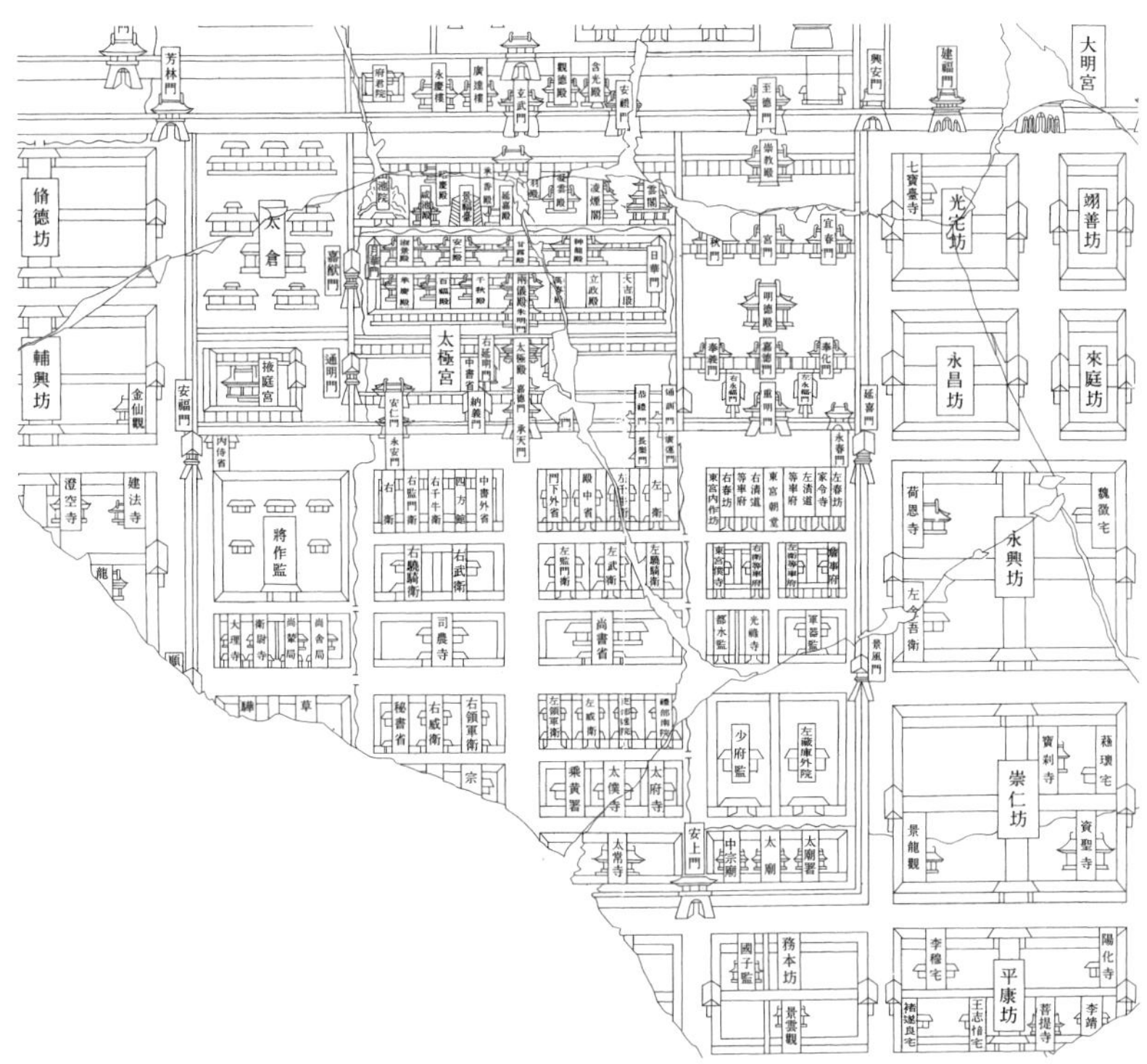

圖3　宮城附近圖
（『唐代の長安と洛陽　地圖』より）

の拓本を前田直典氏が所藏していましたが、殘念ながら第二次大戰の戰火に燒かれてしまいました。今では、一九三四年三月に出土した二つの斷片だけが知られ、西安碑林博物館に收藏されています。太極宮の西から南にかけての區域の斷片と、興慶宮附近の斷片であって、それらの拓本が「長安城圖碑拓本」と「興慶宮圖碑拓本」です。後者はさておき、前者について關連する事柄をお話ししましょう。

　この「長安城圖碑」は、「唐太極宮殘圖」とも呼ばれています。この拓本と前田氏舊藏拓本の寫眞をもとにして、書き起こすかたちにしたのが圖3で、平岡武夫『唐代の長安と洛陽　地圖』（京都大學人文科學研究所、一九五六年）から複寫しました。ところで、たとえ

ば同じく『唐代の長安と洛陽　地圖』より複寫した「唐長安城圖」（圖4）では、長安城の北端の中央部に位置する宮城は、皇帝の居住する太極宮を中心にして、東側に太子の居住する東宮と、西側に后妃などの居住する掖庭宮との、三つの區畫から成り立っていて、東宮と掖庭宮は同じ面積を占める、となっています。

しかし石刻の「長安城圖碑」などにもとづいた「宮城附近圖」（圖3）をご覽いただくと、太極宮と東の東宮の部分は同じ配置ですが、西の掖庭宮の部分は全く違うことに氣づかれるでしょう。掖庭宮は南部の三分の一しか占めていない。つまり、北部の三分の二は、國都の米倉であるところの太倉が占めているのです。建物の形を見ても、ほかの所では、役所の建物の形をなんとなく彷彿とさせるものがありますし、お寺の名前が出てくるところではお寺らしい建物になっているのですが、太倉のところでは建物の屋上に通氣のための氣樓があります。これは穀物を貯藏するために造られた建物であることを示しています。

この石刻圖にもとづいた宮城の配置圖がいかなる構想にもとづくのかについては、私は「日本の古代」というシリーズの『都城の生態』（中央公論社、一九八七年）に「中國都城の思想」と題した論稿のなかで、私案を提示したことがあります。中國における都城の思想を說明するに當たっては、陰陽說を考慮すべきなのです。國家の存立にとって最重要の、政治と經濟の中樞機構を象徵する朝廷と市場は、それぞれ皇帝と皇后によって主宰されるべし、という理念がありました。つまり朝廷と市場とが陽と陰とでもって說明されていたのでして、日本の奈良時代に聖武天皇の皇后となる光明子が立后以前に市に入って市人に度量衡の使い方を教えたという傳承があるのに通じることで、政治は男性が擔當し、經濟は女性が擔當することになっていたのでしょう。

また都城の思想では、都城內における建物配置は左右對稱つまり東西對稱となっているので、東宮と掖庭宮が左右對稱の位置を占めると考えられてきたのは、ごく自然な見方でした。すると、石刻圖で掖庭宮の北に掖庭宮の二

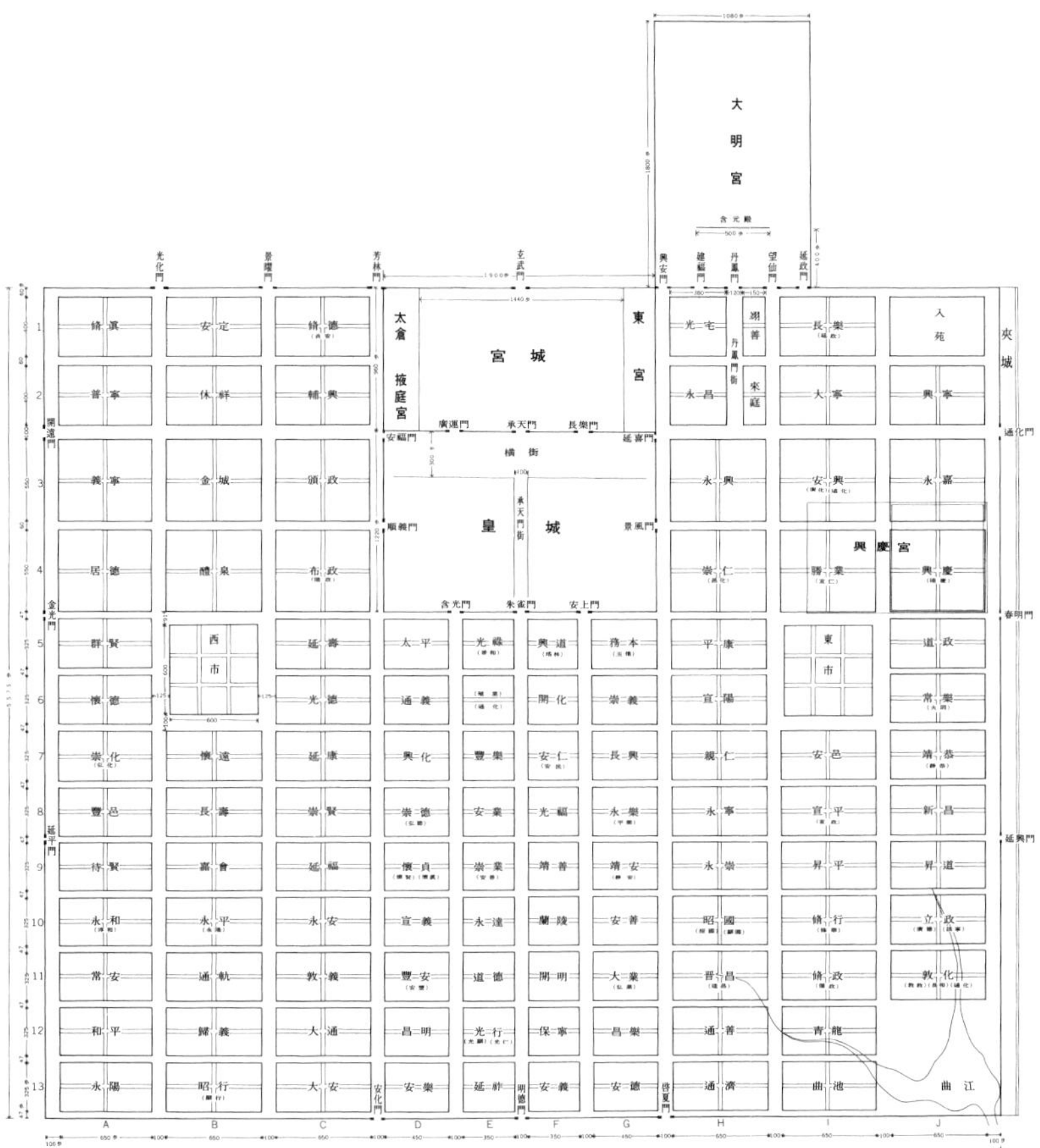

圖４　唐長安城圖

（『唐代の長安と洛陽　地圖』より）

倍分の地を占めるように描かれた太倉をいかに解釋すべきなのでしょうか。私は、この穀物倉たる「太倉」は「市」の分身であって、「市」の責任を負うべき皇后が理念的に「太倉」の責任をも負っていたのではあるまいか、と考えました。そういう考えを抱かせたのが、この石刻圖だったのです。

唐の首都の米倉である太倉がどのような場所に置かれたかについては、唐の副都の洛陽に置かれた含嘉倉という米倉が、一九六九年の年末に考古學の發掘によって明らかになった成果を、參考にすることができます。含嘉倉の場合には、文字の刻された銘甎（瓦）が地下より出土して、則天武后の頃に蘇州からの租米を納入するに當たり、粟量と年月日、それに關係官廳の官吏たちの官職姓名を記録していたことが判明しました。肝心の長安の太倉の場合、京都大學文學部東洋史研究室に太倉跡より出土したと傳えられる銘甎の拓本（圖5）が所藏されていて、「貞観八年十二月廿日」の日附が刻されています。この銘甎は考古學の發掘成果ではなく、清末の蒐藏家として有名な端方の手を經た傳世品なので、出土地點を確認することはできませんが、おそらく掖庭宮の北方あたりより出土していたと思われます。

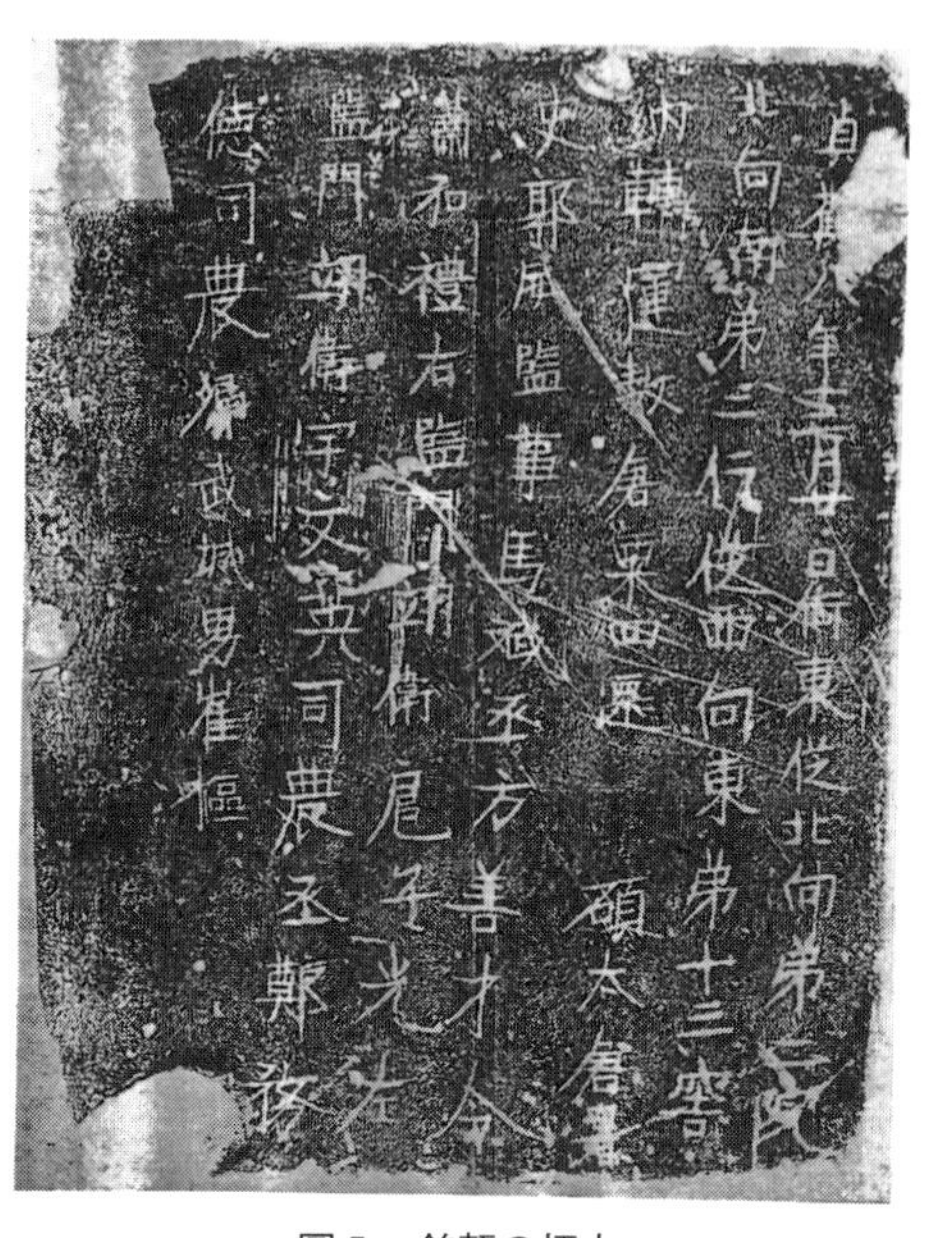

圖5　銘甎の拓本
（京都大學文學部藏）

三　碑林の中核となった開成石經と科擧制度

今回の「大唐長安展」をご覧になられた方がたは、巨大な石刻拓本が林立した一室に入られた際、難しい漢字の世界に圍まれて、滿足感に浸られた方もおいででしょうし、戸惑いを感じられた方もおいででしょう。それはさておきまして、これら多數の拓本のなかで、まず儒敎の經典を石刻した「開成石經『論語』拓本」（圖6）について解說いたします。

中國において儒敎經典の標準テキストを公示するために石に刻すという事業は、後漢の熹平年間（一七二—七八）に國都洛陽の太學の門外に建てたのが最初です。「開成石經」というのは、唐の文宗の開成二（八三七）年に五年がかりで完成し、國都長安の最高學府である國子監という役所に建てた巨大な石碑群であって、北宋の元祐五（一〇九〇）年に現在の碑林博物館の地點に移されました。

話が前後しますが、長安城内で太極宮を中心とする宮城の區畫の南は、皇城と呼ばれた官廳街で、文書行政を總括する尙書省六部も皇城の中央部に置かれていました。六部の一で、文敎行政を擔當する禮部もそこにありましたが、最高學府の國子學と太學などを管轄する國子監だけは、皇城のなかではなく、安上門を隔てて一番近い務本坊という坊の一角に置かれていたのです。

開成石經は、儒敎の經典十二種類の全部を楷書で石に刻しています。『西安碑林書法藝術』（陝西人民美術出版社、一九八三年）によりますと、それぞれの石のサイズは、高さ二一六センチ、橫は八三センチないし九九センチという大きなもので、合計百十四石もあり、しかも表のみでなく裏にも刻されているのです。ただし一石だけは裏に刻

されていないので、全部で二百二十七面あり、その內の一面の拓本が、今回の展觀に供されているのです。

これだけ厖大な石經が、いかなる狀況のもとで刻されたのかと申しますと、この頃はまだ印刷術が普及していなかったからで、官吏登用試驗である科擧の受驗者に標準テキストを提供しようとすると、經典を石に刻するのが、理想的な事業だったのです。中國の儒教經典の石刻に關しましては、一九三〇年に燕京大學國學研究所から刊行さ

圖6　開成石經『論語』拓本
（陝西省西安碑林博物館藏）

れた張國淦撰『歴代石經考』という書物があり、唐の開成石經についても非常に詳しい研究をしていますので、その成果を紹介しておきましょう。

開成石經は儒敎の經典十二種類を楷書で刻したものです、と申しました。その內譯とそれぞれの石の面數は、『周易（易經）』が九面、『尙書（書經）』が十面で、『毛詩（詩經）』が十五面、禮に關する『周禮』が十八面、『儀禮』が二十面、『禮記』が三十三面、そして春秋三傳の『春秋左氏傳』が六十九面、『春秋公羊傳』が十七面、『春秋穀梁傳』が十六面で、これら九經のほか、『孝經』一面、『論語』七面、『爾雅』四面を合わせた十二種類、二百十七面です。それ以外に文字についての說明書である『五經文字』八面と、『九經字樣』一面、關連文書を刻した一面を合わせて、全部で二百二十七面ということになり、一石ごとに表裏兩面なので、合計百十四石ということになるわけです。面ごとに八段に分けられ、段ごとの字數は平均十字ずつということです。

ご參考までに、九經のそれぞれの卷數と字數を列擧しておきます。

『周易』	九卷	二四四二七字
『尙書』	十三卷	二七一三四字
『毛詩』	二十卷	四〇八四八字
『周禮』	十二卷	四九五一六字
『儀禮』	十七卷	五七一一一字
『禮記』	二十卷	九八九九四字
『春秋左氏傳』	三十卷	一九八九四五字
『春秋公羊傳』	十一卷	四四七四八字

『春秋穀梁傳』　十二巻　四二〇八五字

これらの外、九經に準ずるものとして、

『孝經』　一巻　二一一三字

『論語』　十巻　一六五九五字

『爾雅』　三巻　一〇七九一字

があり、これら十二種の文獻を總計すると、百五十九巻で、六一萬三一三五字になります。

開成石經としては、これら以外に漢字に關するつぎの二つの書物が刻されています。

『五經文字』　三巻　三二三五字

『九經字様』　一巻　四二二字

このほかに、敕狀などの關連文書すべてを含めると、六五萬二五二字という數字になります。

今回展示されている拓本は、『論語』巻第九の陽貨篇と微子篇でして、それぞれの篇名の下に「何晏集解」と刻されています。官吏登用試驗である科擧などの際に使う『論語』の本文は、何晏の集解本だったのです。つまり同じ『論語』であっても、別の系統のテキストを覺えていたら、試驗に合格できないかもしれないのです。

展覽會場で見ていましたら、學生の方が、「子曰、巧言令色、鮮矣仁」というところを讀んで、學校の教科書で習ったのでしょう、感心して二人でキャーキャー言っていましたが、じつはこれは落書のたぐいの部分なのです。本文に「子曰わく、紫の朱を奪うを惡む也。鄭聲の雅樂を亂るを惡む也」とある個所の前に、「子曰わく、巧言令色、鮮なし仁」という學而篇に見えた文章の加わったテキストがあります。それで、いつの時期かに、落書のかたちで追刻され、かえって目立っているのです。いい機會ですので、注意を喚起しておきたいのは、石刻の文章を研

究する際に、最初からの刻銘と後になって刻された落書のたぐいとをいかに區別するかという課題です。今回のように拓本がありますと、追刻の狀態や筆跡を目のあたりにして、まさに一目瞭然、解決しやすいのですが、筆寫されたり印刷されたりする際に、落書の部分を本文の間に紛れ込ませてしまいますと、識別するのが非常に困難で、研究者は神經を擦り減らされることになります。

開成石經として刻された儒教の經典は、科擧を受驗する者にとっては、暗記する對象なので、それらの經典が長大であるか短編であるか、覺えやすい內容か覺えにくい內容かなどが、最大關心事でした。ここで唐代における科擧の試驗制度について説明するために、『唐六典』卷四の禮部の條を讀んでおきましょう。ちなみに、今度の展覽會では衣笠にある近衞家の陽明文庫からたくさんの文物を展示してもらっていますが、『唐六典』の最良のテキストは、近衞本と呼ばれているものです。つまり、江戶時代中期に太政大臣をつとめた近衞家熙（一六六七―一七三六）が、隱居してから一生懸命にテキスト・クリティークをして出版したのが、『唐六典』三十卷であって、ここ京都の賀茂川のほとりで校勘されたテキストである近衞本を、今や世界中で中國學を志す研究者や學生が使っているのです。逆にいえば、江戶時代の京都の知識人が、いかに熱心に唐の政治を學んだかという標(しるし)みたいな書物です。これは今でも版木が殘っています。

脇道にそれましたが、『唐六典』の禮部の條を拾い讀みしながら、科擧の試驗制度について概略を説明しましょう。尙書省六部の一つである禮部は、文教に關する文書行政を擔當する役所で、今の日本ですと文部省（当時）に當たり、天下の禮儀と祀祭と燕饗と貢擧の政令をつかさどります。全體は筆頭部局の禮部のほか、天文・祝祭日・醫藥・宗敎などを擔當する祀部、宴會などを擔當する膳部、外國からの賓客の接待に當たる主客と呼ぶ四つの部局に分かれています。そして貢擧の試驗である擧試の制は、文部次官に當たる禮部侍郞の直轄事項であって、每歲仲

冬つまり舊暦の十一月に上計使の上京と一緒に行なわれました。上計使つまり地方からの會計報告の使者と一緒に、優秀な受驗生が上京してくるのです。科擧という言葉は、隋から始まったといわれますが、當時の名前としては貢擧というのが正式の名前だったのです。貢ぎものなのです。貢ぎものというと品物のように思われるかもしれませんが、國家が必要な優秀な人材を、地方から中央政府に送り届けるのが、あるべき姿と考えられていたのです。

貢擧つまり科擧の試驗には、六種類あります。第一番目は秀才科で、試驗のやり方は、方略策と呼ぶ小論文を五つ要求されます。ただし、この科は最も難關で合格者をほとんど出さなかったので、まもなく取りやめになりました。二番目が儒敎の經典に明るい人物を合格させる明經科、三番目が文學の才能のある人物を合格させる進士科です。普通に唐代の科擧と言えば、これらの三つを指します。しかし、これ以外に實務に明るい人を選ぶ三科がありました。法律に明るい人を對象にする明法科、楷書をきちんと書く人を選ぶ明書科、計算できる人を選ぶ明算科があって、全部で六科になるのです。

唐の時代も後半になりますと、儒敎の經典を丸暗記する明經科よりも、文學の才ある人物を選ぶ進士科の方が上位になっていくのですが、元來は明經科の方が重んじられていたのです。先ほどお話ししましたように、開成石經に刻された儒敎の經典十二種類の內、本來の經である正經は九つなので「九經」といいます。それらの內『周禮』『儀禮』『禮記』の三つを「禮」として一括し、『春秋左氏傳』『春秋公羊傳』『春秋穀梁傳』の三つを「春秋」として一括し、「易經」「書經」「詩經」と合わせて、「五經」と呼ぶことも多かったのです。

これら九經のなかで、先に卷數と字數をお示ししたように、分量の多い長編と少ない短編とがあります。そこで、分量の多い經である『禮記』と『春秋左氏傳』は大經とされ、中編の『毛詩』『周禮』『儀禮』は中經とされ、分量の少ない『周易』『尙書』『春秋公羊傳』『春秋穀梁傳』は小經とされたのです。ひとくちに明經科と申しましても、

じつは通二經という易しいコースをはじめ、通三經というコース、通五經という難關のコースがあり、合格者に對する待遇は、當然のことながら大きな違いが生じました。

いずれのコースを受驗する場合にも、經書を選擇できるのですが、通二經の明經科に挑む人は、大經を一つと小經を一つか、あるいは中經を二つ選ぶことができた。通三經の明經科の場合では、大經一つ、小經一つ、中經一つを選ぶ。難關の通五經の明經科では、大經二つともに精通していなければならなかったのです。しかも、これらは選擇科目のことでして、そのほかに『孝經』と『論語』が必修科目で、『老子』も注を含めて必修科目のなかに加えられました。そして明經科の試驗の方法は、まず「帖經」で、經書の本文の何字分かを空白にして、そこに穴埋めさせ、六割以上の成績をおさめなければなりません。つぎが「口試」で、口頭試問をして文理のある者を合格させるのです。

進士科を受驗する人も、小經一つと『老子』を注をも含めて暗記して「帖經」に合格し、その後に詩文の學識を問われました。そして進士科合格者の社會的地位が向上する玄宗治世の中頃になりますと、小經一つに代わって大經一つということになりました。いずれにいたしましても、開成石經は官僚を目指して科擧を受驗する者にとってきわめて關心のある石刻だった、と言えるでしょう。

現在の碑林博物館は、かつての碑林の地に收藏されていた開成石經を中核として發足し、西安碑林の第一室が、これらの開成石經の陳列室となっています。その西安碑林の入口に置かれているのが、石臺孝經と呼ばれる玄宗御注御書の『孝經』で、高い石の臺の上に建てられた碑の四面に刻されています。今回、初めの一面の拓本が展觀されています。繰り返しますが、科擧の明經科を受驗する者にとっての必修科目であった『孝經』と『論語』の拓本がそれぞれ一面ずつ展觀されていますので、當時の知識青年たちの勉强風景を想像する際の緣になれば、と詳しく

話してみました。

中國において儒教の經典を石に刻すという事業として、はじめて後漢時代に隸書で刻した熹平石經と、つぎに三國魏の正始年間（二四〇—四九）に古文・篆書・隸書の三體で刻した正始石經は、いずれも國都洛陽の最高學府である太學に建てられ、三度目である唐の開成石經は、國都長安の最高學府である國子學・太學に建てられました。つまり、儒教の經典は、知識人たちに最も便利な、國都の一番目立つ場所に建てて標準テキストを公示し、各自が寫し取っているテキストを補訂できるようになっていました。言い換えますと、衆目の見られるところに置かれたのが、儒教の經典なのです。

ところで、唐の長安というのは、宗教都市のような様相を呈していました。大興善寺・大慈恩寺など非常に多くの佛教の寺院がありました。ついでは玄都観をはじめとする道教の道觀がありました。儒教はもちろんのこと、漢民族の民族宗教の色彩を帯びた道教の方も、國家によって彈壓されるようなことは、ほとんどありえませんでした。しかし佛教の方は、北魏の太武帝や北周の武帝の時のように、政府の風向きによっては、いつ何時廢佛が行なわれ、大彈壓を蒙るかもしれない。ですから、同じように石に經典を刻する事業をするにしましても、衆人の目につくところへ佛教の經典を刻するなんてことは、考えられなかったのです。

また儒教の經典は、多いとは言いましても十二種全部で百五十九巻でした。それに對して佛教の經典は、玄宗の開元年間（七一三—四一）に大藏經が編纂された時に、五千四十八巻を數えました。なんと佛教の大藏經は五千巻以上もあったのです。特に六世紀半ばに末法時代に入ったと自覺した佛教徒の場合には、いつ國家による彈壓、廢佛を蒙るかもしれないから、彈壓されて佛典が廢棄され、焼却されてしまう事態に備えて、どこかに正しいテキストを残しておきたい、と考えました。そこで人里を離れた山奥の人目につかないところに、石に刻して保存する方

圖７　貞觀八年題記の拓本
（中國佛教協會藏）

法を實行したのです。

中國の佛教徒が佛典を石に刻した石經としては、山東省の泰山という中國きっての名山の、今では經石峪と呼ばれる川底の平坦な岩に、それぞれの漢字を五〇センチ四方の大きさで刻した『金剛經』があり、その拓本が中國物產展などで賣られていたりします。しかし、何と言っても佛典石經の代表は、當時は邊境であった北京西南郊の房山の地下に、七世紀初頭の隋代から始められ、唐・遼・金・元代を經て明末まで、千年にわたって刻しつづけられた大藏經です。數年前に佛教大學四條センターで開催された「中國房山石經拓本展」（一九八七年十月二十二日―二十六日開催）でご覽になった方もおられることでしょう。房山では地下の石室などから高さ一六〇センチ、幅八〇センチに及ぶような石經がすでに一萬五千餘も出土しています。經版の表裏兩面に刻され、一つずつを比べると、儒教の開成石經とよく似ていますが、これらは人目につかない邊境の地下に隱されていたのです。

圖７は、地下への入口に置かれていた唐の貞觀八（六三四）年の年紀をもつ題記の拓本です。もとの石は二つに割れてしまって、一つは旅順博物館に所藏されていましたが、もう一つが房山の現地で見つかったのです。つなぎ合わせますと、「今この山に華嚴經一部を鐫鑿

して、永く石室に留め、劫火にも焚かれず、千載の下に、惠燈が常に照らし」という願いが書かれている。そして最後には「この經は、未來に佛が法難にあうときに、經本つまり標準テキストに充當してください。世のなかに若し經が有らば、願わくばみだりに開かないでください」というのです。

同じようなかたちで石に刻された經典が、儒教の場合にはなるべく人目につくところに建てられるのに對して、佛教の方はなるべく人目につかないところに隱して、法難の到來に備えたのです。ですから、石刻というものを研究する際には、地上にあるものと、わざと地下に人目に觸れないようにしてあるものと、兩方に對する氣配りが必要である、ということを知っていただきたいのです。

四　皇帝への貢物としての銀鋌・金銀器

しばらく石刻から離れて、金銀に彫られている銘文についてお話しいたします。まず天寶「信安郡稅山」銀鋌（圖8）という銀の延べ棒です。表裏兩面に刻銘があり、表面には、

専知諸道鑄錢使・兵部侍郎・兼御史中丞・臣楊國忠進。

とあり、裏面には三行にわたって刻され、

中散大夫・使持節信安郡諸軍事・檢校信安郡太守・上柱國尉遲巖。

信安郡專知山官・丞　議　郎・　行　錄　事　參　軍　智　庭　上。

天寶十載　正月日。稅山銀一鋌。五　十　兩。匠

とあります。最後の「匠」の字を「正」とする讀み方もあるようですが、私は「匠」と讀んでおきます。表面、裏

圖8　天寶「信安郡稅山」銀鋌
（陝西歷史博物館藏）

面と申しましたが、どちらが表であるのか、じつはわかりません。いずれにしましても、この銀鋌は、税金のかわりとして天寶十（七五一）載正月に、江南道の信安郡から中央政府へ送られたものです。ちょうどその頃、玄宗の寵愛をうけていた楊貴妃の又いとこの楊國忠が、專知諸道鑄錢使という令外の官を兼ねていました。彼は特權を利用して、政府に送られて來たばかりの銀鋌を、個人的な恩寵がためとして玄宗皇帝に差し出したのです。つまり、

この銀の延べ棒は、公的な税山銀鋌として中央政府に納附されたものですが、ただちに楊國忠によって私的な賄賂として再利用されたものなのです。

今回の展觀には文字通り目も眩むような金銀器が並んでいますが、そのなかから圖錄では「鍍金雙鳳文銀盤」と題されている裴肅進奉銀器を取り上げます。鍍金とは金メッキという意味です。この直徑五五センチもある寶相華雙鳳六花形の見事な銀盤は、唐の大明宮西夾城外から出土したもので、裏面につぎのような二行の切銘（圖9）がありました。

浙東道都團練觀察處置等使

大中大夫・守越州刺史・御史大夫・上柱國・賜紫金魚袋・臣裴肅進。

裴肅という人物に注目してください。八〇〇年前後に、江南の越州一帶の藩鎭の長である浙東觀察使の裴肅が、時の皇帝德宗に進奉した鍍金の銀盤だったのです。先の銀鋌は、玄宗治世の末年、安祿山の反亂の直前に、楊貴妃の一族の楊國忠が進奉したものでした。今度は銀器です。そこで時の皇帝に進奉されたこれらの銀鋌や金銀器が、唐代三百年の社會、經濟全體の流れのなかで、いかなる意味をもつのかを確かめる格好の文章として、『舊唐書』食貨志の總序の內容をかいつまんで申しましょう。

……唐の高祖李淵が太原から興って王朝を建てた頃は、きちんとした政治を行なって、贅澤もしなかった。財政もしっかりした人が擔當していた。玄宗治世の前半である開元年間の前までは、權限は尙書省に歸していた。ところが、開元以後、財政經濟の實權がほかの官に移っていった。どういう官に移っていったかというと、轉運使、租庸使、鹽鐵使、度支鹽鐵轉運使、常平鑄錢鹽鐵使などがあり、事に隨いて名を立て、沿革は一ならず。官を設け職を分かち、賢を選び能を任ず。その人を得れば則ち國家に益あり、その才にあらざれば則ち患

圖9　鍍金雙鳳文銀盤銘文
（陝西歷史博物館藏）

を萬民に殘す。これまた知らざるべからざるなり。裴耀卿、劉晏、李巽のごとき數君子は、時に便し物に利し、國を富まし民を安んじ、世の模範とするに足る者であった。

　これらに對し、けしからん人物としては、宇文融、韋堅らがおり、特に楊國忠は楊貴妃の縁で玄宗の恩幸をうけ、四十餘の使を帶び、詭計を設けて侵擾した。ただし、安祿山の反亂の頃は社會全體が好景氣だったので、あまり問題にはならなかった。徳宗朝になると趙贊、陳京らが、下を剝ぎて上に媚びた。彼らは世の警戒とするに足る者であった。

以上は中央政府で財政を擔當した面々についての論評です。

一方、德宗が兵士の反亂に遭って一時的に長安を脫出した七八四年頃、中央の府庫が空っぽになったので、地方の軍閥である節度使や觀察使が、進奉という名目で金品を中央に送るようになった。反亂が平定されても、皇帝の恩寵を固めんとして、一種の賄賂である進奉はつづいた。そのうちに、軍閥である節度使などの進奉だけではなくて、だんだん下の官僚までが、見習うようになった。州の長官である刺史が進奉したのは、裴肅が最初である。裴肅は常州刺史となるや、その地に消費稅のような新しい名目を設けて財源を確保し、進奉を繰り返し、いくばくもなくして浙東觀察使に拔擢された。

唐一代の財政經濟史を總括した『舊唐書』食貨志の總序において、いわば金脈に賴る警戒すべき人物として特筆されていたのが、玄宗朝の楊國忠であり、德宗朝の裴肅でした。その楊國忠が玄宗に進奉した銀の延べ棒と、裴肅が進奉した鍍金の銀盤、つまり正史のなかに記錄されていた金脈派の惡行の實物が、刻銘をともなって千二百年後に地下から見つかり、「大唐長安展」の會場で展示してもらえました。私には感慨無量の金銀なのです。金銀の刻銘についての說明は、これで終えまして、再び石刻碑文に立ち返ることにいたします。

五　玄祕塔碑と佛教彈壓

つぎに取り上げますのは、「玄祕塔碑拓本」（圖10）です。これは大達法師というお坊さんのお骨を納めた塔「玄祕塔」の由來を記したものです。大達法師端甫は、碑の表である碑陽の第一行目に、缺けた字を補うと「唐故左街僧錄內供奉三教談論引　駕大德安國寺上座賜紫大達法師玄祕塔碑銘幷序」とあるように、長安の安國寺の僧で、憲

宗の元和十四（八一九）年に扶風の法門寺に安置されているお釋迦さんの指の骨、いわゆる佛舍利を長安に運んで來て、宮廷の内外で法要する際の中心人物でした。この時、佛舍利を宮中に迎え入れるのに反對して、過激な「論佛骨表」を書き、憲宗の怒りに遭って嶺南地方に左遷されたのが、唐宋八大家の筆頭に擧げられる韓愈で、迎え入れる側の中樞にいたのが大達法師なのです。玄祕塔碑文のほぼ眞ん中あたりに、憲宗の治世のこととして「眞骨を靈山より迎え、法場を祕殿に開く」とありますのは、佛骨を法門寺より迎えて、宮中で法要を營んだ中心人物が大達法師であることを強調しているのです。左街の安國寺の境内に造られた法師の埋骨塔のために、會昌元（八四一）年の年末に建てられた玄祕塔碑は、現在は陝西省の西安碑林博物館の第二室に置かれています。

この碑は、唐代屈指の書家として有名な柳公權（七七八―八六五）が、楷書で本文を書寫し、額も篆書で書寫し

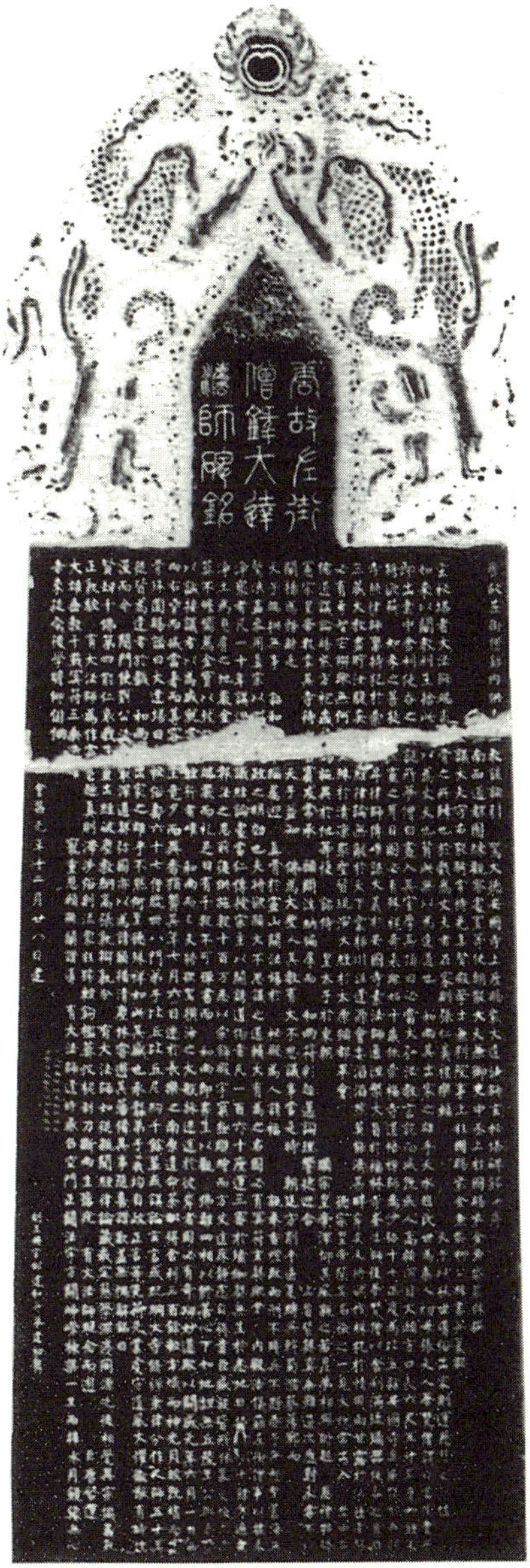

圖10　玄祕塔碑拓本
（陝西省西安碑林博物館藏）

たということで、その拓本を書道愛好家の方がたがお手本になさるのですが、私はこの文章を作った人物つまり撰者である江西觀察使の裴休（七九一—八六四）の方に關心があります。裴休は先ほど德宗に銀盤を進奉した人物として話題にしました裴肅の息子でして、佛敎信者として知られた人です。この碑が建てられたのは、武宗の會昌元年十二月二十八日で、その二、三年後に、唐代で最大の佛敎彈壓であるところの、「會昌の廢佛」が起こるのです。

間もなく起こる會昌の廢佛を危惧し豫告するような文章が、碑文のなかに見えます。本文の終わりから五行目に「承襲の弟子の義均・自政・正言等は、克く先業を荷い、遺風を虔守し、大いに徽猷の時ありて堙沒するを懼る（承襲弟子義均・自政・正言等、克荷先業、虔守遺風、大懼徽猷有時堙沒）」とあります。この個所は、房山石經の入口に刻されていた文言と呼應するものがあるのです。大達法師は佛敎者として非常に立派な業を擧げ、多くの門弟子を育成しました。しかし、その周邊に何か不安な雰圍氣を、裴休は感じ取ったのです。佛敎彈壓が近づいてきているのではないかと感じた。だからこそ、「大いに徽猷の時ありて堙沒するを懼る」と記したのです。

裴休の危惧が的中し、間もなく國家による佛敎彈壓、いわゆる會昌の廢佛が始まります。ところで、中國において國家權力によって佛敎彈壓、廢佛が斷行された場合には、北魏の太武帝の時も、北周の武帝の時も、いずれもつぎの皇帝が卽位すると、人心收攬策の意味などからして、佛敎復興政策に轉じました。武宗による會昌の廢佛の際も、八四六年に武宗が亡くなって叔父の宣宗が卽位するや、前代の廢佛政策を撤回します。その復佛を强力に推進する中心人物こそ、地方長官から中央政府の要職に返り咲いていた裴休なのです。

この玄祕塔碑の裏側である碑陰に、文書二通が刻されています。拓本の石の割れめ跡からわかるように、碑陰の上截に刻されている官文書が宣宗の大中五（八五一）年正月十五日の日附のある「敕內莊宅使牒」（圖11）です。その下に、翌大中六年四月二十五日の日附をもつ、大達法師の承襲の弟子である比丘正言の疏が刻されています。

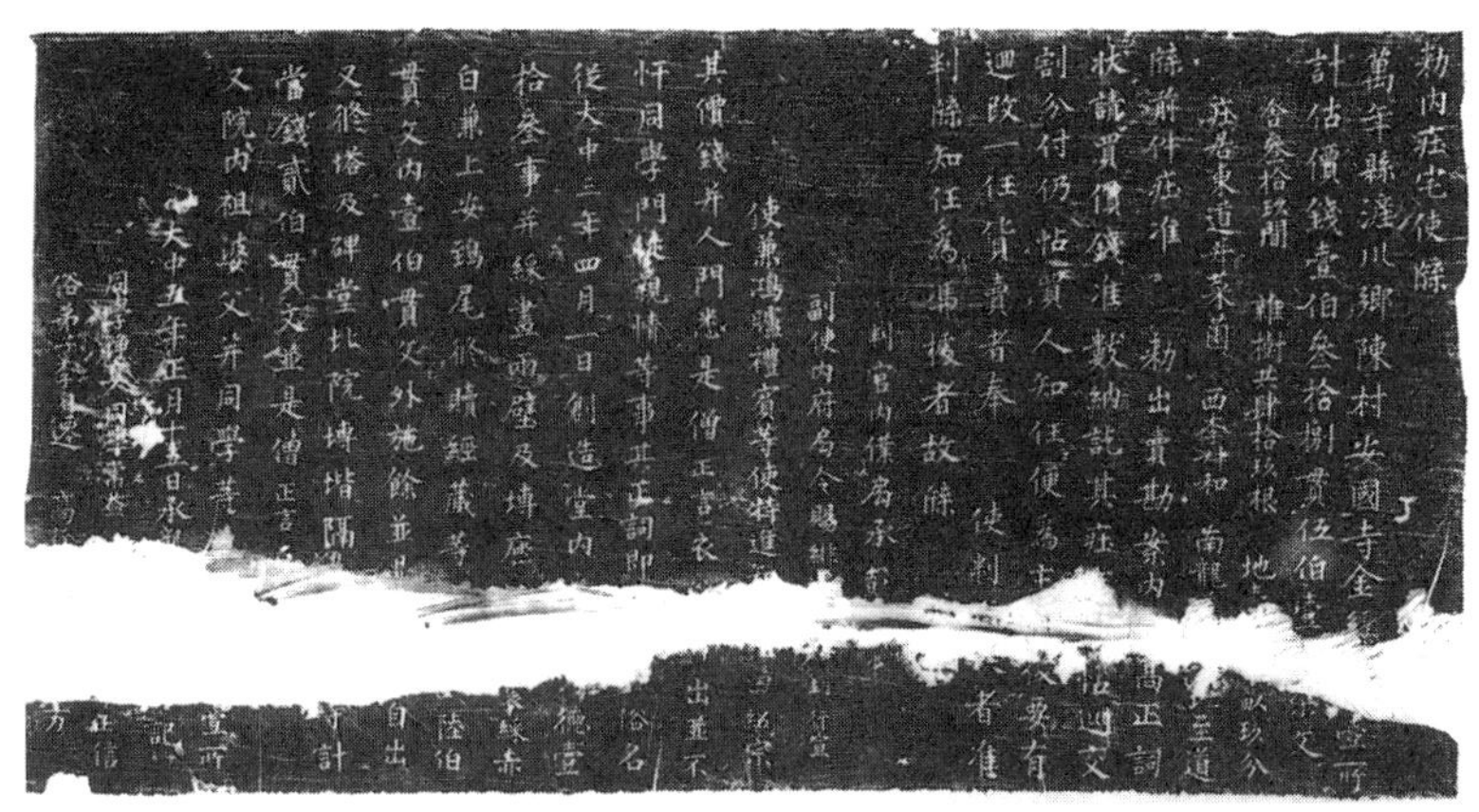

圖11　敕內莊宅使牒拓本
（陝西省西安碑林博物館藏）

　こういう石碑を研究對象に選びます場合、正面を見据えててい ねいに讀むのはもちろんですが、同時に裏側をも注意深く讀まなければなりません。わざわざ言擧げする必要はないでしょうが、碑陽と碑陰、そして側面に銘刻があれば碑の兩側をも、正確に讀み比べて、總合的に判斷しなければならないのです。ところが、いざ一つの石碑を對象に選んで、その拓本を懸命に探しましても、碑陽の拓本しか見つからないことが多いのです。この玄祕塔碑の場合も、柳公權の書として有名な碑陽の拓本は、寫眞でよければ、たやすく手に入れることができます。しかし、碑陰の拓本は、拓本そのものは言わずもがな、拓本の寫眞さえ、目にするのは難しいのです。

　ところで、唐朝の佛教政策について言及しますと、佛教教團、佛教寺院が國家から緊張を強いられる時期が三回ありました。一回目は唐の創業期である高祖と太宗の治世で、二回目は玄宗治世のごく初期である開元年間の初め、三回目の最も激しい彈壓が武宗の會昌年間に强行された會昌の廢佛です。これら三回にわたる唐朝と佛教寺院とのあいだで展開された緊張關係を記錄する格好の石刻史料として、今に殘されているのが、洛陽の近くの嵩山少

林寺にある「嵩岳少林寺碑」の表裏兩面と、この「玄祕塔碑」の碑陰なのです。結論的に言いますと、佛教教團、寺院に對する政府からの彈壓があっても、そこの寺領莊園だけは特別で對象から除外されることを認定した詔敕などの官文書を、石に刻んでおいた深慮遠謀の文物が、これら二碑です。玄宗の開元十六（七二八）年七月十五日の盂蘭盆の當日に建立された「嵩岳少林寺碑」が、高祖・太宗朝と玄宗朝との二回にわたる寺領莊園の危機的狀況を傳えるのに對し、三回目の「會昌の廢佛」の影響を傳えるのが、「玄祕塔碑」の碑陰の上部に刻された「敕內莊宅使牒」ということになります。「嵩岳少林寺碑」については、私はかつて詳しい論文を書いたことがあり、英語にも譯していただいたことがあります（本書第Ⅰ部第三章およびコラム1參照）。

「敕內莊宅使牒」すなわち內莊宅使に敕するの牒の內莊宅使というのは、宦官が任じられた內諸司使の一つであって、官有不動產を管理する令外の官です。この牒とその下に刻されている「比丘正言疏」とは、斷裂による脫字のために十全な解釋を施すには困難をともないますが、おおよその意味としては、病中の比丘正言が安國寺のために私財を投じて官有地であった莊宅を拂い下げてもらった經緯を證明する官文書です。「比丘正言疏」の日附は、大中六（八五二）年四月なので、碑が建立されてから十年後に追刻されたことがわかります。前年の年頭に發給された敕牒とこの疏を石刻することにより、今後もしもの際にも、むざむざと國家に召し上げられない處置をしたのです。碑が建立されて間もなく會昌の廢佛があったわけですから、安國寺も甚大な被害を蒙ったに違いなく、いつ何時また廢佛の嵐が吹くかもしれないからです。ちなみに、碑陽の撰者である裴休が宰相の位に上り詰めるのは、大中六年の八月のことで、四年あまり宰相を務めました。ただし、唐宋時代の宰相は一人ではなく、數人いたのでして、宰相會議のメンバーと言うべきかもしれません。

六　ペルシアとの通交を物語る「蘇諒妻馬氏墓誌」

玄祕塔碑の拓本をめぐる話題は、これで終えるとしまして、今回の展覽會には「宗教の都・長安」のコーナーが設けられ、徳宗の建中二（七八一）年に建立された「大秦景敎流行中國碑」の拓本（圖12）が展示されています。大秦とはローマ帝國で、景教とはネストリウス派キリスト教を指し、唐の長安で西方の諸宗教が盛んに流布した史實を示す文物の代表として、高校の世界史教科書などで、碑の寫眞をご覧になられた方も、實物大の拓本の前に立たれて、その巨大さに驚嘆されたことでしょう。本體は漢字ながら、周圍にはシリア文字も見えるこれは、石刻の實物ではなく拓本ですが、唐とペルシアとの通交の様相を如實に物語る貴重な墓誌の實物が、國外では初めて展觀されていますので、紹介いたします。

それは「蘇諒妻馬氏墓誌」（圖13）で、墓誌に拓本が添えられています。これは一九五六年に西安市の西郊で出土し、縦三五・五センチ、横三八・五センチというほぼ正方形で、上半部には横書きの六行で中世ペルシアのパフラヴィー文で刻され、下半部には縦書き七行四十四字の漢字で刻されています。發見當時、中國では解讀する人が見當たらず、京都に依頼があり、京都大學の伊藤義敎先生がただちにパフラヴィー文で書かれたものであると認定し、その解讀文を中國發行の『考古學報』一九六四年第二期に掲載されたということで有名になった墓誌でもあり、中國の國寶に當たる一級文物に指定されています。漢文の部分を移録しますと、

左神策軍散兵」馬使蘇諒妻馬」氏。己巳生。年廿六。」於咸通十五年甲」午　二月辛卯建」廿八日丁巳申時。身」亡。故記。」

と刻されています。咸通十五（八七四）年と言えば、その前年の八月に即位した僖宗が、改元しないで父懿宗の年號をそのまま踏襲した異例の歳です。前年に宮中に迎えられた佛骨が法門寺に返還された際に、懿宗らによる奉納品の品目と數量とを列擧したリストである石刻の「監送眞身使隨眞身供養道具及金銀寶器衣物帳碑」略して「衣物帳碑」には、この歳の正月四日の日附が見えます。今回この法門寺の「衣物帳碑」の拓本（圖14）が展示されています。この「衣物帳碑」について綿密に整理考察されたのが、氣賀澤保規「法門寺出土の唐代文物とその背景——碑刻〈衣物帳〉の整理と分析から——」でして、私が主宰しました共同研究の報告書『中國中世の文物』（京都大

圖12　大秦景教流行中國碑拓本
（陝西省西安碑林博物館藏）

圖13　蘇諒妻馬氏墓誌
（陝西省西安碑林博物館藏）

圖14　衣物帳碑拓本
（法門寺博物館藏）

學人文科學研究所、一九九三年）に掲載されています。『中國中世の文物』は、原本ではなく、海賊版が出回っています。おそらく韓國で出された海賊版です。海賊版の刊行は、困ったことなのでしょうが、一種の國際文化交流と言えなくもありません。

七　越王李貞墓と章懷太子李賢墓

最後に、『宋史』巻四九一・外國傳七の日本國傳と、『舊唐書』巻七六・太宗諸子傳の越王貞の傳について、おおざっぱに讀んでいきます。まず『宋史』から。

雍熙元（九八四）年日本國の僧奝然は、五、六人でやってきて、銅器十餘事と本國の職員令・王年代紀各一巻を獻じた。綠衣をきた奝然は隸書を善くすれども華言に通じなかったので筆談をし、國中に五經書および佛經、白居易集七十巻あり、並びに中國より得たり、云々と述べた。太宗は奝然を召見し、厚遇して紫衣を賜い、太平興國寺に泊まらせた。

その國に多く中國の典籍あり、奝然のきたるや、また孝經一巻と越王の孝經新義第十五一巻を得たり。孝經は卽ち鄭氏の注せし者、越王とは乃ち唐の太宗の子越王貞、新義とは記室參軍任希古等の撰なり、云々。

と書かれています。

東大寺の僧の奝然が、比叡山の天台山佛教に對抗すべく、愛宕山に五臺山佛教をもたらさんと、入宋した際に携帶して行った『越王孝經新義』が、なにゆえに特別視されたのかといいますと、中國では發禁本になって、姿を消してしまっていた本だったからでした。それが日本には傳えられていて、目の前に置かれたことによって驚いたわ

圖15　越王李貞墓墓誌拓本
（陝西省文物事業管理局藏）

けです。

なぜ發禁本になったのか。『舊唐書』本傳を參照しますと、李貞は唐太宗の八番目の子どもでしたが、則天武后が唐王朝を乗っ取って新しい周王朝を建てた時に、長男の沖らと一緒に反旗を翻したが、失敗して自殺に追いやられる。その結果、李貞が注釋に關與した書物は發禁本となり、周朝治下で書寫したり所藏することは、タブーだったのです。間もなく唐王朝が復活しましたが、もはや國内には見當たらなかったようです。ところが早い時期に日本に持ち出されていて、それが里歸りしたというわけです。

中宗が即位して唐王朝を復活するや、李貞はただちに名譽回復されますが、父太宗の昭陵に陪葬する詔の出るのは、玄宗の開元六（七一八）年正月のことでした。昭陵の陪冢の一つであるその越王李貞墓が、一九七二年に發掘されました。何度かの盜掘をうけていましたが、墓誌が蓋と銘の一組のほか、唐三彩の馬などの副葬品が出土し、この展覽會に五點ほどの副葬品が並べられました。ところで、文物考古の専門誌『文物』の一九七七年第一〇期は、昭陵のミニ特集號で、「昭陵陪葬墓調査記」と「唐越王李貞墓發掘簡報」などが發表されていましたが、『昭陵文物精華』（陝西歴史博物館・昭陵博物館合編、陝西人民美術出版社、一九九一年）は、昭陵の陪冢群の配置圖をはじめ、越王李貞の墓についても、出土した名品の數々のカラー寫眞のほか、墓誌の蓋と誌銘の鮮明な拓本寫眞（圖15）なども掲載されています。山上にある太宗の昭陵の南方一帶に百五十を超す太宗朝の大臣功臣たちの陪冢群が營まれていましたが、それらのなかで一番南端に李貞のお墓があるのです。昭陵本體からおよそ一〇キロメートルぐらい離れています。本來ならばもっと北に營まれるはずですが、名譽回復の時期が遲かったので、埋葬する場所がなくなってしまい、仕方なく南端に置かれたに違いありません。

圖16　章懷太子李賢墓石門拓本
（陝西省文物事業管理局藏）

　この展覽會では、「黄泉の地下宮殿」が企畫され、高宗と則天武后の合葬墓である乾陵の陪冢の一つ章懷太子李賢墓の復元がなされました。『後漢書』の注の撰者として知られる李賢も、文明元（六八四）年に則

天武后によって自殺に追い込まれ、後に名譽回復されて、乾陵に陪葬された人物です。この李賢の陪冢には二つの墓誌が納められていました。一つは唐王朝を復活させた中宗によって神龍二（七〇六）年に陪葬された際の「雍王墓誌」で、もう一つは、睿宗によって景雲二（七一一）年に太子位を追號された際に刻された「章懷太子墓誌」です。二つの墓誌の蓋と銘の二組の拓本のほか、線刻繪畫が描かれた石門の拓本（圖16）も展觀されています。見事な人物畫なのでしょうが、美術史的な評價を差し控えさせていただきます。

石刻についての列品解說をまんべんなく施すことはしないで、石刻拓本と金銀銘刻について私が進めてきました文物研究の成果を紹介することに力點を置いて、お話しいたしました。これらの拓本は、何と言いましても漢字で書かれたものですから、睨めっこしていただきますと、おおよその意味をわかっていただけるのではないかと思います。

コラム1

決定版『雲岡石窟』

――世界に誇る石窟寺院研究の金字塔――

佛教がインドからシルクロードを經て華北に傳來するにつれ、各地に石窟寺院が造營された。中國の三大石窟である敦煌・雲岡・龍門のうち、隴山山脈の西の敦煌が「塑像と壁畫」からなる石窟であるのに對し、東の雲岡と龍門はいずれも「石佛と石彫」からなる石窟である。そして雲岡と龍門はともに「石佛と石彫」からなる石窟であるとはいえ、龍門の岩石が玄武岩できわめて堅いのに對し、雲岡のは掘削しやすい砂岩であった。

東方文化研究所（京都大學人文科學研究所東方學研究部の前身）は、一九三八年から四四年まで、水野清一を責任者とする調査團を七次にわたって派遣した。東洋史を專攻し濱田耕作の指導下に石窟研究を始めた水野は、龍門石窟調査などの豊富な經驗を踏まえ、大規模な調査を敢行した。女房役で美術考古の長廣敏雄は四次、寫眞技師の羽舘易は六次にわたり參加した。報告書『雲岡石窟』の作成にあたっては、中國佛教史家の塚本善隆が大いに貢獻し、編集業務を總括したのは、座右寶刊行會の齋藤菊太郎であった。

最初の『雲岡石窟』は、印刷所が一九四五年三月の東京大空襲にあい、製版中の原稿と圖版は烏有に歸してしまった。敗戰後に京都大學に合併された研究所から六年かけて刊行された三十二巨册は、世界に誇る偉大な業績である。一九六五年に同研究所の助手になった私は、還暦前後の精力的な水野・長廣兩教授から親しく教えをうけたことを懐かしく思い出す。それから半世紀、このたび同研究所の岡村秀典教授が總監修する增補版

が、中國社會科學院との共同監修で、日本語版と中國語版として出版される。嬉しいかぎりである。

第二章　京都大學所藏の唐墓誌

唐代の墓誌の拓影集としては、從來は、先行する時代を對象とした趙萬里撰『漢魏南北朝墓誌集釋』（科學出版社、一九五六年）に匹敵するがごとき有用の書は刊行されず、書法藝術の觀點から書道全集の類のなかに收錄された作品によって、その一斑を窺いえたにすぎなかった。ところが、一九八〇年代になると、まるで申し合わせたかのように、各地から饒宗頤主編『唐宋墓誌・遠東學院藏拓片圖錄』（中文大學出版社、一九八一年）を嚆矢として、河南省文物研究所・河南省洛陽地區文管處編『千唐誌齋藏誌』（文物出版社、一九八四年）、毛漢光撰『唐代墓誌銘彙編附考』（中央研究院歷史語言研究所、一九八四―九四年）、李希泌編『曲石精廬藏唐墓誌』（齊魯書社、一九八六年）がつぎつぎに刊行ないし刊行を開始したばかりか、北京圖書館金石組編『北京圖書館藏中國歷代石刻拓本匯編』隋唐五代十國（中州古籍出版社、一九八九年）も、大部分は墓誌なのであって、文字通り應接に暇がない情況を迎えることになった。

唐代墓誌の拓本のみが保存され、原石の所在不明なものも多いが、重量がかさむこともあり、墓誌原石の壓倒的多數が中國國內に保存されていることは、あらためて斷るまでもあるまい。特に洛陽の邙山から清末以降に出土し

た唐代の墓誌は約三千點、そのうち、河南省新安縣鐵門鎭の千唐誌齋に千二百餘點、洛陽市南郊の關林廟内の洛陽古代藝術館に約五百點、中華人民共和國成立後に舊河南省博物館の所藏品を繼承した開封市博物館に四百二十餘點が收藏されている。そのほか、李根源が蒐集して蘇州に運び曲石精廬に收めた唐墓誌が九十三點、そして陝西省博物館・西安碑林には約四百點があり、その大半は新中國成立後の出土品である。

これらの著名なコレクションに比べると、九牛の一毛にしかすぎないが、京都大學文學部博物館（現京都大學總合博物館）に、羅振玉（一八六六―一九四〇）の寄贈にかかる唐の墓誌が六點（ほかに五代後晉の墓誌が一點）收藏されているにもかかわらず、意外と知られていないらしいので、この機會に紹介しておこう。

京都大學文學部の附屬施設、博物館の前身である京都文科大學の陳列館は、大正三（一九一四）年に最初の建物が竣工し、翌四年十一月に、大正天皇の卽位式が京都御所で擧行された機會に開館式が行なわれた。當時、京都には、辛亥革命の混亂の波を避けて、羅振玉が王國維らをともなって亡命し、文科大學の東洋學關係の教官と親交を重ねていた。陳列館に文物を陳列するにも、大學自體の蒐集品だけでは不十分であったので、東アジアに關する資料は京阪神の所藏家から出品を願ったほか、羅振玉が舶載してきた文物を寄託してもらうなどして、その不足を補ったのであった。大正八（一九一九）年に羅振玉は京都での亡命生活を打ちきったが、歸國に際して夥しい收藏品を陳列館に寄贈した。そのなかに唐代の墓誌六點も含まれていたのである。帝國大學令の改正により同年四月に文科大學は文學部となり、昭和三十四（一九五九）年に陳列館は博物館と改稱されて、現在に至っている。

羅振玉が寄贈した墓誌は、この博物館に收藏する中國出土の考古學資料を網羅した『京都大學文學部博物館考古學資料目錄　第3部』（京都大學文學部、一九六三年）の一五四―一五七頁にわたって著錄されている。そこには、それぞれの墓誌について、目錄番號・品名・數量・登錄番號・材質・特徴・年代・大きさ・受入年・受入經路・文

獻が記されていて、受け入れは一九二三年で、羅振玉の寄贈にかかる旨が記録されている。つまり、實際に寄贈されたのは一九一九年であったが、臺帳に登録されたのは一九二三年のことだったのである。

側面に人物・花文を線刻して興味深いが、表面が磨滅のために諱の部分を判讀できない五代後晉の天福八（九四三）年清河張氏の墓誌を除く、唐の墓誌六點は、寄贈以前の宣統甲寅つまり民國三（一九一四）年に京都の東山僑舍で石印本として出されていた羅振玉撰『芒洛冢墓遺文』に本文が移録されているので、墓誌の題名と年代のほか、該書の收録ページを附記しておこう。いずれも材質は石灰岩で、方形である。大きさの單位はセンチメートル（縦×横×高さ）。

(A)　呂買墓誌ならびに蓋　　永徽元（六五〇）年十月　　大きさ　墓誌　四四・〇×四四・〇×一四・〇　蓋　四三・五×四五・〇×一〇・五　　卷上の十九葉表

(B)　段會墓誌　　永徽三（六五二）年十一月　　大きさ　六四・五×六三・〇×一二・〇　　卷上の十九葉裏

(C)　斛斯君夫人索氏墓誌　　永徽三（六五二）年十一月　　大きさ　五〇・五×四九・三×一三・五　　卷上の二十一葉表

(D)　斛斯師德墓誌ならびに蓋　　龍朔元（六六一）年八月　　大きさ　墓誌　五五・〇×五三・〇×一四・五　蓋五三・〇×五三・五×一二・〇　　卷上の二十八葉裏

(E)　斛斯祥墓誌ならびに蓋　　龍朔二（六六二）年　　大きさ　墓誌　四二・五×四三・〇×九・五　蓋　四二・五×四一・五×六・八　　卷上の二十九葉裏

(F)　崔府君夫人鄭氏合祔墓誌　　元和十二（八一七）年七月　　大きさ　六〇・〇×六〇・〇×一五・四　側面には花文を線刻　　卷中の三十四葉裏

『芒洛冢墓遺文』の説明によれば、(A)(C)(D)(E)の各墓誌は、いずれも「藏唐風樓」つまり羅振玉自身の唐風樓に藏されていることが注記されていたし、民國十五（一九二六）年刊の黄立猷撰『石刻名彙』によると、四點とも「今藏日本京都文科大學」と明記されている。ところが(B)は『芒洛冢墓遺文』に所在についての注記はなく、『石刻名彙』にも全く取り上げられていない。そして最後の(F)は『芒洛冢墓遺文』には所在についての注記はないにもかかわらず、『石刻名彙』巻六に「今藏日本京都文科大學」と記されているのである。

羅振玉が唐風樓に藏していることを注記した四點はさておき、(B)の段會墓誌と(F)の崔府君夫人鄭氏合祔墓誌の兩石は、唐代の政治社會史に關心をもつ者にとって見逃しがたい人物の墓誌であり、ともに兄弟ないし從兄弟の碑誌が知られているというに止まらず、奇しくも一年後と四十五年後とに同じ墓地に葬られた際の墓誌が、現在も開封市博物館と千唐誌齋に所藏されていて、前者の拓本寫眞が先に言及した『唐宋墓誌』と『唐代墓誌銘彙編附考』第二册に、後者のが『千唐誌齋藏誌』に掲載されているので、それらを參考にしつつ解題を施しておこう。

段會墓誌（圖1）

段會というのは、字は志合であり、父祖の名が一致することから、唐朝の創業の功臣で太宗の凌煙閣勳臣の一人であり昭陵に陪葬されて今も墳丘が殘され（昭陵文物管理所「昭陵陪葬墓調査記」〈『文物』一九七七年第一〇期〉參照）「段志玄碑」で古來有名な段志玄の兄弟であることが判明する。段志玄は『舊唐書』巻六八と『新唐書』巻八九に立傳されているし、三世の孫の段文昌が穆宗朝の宰相となったので、『新唐書』巻七五下の宰相世系表にも名が見いだせるが、いずれにも段會についての言及はない。

段會は、永徽三（六五二）年七月十七日に五十九歳で洛陽宮の尙書省司勳の第で沒し、十一月七日に邙山に葬ら

れた。その翌年の永徽四（六五三）年十一月十九日には夫人の呂氏が私第で沒したので、一カ月後の十二月十九日に邙山に段會と合葬された。京都大學に所藏されているのは最初の墓誌であって、標題は「唐故左驍衛朔陂府折衝都尉段府君墓誌銘」とあり、二十六行であるが末行には文字はなく、行ごとに二十六字、正書、である。その錄文は『芒洛冢墓遺文』にもとづき、『唐代墓誌銘彙編附考』第二册に「二〇八　段會誌」と題して再錄され、拓本寫眞が『北京圖書館藏中國歷代石刻拓本匯編』第一二册（隋唐五代十國　四）七一頁に「段會墓誌」として紹介された。その拓本には羅振玉の筆跡とおぼしき細字で「宣統二年出土……」と書かれているが、說明文にこの墓誌原石が京都大學に所藏されていることに觸れない。

圖1　段會墓誌拓本

（『「中國石刻拓本展」出品圖錄』より）

　夫人呂氏と合葬された際の墓誌は、標題は「唐右驍衛朔坡府故折衝都尉段公墓誌銘」とあり、二十五行、行ごとに二十五字、正書である。『芒洛冢墓遺文三編』の二十三葉表に「段會墓誌銘」と題して移錄され、民國十四（一九二五）年排印の李根源・何日章同撰の『河南圖書館藏石目』に著錄されていたので、『石刻名彙』卷四に「今藏河南圖書館」と記されたのも當然のことであった。河南圖書館藏（現在は開封市博物館に引き繼がれている）の石刻の拓本は、かなりの部數が國內外のコレクションに入っていたので、この墓誌の拓本寫眞は『唐宋墓誌』に載せられたし、『唐代墓誌銘彙編附考』第三册に「二一

三九　段會誌」と題して蓋の拓本とともに錄文が移錄され、考證が加えられもしたのである。

段會の墓誌二種の誌銘を『芒洛冢墓遺文』の正編と三編に移錄した羅振玉は、さっそく『唐書宰相世系表補正』（七經堪叢刊所收）の卷下、段氏の條で、段志玄碑と兩墓誌を活用し、段會を段志玄の弟である、と書いた。ついで岑仲勉は、「貞石證史」の「段志玄名雄」の條（『中央研究院歷史語言研究所集刊』八―四、一九三九年、五一二―五一三頁。『金石論叢』上海古籍出版社、一九八一年、九五―九七頁）で、昭陵陪冢の「許洛仁碑」によって段志玄の名を雄と決めるとともに、段志玄と段會の兩墓誌によると、段會、字志合は永徽三（六五二）年に卒した時、年は五十九であり、段志玄は貞觀十六（六四二）年に卒した時、春秋四十五であったので、段會は志玄の兄である、と述べた。いかにも段會（五九四―六五二）は段志玄（五九八―六四二）の兄であり、羅振玉が弟だとした說は成立しない。

なお、石刻を扱う者が最も賴りにする楊殿珣編『石刻題跋索引』增訂本（商務印書館、一九五七年）が一六七頁で二つの墓誌の並存に氣づかず、「段會墓誌銘　永徽四年十二月　羅振玉　芒洛冢墓遺文三編　23上」に引き續き「段會墓誌　羅振玉　芒洛冢墓遺文（上）19下」と混同して記してしまっている點に注意を喚起しておこう。

崔府君夫人鄭氏合祔墓誌（圖2）

この墓誌は『芒洛冢墓遺文』卷中の三十四葉裏に移錄されていた。それによれば蓋があり「大唐故懷州錄事參軍崔公合祔墓誌銘」と正書で題されているとのことであるが、京都大學には墓誌だけが所藏されていて、蓋の所在は不明である。墓誌は三十四行、行ごとに三十四字で、やはり正書である。第一行の「唐故懷州錄事參軍清河崔府君故夫人滎陽鄭氏合祔墓誌幷序」なる標題につづき、第二行目に「外甥朝議郎行尚書考功員外郎柱國滎陽鄭涵撰」と記されている。

清河小房崔氏の一族である懷州錄事參軍の崔稃が、元和十二（八一七）年正月十二日に懷州の官舍で享年五十七で亡くなったので、貞元二十（八〇四）年に亡くなっていた前夫人の滎陽鄭氏と一緒に、同年七月既望に洛陽縣平陰鄉、つまり邙山にすでに營まれていた崔氏の先塋の側に合葬された。その際、前夫人の一族で、考功員外郎の鄭涵が墓誌銘を撰したのである。墓誌によれば、崔稃の祖は鄭州長史であった崔湛で、外王父と記されている父は廷尉に至った崔虔である、と書かれている。『新唐書』卷七二下、宰相世系表の清河小房の條に「湛、字湛然、鄭州長史」その子が「虔、大理司直」とあって、廷尉とは大理司直の雅名であることが判る。ただし、虔の子として

圖2　崔府君夫人鄭氏合祔墓誌
（『「中國石刻拓本展」出品圖錄』より）

「稱」「穜」「秩」の三人の名が見えるのに、「稃」の名は記錄されていない。墓誌によれば、崔稃は明經に合格し、陝州大都督府の參軍事として釋褐して以後、地方官として于頔・崔淙・烏重胤といった名士たちに仕え、信賴をかちえたという。また繼夫人の范陽盧氏が一子三女を産んだ旨も記されているが、その繼夫人盧氏は夫の死後四十餘年も生き、別子の崔肇の任地であった澠池で、大中十三（八五九）年十二月に六十九歲で亡くなった。そして二年餘りたった咸通三（八六二）年正月二十二日に、崔稃と前夫人の鄭氏が眠る洛陽の平陰鄉陶村の墓地の東南わずか五步のところに葬られた。「其の地を同じくして其の穴を異にし、相黷せざるを示す」という。その際

の墓誌が、千唐誌齋に所藏され、その拓本寫眞が『千唐誌齋藏誌』に「一一五七　唐故懷州錄事參軍清河崔府君後夫人范陽盧氏墓誌銘幷序」と題して公開されたのである。

前夫人鄭氏との合祔墓誌の錄文は『芒洛冢墓遺文』に收められていたので、ときおり唐史の考證に活用されてきた。羅振玉自身が『唐書宰相世系表補正』の卷上、崔氏清河小房の「虔生稱」の項で、この墓誌に依據して、「表、虔の子の稱・橦・秩を書すも、稃を失書す」と指摘したし、孫の羅繼祖は「登科記考補」（『東方學報　京都』一三―四、一九四三年）の「附考、明經科」一一三頁で、明經登第者の一人に崔稃を數えあげる出典とした。近年では、唐代における貴族制研究の分野で、たとえば毛漢光「從士族籍貫遷移看唐代士族之中央化」（『中央研究院歷史語言研究所集刊』五二―三、一九八一年。『中國中古社會史論』聯經出版事業公司、一九八八年）において、崔稃（七六一―八一七）の從兄である崔程（七四八―九八）の墓誌（端方撰『匋齋藏石記』卷二八、『芒洛冢墓遺文』卷中）とともに、清河崔氏清河小房が德宗以前に洛陽に本貫を遷移していた事實を示す史料として提示され、愛宕元「唐代范陽盧氏研究――婚姻關係を中心に――」（川勝義雄・礪波護編『中國貴族制社會の研究』京都大學人文科學研究所、一九八七年）、同「唐代滎陽鄭氏研究――本貫地歸葬を中心に――」（『人文』三五、京都大學教養部、一九八九年）では、崔稃の前夫人が鄭氏で後夫人が盧氏であったために、名門貴族である盧氏と鄭氏の通婚關係を一目瞭然たらしめた世系表の史料源として用いられているのである。

私が憲宗朝の元和十二（八一七）年七月に撰されたこの墓誌に特に注目するのは、撰者が考功員外郎の鄭涵であったからである。鄭涵（七七六―八三九）といっても一般には馴染がないかもしれないが、德宗朝と憲宗朝の初めに宰相をつとめた鄭餘慶の嫡男で、のちに文宗が藩邸にいた時の名が涵であったために避けて澣に變えたので、史書には鄭澣と記され、『舊唐書』卷一五八と『新唐書』卷一六五の鄭餘慶傳に附傳されている人物である。名門

の御曹子であり、政治家としては、進士科に合格した直後に、たまたま宰相であった鄭餘慶が左遷させられたため任官しなかったが、やがて祕書省校書郎を振り出しに、洛陽と長安の尉、吏部の部局である考功と司封の員外郎、考功郎中、禮部・兵部・吏部の各侍郎、河南尹、刑部尙書、山南西道節度使といったエリート・コースを歴任するとともに、學識があり特に史學に造詣が深かったので、史館修撰といった史官をつとめ、文宗が登極した折には翰林侍講學士となって敕命の『經史要錄』二十卷を撰して好評を博したことで知られる。『憲宗實錄』四十卷の撰者の一人であり、『鄭澣集』三十卷と制誥三十卷があって世に行なわれた、と史書に傳えられるが、現在では『欽定全唐文』の卷六一四に「敕修應聖公祠堂碑」一篇のみが著錄され、『唐文拾遺』にも卷二六に『古誌石華』を出據とする「杜行方墓誌」一篇しか收められていない。ここに「崔府君夫人鄭氏合祔墓誌」一篇を史家でもあった鄭澣の作品として追加できるのは幸いである。ちなみに、大和七（八三三）年十一月に萬年縣の龍首鄉龍首原に葬られた同州司兵參軍杜行方は、十年前に沒していた夫人の鄭氏と一緒に合祔されたので、夫人の一族であった吏部侍郎の鄭澣が墓誌を撰したという點で、この墓誌の作成と軌を一にしている。

　ともあれ、鄭涵が吏部の考功員外郎として墓誌を撰していた元和十二（八一七）年七月の時點で、段會の弟段志玄の末裔にあたる翰林學士の段文昌は本官が禮部の祠部員外郎だったので、しばしば顏を合わせる仲であったことは間違いあるまい。

第三章　魏徵撰の李密墓誌銘
――石刻と文集との間――

一　墓誌拓本集の相繼ぐ出版

近年における唐代史研究の潮流として、豐富な唐人の墓誌銘を取り上げた成果の多いことが擧げられる。一九八〇年代になり、傳世の石刻史料および考古發掘によって新たに出土した墓誌銘類の拓本を輯錄した大型の圖錄が、相繼いで出版されてきたからである。

わが國の唐代史研究會が發足し、第一回夏季シンポジウムを開いたのが一九七一年。三十年目に當たる二〇〇〇年七月の、箱根における第二十八回夏季シンポジウムは「墓誌史料の再檢討」と銘打って開かれ、その成果を盛り込んだ『唐代史研究』四（二〇〇一年六月）は、論說を「墓誌石刻特集」と題し、報告者による三論文のほか、詳細な高橋繼男「近五十年來出版の中國石刻關係圖書目錄（稿）」と、時宜をえた氣賀澤保規「中國文物研究所の紹介――墓誌・文字資料の整理刊行に關連して――」を追加收載している。これらの目錄や紹介に目を通せば、一九八〇年以後に墓誌史料を驅使した研究が飛躍的に活發となった大要を知りうるが、行論の必要上、私なりに出版の經過と研究の推移を概觀しておきたい。

唐代墓誌のうち、傳世の史料のほとんどは、清の王昶撰『金石萃編』と陸增祥撰『八瓊室金石補正』に收められ

ている。ただし、それらの墓誌などを歴史史料として利用する王道は、原石から採擇された拓本、それも古拓について讀解することなのであるが、その機會に惠まれない場合、次善の策としてなるべく拓本の寫眞を掲載した圖録類の參照が望まれる。また、近年に出土した墓誌に關しても、雜誌などに移録された文言を安易に信用することなく、拓本寫眞が掲載された報告書や墓誌集に依據すべきこと、贅言するまでもあるまい。

墓誌を唐代に關する編纂史料の空白を埋めようとして活用した最初の成果は、粗末な用紙に印刷された、夏鼐『考古學論文集』〈考古學專刊甲種第四號〉（科學出版社、一九六一年）の「Ⅱ2　武威唐代吐谷渾慕容氏墓誌」であり、著者がみずから武威の南山で發掘に從事した二方の墓誌と武威縣の文廟で見た四方の墓誌を綿密に檢討して、兩唐書の吐谷渾傳の缺失した部分を大いに補足し、年表を作成して、吐谷渾が滅びる前後の史實を明らかにしたものであった。二十年後に夏鼐『中國考古學研究』（學生社、一九八一年）で私が邦譯した際、その後に出土した二方の墓誌の著者自筆の移錄文を送ってこられたので、合わせて掲載しておいた(1)。

わが國で唐代墓誌の拓本が珍重されたのは、史學研究者によってではなく、書道愛好家によってであった。文化大革命が始まる半年前の一九六五年秋に、中國から第二次大戰後初めて古美術品を海外に持ち出し、東京・大阪・小倉を巡回し展覽されたのが、每日新聞社と日本中國文化交流協會主催の「中國二千年の美――古陶磁と西安碑林拓本展」であった。その翌年に出版された超豪華版の西川寧編『西安碑林』（講談社、一九六六年）には、新出土の永泰公主墓誌や會王墓誌の拓本寫眞が收録された。本書の出版も契機となり、折から刊行中の『書道全集』は、第二六卷〈中國15　補遺〉（平凡社、一九六七年）に張九齡墓誌や會王墓誌の唐墓誌銘が載せられた。

唐の國都長安城の周邊の墓地から出土した唐代墓誌については、文化大革命の前後の時期に、夏鼐が所長を務めた考古研究所の編著にかかる二冊の「中國田野考古報告集、考古學專刊」が、中國では畫期的な報告集であった。

一冊は、中國科學院考古研究所編著『西安郊區隋唐墓』〈丁種第一八號〉（科學出版社、一九六六年六月）である。文化大革命の勃發により、學術誌『文物』や『考古』が、五月號を最後として休刊となった直後の六月第一版とされる本書は、印刷は完了したが、製本する段階で、人目に觸れぬように密閉されていたそうである。その痕跡は、密閉された場所の濕氣のため、カラー圖版の一部分が剝がれている點に認められる。

この『西安郊區隋唐墓』が製本され發賣されるのは、文化大革命が一段落した七〇年代の半ばで、附錄として十八方の「墓誌錄文及考釋」と拓本寫眞が掲載されている。二冊目は中國社會科學院考古研究所編著『唐長安城郊隋唐墓』〈丁種第二二號〉（文物出版社、一九八〇年九月）で、六つのお墓の發掘報告で、多くの副葬品を網羅するとともに、墓石の蓋と墓誌の拓本寫眞も掲載された。全國誌の『文物』や『考古』は一九七二年の初めに復刊していたが、七八年發刊の河南省の『河南文博通訊』が『中原文物』と改題するのは一九八二年で、陝西省の『考古與文物』、湖北省の『文物研究』などが新たに發刊されたのは、八〇年のことなのである。

唐代史研究の分野で『元和姓纂四校記』や『唐史餘瀋』といった堅實な著作を上梓していた岑仲勉の『金石論叢』（上海古籍出版社、一九八一年）の自序は、一九五九年國慶節の日附で書かれている。種々の困難をくぐり抜けて二十二年後に公刊された本書には、「貞石證史」「續貞石證史」など、墓碑や墓誌を用いた緻密な考證論文が滿載されている。特に岑仲勉が「貞石證史」の巻頭に記した短文では、清代の金石家には二つの弊害があったと指摘する。一つは石刻を過信すること。すなわち墓碑や墓誌の大半は學術寡陋の士によって書かれるのに對し、史傳の著者はおおむね世の通人なので、石刻と史書の間で異同がある場合、石刻の方が正しいとみだりに言ってはいけないのである。二つは史書の過失を偏えに責めること。すなわち史書に書かれていない經歴などが石刻に見える場合、金石家はややもすると「史の失載」と責めがちであるが、重要な人事異動なら責めるのもいいが、そうでない場合

は、責めてはいけない。いかにも首肯すべき見解である。

一九八〇年代に入ると、まるで申し合わせたかのように、墓誌の拓本寫眞を滿載した圖錄が、洋の東西で刊行された。鏑矢の役を擔ったのは饒宗頤主編『唐宋墓誌・遠東學院藏拓片圖錄』（中文大學出版社、一九八一年）であり、數年後に河南省文物研究所・河南省洛陽地區文管處編『千唐誌齋藏誌』上下（文物出版社、一九八四年）、毛漢光撰『唐代墓誌銘彙編附考』第一―一八册（中央研究院歷史語言研究所、一九八四―九四年）や、李希泌編『曲石精廬藏唐墓誌』（齊魯書社、一九八六年）が、つぎつぎに刊行ないし刊行を開始したのである。

三百七十方の唐代墓誌を收錄した『唐宋墓誌・遠東學院藏拓片圖錄』は、圖版が小さく不鮮明だったので活用しにくかったし、九十三方の唐墓誌を收めた『曲石精廬藏唐墓誌』は、あまり特色はなかった。毛漢光撰『唐代墓誌銘彙編附考』は綿密すぎる編集だったが、惜しいことに玄宗朝の開元十五（七二七）年まで、一八册目で出版は中斷してしまった。それに引き換え、唐の副都洛陽の邙山から清末以降に出土した千二百餘方の唐墓誌の拓本圖版を收載する、鮮明な『千唐誌齋藏誌』の出版は、官僚機構や財政機構、貴族制や學術史といった分野に關心をもつ內外の研究者に新史料を提供した。その代表的な論考として、唐代における有力貴族同士の通婚關係を精査した愛宕元「唐代范陽盧氏研究――婚姻關係を中心に――」（川勝義雄・礪波護編『中國貴族制社會の研究』京都大學人文科學研究所、一九八七年）を擧げることができる。

中國社會科學院考古研究所編著『新中國的考古發現和研究』〈考古學專刊甲種第一七號〉（文物出版社、一九八四年）は、建國三十年を記念する企畫で、最近三十年來の考古學界における成果を總括したものである。墓誌そのものについての記述はなかったが、墓葬の時期區分について說いている。

厖大な唐代墓誌の拓本圖錄の出版事業は、一九九〇年前後になって、ますます盛大となる。北京圖書館金石組編

『北京圖書館藏中國歴代石刻拓本匯編』隋唐五代十國・二十八册（中州古籍出版社、一九八九年）は、『千唐誌齋藏誌』と同じように年月日順に配列された、大部分が傳世の墓誌の拓本圖録であって、その利用に便利な工具書として、徐自强主編『北京圖書館藏墓誌拓片目録』（中華書局、一九九〇年）が出された。さすがに傳統ある北京圖書館金石組編の事業だけあって、信頼できる成果である。

ついで刊行された隋唐五代墓誌匯編總編輯委員會『隋唐五代墓誌匯編』三十册（天津古籍出版社、一九九一—九二年）は、傳世の拓本のみならず、新たに出土した墓誌の拓本をも輯録したもので、初めて紹介された墓誌拓本もあった。墓誌の所在地ごとに纏めていて、洛陽だけで全體の半ばの十五巻分を占めているのは、唐代墓誌の出土状況を一目瞭然に示すものである。ありがたい出版であったが、張忱石「《隋唐五代墓誌匯編》擧正」（『出土文獻研究』三、一九九八年）が述べるように、間違いが多く、利用には愼重さが求められる。

『千唐誌齋藏誌』から『隋唐五代墓誌匯編』に至るB４判の厖大な拓本集を渉獵して、唐代の墓誌研究に新境地を開いたのが、中砂明德「唐代の墓葬と墓誌」（礪波護編『中國中世の文物』京都大學人文科學研究所、一九九三年）であった。

學界での石刻拓本への關心の高まりに呼應して、一九九〇年春に京都大學文學部附屬博物館で、「中國石刻拓本展」が開かれた。唐代の墓誌については、辛亥革命を避けて京都に亡命していた羅振玉（一八六六—一九四〇）が、歸國に際して京都大學に寄贈した墓誌のうち、「段會墓誌」と「崔府君夫人鄭氏合祔墓誌」の誌石と拓本を展示した。私は『出品圖録』(2)に解説を書くとともに、「京都大學所藏の唐墓誌」（唐代史研究會編『東アジア古文書の史的研究』刀水書房、一九九〇年。本書第Ⅲ部第二章）を發表した。

周紹良主編『唐代墓誌彙編』上下（上海古籍出版社、一九九二年）は、傳世の拓本にもとづいて年月日順に移録し

ていて、便利であるが、拓本寫眞はない。新出土墓誌の鮮明な拓本と錄文をともない、出土狀況のデータも記錄された書籍の出現が待望されていた。その渴を癒す見事な成果として出版されはじめたのが、中國文物研究所・河南省文物研究所編『新中國出土墓誌』河南〔壹〕上下（文物出版社、一九九四年）であり、中國文物研究所・陝西省文物研究所編『新中國出土墓誌』陝西〔壹〕上下（文物出版社、二〇〇〇年）が續刊された。今後が大いに期待される。なお榮麗華編・王世民校訂『一九四九―一九八九　四十年出土墓誌目錄』（中華書局、一九九三年）は、氣賀澤保規編『唐代墓誌所在總合目錄』（明治大學文學部東洋史研究室、一九九七年）および吉岡眞『現存唐代墓誌研究――總合目錄の作成――』（福島大學敎育學部、一九九八年）とともに、きわめて有用である。

二　文集所收墓誌銘の出土

節を改めるに當たり、「墓誌」という言葉について、「文學小事典」（週刊朝日百科『世界の文學』一〇三、中國〈歴史家の誕生〉、二〇〇一年）に寄稿した拙文を再錄しておこう。

墓誌　二つの意味がある。第一には死者の事績などを石あるいは甎（瓦）に刻して墓の中に埋めたもの。第二に中國においては文章のジャンルの一つで、墓中に埋め、時代が移り變わっても墓の主が誰かを明らかにするための文のことをいう。墓主の傳記を書いた散文の「序」と墓主を褒め讃える韻文の「銘」とからなるので墓誌銘ともいう。また墓前に立てた石碑である神道碑とあわせて「碑誌」とよぶ。

墓誌は三世紀ころに現れ、北朝時代になると正方形の石に刻し、さらに上を蓋石で覆うようになり、題字を刻したり、華麗な文様を線刻したものもあり、圖様には四神や蓮瓣あるいは忍冬文などがあった。墓誌銘には

抽象的な美辭麗句を連ねた形式的な文章が多かったが、唐の韓愈が墓主それぞれの個性を描寫した傳記を書いて以後、古文家が力をそそぐ重要なジャンルとなった。ちなみに、墓誌や神道碑を拓本に採って鑑賞、研究する學問を金石學とよぶ。

同じく中國を對象とする學問に從事しても、歷史研究者と哲學・文學の研究者との間には、關心の所在に大きな違いがある。「墓誌」という語句についても、『アジア歷史事典』（平凡社、一九五九―六二年）の「墓誌」の項目を執筆した歷史學の外山軍治は、「中國において死者の事跡を石あるいは磚に刻して墓中に埋めたもの。銘文をともなって墓誌銘とよばれる。南北朝時代より始まった。……墓誌の形式は北魏に完成したといってよく、そののち隋唐あるいは遼宋になっても大した變化はみられない」と述べ、文體の一であることには全く言及しなかった。

一方、中國文學の淸水茂は『平凡社大百科事典』の「墓誌」の項目を、「墓誌銘ともいう。本來、中國の文章のジャンルの一つで、墓中に埋め、時代が移り變わっても、墓の主がだれかをあきらかにするための文をいう」と書き始める。そして、「本來、墓主が判明すればよいのであるから、姓名、死亡および埋葬年月日、年齢などの記載さえ具わればよいのであるが、しだいに墓主の傳記を詳細に記すようになった。……墓誌銘の體例を說いたものに、元の潘昂霄《金石例》、明の王行《墓銘擧例》、淸の黃宗羲《金石要例》があり、あわせて〈金石三例〉と呼ばれる。作品は、執筆者の文集に收められているのを見ることができるほか、最近は、考古學の發達により、發掘される實物も多く、……」と、文章の一ジャンルとしての說明に重點を置いているのである。

「墓誌」を中國文學史の重要部門として、その歷史的位置づけを明確にしたのは、吉川幸次郎であった。吉川は、まず『唐代の詩と散文』（教養文庫、弘文堂、一九四八年）を上梓した際、上篇「王昌齡詩」で盛唐の詩人王昌齡の三篇の詩を易しく讀解したのにつづき、下篇「韓愈文」では最初に中唐の韓愈の地位について、「もし人間への關

心が、増大され取りもどされた時代を、近世と呼ぶならば、宋以後の中國は、たとい西洋の近世とは全く様相を同じくはせぬにしろ、中國自體の歴史の比率の中では、その近世であろうが、韓愈は、歴史の流れを近世的なものへと轉換させた重要な人物の一人である。そうしてこのことは文學史的にはまた、韓愈の出現を契機として、詩の時代が散文の時代へと移行したことを物語る」と述べた後、韓愈の三篇の墓誌銘、すなわち李元賓墓銘、薛公達墓誌銘、馬繼祖墓誌の紹介と解讀を行なったのである(3)。

韓愈の墓誌銘を含む「碑誌傳狀」の文章について、吉川はその後も『漢文の話』(グリーンベルト・シリーズ、筑摩書房、一九六二年)の第七「近世の敍事の文章としての古文」では、十二歳で亡くなった娘の韓拏のための「女拏壙銘」を取り上げ、墓誌の文學的魅力を諄々と說き、韓愈をはじめとして、「唐宋八家」によって書かれた多くの碑誌傳狀の價値を特筆した。しかし墳墓に對する畏敬の念から、盗掘はもちろん、陵墓の發掘を好まなかったので、出土墓誌に關心を示しはしなかった。

唐人の文集や總集に收められていた碑誌のうち、神道碑については、墓前に建てられ、衆人の目に曝されていたので、文集所收の神道碑と原石との間で、撰者の官職名や建立の年月日が省略されているといった點を除けば、文言の異同はない。しかし墓誌銘の場合は、土中に埋められ、人目に觸れることを想定しないものなので、文集所收の文章が、墓石に刻された文章と同一であることを確かめようはずはなかった。

ところが、唐の著名人の手になる墓誌が出土し、拓本寫眞が公表される好機が訪れたのである。すなわち、武伯綸「西安碑林簡史」(『文物』一九六一年第八期)六頁に、西安碑林には魏から隋唐に至る墓誌が三百三十四方も收藏されているとし、その代表例として說明なしに「白居易撰の唐會王墓誌銘」の拓本寫眞が掲載された。その四年後の一九六五年秋に、中國が第二次大戰後初めて古美術品を海外に持ち出し、東京・大阪と小倉で巡回展覽された

「中國二千年の美——古陶磁と西安碑林拓本展——」に、「會王墓誌」が展示されたのである。しかし、展覽會の圖録『中國二千年の美』(毎日新聞社、一九六五年)には、この墓誌の拓本寫眞は掲載されなかった。鮮明な寫眞が掲載されたのは、翌年出版の西川寧編『西安碑林』(講談社、一九六六年)であり、さらにその翌年、『書道全集』第二六卷〈中國15　補遺〉(平凡社、一九六七年)に再録され、外山軍治が墓誌銘を移録するとともに、訓點を施したのである。

この墓誌は、『文物參考資料』第二卷第一〇期(一九五一年十二月)に「西北各地發現的文物」の陝西各縣偶然發現的文物の一つとして紹介された「唐故會王墓誌」であって、一九四五年に長安縣席王村の農民が土中で發見し、村廟の中に置いていたのを、一九五〇年冬に西北文化部文物處を經由して西北歷史文物陳列館に運び込まれ保管陳列された、とある。すると、陝西省博物館と李域錚・趙敏生・雷冰の共編にかかる『西安碑林書法藝術』(陝西人民美術出版社、一九八三年)の附録「一、西安碑林藏石細目」三〇九頁に「一九五一年長安縣席王村出土」とあるのは間違い、ということになる。ところが、李域錚編著『陝西古代石刻藝術』(三秦出版社、一九九五年)の「三、收藏宏富的歷代墓誌」の「一七八　會王墓誌」には、一九五二年に西安市灞橋區の滻河西濱より出土し、同じ坑からはまた陶製墓俑も發見され、ともに西安碑林に保存されている、とする。困惑せざるをえない。

白居易撰「唐會王墓誌銘」石刻拓本(圖1)の出現は、『白氏文集』の會讀研究班を主宰し、正確な校訂本の作成に熱中していた平岡武夫を喜ばせた。平岡は、「石刻と文集との間——白居易の會王墓誌銘を讀む——」(鳥居久靖先生華甲記念論集『中國の言語と文學』一九七二年)を執筆し[4]、中田勇次郎編『中國墓誌精華』(中央公論社、一九七五年)で會王墓誌を擔當した外山軍治は、平岡論文を踏まえた釋文と解題を行なったのである。

白居易奉敕撰の會王墓誌銘の誌石は、元和五(八一〇)年十二月十八日に土中に埋められ、その文章が十四年後

に『白氏文集』巻二五に收められる際、字句にかなりの補訂が行なわれた。詳細は平岡論文に譲るとして、目立った異同を取り上げておく。誌石に提行や空格があるのは當然として、誌石に「翰林學士・將仕郎・守京兆府戸曹參軍・臣白居易奉敕撰。」とあった二十二字は、文集本にはない。これは誌石と文集本との、それぞれの定型の相違であろう。文集本に「越十二月十八日、詔京兆尹播監視葬事、……禮也。是日、又詔翰林學士白居易、爲之銘誌。故事也。」とあったうち、「是日、又詔翰林學士白居易、爲之銘誌。故事也。」の十八字は、誌石には刻されていなかった。これは推敲を重ねた上での添削であろう。

一九九〇年前後に『北京圖書館藏中國歷代石刻拓本匯編』『隋唐五代墓誌匯編』と、『唐代墓誌彙編』が刊行されるや、會王墓誌銘以外にも、韓愈の『韓昌黎集』や柳宗元の『柳河東集』に收載されていた墓誌誌石の拓本が紹介された。

韓愈撰の墓誌は二點。「苗蕃墓誌銘——元和二年」（『北京圖書館藏』二八〇八。『隋唐五代』「陝西」二—二七。『韓昌黎集』巻二五）と「李虛中墓誌銘——元和八年」（『北京圖書館藏』二八三七。『隋唐五代』「洛陽」一三—一三。『韓昌黎集』巻二八）で、いずれも中華民國時代にすでに出土し、拓本は北平圖書館に所藏されていたもので、『唐代墓誌彙編』にも著錄されている。

韓愈撰の墓誌石の文章が、文集所收のものとの間で細部の異同があるだけであるのに對し、柳宗元撰「崔蹈規墓誌銘——元和十四年二月癸酉」は、『隋唐五代墓誌匯編』「河南」九六と、『新中國出土墓誌』河南〔壹〕上册二八七で初めて拓本が紹介されたというだけでなく、文集と石刻との間で文字の異同が多い點で注目される（圖2）。

柳宗元撰の「崔蹈規墓誌銘」の蓋には篆書で「大唐故崔夫人墓誌銘」と題され、誌面は高さ廣さともに四七センチである。一九八七年に鞏縣芝田官莊村より、崔雍撰の「薛巽墓誌銘」と一緒に出土した。柳宗元の姉の女である

崔蹈規は、薛巽の妻で崔雍の姉である。『柳河東集』巻一三（『全唐文』巻五八九）の「朗州員外司戶薛君妻崔氏墓誌」では「博陵崔簡女諱媛」とあったほか、巻四一に「祭崔氏外甥女文」が収められていた。崔簡の女は「媛」ではなく、「蹈規」であったことになる。從來の柳宗元年譜は、この墓誌銘を元和十二（八一七）年の柳州での作としてきたが、誌石により、訂正を要することになった。

白居易「會王墓誌銘」、韓愈「苗蕃墓誌銘」「李虛中墓誌銘」、柳宗元「崔蹈規墓誌銘」、これら四方の墓誌銘はいずれも憲宗朝の元和年間（八〇六—二〇）の作品であった。なお『唐代墓誌彙編』の「編輯說明」で言及するように、『金石萃編』などの金石書に收められていた墓誌銘を『全唐文』に收錄した折、撰者の署銜が刪去されてし

圖１　白居易撰「會王墓誌銘」
（中田勇次郎編『中國墓誌精華』圖版一〇〇より）

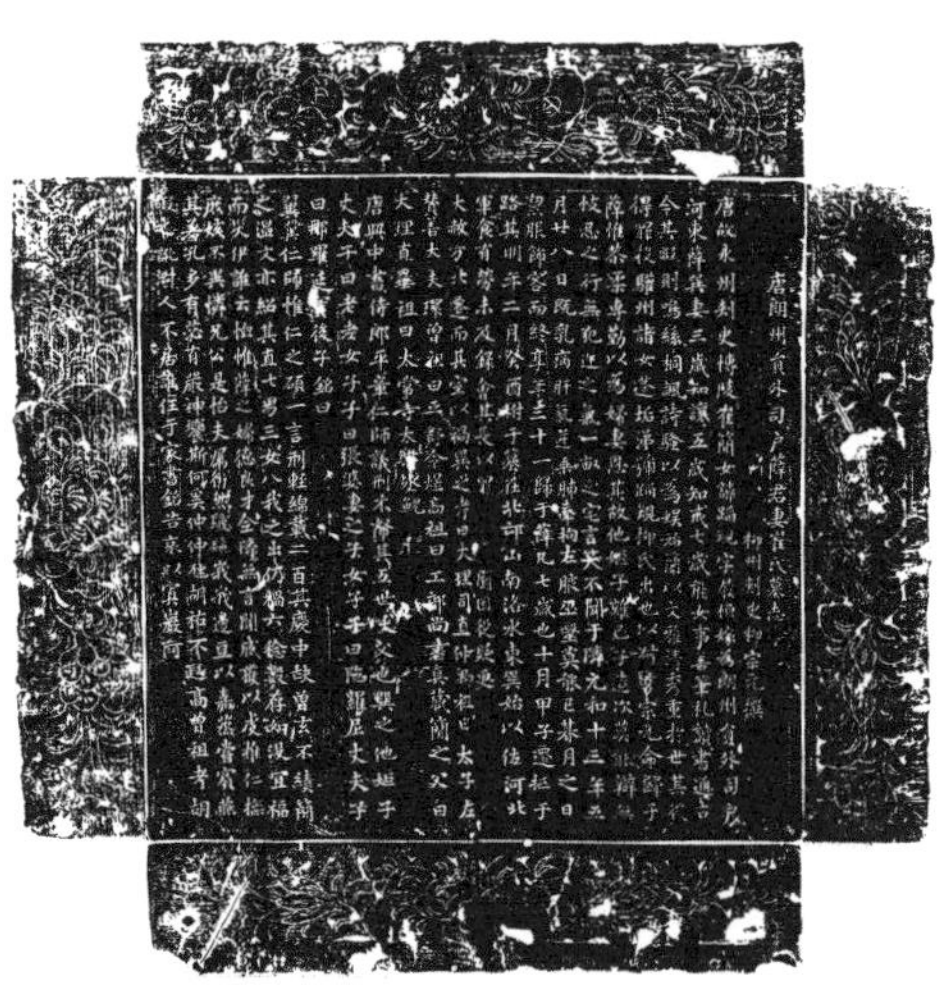

圖２　柳宗元撰「崔蹈規墓誌銘」
（『新中國出土墓誌』河南〔壹〕上册二八七より）

まっているので、注意を要する。

三　魏徴撰の李密墓誌銘――撰者と誌主と

第一節で言及した中砂明德の論考「唐代の墓葬と墓誌」は、墓葬を論じた「一　旅櫬未だ歸らず」と、墓誌を對象とした「二　陵谷遷移すとも」の二章からなる。前者では、有名な文人たち、白居易や柳宗元らがかかわった墓葬についての興味深い插話を紹介し、後者「二　陵谷遷移すとも」では、韓愈撰の「李元賓墓銘」ら三例の墓誌を擧げて墓誌本來の目的を超えた文學的價値を餘す事無く說きあかした吉川幸次郎の業績を紹介した。その上で、撰者の韓愈が兄の孫女婿の于のために執筆した異色の作品「故太學博士李君墓誌銘」を取り上げている。『韓昌黎集』卷三四（『全唐文』卷五六四）に見える李于墓誌銘を詳細に檢討した中砂は、誌主の事績に觸れない異樣さに注目した後、

こうなると、本物の墓誌であるかどうか勘繰って見たくもなる。殘念ながらそれを檢證する手立てはない。韓愈撰の他の墓誌拓本は僅かながら殘存しているが、現行文集收載のものと引き比べると細部の違いがあるに過ぎない。しかし、この場合は遺族が書き替えを韓愈に要求したか、それとも別人に依賴しなおしたことも十分に考えられ、墓穴に納められたものと我々の目の前にあるものが全く別物である可能性もある。

（『中國中世の文物』三八七頁）

と推測した。いかにも別物で、おそらくは擬作の一例であろう(5)。

一九九四年刊の『新中國出土墓誌』河南〔壹〕に紹介された墓誌のなかで、私が最も關心を抱いたのが、一九七

六年に河南省濬縣で發見されたと書かれた「李密墓誌」（圖3）で、鮮明な拓本寫眞が掲載されていた。[6] いつ發見されたかという點については、一九六九年冬、濬縣の城關鄉羅莊村西の衞河を浚渫した際に、衞河河床内より出土したというのが正しいらしい。

出土した墓誌そのものには、撰者の姓名は刻されていない。武德二（六一九）年という唐初の墓誌石に撰者の姓名が刻されないのは、普通である。しかし、これが『文苑英華』卷九四八に所收の魏徵「唐故邢國公李密墓誌銘」の墓誌石であることは疑いようがない。この誌主が、隋末の群雄として名高い李密（五八二—六一八）であり、撰者の魏徵（五八〇—六四三）は、隋末には李密に從って唐に歸順し、はじめは太子李建成に仕えたが、武德九（六二六）年の玄武門の變後に太宗李世民に召され、諫言の士として、また『隋書』の主編者としても著名な人物。役者は揃っている。『文苑英華』のは全文で千七百十字、出土墓誌に比べて、約五百字も增し、增補ばかりか、削除の部分もきわめて多い。異例ずくめの墓誌である。私は、唐人の文集に收められた墓誌を史料として利用する際に留意すべき論點の好例として取り上げようとし、一九九六年十一月四日、東本願寺の宗務所で開かれた、東方學會全國會員總會で「魏徵の李密墓誌銘——石刻と文集との間——」と題して講演したのである。[7]

講演の時點で、出土した墓誌については、拓本寫眞が『隋唐五代墓誌匯編』「河南」一八に掲載されたほか、文物考古に從事する研究者によって、任思義「《李密墓誌銘》及其歷史價值」（『中原文物』一九八六年一期）、王興亞・任思義「李密墓誌銘的發現及其學術價值」（『鄭州大學學報〈哲學社會科學版〉』一九八六年第四期）、朱明堂・張九占「淺談《李密墓誌銘》與李密墓」（『考古與文物』一九八九年一期）が發表されていた。

墓誌の撰者、[8] 魏徵の本傳は、『舊唐書』卷七一、『新唐書』卷九七に立傳されている。魏徵は、字は玄成で、魏州武陽郡（河北省）の人。鄭國公に封ぜられたので「魏鄭公」とも呼ばれる。父の長賢は北齊の屯留縣令であったが、

〔誌文〕

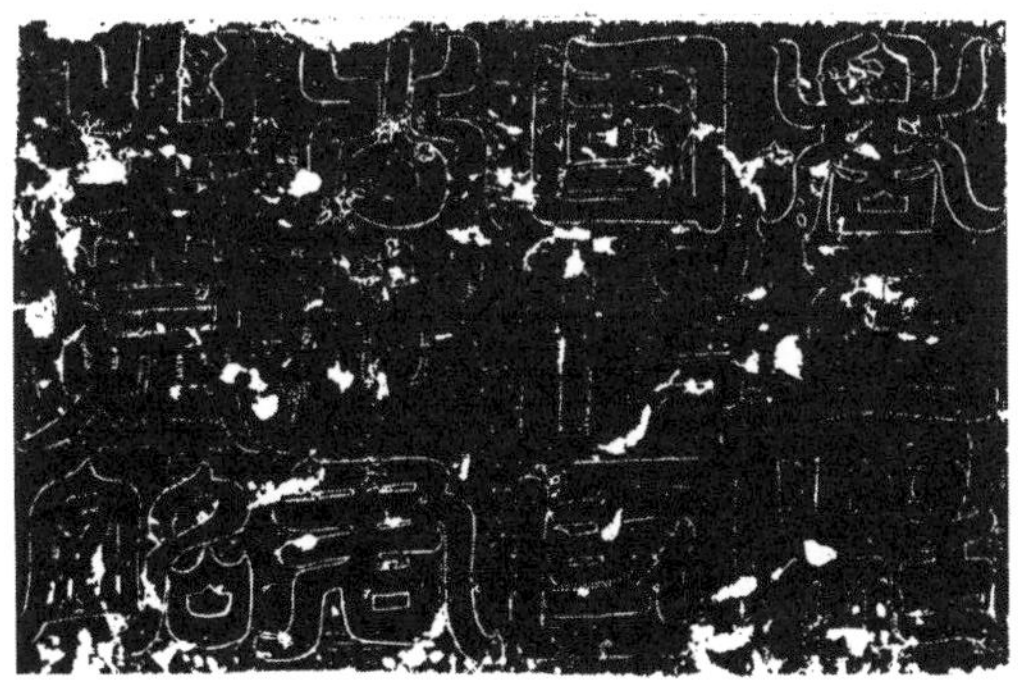

〔蓋〕

圖 3　魏徵撰「李密墓誌銘」拓本

（『新中國出土墓誌』河南〔壹〕下册一〇九より）

魏徵が若い時期に亡くなった。魏徵が三十八歳となった隋の煬帝の末年、六一七年に、武陽郡丞の元寶藏が擧兵して李密の反亂に應ずるや、元寶藏に召されて書記となり、まもなく李密の側近となる。李密が唐に降伏したのに従い、高祖の長子、李建成に仕えた。玄武門の變により李建成らが殺され、太宗が即位すると、かえって重用され、宰相にまでなる。中國史上最も有名な諫臣で、その守成の難などを說いた議論は、『貞觀政要』や『魏鄭公諫錄』に見え、「述懷」と題し「中原　還た鹿を逐い、筆を投じて戎軒を事とす」で始まる五言古詩は『唐詩選』の巻頭に置かれている。『隋書』を含む五代史や『群書治要』を編纂し、六十四歳で病沒する。

誌主の李密は、隋末唐初に活躍した人物なので、『隋書』巻七〇、『舊唐書』巻五三、『新唐書』巻八四に立傳されている。李密の字は玄邃、遼東郡襄平（遼寧省朝陽縣）の人。のちに長安に移った。西魏の柱國李弼の曾孫という名門の生まれ。楊素の子の楊玄感と深交を結び、煬帝の遼東再征を機に楊玄感が反亂を起こすと、その參謀となった。楊玄感が敗死し、李密も逮捕されたが、護送の途中に脱走した。四年後に河南の反亂に加擔し、勢力を掌握したが、王世充に大敗して、唐に歸順した。のちに不滿をつのらせ、東歸の途中、捕われて斬殺され、首級は長安に送られた。李密の舊部下、黎州總管の李勣は、屍體を引き取って君臣の禮で葬儀をすることを許され、葬られた。李密の故將であった杜才幹は裏切った人物を斬り、その首を李密の冢に供えた、という(9)。

魏徵の人物評價に關して、中華人民共和國では微妙な動きがあった。趙武譯注『魏徵』（〈歷代政治人物傳記譯注〉中華書局、一九六二年）に、汪籛の作成にかかる「魏徵年表」が附されていたが、文化大革命中に禁書になった。唐太宗を毛澤東に、魏徵を彭德懷になぞらえて、諫言を聞かぬ毛澤東を非難したと言うのである。文化大革命が終結すると、一轉して汪籛の遺稿集『唐太宗與貞觀之治』（求實出版社、一九八一年）が出版され、呂效祖編著『魏徵諫言譯注』（陝西人民出版社、一九九〇年）の巻末に汪籛作の「魏徵年表」が附錄された。

武德二（六一九）年二月十六日に墓中に埋められて、今回出土した李密墓誌銘の石刻の文章を、『文苑英華』卷九四八（『全唐文』卷一四一）所收の魏徵「唐故邢國公李密墓誌銘」（以下、〈英華〉と記す）と比較し、異同のいくつかの例を、具體的に擧げてみよう。

Ⅰ　單なる語句訂正の例

①〈石刻〉原鹿逐而猶走、□鼎遷而未定。
〈英華〉原鹿逐而猶走、瞻烏飛而未定。

墓誌の第一行目。魏徵の述懷詩「中原　還た鹿を逐い」を想起させるが、單なる推敲の結果にすぎまい。

②〈石刻〉求之前載、亦何世無其人哉。
〈英華〉求之前載、豈代有其人者哉。

唐太宗の諱、「世民」を避けての推敲であろう。

Ⅱ　〈石刻〉にはなく、〈英華〉で大量に追加された例

①〈石刻〉公諱密、隴西成紀人也。長源遠逝、崇其峻極。九功諧於虞夏、七德播於嬴劉。
〈英華〉公諱密、字玄邃、隴西成紀人。自種德降祉、弘道垂風、導碧海之長瀾、踈閬峰之遙構、家傳餘慶、明哲繼軌、諭文德則弼諧舜禹、語武功則經綸秦漢。其餘令望、且公且侯、垂翠綏拖鳴玉者。蓋亦耆舊未得盡傳、良史莫能詳載矣。曾祖弼、周太師・八柱國・衞公。

李密の字が玄邃で、曾祖の李弼が北周の宰相であったことや、本人が文武兩道に傑出していたことを增補する。

②〈石刻〉交則一時俊茂、談必霸王之略。

〈英華〉交必一時之俊、談必霸王之略。尙書令景武公楊素、崖岸峻峙、天資宏亮、壁立千仭、直上萬尋。嗣關西之孔子、追陝東之姬旦、深謀遠鑑、獨步當時。公年甫弱冠、時人未許。景武一見風神、稱其傑出。乃命諸子、從而友焉。並結以始終之期、申以死生之分。

楊玄感の父であった尙書令の楊素がいかに秀れた人物であったか、とりわけ家庭教育を重視していたことを描き、反亂に參加した李密の行動を辯護している。

③〈石刻〉——

〈英華〉群雄並起、莫恢王度。聖人旣作、皇天乃顧。爰自東夏、言遵西路。來擬竇融、寵逾英布。

これは銘文の部分で、四言八句を增補している。

Ⅲ　〈石刻〉と〈英華〉とで文章が全く異なる例

①〈石刻〉世濟不隕、惟公挺生。光流玉潤、響振金聲。英姿卓犖、雄略縱横。躡云高□、摶風上征。

〈英華〉成形騰氣、成象降精。餘慶鍾美、惟公挺生。少表奇智、早擅英聲。符采發越、志略縱横。隋道方衰、始開凌長。覩茲兆亂、緬然長想。閉關晦跡、招弓莫往。盤桓利居、不嬰世網。

これも銘文の部分で、李密の人物像を描いている。

②〈石刻〉春秋卅七、詔公禮葬焉。……

故吏上柱國・使持節黎州總管・殷衞澶四州諸軍事・黎州刺史・曹國公徐世勣、上柱國・臨河縣開國公柳德乂、上柱國・陽武縣開國公薛寶、上柱國・聞喜縣開國公・杜才幹等、或同嬰世網、或共涉艱辛、

〈英華〉時年三十有七。故吏上柱國・黎陽總管・曹國公徐世勣等、表請收葬。有詔許焉。……故吏徐世勣等、或同嬰世網、共渉難艱、

今回の石刻墓誌の發見で知りえた、最も興味深い異同の個所こそ、この部分なのである。李密の處刑に際し、故吏の黎州總管李勣、すなわち徐世勣が特に高祖に願い出て、遺體を貰い受け、君臣の禮で葬儀を營んだ次第は、兩唐書の李密傳にも明記されているほど、萬人衆知の話であり、『文苑英華』所收の墓誌では二カ所に「故吏徐世勣等」とのみ書かれていた。ところが、新發見の誌石には、故吏徐世勣はもちろんのこと、柳徳乂、薛寶、杜才幹ら三人が、葬儀に盡力した事實が刻されていた。

この墓誌石の發見は、土中に埋めた誌石の撰者である魏徵が、墓誌を自分の文集に再錄するに當たって、柳徳乂、薛寶、杜才幹ら三人[10]が誌主の李密と親密な關係であった事實を抹消し、本人や親族に何らかの累が及ぶのを回避しようと腐心した糊塗の跡を、千三百五十年ぶりに白日の下に曝すことになったのである。

四　石刻と文集との間——推敲か避諱か

魏徵が李密の誌石のために起稿した墓誌銘のみならず、何年か後に推敲し大幅に添削した『文苑英華』所收文でも抹消しなかった人物は、李密の故吏であった徐世勣（?—六六九）だけである。彼は武將として、李密とともに唐に歸順して宗室の李姓を賜り、太宗李世民の諱を避けて李勣と稱した。太宗の下で國內の武力統一に活躍した後、先輩の武將李靖とともに東突厥を、ついで薛延陀を破り、太宗の高句麗親征に從事し、つぎの高宗朝に滅亡させ、魏徵や李靖ともども「凌煙閣二十四功臣圖」に描かれた人物である。

『新中國出土墓誌』河南〔壹〕下册の「一〇九　李密墓誌」の「誌蓋」と「誌文」の項で、全文を移録する。ただし、第一行目を「蔡鹿逐而猶走」と印刷したりするので、要注意。最後の「簡跋」の項で、『全唐文』では唐皇を稱贊する詞句を大量に增加し、李密を稱贊した詞語を删改したと述べる。しかし、葬儀の主催者としては徐世勣一人の姓名のみを殘し、ほかの故吏たちを削除した點には觸れていない。

墓誌が、撰者個人の詩文集「別集」や、多くの作家の詩文を集めた「總集」に所收の文章と、新出土の石刻墓誌の文章との間に相違がある場合に、ともすれば石刻を重視し、傳世の詩文集を輕視する傾向があるが、これは誤りなのである。

石刻の李密墓誌については、前揭の任思義「《李密墓誌銘》及其歷史價値」、王興亞・任思義「李密墓誌銘的發現及其學術價値」（ともに一九八六年）、朱明堂・張九占「淺談《李密墓誌銘》與李密墓」（一九八九年）のほか、劉健明「李密死事考析——兼釋〈李密墓誌銘〉及〈李密墓誌〉有關記載」（『出土文獻研究』四、一九九八年）が發表された。文獻學に明るい劉健明の論點は多岐にわたり、數多の新見解を提示している。

劉健明は結論に先立って、一般に出土墓誌史料が傳世史料に比べて信頼できることを強調しながらも、出土史料をあまりに信ずることの危險性を指摘し、注㉘で岑仲勉『金石論叢』所收の「貞石證史」が清代金石家の二弊を指摘していた個所の參照を求めている。私は滿腔の贊意を表したい。

岑仲勉は『金石論叢』所收の「貞石證史」の卷頭で、清代の金石家には二弊があった、すなわち石刻を過信することと、史書の過失を偏えに責めることを指摘していたが、清代の金石家のみならず、現今の史學者にもそのまま當てはまる。元來の誌石に刻された墓誌も、文集に收載された墓誌も、ともに尊重し重視すべきなのである。文章の相違は、墓誌を地下に埋めた時點と、文集を編纂する段階で、撰者がその後の立場の變化などによって、判斷し

直した辯解あるいは責任逃れの意圖をもってなされた結果なのか、あるいは文章上の單に推敲を重ねた結果なのかを、愼重に見極める必要がある。(11)

唐長孺・吳宗國他編『汪籛隋唐史論稿』（中國社會科學出版社、一九八一年）には、「唐太宗〈貞觀之治〉與隋末農民戰爭的關係」や「李密之失敗與其內部組織之關係」といった本稿と關連の深い文章が收められている。北京大學教授であった汪籛は、文化大革命の最中に四人組に迫害されて自死に追い込まれた。この遺稿論文集の序言の末尾に、五言律詩を作った武漢大學教授の唐長孺は、「遺編　今ま捧讀し、涕泪　衣裾に滿てり」と詠んでいる。

その唐長孺は、『魏晉南北朝史論叢』（生活・讀書・新知三聯書店、一九五五年七月第一版）の第四次印刷本を一九七八年十一月に出版した時、第一版はすべて繁體字つまり本字で印刷されていたのに、今回は全體で三十四頁にわたり、簡體字で組み直された。おそらく大部分は推敲による訂正と思われるが、無視しえないのは、周一良の論文を引用していた個所八頁が、すべて書き換えられ、周一良の名が抹消されているという點である。たとえば、第一版の一二二頁に「這一點周一良先生在北朝民族問題與民族政策一文中述之已詳」とあったのが、「這一點近人已多論述」と改變される、といった鹽梅なのである。

ところで、周一良著・藤家禮之助監譯の『つまりは書生――周一良自傳』（東海大學出版會、一九九五年）の一九二頁、「新たな史諱の例」の節の冒頭に、

陳援菴先生の『史諱擧例』はわが〔中〕國史學界の古典的著作で、歴史をするものにとっての必讀書である。數十年來私は史學界にあって、政治が原因での「避諱」に似たできごとを體驗した。のちに列記するように、新たな「史諱」の例と言えるであろう。

私の「宇文周の種族を論ず」は、歴史語言研究所にいた時に書いたもので、この問題については所長の傅孟

眞先生と意見を交換したことがあった。そこで、この文章が刊行されて發表される際、〈慣例に従って〉傅所長のことも言い添えておいた。六〇年代に中華書局より論文集を出版するにあたっては、當然またも〈慣例に従って〉彼の名を削除したのだった。すなわち政治的忌避である。

と書かれている。とすれば、唐長孺ないし出版社は當時の「慣例に従って」周一良の論文を引用していた個所を削除したのであろうか。あるいは汪籛を自死に至らしめた、當時の梁效グループの名を忌避したのであろうか。また、岑仲勉の『金石論叢』の出版が遅延したのは、所收の「貞石證史」などの原載が中華民國の『歴史語言研究所集刊』だったからなのであろうか。

ともあれ、隋末唐初の激動期を生き抜いた政治家、魏徴が改竄した文集所收の李密墓誌銘を墓石と見比べつつ讀み解く際にも、また文化大革命に翻弄された隋唐史家の論文の含意を讀みとる際にも、つねに史諱（タブー）を避けたのか否か、すなわち「避諱」の存否の確認が、何よりも肝要ということになる。

註

（1）學生社版の樋口隆康他譯『中國考古學研究』で譯出した際、篇末に追加翻譯した「再補記」は、開元六（七一八）年の「慕容若妻李氏墓誌銘」と乾元元（七五八）年の「慕容威墓誌銘」の二方の墓誌である。夏鼐は跋語で、九百餘字に達する後者が、歴史史料としてすこぶる重要であると言う。

（2）『平成二年春季企畫展「中國石刻拓本展」出品圖錄』（京都大學文學部博物館、一九九〇年）。

（3）『唐代の詩と散文』は、増補版の『唐代文學抄』（アテネ新書、弘文堂、一九五七年）に第一「王昌齡詩」、第二「韓愈文」として收められた。『吉川幸次郎全集』第一一巻（筑摩書房、一九六八年）。

（4）平岡武夫『白居易——生涯と歳時記——』（朋友書店、一九九八年）の第三部の「Ⅰ　賦・墓誌銘・制」に再錄。

（5）平岡武夫は「辭令書の習作」と「杜佑致仕制札記――白居易の習作――」（ともに『白居易――生涯と歳時記――』所收）で、唐人の文集所收の、官僚の辭令書たる制誥に擬作つまり習作があり、「文集に編集されている詔敕の類を歴史の資料とすることには愼重でなければならない」と述べている。いかにももっともで、これは文集所收の墓誌銘の場合にも當てはまる。

（6）墓石は現に濬縣博物館に所藏され、誌面の長さは六四センチ、廣さは七九・五センチ。蓋には篆書で三字ずつ四行で、「唐上柱國邢國公李君之墓銘」と刻されている。

（7）講演要旨は、『東方學』九三（一九九七年一月）並びに『東方學會報』七一（一九九六年十二月）に掲載された。拙著『京洛の學風』（中央公論新社、二〇〇一年）に再録（本書第Ⅲ部コラム2參照）。

（8）一般的に言えば、文物歴史分野の研究者は、墓石の誌主について關心を抱き、文學史家は墓誌銘の撰者に注目するようである。趙超の『中國古代石刻概論』（文物出版社、一九九七年）は行き屆いた敍述が多いにもかかわらず、第一章第三節「墓誌」にも、撰者についての解説はない。

（9）反亂期の李密の行動については、布目潮渢『隋唐史研究』（東洋史研究會、一九六八年）の上篇の第一章「楊玄感の反亂」と第二章「李密の反亂」に詳しい。また、李勣が李密の屍體を引き取り、君臣の禮で葬儀を營んだことに關しては、寧志新『李勣評傳』（三秦出版社、二〇〇〇年）二四九―二五三頁を參照。

（10）『新中國出土墓誌』河南〔壹〕下册の「李密墓誌」「簡跋」の項で、杜才幹については『舊唐書』卷五三の李密傳に見えるが、柳德乂と薛寶の二人は史書に載せていない、とする。

（11）「墓誌銘」を題目に揭げた近年の論考として、文學分野では、西上勝「韓愈の墓誌銘について」（『日本中國學會報』三九、一九八七年）があり、歴史學分野では、近藤一成「王安石撰墓誌を讀む――地域、人脈、黨爭――」（『中國史學』七、一九九七年）や岡元司「南宋期の地域社會における知の能力の形成と家庭環境――水心文集墓誌銘の分析から――」（『宋代人の認識』汲古書院、二〇〇一年）がある。そして、美術・考古の分野で發表された、傅江「唐新城長公主について――文獻と墓誌の兩面から――」（『東洋史苑』五六、二〇〇〇年）は、昭陵諸陪葬墓

のうちの最大級の一つ、太宗の娘である新城長公主墓についての考察である。墓誌銘を吟味することにより、新城長公主とは、太宗が魏徴の息子に下嫁させようとした衡山公主のことであろう、と考證している。

コラム2

魏徵の李密墓誌銘

近年における唐代史研究の傾向として、豐富な唐人の墓誌銘を取り上げた成果の多いことが擧げられる。一九八〇年代になり、傳世の石刻史料および考古發掘によって新たに出土した墓誌銘類の拓本を輯錄した大型の圖錄が、つぎつぎと出版されてきたからである。

毛漢光『唐代墓誌銘彙編』（一九八四年以降續刊中）は綿密すぎる編集なので、完結していないが、傳世の『千唐誌齋藏誌』上下のほか、『北京圖書館藏中國歷代石刻拓本匯編』（隋唐五代十國）二十八册と『隋唐五代墓誌匯編』三十册が、たちまちのうちに完結したのは、はかり知れない恩惠を與えてくれた。なかでも、『新中國出土墓誌』河南〔壹〕上下（文物出版社、一九九四年）は、拓本寫眞も鮮明な上に、出土狀況のデータも記錄されていて、今後の出版を鶴首させる見事な成果である。本書に紹介された墓誌のなかで、私が最も關心を抱いたのが、一九六九年に河南省濬縣で發見されていた「李密墓誌」であって、鮮明な拓本寫眞が掲載されていた。

出土した墓誌そのものには、撰者の姓名は刻されていない。しかし、これが『文苑英華』卷九四八に所收の魏徵「唐故邢國公李密墓誌銘」の墓誌であることは間違いない。墓主が隋末の群雄として名高い李密（五八二―六一八）、撰者の魏徵（五八〇―六四三）は、隋末には李密に從って唐に歸順し、はじめは太子李建成に仕え

たが、武徳九（六二六）年の玄武門の變後に太宗李世民に召され、諫言の士として、また『隋書』の主編者としても著名な人物。役者は揃っている。『文苑英華』のは全文で千七百十字、今回の出土墓誌に比べて、約五百字も増し、增補ばかりか、削除の部分もきわめて多い。異例ずくめの墓誌である。兩文を比較し、唐人の文集に収められた墓誌を歴史史料として利用する際に留意すべき問題點を考えてみた。

なお墓誌が、撰者個人の詩文集である別集や多くの作家の詩文を集めた總集に所收の文章と、新出土の石刻墓誌の文章との間に相違がある場合に、ともすれば石刻という現物を重視し、傳世の詩文集を輕視する傾向があることにつき、これは誤りである點に特に注意を喚起しておいた。兩者ともに正當に重視すべきであって、テキストの相違は、墓誌を書いて地下に埋めた時點と、文集を編纂する段階で、撰者がその後の立場の變化などについて、判斷し直したエクスキュース、辯解の意圖をもってなされた結果なのか、あるいは文章上の添削を試みた結果なのかを見極める必要がある。

第Ⅳ部　遣隋使と遣唐使

第一章　遣隋使と遣唐使

はじめに

ご紹介いただきました礪波護です。今から四十數年前に京都大學で東洋史を専攻し、卒業論文と修士論文のテーマを、唐代から五代にかけての律令體制の崩壞期を對象に選び、財政機構と律令體制の變貌の諸相、使職すなわち令外の官の出現過程を跡づけました際、渉獵しました先學の研究論著のなかで最も有益であったのは、九州大學教授であった日野開三郎先生の業績でした。當時、日野先生の論著に蟷螂の斧を振り上げたのですが、先生はこの若造の論文に對して、懇切な敎示を惜しまれませんでした。今回、九州大學21世紀COEプログラム「東アジアと日本――交流と變容――」の一環としての國際シンポジウムでの講演を川本芳昭教授からお電話で依頼されました時、頭に浮かびましたのは日野先生への恩返しということで、たいへん光榮なこととして、快諾させていただいたのです。

二日間にわたる國際シンポジウム「東アジアにおける交流と變容」の初日に、舊知の牟發松教授とともに、大宰府ゆかりの當地、ここ福岡國際會議場で遣隋使と遣唐使について講演する機會を與えられたわけですが、ほぼ四半世紀前、文化大革命が終わり、發足したばかりの唐史學會の會長である武漢大學の唐長孺先生が、京都大學人文科學研究所に、初めての外國人客員教授として、四カ月間滞在された際、萬般のお世話をさせていただいたのが私で

すが、牟發松教授は唐先生の高弟のお一人という因縁です。

一　『死者の書』が描く大宰府

拙著『隋唐帝國と古代朝鮮』〈世界の歴史6〉中央公論社、一九九七年）の第一章第三節「日本人が憧れた晉唐の文化」の「『死者の書』が描く大伴家持の關心」の項で、國文學者で歌人の折口信夫が釋迢空のペンネームで書いた、私の愛讀書たる『死者の書』の所説を紹介し、七五九年春の彼岸の頃、主人公である南家の郎女が、父からの心づくしの贈り物のなかで、いちばん嬉しかったのは、唐の玄奘が永徽元年、西暦六五〇年に譯した『稱讚淨土佛攝受經』一卷、つまり新譯の『阿彌陀經』であったことを特筆しました。その折に文脈の上から書き漏らさざるをえなかったのが、

> 國の版圖の上では、東に偏(カタヨ)り過ぎた山國の首都よりも、太宰府は、遙かに開けてゐた。大陸から渡る新しい文物は、皆一度は、この遠(トオ)の宮廷(ミカド)領を通過するのであつた。唐から渡つた書物などで、太宰府ぎりに、都まで出て來ないものが、なか〳〵多かつた。
> 學問や、藝術の味ひを知り初めた志の深い人たちは、だから、大唐までは望まれぬこと、せめて太宰府へだけはと、筑紫下りを念願するほどであつた。

という文章です。小説の世界とはいえ、折口がきわめて重視した大宰府ゆかりの當地で、遣隋使と遣唐使について講演するのは、私にとってことのほか嬉しいことなのです。じつは決定版『折口信夫全集』第一三卷の月報に「『死者の書』と「身毒丸」と」と題する文章を寄稿した機縁で、中公文庫版の『死者の書』の改版に當たり、「身

毒丸」を追加して『死者の書　身毒丸』と改題し、表紙カバーを何にするかについての相談を受け、入江泰吉撮影の「大津皇子の眠る二上山」はいかがですか、という私の提案が採擇されたのでした。

倭の五王による使節派遣の時期には、倭國が南朝の宋による、册封體制のなかに組み入れられていましたが、使節派遣の記録が殘っていない南北朝後半の百二十年の空白を經て、遣隋使と遣唐使が活躍した時期には、倭國とそれを改稱した日本國は、册封體制のなかに組み入れられていなかった史實に、注意を喚起しておきたいと思います。

二　海西の菩薩天子は隋文帝を指す

拙著『隋唐の佛敎と國家』（中公文庫、一九九九年）に再錄した「隋唐時代の中國と日本の文化」でも述べたように、隋の文帝楊堅は、北周の武帝によって斷行された佛敎と道敎に對する禁壓を撤回し、無宗敎政治の下に潛伏していた人びとの不滿を解消しました。その文帝が中國全土を再統一した開皇二十年、西暦六〇〇年に倭王が使者を派遣して、長安の宮廷に到着したという記事が、『隋書』倭國傳に見えます。日本側の『日本書紀』などには記錄はありません。數年後に、冠位十二階の制定などの國內改革をなしとげた聖德太子は、小野妹子らを隋に派遣しました。遣隋使の小野妹子らは大業四年、六〇八年三月に、時あたかも洛陽に滯在していた煬帝に謁見しました。『隋書』倭國傳には、まず倭の使者が、

聞くならく、海西の菩薩天子、佛法を重興す、と。故に遣わして朝拜せしめ、兼ねて沙門數十人、來りて佛法を學ばしむ。

聞海西菩薩天子、重興佛法、故遣朝拜、兼沙門數十人來學佛法。

と述べ、つぎに國書が「日出づる處の天子、書を日沒する處の天子に致す。恙なきや（日出處天子、致書日沒處天子。無恙）」という文言で始まっていて、煬帝が不快感を表した、と記録しています。鹿児島大學におられた増村宏さんほか多くの先學が論及されていますが、何に對しての不快感なのかははっきりしません。

海西の菩薩天子とは、佛教の復興に盡力した隋の文帝（在位五八一―六〇四）を指します。その佛教をきわめて重視する統治策を朝鮮半島を通じて知った聖徳太子が、大いに憧れ、統治策を學ぶために遣隋使を送るに際して、數十人の佛教僧たちを同行させ、本場の佛教事情を視察させようとしたのであって、文帝がすでに數年前に沒して、次男の煬帝が卽位したニュースは傳えられていなかったのです。あるいは父の文帝と間違えられたことに對する不快感が根底にあったのかもしれません。

小野妹子は、隋使の裴世清と隨員十二人をともなってここ筑紫に歸着しました。裴世清が一緒だとの思いがけない朗報を聞き、慌てて難波津におかれた迎賓館のひとつ高麗館の近くに、新しい館を建造しました。難波から、出迎えをうけて飛鳥の海石榴市に到着します。海石榴市は大和川の上流、山の邊の道の南端、現在の奈良縣櫻井市にありました。日本最古の市が開かれ、また求婚の場として歌垣が行なわれた地で知られ、跡地には『萬葉集』の問答歌「紫は灰指すものぞ海石榴市の八十のちまたに逢へる兒や誰」を今東光が揮毫した小さな石碑が据えられています。それはさておきまして『隋書』倭國傳には、朝廷で裴世清と謁見した倭王が大いに悅んで述べた言葉として、

> 我れ聞くならく、海西に大隋禮義の國ありと。故に遣わして朝貢せしむ。我れは夷人、海隅に僻在して、禮義を聞かず。ここを以て境内に稽留し、卽ち相見えず。今故らに道を清め館を飾り、以て大使を待つ。冀くは大國惟新の化を聞かんことを。

我聞海西有大隋禮義之國。故遣朝貢。我夷人、僻在海隅、不聞禮義。是以稽留境內、不卽相見。今故淸道飾館、以待大使。冀聞大國惟新之化。

と記録しています。隋の皇帝が、佛法を重ねて復興した菩薩天子の文帝ではなく、佛教にやや冷淡な煬帝であると知った以上、外交辭令を「我れ聞くならく、海西に大隋禮義の國ありと。故に遣わして朝貢せしむ」と改變したのは當然の配慮だったのです。

ところが、二〇〇一年十一月にNHKのテレビ番組として歴史ドキュメント「隠された聖徳太子の世界――復元・幻の「天壽國」」が放映され、翌年二月に大橋一章・谷口雅一共著『隠された聖徳太子の世界――復元・幻の天壽國』（NHK出版、二〇〇二年）が刊行され、聖徳太子が憧れた中國の菩薩天子は隋の煬帝であって、「文帝が篤い佛教信者だったことは確かだが、煬帝はそれ以上に篤い信者だった」という説が喧傳されました。

しかし、隋唐初の法琳撰『辯正論』巻三の、隋の佛教に關する統計記事によっても、このような説は成り立ちません。つとに塚本善隆が明快に指摘したごとく、『隋書』倭國傳の「聞海西菩薩天子、重興佛法」と密接に關連する文言が、仁壽と改元した六〇一年の六月十三日、文帝還暦の誕生日の當日に出された詔敕の冒頭に「朕歸依三寶、重興聖教」とあり、「重興佛法」は文帝一代の治世そのものを指す言辭であって、文帝の詔敕などの文中に、しばしば見られますし、王劭述『隋祖起居注』に、智仙尼により般若尼寺で養育された帝が、後にはたして山東より入りて天子となり、「佛法を重興す。みな尼の言のごとし」とあるのです。隋の文帝の誕生說話は史實ではない、という説もありますが、今回のシンポジウムに參加されている復旦大學の韓昇教授は、『隋文帝傳』（人民出版社、一九九八年）の第二章第一節「〝那羅延〟的誕生」で、ほぼ事實である、と論じています。

隋使の裴世淸らの歸國に際し、小野妹子を大使として隋に派遣するとともに、學生として福因や高向玄理、學問僧として日文や南淵請安ら合わせて八人を隨伴させせました。日文は歸國後は僧旻と稱しました。十年後の六一八年に、隋王朝が滅亡して唐王朝が成立すると、遣隋留學生は、自動的に遣唐留學生となってしまいました。彼らの留學期間は二十四年とか三十二年という長期にわたりました。長安の地で唐初の律令體制が整備されていく雰圍氣を肌で體驗した留學生たちは、歸國するや、唐の政治體制に關する知識を中大兄皇子や中臣鎌足に傳授しました。中大兄や鎌足が六四五年に「大化改新」の新政府を樹立するに當たって、歸國した留學生たちが、重要な役回りを演じるのです。

三　遣唐使が將來した文化と將來しなかった文化

政府から任命されて四船からなる船團をくみ、唐王朝に公式に派遣された遣唐使は、六三〇年に出發の第一回から、八三九年に入唐の最後の第十七回まで二百餘年にわたり、八九四年の菅原道眞による中止をもとめた上表以後、再び任命されませんでした。この機會に遣唐使の歷史を振り返り、特記すべき話柄を擧げておきます。

七〇二年に長安に到着し、「倭國の使」ではなく、初めて「日本國の使」を名乘った粟田眞人は、中國の古典をよく理解できるのみならず、立ち居ふるまいが溫雅だというので、評判となりました。その一行に遣唐少錄として加わった山上憶良は、唐の地で「いざ子ども早く日本へ大伴の御津の濱松待ち戀ひぬらむ」という短歌を作りました。この短歌について、吉田孝さんは、『日本の誕生』（岩波新書、一九九七年）で、『日本古典文學大系・萬葉集』が「日本」を「大和」と書き直しているのを非難しています。なお粟田眞人や山上憶良が到着した七〇二年は、則

天武后によって唐王朝が乗っ取られて、周王朝が支配していた時期ですから、正確には遣唐使ではなくて、「遣周使」というべきかもしれません。當時の日本の都は飛鳥ではなくて藤原京でした。今朝の各種の新聞に大きく掲載されていますように、藤原京の北の京極が發見され、藤原京の範圍が二五萬平方キロメートルであることが確定したそうです。古代最大の都であり、宮城が隋や唐の都である長安や洛陽のような都の北端ではなく、中央部に位置していたことになります。

玄宗治世の開元五（七一七）年、留學生の吉備眞備や阿倍仲麻呂を隨員に加えた遣唐使は、外交を擔當する鴻臚寺で儒教を學び、のちに大量の書籍を買って持ち歸ったことが、唐で話題になりました。鴻臚という言葉、こちらでは珍しくないのですね。今朝地下鐵の驛で、來週末に鴻臚館跡の特設ステージで、野村萬之丞のプロデュースによる「はかた樂劇　鴻臚館物語」が行なわれるというポスターを見ました。

この遣唐使一行が道教に熱を入れる玄宗に配慮してでしょう、孔子廟堂と寺觀、すなわち佛寺と道觀への禮拜を願った記錄「鴻臚寺奏。日本國使請。謁孔子廟堂。禮拜寺觀。從之」が、『册府元龜』の巻一七〇・帝王部來遠と巻九七四・外臣部褒異の開元五年十月乙酉の條に殘されています。

今回の總合課題「東アジアにおける交流と變容」を「遣唐使が將來した文化と將來しなかった文化」に置き換えてみます。將來した文化・文物としては、大量の佛像・佛典をはじめ、山上憶良が持ち歸った性愛小說『遊仙窟』や、吉備眞備の將來品『唐禮』・『東觀漢記』・樂器・書跡など、枚擧に暇はありません。しかし將來しなかった文化・文物として、第一に擧げるべきなのは、佛教に刺激を受けて隋唐時代に盛んとなっていた道教を意圖的に拒絕した史實です。

『唐大和上東征傳』やそれに依據した井上靖の『天平の甍』が述べているように、傳戒の師として鑑眞を招聘す

る許可を求めた際、玄宗は鑑眞とともに道士を連れていくように命じましたが、婉曲に斷り、一行中から春桃源ら四人を唐に留めて、道士の法を學ばせることにしました。のちに春桃源らが歸國したという記録はなく、おそらく唐土に骨を埋めたのでしょう。

また將來しなかったと言うよりも、將來できなかった文物・書物もあります。浙江大學日本文化研究所所長の王勇教授が提唱しているように（共編著『奈良・平安期の日中文化交流――ブックロードの視點から――』農山漁村文化協會、二〇〇一年。また王勇教授特別講演會記録集「ブックロード――書物による文明の傳播・變容・成熟――」農山漁村文化協會、二〇〇二年）、日本と中國の文化交流は「ブックロード」と呼ぶのが適當なのです。最後の遣唐使船に圓仁と一緒に入唐した圓載、彼については宮崎市定『日出づる國と日暮るる處』（星野書店、一九四三年。のち中公文庫、一九九七年）所收の「留東外史」と佐伯有清『悲運の遣唐使――圓載の數奇な生涯――』（吉川弘文館、一九九九年）が詳しいのですが、この圓載は唐の女性と結婚し、在留四十年ののち、八七七年に數千巻に上る典籍をたずさえて、唐の商人李延孝の船に乘って歸國する途中、大暴風雨に遭い、經巻ともども海の藻屑となりました。もしこれらの佛典が無事に將來されていたら、あるいは日本の佛教界はかなりの變容をうけたかもしれないのです。

そして道教ではなく佛教であっても、講談社刊の『日本の歴史』第03巻の月報に書いたことなのですが、半跏思惟像の彌勒菩薩は、右手を頰に當てて左足は伸ばし、右足を曲げて組む姿しか、日本や朝鮮半島に傳わらず、また如意輪觀音のなかに取り入れられています。しかし二〇〇〇（平成十二）年秋に東京國立博物館で開かれた「中國國寶展」に展觀された二對の彌勒菩薩によって明らかなごとく、北齊から唐にかけての中國では、左右對稱の一對の半跏思惟像が流行しましたのに、日本には變容をうけて片方しか傳えられなかったことも注目すべきでしょう。

最後にパリのビブリオテーク・ナショナルやロンドンの大英圖書館ではなく、日本の各地に所藏されている敦煌

寫經について觸れておきます。

　昭和十（一九三五）年、三井家什寶展觀が開かれ、敦煌出土と銘打った佛典八點が公開され、佛典の二番目が「華嚴經　卷第四十六　北魏延昌二年寫」で、圖版に卷末八行と奥書の寫眞が掲載されました。この寫經が紹介されますと、北魏の古寫經という點よりも、隋・開皇三（五八三）年五月の宋紹演の納經發願のなかの「又願亡父母託生西方天壽國、常聞正法」とある文面により、學界の注目を浴びることになりました。願文の「託生西方天（无?）壽國」が、斑鳩の中宮寺傳來の天壽國繡帳にかかわる『上宮聖德法王帝說』に「應生於天壽國之中」とある文言との類似に關心が寄せられたのです。先ほど話題にしましたテレビ番組「隱された聖德太子の世界――復元・幻の「天壽國」」で、三井文庫藏の『華嚴經』を取り上げ、天壽國は阿彌陀淨土である、という説が强調されましたが、この『華嚴經』は僞寫經であって「西方天壽國」を證明する史料には使えないのです。二〇〇三年に三井文庫藏の『華嚴經』に關する研究史上、畫期的な成果である赤尾榮慶編著『敦煌寫本の書誌に關する調査研究――三井文庫所藏本を中心として――』（京都國立博物館）が公表され、同書所收の石塚晴通「華嚴經卷第四十六の問題點」は、この寫經を「手の込んだ近代の僞寫本の一である」と斷定しており、同じく赤尾の「書誌學的觀點から見た敦煌寫本と僞寫本をめぐる問題」（『佛教藝術』二七一〈特集　敦煌學の百年〉）には「西方天壽國」ではなく「西方无壽國」と筆跡鑑定する根據が示されております。

　なお拙稿「天壽國と重興佛法の菩薩天子と」（『大谷學報』八三―二、二〇〇四年。本書第Ⅰ部第一章）に、今回の講演の論據をやや詳しく述べています。

　ご清聽ありがとうございました。

第二章　遣唐使の二つの墓誌
——美努岡萬と井眞成——

遣唐使の一員として中國に渡り、唐土で七三四（開元二十一・天平六）年に三十六歳で客死した「井眞成」の墓誌が、かつての唐の都・長安（現西安市）の東郊で發見された、と二〇〇四（平成十六）年十月に報道された。すると墓誌に「國號日本」と記され、日本という國號が使われた最古の文字史料であったこともあり、マスコミの世界でたいへんな話題となり、國際シンポジウムが開かれたりした。しかし注意を喚起したいのは、この「井眞成墓誌」は遣唐使の最初の出土墓誌ではなく、二番目の出土墓誌であるという事實である。一番目は一八七二（明治五）年に奈良縣平群（へぐり）郡萩原村字龍王（現生駒市青山臺）から出土した銅版の「美努岡萬（みののおかまろ）墓誌」で、重要文化財に指定されて東京國立博物館に所藏されている。

「美努岡萬墓誌」について私は、二〇〇四年十一月に明治大學で開かれた唐代史研究會の席で、また二〇〇五年一月末には東京の有樂町朝日ホールで開催された專修大學・西北大學共同プロジェクトによる「新發見　遣唐使の墓誌をめぐって」シンポジウムの際に簡單に發言したが、この機會にやや詳しく紹介し、今回の「井眞成墓誌」についても、感想を述べておきたい。

一　美努岡萬墓誌

現存最古の歌集『萬葉集』全二十巻には遣唐使に關連する二十數首の歌が收録されており、その巻一に、三十年ぶりに任命された大寶初（七〇一）年の遣唐使にまつわる、つぎの二首が收められている。

三野連（名闕けたり）の入唐せし時に、春日藏首老の作りし歌

62ありねよし　對馬の渡り　海中に　幣取り向けて　はや還り來ね

山上臣憶良の大唐に在りし時に、本郷を憶ひて作りし歌

63いざ子ども　早く日本へ　大伴の　御津の濱松　待ち戀ひぬらむ

粟田眞人を遣唐執節使として初めて「日本國使」を名乘った遣唐使に遣唐少録として入唐した山上憶良が、唐の地で「早く日本へ」還ろう、と歌った後者は、吉田孝『日本の誕生』（岩波新書、一九九七年）の序章「それでは憶良がかわいそうだ」に綿密な考察がある。ここでは還俗して春日藏首老の姓名を賜ったばかりの辨基が、出發前に三野連に獻じた送別歌である前者に着目したい。

三十年前の天智朝の遣唐使まで對馬を經由していた新羅道によらず、この時は南島路を經由する遣唐使の第一號となったにもかかわらず、春日藏首老は知らないで「對馬の渡り」と歌っている。送別歌を贈られた三野連の名は不明とされていたが、つとに契沖『萬葉代匠記』巻一が引用していたように、『萬葉集』の西本願寺本などの書き

入れに「國史云、大寶元年正月遣唐使民部卿粟田眞人朝臣已下百六十人、乘船五隻、小商監從七位下中宮小進美努連岡麻呂」とある美努岡麻呂のことであった。

美努氏は三野氏ともいい、河内國若江郡（現在の大阪府八尾市から東大阪市にかけての地域）を本貫とする豪族であった。美努岡麻呂については、『續日本紀』巻七・靈龜二（七一六）年正月壬午條に、「從五位下」を授けて貴族の列に加えられた記事が知られていた。美努岡萬すなわち美努岡麻呂の墓誌が一八七二年に、南北に縦走する生駒山地の東麓で、東に低き矢田丘陵を望む一地壘、龍田川の西なる標高一七一メートルの地點から偶然に發見された狀況と出土狀態については、田村吉永・森本六爾「美努連岡萬の墳墓」（『考古學雜誌』一五―一〇、一九二五年）に入念な考察がなされている。

美努岡萬の墓誌が發見された動機は、一八七二（明治五）年十一月十一日に當時の萩原村民が土採場にしていた龍王の地で自己の竈の塗土を採取していた一青年の鍬先に偶然にかかった銅版があり、歸宅後に水で洗ったところ、文字様のものが現れ出たのである。祟りを恐れ、一旦は元の地點に埋め戻したが、貰い風呂のために應願寺にきた際に住職の加藤治に話して公となった。加藤からの聞き書きによると、奈良縣廳に携帯したところ、研究上に必要だからと召し上げられ、奈良縣令から內務卿に送附され、六年後の一八七八年に堺縣から、墓誌の本文と發見の次第を堺縣令の税所篤が撰した文章を刻した石碑を送ってきたので、遺跡地に建碑（圖1）し、新たに模刻した墓版を造って地下に埋めたそうだ。

後に東京帝室博物館（現東京國立博物館）の所藏となった出土墓誌（圖2）は、長方形の銅版で、縦二九・七センチ、横二〇・七センチ、厚さ〇・三センチ、重さは一〇六〇グラム。銘文は表面全體に縦十條、横十六條の細い罫線を刻み、一行十一行、十七行に計百七十三字を鐫刻している。銘文の原文と訓讀はつぎの通りである。

圖1　美努岡萬の墓碑
（奈良縣生駒市青山臺、筆者撮影）

我祖美努岡萬連飛鳥淨御原　天皇御世
甲申年正月十六日勅賜連姓藤原宮御宇
大行　天皇御世大寶元年歳次辛丑五月
使乎唐國平城宮治天下大行　天皇御世
靈龜二年歳次丙辰正月五日授從五位下
任主殿寮頭神龜五年歳次戊辰十月廿日
卒春秋六十有七其爲人小心事帝移孝爲
忠忠簡帝心能秀臣下成功廣業照一代之
高榮揚名顯親遺千歳之長跡令聞難盡餘
慶無窮仍作斯文納置中墓
天平二年歳次庚午十月□日

我が祖の美努岡萬連は、飛鳥淨御原天皇の御世甲申の年正月十六日、勅して連の姓を賜う。藤原宮に御宇せし大行天皇の御世、大寶元年歳は辛丑に次る五月、唐國に使せり。平城宮に天下を治めし大行天皇の御世、靈龜二年歳は丙辰に次る正月五日、従五位下を授け、主殿寮の頭に任ぜらる。神龜五年歳は戊辰に次る十月廿日卒す。春秋六十有七。其の人と爲り、小心に帝に事え、孝を移して忠と爲す。忠は帝心に簡ばれ、能は臣下に秀ず。功を成して業を廣くし、一代之高榮を照し、名を揚げて親を顯わし、千歳之長跡を遺す。令聞盡き難く、餘慶窮り無し。仍お斯の文を作り、中墓に納め置く。

天平二年歳は庚午に次る十月□日

美努岡麻呂が美努岡萬と刻されたのは、漢文墓誌なので、遣唐使に加わり唐國で名乗った姓名が美努岡萬であったからに違いない。墓誌の前半には略歴が記されている。飛鳥淨御原の天皇、天武治世の甲申の年（六八四）に連の姓を賜り、藤原宮での文武天皇治世の七〇一（大寶元）年五月に唐國への使、すなわち遣唐使の一員に任命された。唐から歸國後の七一六（靈龜二）年正月五日に從五位下を授けられて宮内省の主殿寮の頭に任ぜられ、七二八

圖2　美努岡萬墓誌

（東京國立博物館藏、奈良國立文化財研究所飛鳥資料館編『日本古代の墓誌』同朋舍より）

（神龜五）年十月二十日に六十七歳で卒した。没年から逆算すると、六六二年生まれである。墓誌の後半には岡萬の人柄を、『孝經』などを踏まえた對句で綴っていた。子孫が墓誌を撰した七三〇（天平二）年十月は、美努岡萬の沒後ちょうど二年、三周忌に當たる。

美努岡萬（六六二―七二八）の墓誌が出土した地域に、宅地開發の波が押し寄せた一九八四（昭和五十九）年二月に、開發申請にともなう發掘調査が行なわれ人骨と木炭などが檢出された。最良の硬炭であるコナラ・クヌギを使った火葬墓であることが確認され、生駒市教育委員會・奈良縣立橿原考古學研究所編『美努岡萬墓發掘調査概報』（一九八四年三月）が編集された。遺跡は綠地帶として整備され、翌年三月十五日に奈良縣指定史跡に指定された。生駒市の生涯學習部で入手できるパンフレット『ふるさとをたずねて　生駒浪漫』に、綠に包まれた墓碑の遠景のカラー寫眞が掲載されている。

二　井眞成墓誌

今回發見された遣唐使墓誌は、無事に歸國した美努岡萬より十五年後に、阿倍仲麻呂・吉備眞備らとともに十九歳で入唐し、三十六歳の若さで客死した井眞成（六九九―七三四）のものである。この墓誌も科學的な學術發掘によって出土したのではなく、西北大學博物館の賈麥明氏が偶然に購入した。西安東郊の建設現場でパワーショベルによって地下から掘り出されたので、墓石の表面特に上端に、その際のショベルの跡が殘っている。しかし、どの工事現場から、いつ出土したのか、全く不明である。

「井眞成墓誌」（圖3）の誌石は一邊が三九センチのほぼ正方形で、縱横に罫線が引かれ、誌文は一行十六字、十

二行分に計百七十一字が刻され、數行分は空白のままである。このような空白は、唐代では宮人の墓誌などに間々みられ、けっして珍しいとは言えない。墓誌の冒頭の文章は「公、姓は井、字は眞成なり。國は日本と號し、才は天縱（てんしょう）と稱せらる。故に能く……」と讀み下す案に贊成である。

墓誌の蓋石にも「贈尚衣奉御井府君墓誌之銘」とある。井眞成が沒後に玄宗から贈られた「尚衣奉御（しょういほうぎょ）」という官職は、皇帝の身邊の世話を擔當する殿中省の六局の一つ、尚衣局の長官で、官品は從五品上である。武漢大學中國三至九世紀研究所編『魏晉南北朝隋唐史資料――唐長孺教授逝世十周年紀年專輯――』二一（二〇〇四年）所收の黃正建「唐六尚長官考」が、正史の列傳や新出土の墓誌を精査して、六局の奉御は一種の清選官で、大部分が門蔭

〔誌文〕

〔蓋〕

圖3　井眞成墓誌拓本

（東京國立博物館・朝日新聞社編『特別展　遣唐使と唐の美術』朝日新聞社より）

で起家した貴族の家柄の者が多かったとした上で、「尙衣奉御」の官職に就いた二十六人を列擧していることを紹介しておこう。ちなみに、殿中省は日本の宮內省にあたり、美努岡萬が宮內省の主殿寮の長官たる頭(かみ)に任命されたのと、井眞成が沒後に贈官された役職が類似であることは、全く無關係ながら、不思議な冥合を感じている。

井眞成の姓「井」は、南河內の藤井寺附近を根據地とし、もと白猪氏といった渡來系の一族「葛井(ふじい)」の漢名であるという說が有力らしい。すると中河內を根據とした美努氏の近隣で少年期を過ごしたことになる。また「眞成」という名、一二三五（文曆二）年に美努岡萬の墓の北方およそ三〇〇メートルの竹林寺の境內から發掘された行基の墓から出土した「大僧正舍利瓶記」、すなわち墓誌の末尾に「天平廿一年歲次己丑三月廿三日　沙門　眞成」とあるように、撰者の沙門の名は眞成であって、別に珍しくはなかったのである。

コラム1

圓仁
――日本最初の大師「慈覺大師」の見聞記――

九世紀中葉における中國での見聞記『入唐求法巡禮行記』の著者圓仁（七九四―八六四）は、下野（しもつけ）の國（栃木縣）都賀（つが）郡に生まれた。俗姓は壬生氏である。十五歳のとき廣智和尚に連れられて比叡山に登り、天台宗の開祖最澄（七六七―八二二）に師事した。

圓仁は二十三歳の時に、東大寺において具足戒を受け、翌年、最澄の東北巡錫に隨行する。ちなみに比叡山延暦寺に大乘戒壇の設立が許可されるのは、最澄の沒後七日目のことであった。最澄沒後の翌年、最澄の本願にもとづいて十二年の籠山を始めるが、六年目に籠山を中止し、法隆寺や四天王寺において『法華經』などを講ずるとともに、東北地方を巡錫した。

四十五歳の圓仁は、八三八（承和五）年六月に大宰府を出發した遣唐大使藤原常嗣の一行に、天台宗からの請益僧として加わった。遣唐使に同行の僧には、長老で短期滯在の請益僧と、若手で長期滯在の留學僧との二種があった。八〇四（延暦二十三）年の遣唐使に加わって一緒に入唐し、翌年に歸國した最澄は請益僧で、二年後に歸國する空海（七七四―八三五）は留學僧であった。圓仁は眞言宗からの請益僧圓行や天台宗からの留學僧圓載らと、揚州に上陸した。圓仁の目的は、延暦寺では未解決の教義上の疑問三十條を携えて、師の最澄がかつて學んだ江南台州にある天台山國淸寺か、都の長安で正解をうることであった。揚州に滯在したが、遣

唐大使に随行して長安に行くことを許可された僧は圓行だけであった。圓仁は、天台山への往復さえ日程の上で無理だとして許可されなかったのである。

歸國する大使藤原常嗣一行と合流した圓仁は、唐に不法滞在して天台山と長安を訪問して求法するという初志の貫徹を決意し、大使から暗默の了解をえた。圓仁は從者三人と出港間近の船から降り、病氣を治療していて歸國船に乘り遲れたという體裁を裝った。

ところで、佛教が中國に流入するにともなって、國內の靈山を巡禮する風が起こった。なかでも有名なのが山西省北東部にある五臺山の巡禮であった。五臺山は、五世紀頃から『華嚴經』にみえる文殊菩薩の住地たる清涼山にあたると信ぜられ、唐代になると、佛教界第一の靈地として東アジアの全佛教界にその名を知られた。新羅人にゆかりの深い山東半島の登州の赤山法華院に滞在した圓仁は、この山の評判を聞き、天台山行きを取りやめ、五臺山への巡禮を決意し、實行に移したのちに、長安に向かう。長安で充實した求法生活を送っていた圓仁は、歸國しようとした矢先に、折から中國全土に吹き荒れた「會昌の廢佛」に遭遇して還俗させられた。急いで歸國の途につき、八四七（承和十四）年九月に大宰府の鴻臚館に歸着する。

『入唐求法巡禮行記』四卷は、圓仁が博多を出發し揚州に向かってから歸國するまでの十年間に經驗した見聞を克明に綴った日記體の旅行記である。丹念に公文書を寫し取ったり、五臺山の諸院を巡禮した狀況をていねいに記錄し、また「會昌の廢佛」の最中に、ウイグルが崇重するマニ敎の僧を剃髮して袈裟を着せ、沙門の姿にして殺すよう命じた敕を書き留めている。圓仁の求法經驗と唐代の佛敎事情のみならず、遣唐使の具體相を知るためにも、また當時の沿海新羅人や、唐の社會・習俗・交通から、末端の行政組織について研究する場合にも、本書はきわめて重要な根本史料である。

唐から歸國後七年にして、圓仁は天台座主に任命され、天皇や貴族たちに、しきりに灌頂と授戒を行なって、八六四（貞觀六）年正月に、阿彌陀佛を念じつつ、北首右脇のかたちで、七十一歳の生涯を閉じた。生前に定めていた延暦寺の北、天梯尾の中岳に葬られる。

ちなみに、大師といえば、弘法大師空海が有名であるが、じつは日本最初の大師號は、圓仁が沒して二年半のちの八六六（貞觀八）年七月十四日に清和天皇から贈られた慈覺大師の諡號で、四十四年前に沒していた先師の最澄に傳教大師が贈られたのと同時であった。空海が弘法大師の諡號を贈られるのは、最澄と圓仁より五十五年も遲れる。圓仁が天台座主の頃、天台宗が眞言宗よりも明らかに優位に立っていたのである。

今や傳教大師最澄と弘法大師空海の名を知る人は多いが、慈覺大師とは圓仁のことであると言える人はごく稀である。しかし慈覺大師圓仁にまつわる傳説は多く、とりわけ東北地方の天台寺院が圓仁によって開創されたという寺傳は多い。最も有名なのは、圓仁が棺から拔け出て東方に飛び、入定した地という山形市の立石寺であるが、宮城縣松島町の今は臨濟宗の禪寺である瑞巖寺も、初めは天台宗の寺院で、岩手縣平泉町の天台宗寺院中尊寺と毛越寺ともども、圓仁によって開創されたと傳えられている。

コラム2

「漢俳」第一號に寄せて

漢俳とは、日本の俳句の形式を取り入れて、中國で始められた新しい文學様式で、季語を含む五・七・五の漢字十七文字で構成される。

『日中文化交流』（日中文化交流協會発行）には、漢俳を巡る記事がしばしば紹介される。二〇〇五年三月下旬に、漢俳の誕生以來二十五年を期して北京で開催された全國的な漢俳學會成立大會に、現代俳句協會代表團が參加した思い出が語られた。また二〇〇八年五月號には「日中各界人士による漢俳リレー」が掲載されたばかりである。この漢俳の第一號は、一九八〇年四月二十一日に北京で中國佛敎協會會長の趙樸初（一九〇七―二〇〇〇）によって創められたのである。

唐招提寺の鑑眞和上像が揚州の大明寺へ里歸りした際の中國佛敎協會主催の宴席で、隨伴團團長の東大寺別當の清水公照（一九一一―九九）が俳句「菜の花や　目しひの聖人（ひじり）　里歸えり」を披露、それを通譯によって知った趙樸初が、卽座に矢立を取って、「遍地菜花黄　盲目聖人歸故鄉　春意萬年長」と漢文で翻譯し揮毫した。そしてこの形式を「漢俳」と名づけ、その第一號と位置づけた。

二〇〇七年春、東京銀座松坂屋での古畫幅卽賣會目錄に、この時の清水と趙の合筆の軸物のカラー寫眞を見つけ、大枚を投じて購入した（圖1）。畫商によると、清水の遺族から讓られたもので、表裝が黄色なのは清

水自身の注文に添うたものだそうだ。清水は『こころ言葉』（春秋社、一九九〇年）の「菜の花」の節で、揚州での返里の儀を終え、南京から北京への歸路、菜畑とれんげ畑と交互に彩られた沿線を車窓からみて、旅日記のひとこまにしたためた一句を、北京での歡迎會の席上、その一句を入れて挨拶、乾杯の辭としたところ、委員長さんが、漢詩の形に翻譯してくださった、と回顧している。

『趙樸初韻文集』（上海古籍出版社、二〇〇三年）巻五に、一九八〇年五月に唐招提寺の森本孝順長老に贈った「漢俳五首」が収められ、その原注で、自身が創始した漢俳を定義した際、日本の俳句と同じでないのは、余の作るのは句句に韻が有るが、日本の俳句にはこれが無い、と述べている。「日中各界人士による漢俳リレー」を拜誦しても、中國の方々は脚韻を踏んでいるのに、日本の方の漢俳にないのには、同床異夢の感がする。

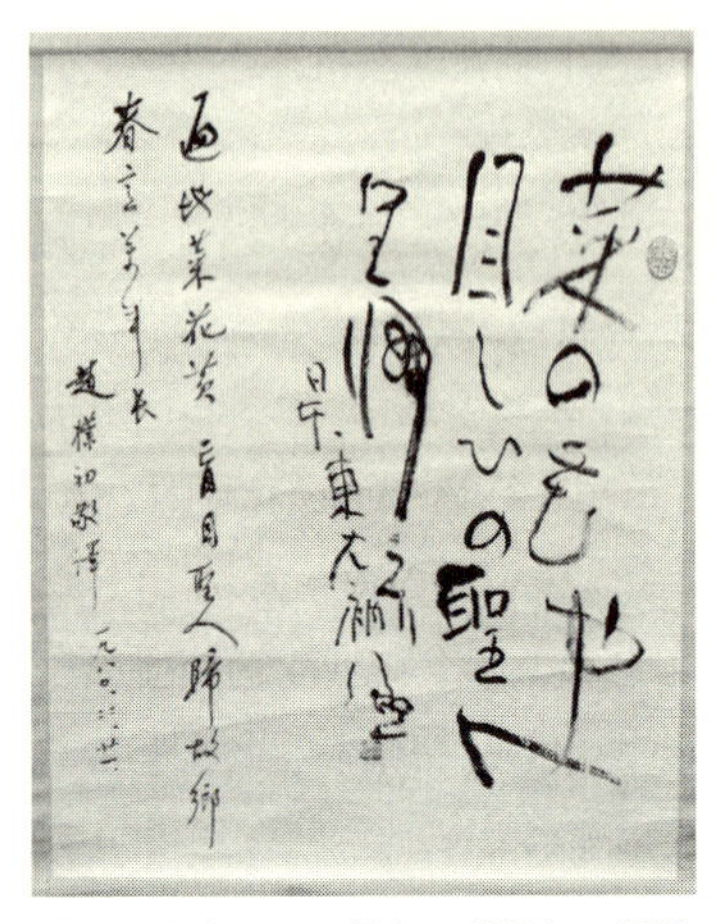

圖１　清水公照の俳句と趙樸初の漢俳

第三章　唐代の過所と公驗

はじめに

中國の古代・中世の文物を對象とする研究は、青銅器や石刻史料の類を典型として、宋代以後に編纂された金石書に著錄される傳世の文物と、二十世紀になって發掘された新出土の文物の雙方を取り上げ、文獻史料と比較照合することによって、成果をあげてきた。なかには龜甲や牛骨に刻された殷周の甲骨文や、竹簡や木牘に書寫された秦漢の簡牘のごとく、傳世品はなく新出土の文物しか知られていない文字資料もある。ところで唐代の場合、特に紙に書寫された文書のなかには、中國內地には傳世品も新出土品も共になく、日本にのみ傳世したものと、中國の西北邊境たる敦煌・吐魯番あたりから出土した文物しかないような種目もある。本稿で取り上げる旅行證明書、過所と公驗がまさにそれに當たるのである。

隋唐時代の中國史を研究するための手引を私が執筆した際、それに先立つ魏晉南北朝と、あとにつづく五代・宋に比べて特に留意すべき隋唐時代の史料の特色として、(1) 日本に傳えられた史料、(2) 敦煌寫本・敦煌文書、(3) トルファン出土文書、の三點を舉げた。(1) そして新疆ウイグル自治區の吐魯番（トルファン）のアスターナとカラ・ホージャの兩古墓群から、一九五九年より七五年にかけての十三次にわたる考古發掘の成果として發見された

漢文文書およそ千六百點は、埋納文書と二次利用廢紙の二種に大きく分類され、その埋納文書の代表的なものとして、一九七三年にアスターナ五〇九號墓から發見された過所に關する開元年間（七一三—四一）の十一通の文書を擧げることができる、と述べた。

過所とは關所を通過する際に携帶を義務づけられた旅行證明書であって、唐代の過所の傳世品としての實物は、中國では知られず、福州に上陸したわが國の入唐僧圓珍（八一四—九一）が行者の丁滿を連れて國都の長安まで求法巡禮の旅行をした際の大中九（八五五）年の二通が、滋賀縣大津市の三井寺（園城寺）に傳世されているにすぎない。三井寺所藏の過所に關しては、一九三〇年代の初頭に內藤虎次郎によって發表された「三井寺所藏の唐過所に就て(2)」が、法制史家らによって多少の補正がなされはしたものの、六十年後の今日に至るまで、必讀すべき論考の位置を保ちつづけている。

ところで、吐魯番のアルターナ五〇九號墓から出土した過所のなかには、ソグド人の商人で唐の住民である石染典が、作人の康祿山・石怒忿と家生奴の移多地を連れて、シルクロード沿いの甘州・沙州・伊州といった地を往來して交易する際に使用したものも含まれていた。姓名から判斷して、彼ら四人はいずれもソグド人であったと考えられる。ソグド商人の東西交渉史上における目覺しい活躍については、從前からも多くの研究者によって强調されてきたが、この過所の出土によって、目のあたりにその一端を垣間見させてくれることになったのである。

隋唐時代に關する文物を題材に取り上げ、當時の政治社會史の動態を明らかにせんとする年來の作業の一環として、在銘の出土金銀製品を網羅した前稿「唐代社會における金銀(3)」につづき、本稿で唐代の過所と公驗を對象に選んだのは、武漢大學の唐長孺を實質上の主編者とする『吐魯番出土文書』全十冊(4)の出版が十年餘の歲月を經て漸く完結するという絕好の機會を迎えたことに加え、東京國立博物館に所藏される圓珍關係文書（全八卷）を二十年ば

かり前に精査し撮影された藤枝晃名譽教授から一括頂戴した寫眞のうちの公驗八通と台州牒一通を、この機會に公開し、過所・公驗に關心を抱かれる國内外の研究者の便宜に供したい、と考えたからである。圓珍將來の過所・公驗のうち、三井寺（園城寺）所藏にかかる過所二通の寫眞は從來からも大いに利用されてきたが、公驗八通などは、明治の初年から一九四八（昭和二十三）年九月に東京國立博物館の所藏に歸するまでの間、舊北白川宮家が所藏していたために、研究者による十分な調査がなされず、部分的には活用されても、殘念ながら首尾完備した原形を彷彿とさせる圖版寫眞は提供されなかったのである。ちなみに、藤枝晃と共同研究された菊池英夫は、「中國古文書・古寫本學と日本――東アジア文化圈の交流の痕跡――」と題する論考のⅠとして「日本僧圓珍によって日本にもたらされた唐の公文書[5]」を活字化し、これら過所・公驗の寫眞をも掲げている。あわせ參看されるよう希望する。

前稿「唐代社會における金銀」の例にならって、わが國からの入唐僧が將來した傳世の過所・公驗と、西域の敦煌・吐魯番で出土した過所・公驗の類を網羅して移錄するのに先立ち、これまでの研究史を私なりに概觀し、在來の文獻にみえた關連史料に一瞥を與えておきたい。

一　過所・公驗研究小史

唐代の過所に關する知見が多數の研究者の共通の關心となったのは、一九三〇（昭和五）年十一月九日、京都市北白川の地においてであった。東方文化學院京都研究所の新所屋が落成したのを祝う式典が擧行された日の午後、開所記念の公開講演會が行なわれ、評議員の內藤虎次郎京都大學名譽教授が「支那の古文書、特に過所に就いて」と題して講演し、三井寺に二通殘る唐代の關所手形にあたる過所について蘊蓄をかたむけた、とされる[6]。この講演

內容が、翌月に印刷された、かつての同僚である桑原隲藏教授の還暦退官を記念する論叢のために寄稿した前掲「三井寺所藏の唐過所に就て」の要旨であったことは確かである。

この論考の冒頭で、

滋賀縣園城寺（三井寺）に智證大師圓珍に關する文書數十通を藏せるが中に、其の入唐の際に於ける此邦彼邦の公驗其の他旅行に要せる者も粗ぼ具はれるが、其の最も珍奇とすべきは、彼邦の過所二通あることなり。過所とは關津を度る時に用ふる文書にして、舊と之を傳といへり。

と書き出された內藤は、まず過所に關する漢魏の文獻を列擧し、漢代には傳に刻木と繒帛の兩種があり、棨や繻も同じ用途であったが、後漢の末より過所の名を用いたのであろうと述べた。そして『太平御覽』巻五九八・文部・過所門に所引の晉令に、

諸渡關。及乘船筏上下經津者。皆有過所。寫一通付關吏。（原文過字を脱す、今補入す。）

といっていることから、漢魏の制も同様であったに違いないと推測し、王國維の流沙墜簡補遺考釋などの説を引用して、漢魏六朝間において過所がいかに行用されたかの概略を述べた。

ついで內藤は、漢魏六朝間の過所の實物に至っては一も傳來するものなく、唐代に及んでわずかに智證大師の過所あるを見るとし、その二通を移錄し、別葉に寫眞圖版を添えられた。二通のうちの第一は、大師が越州より長安に往くに際して、越州都督府より給した過所であって、その三處の簽印は並びに「越州都督府印」とあることを指摘し、過所本文の內容を要領よく逐一解說して、發給した府の當事者たる「功曹參軍□」および府、葉新らに言及した後に、

潼關云々とあるは、大師が長安に入らんとして潼關を經たる際に關丞が判したる署名にして、丁滿の名の上に

┐を記したるは、即ち關吏の勾したる者なり。

と述べる。つぎの一通についても、大師が長安を出て、同州を經て東都に赴く時、尙書省刑部の司門司より給した過所であって、「尙書省司門之印」を三處に簽したことを記し、やはり解説を加えた。この解説のなかで、

司門司は狀に准じて狀を勘責（審査之意）するに縣の申文に同じきを以て正に准じて過所を給せり、符到らば奉行せよとなり、此れ司門司の判せる辭にして、其の吏員は都官員外郎祇を主なる判官とし、主事袁參、令史戴敬悰等の名を署し、大中九年十一月拾五日下せるなり。……即ち十二月四日に於て、蒲關の丞鄂は其の出關を勘したるにて、前の身衣、道具功德等の下に行の字を書せるも、此時なるべし。

とある部分については、その後における研究史の積み重ねによって、再吟味を要するが、それは後節においてあらためて取り上げることにしたい。

內藤はさらに、『唐六典』巻六・尙書省刑部司門の條、唐衞禁律の諸條を引用して、六典の注文が全く衞禁律によってその綱領をあげたものであることを確認した上で、日本の關市令のなかの關に屬する文を列擧し、この令文から唐代における過所の行用の制度を類推すべきだ、と述べた。つぎに關吏が過所を勘査する手續について、『唐六典』巻三〇の關の條を引用して、

即ち關令は過所に據りて、行人車馬の出入往來を勘すと雖も、其大綱を綜ぶるのみにて、實務は丞と錄事との處置する所たり。丞は事を錄事に付して勾稽せしめ、印を監し、署名を省し、載する所人畜物の目を抄錄し、關の一切事務を判ずることを掌り、錄事は事を丞より受け、月日を書し、勾檢して違失の有無を稽ふることを掌るなり。されば大師の過所に┐を施し、又は行字を書したるは錄事の爲せる所なるべきも、發辰の事は六典に錄事の職とせるに、本過所の月日は實は丞の書せる所なるが如し。是れ六典の定むる所と實際との微なる

差異なり。

と斷じ、最後に過所の行用が五代の梁にまで及んだことを、『册府元龜』巻一九一の記事を引用して論證している。內藤の論考が、

附て云く、過所の用は公驗とは頗る同じからず。過所は單に關津ある處に用ひられ、公驗は普通の州縣鎭鋪に用ひらるゝこと、傳敎大師の台州公驗（刺史陸淳より給せる）及び智證大師の福州都督府公驗、溫州安固縣、横陽縣、永嘉縣の各公驗、台州府幷びに台州黄巖縣、臨海縣等の各公驗に徴して明らかなり。公驗は又公據ともいひ、其の行用は宋時に至るまで之ありしが如く、熙寧年間、入宋せし成尋の參天台五臺山記にも、公據の事見え、而して容齋四筆には之を公憑、引據といへり。……

という附言で終わっていることは、意味深長といえるであろう。同じく旅行證明書といいながら、過所と公驗とでは大いに異なっているのに氣づきつつ、斷定的に定義するのを躊躇し、本文ではあえて取り上げないで、附記するに止められているのである。

內藤が智證大師圓珍將來の過所を精査する機縁となったのは、俗人による寺寶の調査を拒みつづけてきた園城寺において、圓珍の壹千五十年御遠忌の記念事業の一環として、大師と園城寺に關係ある論纂の出版が企畫され、結縁灌頂をうけた研究者に寄稿を要請したことであった。一九三一年十一月に發行された豪華な『園城寺之研究』(7)には、別刷の巻頭圖版の第一六―第二一として「大宰府公驗」「僧圓珍請大宰府公驗牒」「越州都督府過所」「尙書省司門過所」「僧圓珍請台州公驗牒、巻首並巻尾」「台州牒」の六葉が冠され、智證大師關係の研究からなる第一部に收録された內藤の「智證大師關係の文牘と其の書法」(8)はいささか短篇であったが、それにつづく大屋德城の「智證大師の入唐求法」(9)はすこぶる長篇で、北白川宮家文書の公驗をていねいに引用し、園城寺藏の過所を簡單に活用す

るなどしつつ、圓珍の入唐求法の旅の全行程を跡づけたのである。大屋論文の「第九章　圓載に就いて」は識者の關心をよんだが[10]、過所と公驗はあくまでも傳記の史料として使用されたので、詳しい解説がないのも致し方なかろう。

內藤によって先鞭をつけられた過所研究は、仁井田陞によって補訂をうけることになる。散佚した唐令の遺文を博搜して全體の半ばを復舊した『唐令拾遺』を、一九三三年春に東方文化學院東京研究所から刊行した仁井田は、その關市令第二十六としてすべて十四條を復舊された際、源順の『倭名類聚抄』所引の唐令を典據とし、日本關市令第一條と比較しつつ、開元二十五年令の第一條として、

諸度關津、及乘船筏上下、經津者、皆當有過所。（七一三頁）

を掲げられた。この唐令逸文は內藤の前揭論文で見落されていたものである。內藤の提案で國寶に指定された過所の巻軸をともなった原寸通りの複製が、東方文化學院の古書複製事業から東方文化叢書第七として、內藤逝去の翌一九三五年に出版された折、別册として內藤論文を「國寶唐過所解說」と改題して印刷するとともに、編者によって、

なほ過所に關する貴重な唐令逸文が倭名鈔に見えてゐる。「唐令云。諸度關津。及乘船筏上下。經津者。皆當有過所。」とあるものこれであつて（仁井田學士「唐令拾遺」）、湖南博士所引の晉令の後身として彼此參照すべきものである。

という文章が末尾に附加されたのである[11]。

仁井田は一九三七年に『唐宋法律文書の研究』（東方文化學院東京研究所）を上梓された。その第一編の第三章「花押及び略花押」（二四―三六頁）において、自署ある唐宋法律文書で現物の存する代表例として圓珍の過所と福

州都督府公験などがあるとして、過所二通の寫眞を東方文化學院で作成した影印本によって複製し、最終章たる第三編の第六章「過所及び公驗」（八四三―八五六頁）では、內藤論文を紹介した上で、內藤がいまだ言及しなかった部分と、所見を異にする部分とを記述している。すなわち仁井田は、『唐六典』巻六・刑部司門郎中員外郎の條[12]を引用しつつ、過所は鄉里の縣また旅行先ではその地の縣を經て發給を請うものであって、京にあっては尙書省（司門）より、地方にあっては州より過所を給するものとなっている、と述べるとともに、『唐六典』巻三〇・三府督護州縣官吏の條と、那波利貞によって學界に紹介されたばかりの敦煌發見にかかる永徽職員令の親王府戶曹參軍事の職掌[13]とによって、地方でも州のみならず府も、さらに親王府もまた過所を取り扱ったことが明らかである、と斷定された。そして唐の律令にもとづき、關津を度るには關津に到着の前後によって度るので、關吏も故なくして關津を度らんとする者を抑留妨害できなかったこと、關津の吏は過所を検せる月日、検せる旨、および關吏の官名および氏名を過所の餘白に記入するものであったと述べた後、

> 尤も內藤博士は、越州過所の「丁滿」の名の上に㇕を記したのは卽ち關吏が勾したものとの説を立てられてゐるが、私は㇕は、最初、過所を作成した際、その餘白に後から書き込めぬ様に記したものと考へる。又、尙書省司門の過所にもリとあるが、これも前記の㇕と同様の意味のものと思ふ。內藤博士はリは「行」字であって、關吏の記入せるものとの見解を有せられるが、私は「行」の字でもなく關吏の書入でもなからうと考へる。㇕やリと類似の記號は、敦煌發見の賣買文書、家産分割文書等の本文の終にもあらはれてゐるのを見ても、私は之を過所作成の時に書かれたものと考へたい。（八四九頁）

と、批判された。しかし墨色からみて、司門過所への補訂は妥當であるが、越州過所のは內藤説が正しい、と私は判斷する。

仁井田は、過所と類似の公文たる公驗については、すでに引用しておいた內藤論文の附記を敷衍したのち、『入唐求法巡禮行記』のなかにみえる慈覺大師圓仁が下附をうけた登州都督府文登縣牒（公驗）と登州都督府牒（公驗）を引用して、

公驗と雖も關津通過の際用ゐなかつたとは一概に論定し得ないもの、如くである。（八五三頁）

と述べ、また『餘芳編年雜集』[14]や『大日本史料　第一編之一』[15]に收められた北白川宮家文書の公驗を檢討して、

公驗の通用區域の狹小なのに對し、過所のそれは廣かつた樣である。然し、公驗が常に通用の區域が狹かつたと斷定するわけではない。（八五四頁）

と愼重な表現に終始されていたのである。

仁井田も閲覽する機會のなかった北白川宮家所藏の圓珍關係文書八巻が、一九四八（昭和二十三）年九月に國の所有に歸し、東京國立博物館が保管するに至った結果、圓珍將來の公驗の現物が、最澄將來の公驗や圓珍將來の過所と並べて展示される機會が訪れることになる。その畫期的な展覽會となったのは、一九五七（昭和三十二）年二月に大津市の滋賀縣立產業文化館で開かれた最澄・圓仁・圓珍のいわゆる天台三祖の入唐資料展であって、B6版の小册子ながら入念な解說目錄『天台三祖入唐資料展』も出され、參觀した駒井義明は「公驗と過所」と題する短文を綴られた。[16]一九六六（昭和四十一）年春に奈良國立博物館で開催された「大陸傳來佛敎美術展」のB5版の解說目錄の表紙は、東京國立博物館藏の圓珍台州公驗であった。[17]そして、一九八九（平成元）年十月に香川縣文化會館で催された智證大師一千百年御遠忌記念の「三井寺祕寶展」の圖錄はすべて原色版で、過所二通も美麗なカラー寫眞で原物を彷彿とさせてくれる。[18]

中國における唐代過所硏究は、內藤論文の萬斯年による全譯「三井寺藏唐過所考」（『國立北平圖書館館刊』五―四、

一九三二年）という形で始まった。內藤論文は、發表の直後に漢譯されたに止まらず、一九四七年には開明文史叢刊の一として、日本人學者による唐代文獻を考證した文章五篇を輯めた萬斯年編譯『唐代文獻叢考』（開明書店）のなかに玉井是博著「敦煌戶籍殘簡考」などと一緒に收められ、さらに一九五七年には玉井是博「敦煌戶籍殘卷再考」と羽田亨「唐光啓元年寫本沙州伊州地志殘卷考」の二篇を中間に插入した增補版が商務印書館から刊行された。[19]萬斯年は、七篇からなる改訂增補版の卷末に新たに附加した譯者後記の半ばを割いて內藤論文への論評に宛て（一五三—一五八頁）、『餘芳編年雜集』にみえる圓珍の公驗八通に言及し、唐代公驗の基本形式を讀者に理解してもらうために、福州都督府公驗の移錄さえしているが、吐魯番の古墓群から新たに出土した過所についての報告と研究が發表される一九七五年に至るまで、中國人學者による過所に關する專論は現れなかった。

二十世紀初頭以來、スタインやペリオらの西域探檢隊が將來した厖大な敦煌文書のなかには、唐代の過所の現物は見いだせなかった。ところが、一九六五年秋に敦煌石窟の一二二窟附近の土中から天寶七（七四八）載の過所の殘片が發見されていたことが、『文物』一九七二年第一二期に報じられた。[20]これは首尾の缺けたわずか七行分の斷片にすぎなかったことでもあり、世人の注目をほとんど浴びなかったが、同じ『文物』の一九七五年第七期に、吐魯番のアスターナから出土した過所に關する二篇の論考が掲載されるに及び、內外の研究者の關心を集めることになる。

新疆ウイグル自治區博物館と西北大學の考古學者が共同して一九七三年秋に吐魯番アスターナの古墓三十八座を發掘した際の概報たる「一九七三年吐魯番阿斯塔那古墓群發掘簡報」の「三　唐朝設立的政權機構有效地治理西州地區」によると、[21]五〇九號墓から開元年間の七通の過所が出土し、その他の官文書の內容を簡單に紹介しつつ、唐朝が設立した政權機構が吐魯番盆地を有效に支配した實態が明らかになったという。『文物』の同號には王仲犖

「試釋吐魯番出土的幾件有關過所的唐代文書」が掲載され（一九七五年第七期、三五―四二頁）、まず萬斯年『唐代文獻叢考』所收の內藤虎次郎「三井寺藏唐過所考」に依據して、尙書省司門が圓珍に發給した過所を移錄したのち、「一、唐瓜州、西州戶曹給石染典的過所」「二、唐益謙等請給過所的牒文」「三、有關麴嘉琰請給過所的高昌縣文書」「四、有關蔣化明丟失過所案件的文書」の各節において、新疆博物館から提供された吐魯番文書の寫眞にもとづいて、出土した過所や關連文書の一部を選んで移錄し、開元年間における唐代の交通制度や文書行政の動態を確認しつつ、新出土の吐魯番文書の整理が完成した曉における研究の進展に期待を表明している。

これら二篇の論考を掲載した『文物』一九七五年第七期には、圖版や圖として過所關係の多くの寫眞が併載されはしたが、かなり不鮮明で、王仲犖によって移錄された文字を一字一字と點檢するには隔靴掻痒の感を免れなかった。その直後に出版された『新疆出土文物』[22]（文物出版社、一九七五年）の六一頁に「石染典過所」と「高昌縣爲申麴嘉琰請過所狀」との鮮明な寫眞二葉が收められたので、これら二葉の寫眞を轉載した小野勝年「唐の開元時代の旅行證明書について」（『東洋學術研究』一六―三、一九七七年）と池田溫『中國古代籍帳研究――槪觀・錄文――』（東京大學東洋文化研究所、一九七九年）が世に問われ[23]、注目を浴びることになったのである。ところで、王仲犖論文の內容はいかにも有益であったが、供與された文書の寫眞が不鮮明であったことに起因するのであろうか、移錄された過所の文言や官印の解讀に合點のいかぬことが多く、小野や池田を困惑させてしまった。たとえば「石染典過所」の場合、王仲犖は「一、唐瓜州、西州戶曹給石染典的過所」の節において、石染典が西州で受領したとされる過所の冒頭の部分を、

　作人康祿山　石怒忿　家生奴移多地
驢拾頭　諸事勘同市令張休

と移錄した上で、「印」という字の上にはすべて「西州都督府」の官印が押されている、と述べた。小野は、王論文を仔細に検討した擧句、この官印を西州都督府と解讀することに疑いを抱き、これは二通の文書からなり、一通は瓜州都督府過所の寫しで、一通はいわゆる西州都督府公驗であって、この公驗は沙州（敦煌）において下附された可能性があり、文書全體を「瓜州都督府過所・西州都督府公驗」と名づけられた(24)。ついで池田は、「瓜州・沙州給石染典過所」と改稱するとともに、官印について「沙州之印」と解讀されたのである。ところが、「諸事勘同市令張休」なる八字の文言は、前掲「一九七三年吐魯番阿斯塔那古墓群發掘簡報」の一五頁に引用されていた九字の文言「沙州市勘同。市令張休。」の方が正しかったのであり、『吐魯番出土文書』の執筆メンバーである武漢大學の陳國燦の「唐瓜沙途程――唐開天〝過所〟實地考察小記――」（『魏晉南北朝隋唐史資料』六、一九八四年、內部發行、一六―二三頁）と程喜霖の「唐代的公驗與過所」（『中國史研究』一九八五年第一期、一二一―一三四頁）が發表されると、この文書は「瓜州給西州百姓遊擊將軍石染典過所」と命名されるとともに「穆多地」は「移多地」と讀むべく、また五カ所に押されていた官印は、首部のは「瓜州都督府之印」、中間の三印は「沙州之印」、尾部の印は「伊州之印」と解讀されていたのである。そして『吐魯番出土文書』第九冊（文物出版社、一九九〇年）が出るに及んで、この「西州都督府給西州百姓遊擊將軍石染典過所」には、別に朱筆と墨筆による勾勒、つまり横線での抹消があると注記されている(25)。この過所の原色版寫眞が、幸いにも關蔚然編『絲綢之路』（文物出版社、一九八六年）に載っていて、五顆の官印が朱肉の色合いの違いなどから三種類であることと、墨筆による勾勒は確認できるが、朱筆の勾勒については殘念ながら見分けにくい(26)。

このように文書の移錄に愼重さを缺いたとは言え、王仲犖の論考「試釋吐魯番出土的幾件有關過所的唐代文書」は唐代過所研究に一時期を畫したのであって、やがて『新疆考古三十年』（新疆人民出版社、一九八三年）と『敦煌

吐魯番文書研究』(甘肅人民出版社、一九八四年)に再錄された。[27]ところで、王の論考をはじめとして、中國の學術誌にみえる圓珍の過所と公驗に關する情報は、ほぼ萬斯年譯の內藤論文の範圍內に止まり、その結果、過所と公驗との差異について誤解が生じていた。たまたま一九八四年の五月末に王仲犖が北白川なる私の研究室を訪ねてくださった際、東京國立博物館の所藏となっている圓珍關係文書の詳細な解說の掲載された『原色版　國寶　3　平安Ⅰ』(毎日新聞社、一九六七年)[28]を進呈したところ、大いに喜ばれ、舊稿の改定增補を約束された。やがて訃報に接し、暗澹たる思いであったが、その後に『峼華山館叢稿』(中華書局、一九八七年)が刊行され、面目を一新し、論文題目から試釋などの文字を削除した新稿「吐魯番出土的唐代過所」が收錄されているのを知り、一往は安堵したが、如何せん、王自身による校正を經ていないため、多くの疑問點を殘すことになってしまっている。[29]ちなみに、唐の律令に規定された過所の制は、律令制の一環としてわが國に繼受されたので、唐と日本との比較史の觀點から論じた瀧川政次郎「過所考」(『日本歷史』一一八―一二〇、一九五八年)[30]や曾我部靜雄「日唐の度牒と公驗」(『日本歷史』二九七、一九七三年)[31]といった研究も發表されていたが、王仲犖の舊稿に依據した前述の小野勝年・池田溫の業績が公刊されると、その成果をただちに取り入れた舘野和己「日本古代の交通政策――本貫地主義をめぐって――」(『日本政治社會史研究　中』塙書房、一九八四年)[32]が發表されたのであった。

『文物』一九七五年第七期所載のアスターナ古墓群發掘簡報と王仲犖論文で紹介された五〇九號墓出土の過所關連の文書類は、『吐魯番出土文書』を編纂中であった唐長孺を中心とする武漢大學の研究グループによる文書綴合の復元作業によって、全く新しい體裁で脚光を浴びることになった。一九八〇年十一月中旬から四カ月間、京都大學人文科學研究所の客員教授として滯日された際、京都と東京で、「新出吐魯番文書の發掘整理經過および文書の簡單な紹介」と題して講演された。その際、唐代文書について、租佃契券や手實・戶籍などのほかに大量の官文書

が出土したことに言及され、池田温による翻譯[33]を借用すると、

トゥルファン盆地の墓からは大量の官文書が出ており、それらは土地・賦役・軍事・訴訟・館驛など各方面にわたっております。そのなかには、同一案件乃至同類案件の文書を日づけの順にはりついで巻子としたものがあり、われわれはそうしたものをしばらく「案巻」となづけています。同じ案件の辭・牒・判語をはりついだ案巻には、アスタナ九一號墓から出た「貞觀十七年（六四三）何射門陀案巻」（寄宿した旅客の罹病死去に關するもの）やアスタナ五〇九號墓から出た「行車人康拂利誤傷兒童案巻」などがあります。同類案件をはりついだ方は、同じ類型に屬す複數の案件の文書を、日次順に交錯して排列しており、アスタナ五〇九號墓の「開元廿一年（七三三）過所關係の案巻」のごときは、唐益謙の家族・麴孝琰・蔣化明・王奉仙ら諸人の案件の辭や牒・判語を含み、それらが相まじってあらわれます。

……これらの案巻は、その案件の內容が各方面の興味ある資料を提供するほか、司法手續の順序や文書による審査決裁手續の實際をここからうかがうことができます。われわれはまたこれらの案巻を通じて、當代少數民族も漢人と同じく唐の法律の適用を受けそれに拘束されていたことを見てとれます。

と述べられたのである。唐長孺らが案巻と名づけた形態として出土した過所關係の案巻は、郭平梁「唐朝王奉仙被捉案文書考釋――唐代西域陸路交通運輸初探――」（『中國史研究』一九八六年第一期）[34]につづく程喜霖「《唐開元二十一年（七三三）西州都督府勘給過所案巻》考釋――兼論請過所程序與勘驗過所（上）（下）――」（『魏晉南北朝隋唐史資料』八、九・十、一九八六年、八八年）[35]の出現で文書の綴合狀態と過所請求の手續が明らかにされた。しかし、後者の下篇の「一、請過所程序」の節で圓珍の尙書省司門の過所を引用して解說するに當たり、萬斯年譯の內藤虎次郎「三井寺藏唐過所考」で「都官員外郎判　祗」とあった個所を「都官員外郎　判　依」と誤って引用した王仲

牮の移錄[36]を踏襲したばかりか、「都官員外郎判依」とは通判のことと解説している點は、訂正されなければならない。程喜霖は、この論考に先立って發表した前揭の「唐代的公驗與過所」（『中國史研究』一九八五年第一期）において、公驗の定義を行ない、公驗には廣義と狹義の兩方があり、狹義では旅行證明であるが、廣義では官廳が發給する證明書全般を指すとしているのは、註（24）で紹介した小野勝年「山東における圓仁の見聞」と同じ見解であって、異論はない。しかし程が、狹義の公驗は過所と同じであって、審査するのは縣司であるとはいえ、發給するのは府・州に止まると述べているのは、圓珍の公驗が州のみならず縣からも發給されている事例に鑑み、贊成しがたいこと、杉井一臣「唐代の過所發給について」（布目潮渢博士古稀記念論集『東アジアの法と社會』汲古書院、一九九〇年、一五九―一八九頁）の一六二頁に指摘する通りである。

程喜霖は、過所發給に關する二篇の論考を公表して以降、過所や公驗に記載された資料を最大限に活用して、「唐代公驗與過所案卷所見的經濟資料――部曲奴婢――」「唐代過所文書中所見的作人與傭主」といった論文をつぎつぎに執筆[37]し、凍國棟や荒川正晴は唐代の商品經濟や布帛輸送の史料として過所を利用して成果を擧げている。[38]近い將來『吐魯番出土文書』の寫眞をともなった圖錄が出版されることを期待しつつ、錄文本全十册が完結したことでもあり、過所と公驗の史料を抽出し移錄することにしたい。

二　入唐僧が將來した公驗と過所

わが國からの入唐僧が將來した唐の公驗と過所で、實物が傳世しているのは、傳敎大師最澄（七六七―八二二）と圓珍（八一四―九一）が持ち歸った公驗と、圓珍の過所だけであって、慈覺大師圓仁（七九四―八六四）は『入唐

求法巡禮行記』のなかに記録してはいるが、現物は傳世していない。そこで最澄と圓珍の公驗と過所のみを移録し、圓仁『入唐求法巡禮行記』に所載の公驗は取り上げない。

1　最澄と圓珍の公驗

藤原葛野麻呂を大使とする第十六回の遣唐使の四艘の船は、延暦二十三年すなわち唐の德宗の貞元二十（八〇四）年の七月六日に肥前國松浦郡田浦を同時に出發したものの、暴風雨に遭ったため、無事に中國に到着したのは、留學生つまり長期留學僧の空海（七七四―八三五）らが同乘した大使の第一船と、還學生つまり短期の請益僧の最澄らが同乘した副使の第二船だけであった。空海らの公驗については知られていないが、明州に到着した最澄は、九月十二日に明州から發給してもらった牒を携帶し、ただちに遣唐使の一行と別れて、目指す台州の天台山國清寺に向かい、翌貞元二十一（八〇五）年二月に台州から公驗を發給してもらった後、五月十八日に明州から出帆した大使らの船に同乘して歸國するのである。

（A）　最澄の明州牒と台州公驗

最澄が將來した明州の牒と台州の公驗は、もともと明州牒の後に台州公驗を貼り繼ぎ、紙縫に「台州之印」と台州刺史であった陸淳の署名が書かれていたもので、滋賀縣の延曆寺に傳世し、二通を一卷として傳教大師入唐牒つまり最澄入唐牒と題される。一九六四年に國寶に指定され、現在は比叡山延曆寺の國寶殿で展示されている。狹義の公驗としては後半の台州公驗のみを移録するべきであろうが、明州牒が「元赤」の役割を果たしているので、全體を移録しておこう。

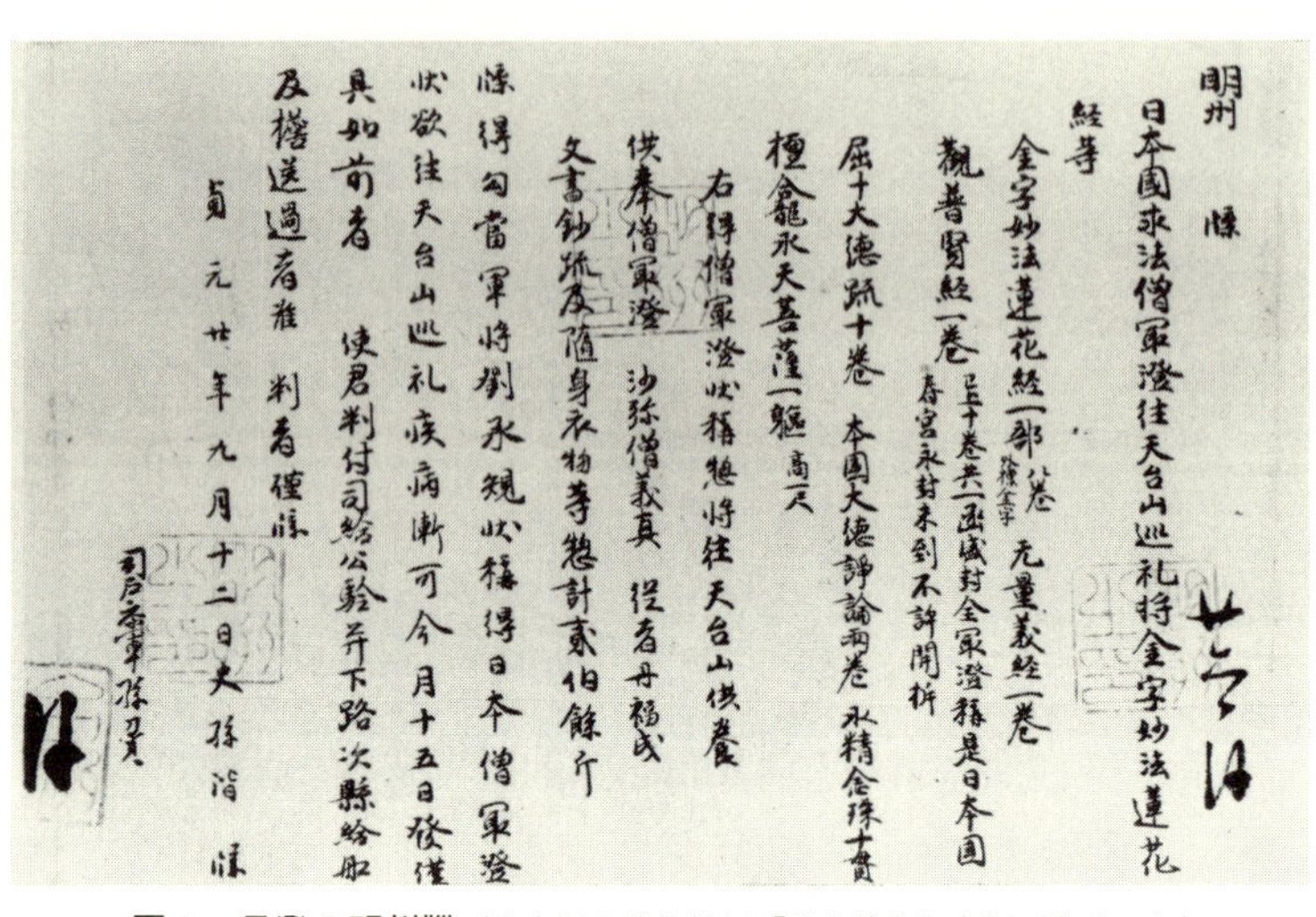

圖１　最澄の明州牒（奈良國立博物館編『請來美術』大塚巧藝社より）

明州　牒

（別筆）「廿二日　□」

日本國求法僧最澄往天台山巡礼。將金字妙法蓮花

經等。

金字妙法蓮花經一部八卷。外標金字。　无量義經一卷。

觀普賢經一卷已上十卷共一函盛。封全。最澄稱。是日本國春宮永封。未到不許開柝。

屈十大德疏十卷　本國大德諍論兩卷　水精念珠十貫

檀龕水天菩薩一軀高一尺。

右得僧最澄狀稱。惣將往天台山供養。

供奉僧最澄　沙彌僧義眞　從者丹福成

文書鈔疏及隨身衣物等。惣計貳伯餘斤。

牒。得勾當軍將劉承規狀稱。得日本僧最澄

狀。欲往天台山巡礼。疾病漸可今月十五日發。謹

具如前者。　使君判付司。給公驗。幷下路次縣。給舡

及檐送過者。准　判者。謹牒。

貞　元　廿　年　九　月　十　二　日。史　孫　階　牒。

司戶參軍孫「□」

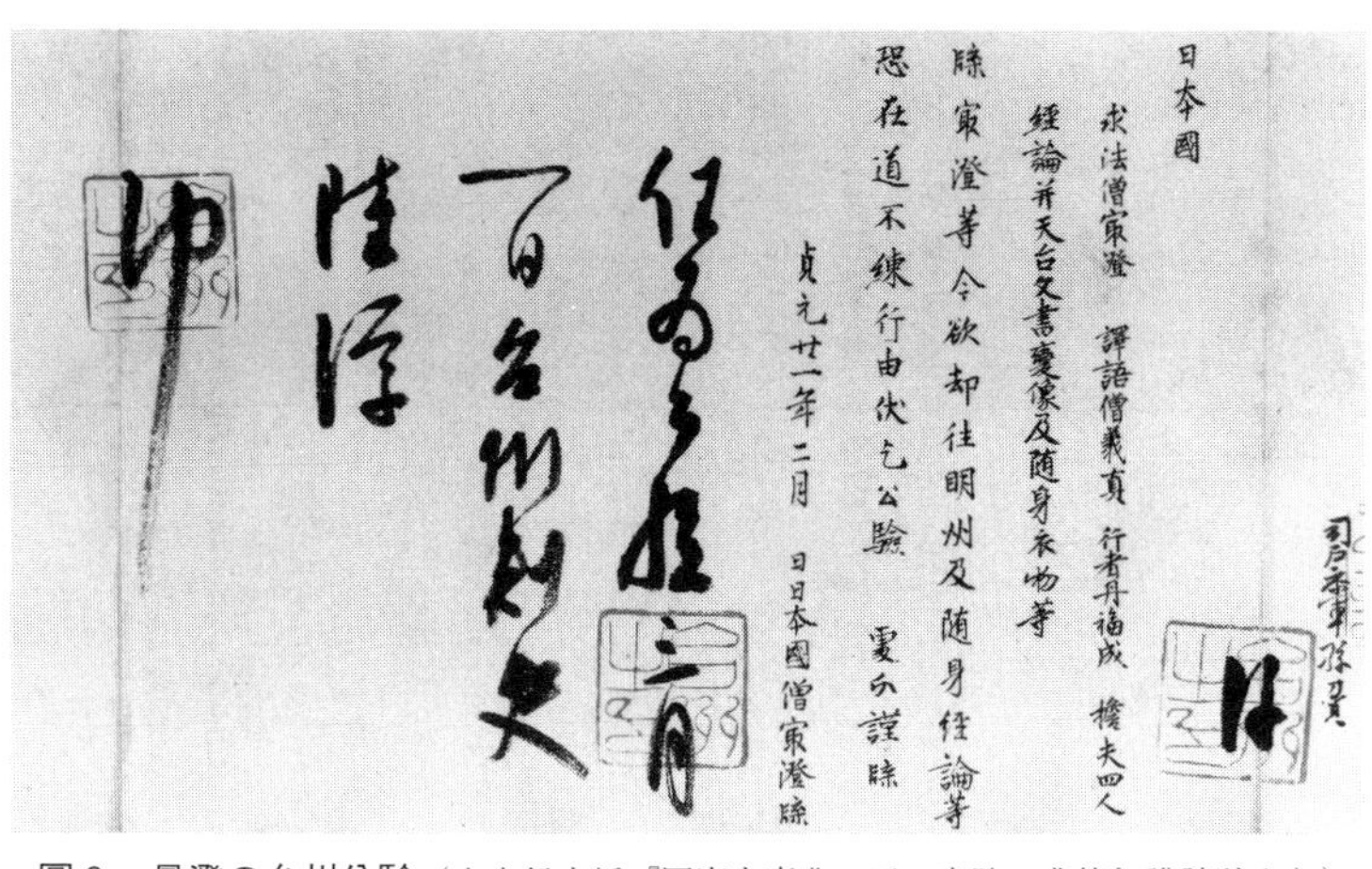

圖２　最澄の台州公驗（山本信吉編『國寶大事典　三　書跡・典籍』講談社より）

「淳」

日本國

求法僧最澄　譯語僧義眞　行者丹福成　擔夫四人

經論幷天台文書變像及隨身衣物等

牒。最澄等今欲却往明州及隨身經論等。

恐在道不練行由。伏乞公驗。　處分。謹牒。

貞元廿一年二月　日。日本國僧最澄牒。

「（別筆）任爲公驗。三月

一日。台州刺史

陸淳」

「印」

この傳敎大師最澄入唐牒は、縱二九・七センチ、横一三四・二センチで、三紙からなっている。[39]第一通の明州牒は、最澄が天台山に巡禮し供養したい旨を記した勾當軍將の劉承規の狀をうけて書かれ、明州の司戶の史の孫階が主典として起案し、司戶參軍の孫某が判官として署名したもので、方五・三センチの朱方印「明州之印」三顆が捺されている。供奉僧の最澄、沙彌僧の義眞と從者の丹福成のほか、日本から持參した經疏などを列記していて、春宮つまり皇太子が天台山に納めんとした金字の妙法蓮花經が途中で開封されないよう特記している點が注目される。第二通の台州公驗は、天台山で集めた經論や文書などをもって明州に向かうに當たり、台州に公驗を申請したもので、求法僧の最澄、譯語僧の義眞と行者の丹福成のほかに擔夫四人の通行許可を乞うた牒に、刺史の陸淳が「公驗と爲すに任す、云云」と自署して證明し、明州牒との繼目に「淳」と署している。この公驗によって、貞元二十一年三月一日に春秋學者として有名な陸淳が、台州刺史の任にあったことが判明する。二カ所の紙縫と「三月」の自署の上に捺された朱方印「台州之印」三顆は方五・七センチである。ちなみに、貞元二十一年の一月に德宗が崩じて順宗が卽位するや、韋執誼の肝煎りで中央政府に呼び戾され給事中の要職に就いていた陸淳は、四月に太子侍讀となり、太子の名を避けて陸質と改名し、その年の九月に病沒したことが新舊唐書の陸質傳や柳宗元「唐故給事中皇太子侍讀陸文通先生墓表」（『柳河東集』卷九）に記されていたが、[40]延曆寺に傳世されたこの台州公驗によって、陸淳の眞筆を目のあたりにしうるのである。

最澄の入唐から三十三年後の文宗開成三（八三八）年七月に、最後となる遣唐使に請益留學僧として加わり、揚州海陵縣に到着し、山西の五臺山に巡禮し、長安に滯在して會昌の廢佛に遭遇するといった體驗をした上で、九年後の宣宗大中元（八四七）年九月に登州文登縣を出帆して歸國した圓仁の『入唐求法巡禮行記』にも、公驗を得るために懸命に努力した樣子がていねいに記録されている。[41]しかし公驗の原物は殘されていないので、今回は取り上

げず、圓珍の公驗を移錄することにする。

（B）圓珍の福州都督府公驗

圓仁が歸國してから六年後の大中七（八五三）年八月に唐の商人の王超・李延孝らの廻鄉の船に便乘して江南東道の福州連江縣の管内に到着してから五年近く後の大中十二（八五八）年六月に台州から商人李延孝の船に乘って歸國した圓珍の求法旅行については、小野勝年『入唐求法行歷の研究――智證大師圓珍篇――』上下（法藏館、一九八二・八三年）[42]なる詳細を極めた研究のほか、佐伯有清『智證大師傳の研究』（吉川弘文館、一九八九年）、『圓珍』（吉川弘文館、人物叢書、一九九〇年）においても、最新の成果を盛り込んだ傳記のなかで敍述されている[43]。後者の第三「入唐行歷（一）」から第五「入唐行歷（三）」（八九―一六五頁）は、大屋德城「智證大師の入唐求法」（『園城寺之研究』園城寺、一九三一年、五九―一五二頁）ともども、圓珍將來の公驗と過所を讀むに際して、貴重な情報を提供してくれる。

入唐の計畫が整った段階で圓珍は大宰府から渡海の許可書たる公驗を交附された。唐の公驗ではないが、參考までに移錄しておこう（圖3）。

日本年號の仁壽三（八五三）年二月十一日に發給された「圓珍大宰府公驗」（東京國立博物館藏）は、縱二七・八センチ、横三九・三センチで、「大宰府印」三顆が捺され、一巻となっている。末尾に署名している大宰大典の越貞原とは越智宿禰貞原のことで、圓仁らをともなった遣唐使の史生となって唐へ渡った經歷の持ち主だったのであり、大監の藤某とは藤原某のことで、いずれも唐風の姓にしている[44]。ところが便乘しようとした王超らの船の出航が遲延したためであろうか、圓珍は七月一日にあらためて公驗の下附を申請しているのである。

仁壽三年七月五日に鎭西府少監の藤有蔭によって證明された圓珍の「鎭西府公驗」は、入唐後の同年つまり唐の大中七年の九月十四日に福州都督府より下附された公驗の前に、「元赤」として綴合され、「圓珍福州公驗」一巻として東京國立博物館に所藏されているので、そのままの形で移録しておく（圖4—7）。

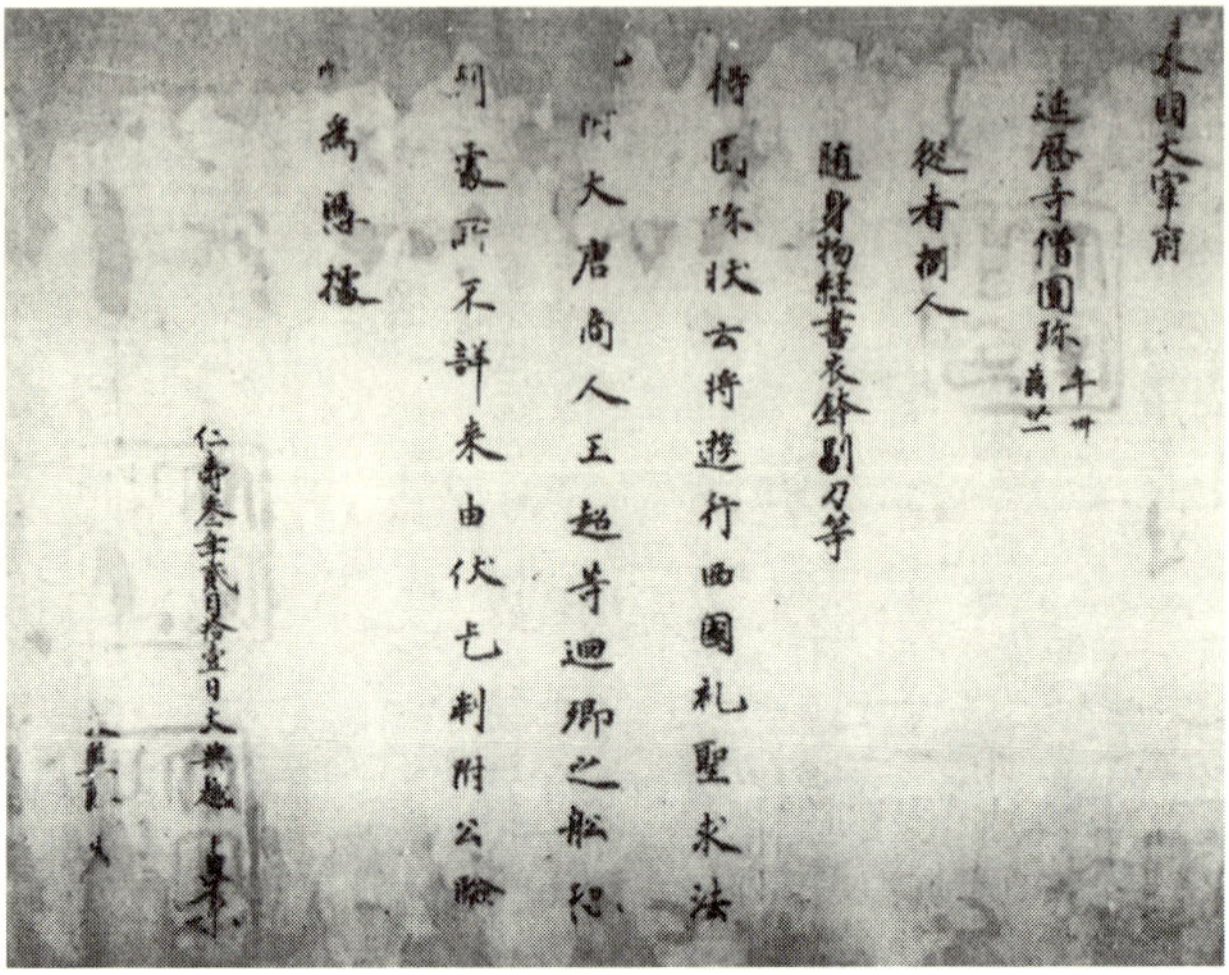

圖3　圓珍の大宰府公驗（藤枝晃撮影）

日本國大宰府
　延暦寺僧圓珎年卌。臘廿一。
　從者捌人。
　　隨身物。經書衣鉢剔刀等。
得圓珎狀云。將遊行西國。礼聖求法。
□附大唐商人王超等迴鄉之船。恐
到處所不詳來由。伏乞判附公驗。
□爲憑據。

仁壽參年貳月拾壹日　大典越「貞原」
　　　　　　　　　　大監藤「□□」

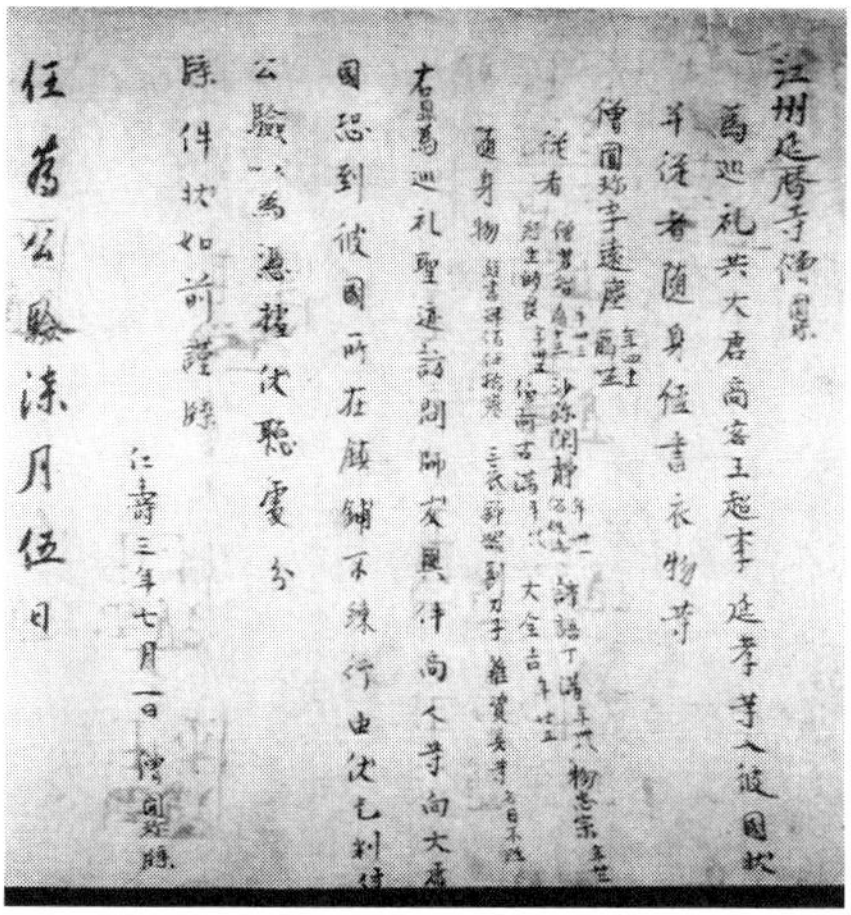

圖4　圓珍の鎮西府公驗之一（藤枝晃撮影）

江州延暦寺僧圓珎

爲巡礼。共大唐商客王超・李延孝等。入彼國狀。

幷從者、隨身經書衣物等。

僧圓珎字遠塵年四十一。臘廿二。

從者

僧豐智年卅三。臘十三。沙弥閑靜年卅一。俗姓海。譯語丁滿年卌八。物忠宗年卅二。

經生的良年卅五。伯阿古滿年廿八。大全吉年廿三。

隨身物經書肆百五拾卷。三衣・鉢器・剔刀子・雜資具等。名目不注。

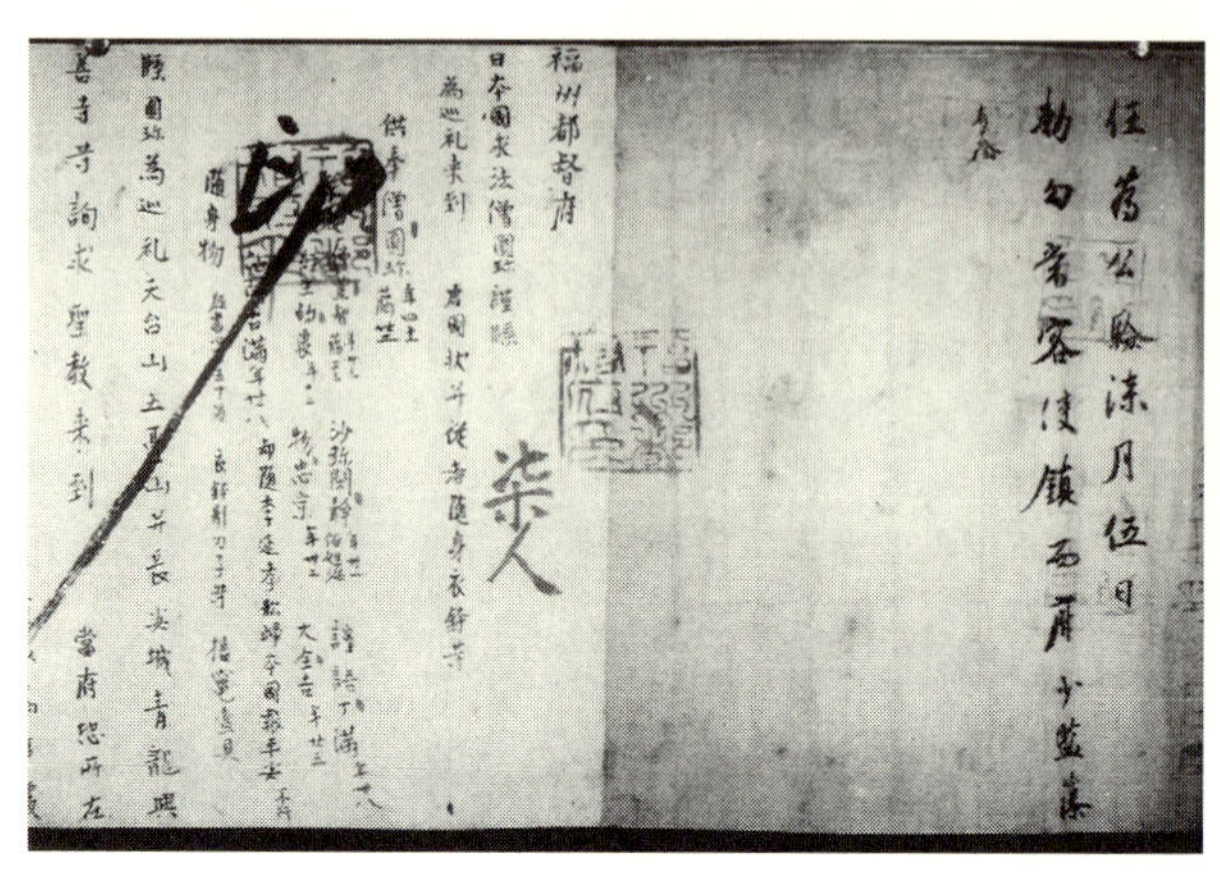

圖 5　圓珍の鎭西府公驗之二（藤枝晃撮影）

右圓珎爲巡礼聖迹。訪問師友。與件商人等。向大唐國。恐到彼國。所在鎭鋪。不練行由。伏乞判付公驗。以爲憑據。伏聽處分。

牒。件狀如前。謹牒。

仁壽三年七月一日　僧圓珎牒

（別筆）任爲公驗。柒月伍日。

勅勾當客使鎭西府少監藤

「有蔭」

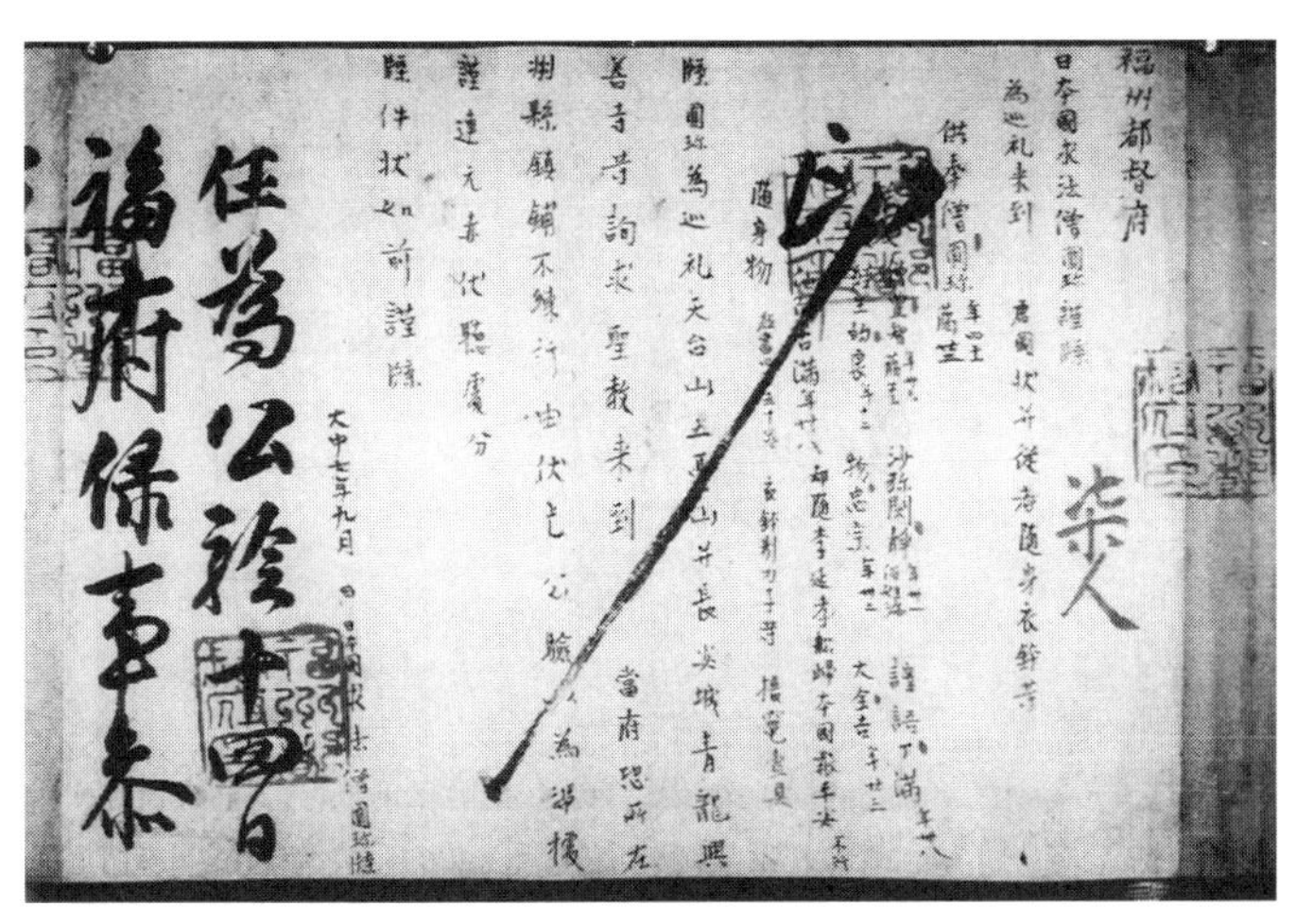

圖６　圓珍の福州都督府公驗之一（藤枝晃撮影）

福州都督府
日本國求法僧圓珎謹牒　（朱筆）柒人
爲巡礼來到　唐國狀。幷從者、隨身衣鉢等。
供奉僧圓珎年四十一。臘廿二。
從者　僧豐智年卅三。臘一十三。　沙弥閑靜年卅一。俗姓海。　譯語丁滿年卅八。
經生的良年卅五。　物忠宗年卅二。　大全吉年廿三。
伯阿古滿年廿八。却隨李延孝船。歸本國報平安。不行。
隨身物　經書四百五十卷。　衣鉢剔刀子等。　旅竈壹具。
牒。圓珎爲巡礼天台山・五臺山。幷長安城青龍・興
善寺等。詢求聖教。來到　當府。恐所在
州縣鎭鋪。不練行由。伏乞公驗。以爲憑據。
謹連元赤。伏聽處分。
牒。件狀如前。謹牒。
大中七年九月　日　日本國求法僧圓珎牒
任爲公驗。十四日。

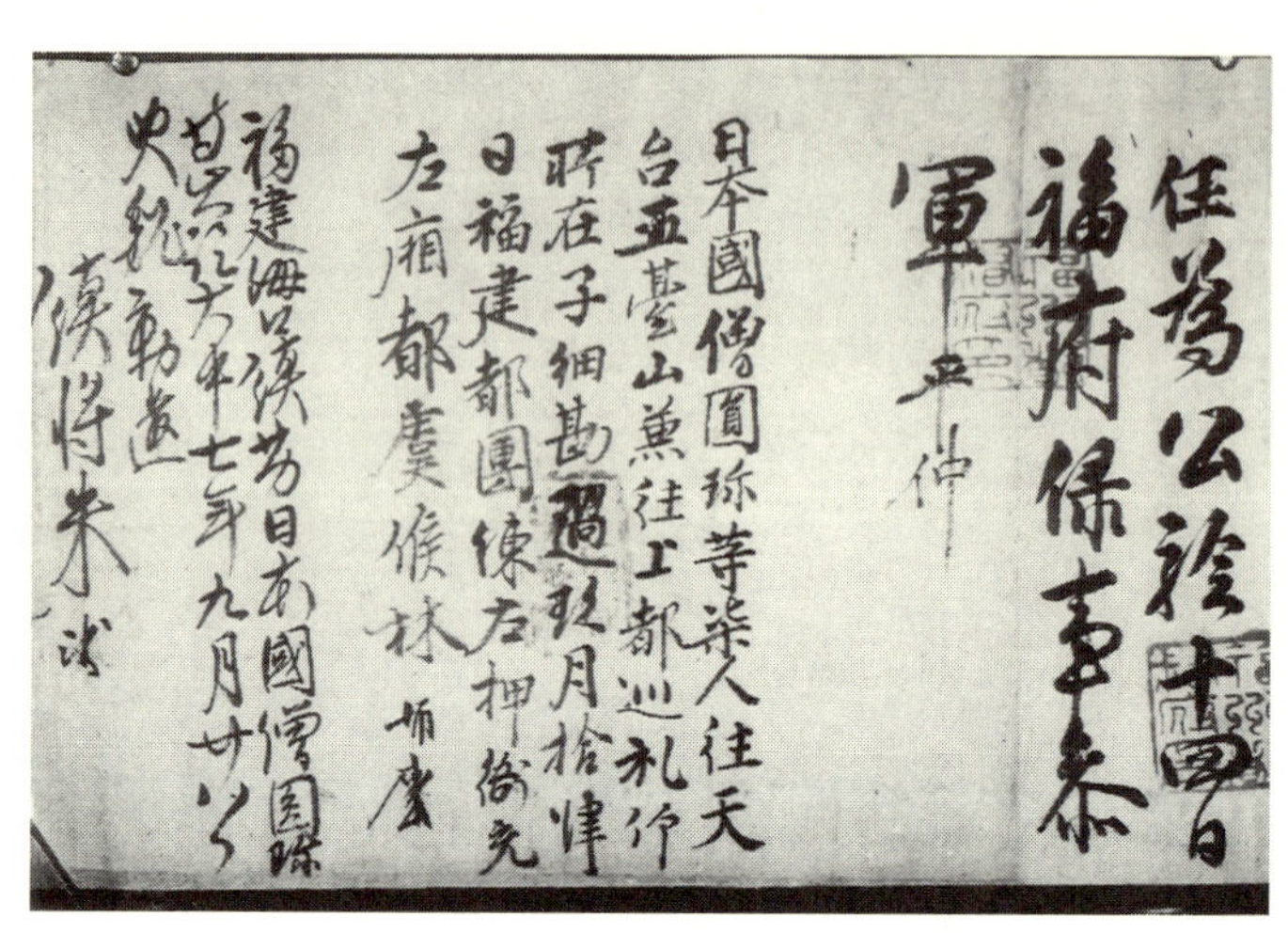

圖７　圓珍の福州都督府公驗之二（藤枝晃撮影）

福府録事參

軍「平仲」

（別筆）日本國僧圓珍等柒人。往天

台・五臺山。兼往上都巡礼。仰

所在子細勘過。玖月拾肆

日。福建都團練左押衙充

左廂都虞候林「師廙」

（別筆）福建海口鎭。勘日本國僧圓珍

等出訖。大中七年九月廿八日。

史魏□□

　鎭將朱「浦」

この「鎭西府公驗」と「福州都督府公驗」によると、圓珍は年四十一で臘つまり出家後の年數は二十二であるが、先の「大宰府公驗」と後に移録する「溫州台州諸縣公驗」では、いずれも「年四十。臘廿一。」とあって、矛盾している。(45)「鎭西府公驗」と「福州都督府公驗」からなる『圓珍福州公驗』一巻は、縱三〇・五センチ、長さ一三四センチである。第一紙の「鎭西府公驗」には「主船之印」なる方印十五顆が捺され、圓珍が從者七人とともに入唐巡禮するための公驗を申請した牒に、藤有蔭つまり藤原有蔭が證明を與えたもので、「有蔭」の二字が自署である。從者の人數が、先の「大宰府公驗」では單に「捌人」と書かれていたのに對し、これには僧豐智をはじめとする七人の名と年齡が列擧されているのが注目される。從者の人數が一人分少なくなったから、「大宰府公驗」を使えなかったのか、出航が遲れたのであらためて公驗の再發行を申請したのか、判斷は留保しておく。

第二紙と第三紙は、入唐後の圓珍が福州都督府に對し、天台山、五臺山ならびに長安城の青龍寺と興善寺に巡禮し聖敎を詢求するための旅行許可書たる公驗を發給してもらうために、元赤の「鎭西府公驗」を連ねて申請した牒に對し、大中七年九月十四日附で福府つまり福州都督府の錄事參軍である某平仲が許可證明を與え、「福州都督府印」の朱印四顆が捺されている。印を押捺した個所は、第一紙と第二紙、第二紙と第三紙との紙縫のほか、從者の欄に斜めに大きく「印」と墨書された部分と、日附の「十四日」の部分で、いずれも理に適っている。圓珍の從者のうちの伯阿古滿すなわち伯禰阿古麻呂は、圓珍ら一行が無事に到着した次第を本國に知らせるべく李延孝の船に乘って日本に歸ったので、從者は一人減って六人となり、圓珍は合計七人の旅行許可を求めたわけである。そこで福州都督府の上席檢勾官(46)である錄事參軍の某平仲が、朱筆でもって伯阿古滿の個所に ┓ つまり鉤形のしるしを打ち、圓珍をはじめとする七名の人名の右横に朱點を打った上で、右端の餘白部に大きく朱筆で「柒人」と書いて元赤の「鎭西府公驗」の八人と異なっている旨を特記したのである。

この「福州都督府公驗」に記載された隨身物つまり携帶品のなかに、「鎭西府公驗」には見えなかった「旅竈壹具」が含まれているのが注目される。周一良は、宋の陸游の詩句に「炊煙生旅竈」とあるのを參照しつつ、この旅竈つまり旅行用のかまどは中國で製作されたもので、圓珍は入唐以後の旅行においてはじめて携帶したに違いない、と述べている。(47)

九月十四日附の福州都督府の公驗のつぎに同じ九月十四日の日附でこの地域の治安警備の責任者である福建都團練左押衙・充左廂都虞候の林師甂による勘過證明五行が書かれ、「左廂都虞候印」の長方形の朱印が「勘過玖月」の上に捺されている。(48)天台山、五臺山さらに上都長安に往かんとする圓珍ら一行七人の所在における通過を認めた文面につづき、九月二十八日附の福建海口鎭鎭將の朱浦による通過證明が書かれている。この文中の「勘日本國僧圓珎等出訖」の「勘」の字は、從來は「對」あるいは「勒」と移錄されていたが、佐伯有清の判讀に從い「勘」と讀む。(49)また「史魏□□」の「史」の字は、『大日本史料』は「決」とし、小野勝年は書記を意味する「典」と移錄されたが、(50)私は「史」と判讀し、海口鎭の史である魏某が「鎭將朱」までの文を書き、最後に朱浦が「浦」の字のみを自署したものであると解釋する。

（C）　圓珍の溫州台州諸縣公驗と台州牒

大中七（八五三）年の九月二十八日に福建觀察使（治所は福州都督府）管內の海口鎭から海路によって隣接する浙東觀察使（治所は越州都督府）管內の溫州の界に入った圓珍一行は、江口鎭を通過して橫陽縣に到着し、縣城內に停住した。十月二十六日に橫陽縣の公驗を下附されて安固縣に向かい、三日後の二十九日に安固縣の公驗をえて溫州の郭下縣である永嘉縣に到着し、溫州刺史の裴閱(51)の好遇をうけて開元寺に宿泊した。十一月六日に永嘉縣の公驗

をえて台州の黃巖縣に向かい、二十三日に黃巖縣の公驗をえて台州の郭下縣である臨海縣に向かい、二十六日に到着して開元寺に宿泊した。この地で圓珍は二通の公驗を下附された。一通は開元寺主の僧明秀が十二月一日に台州に提出した狀にもとづき十二月三日に台州より發給された牒であり、もう一通は圓珍が黃巖縣までの公驗を元赤として臨海縣に申請していた公驗であって、十二月六日に下附されたのである。これらの公驗を手にした圓珍一行は、天台山に向かい、國淸寺・禪林寺に九カ月近くも滯在し、求法巡禮の生活をつづけることになる。

溫州橫陽縣公驗に始まる五通の縣公驗と台州牒の合計六通は、一巻に裝されて東京國立博物館に所藏され、『圓珍台州溫州公驗』と題されている。縱は三〇・〇センチ、長さ三三八センチで、配列の順序は台州牒が最初にあり、溫州橫陽縣・安固縣・永嘉縣の各公驗の後に台州黃巖縣・臨海縣の各公驗がつづいている。台州牒は後に添附されたことは明らかなので、本項では「圓珍の溫州台州諸縣公驗と台州牒」と題し、台州臨海縣公驗（十二月六日）の後に台州牒（十二月三日）を移錄することにしたい。(52) なお五通の縣公驗を申請した圓珍の牒はほとんど同文であるが、寫眞と對應させるので重複を厭わず全文を移錄しておこう（圖8―圖15）。

「溫州橫陽縣公驗」から「台州臨海縣公驗」に至る五通の諸縣公驗は、先の「福州都督府公驗」と同様に、圓珍が元赤を連ねて牒により公驗を申請したのに對し、先の都督府錄事參軍の代わりに、これら諸縣の場合は長官の縣令あるいは令の職務を一時的に代行していた次官の丞や上席檢勾官の主簿が、「憑據となすに任す」や「此を執りて憑據となすに任す」といった文言と日附そしてみずからの名を自署することによって證明されたものである。官印も、「福州都督府公驗」の場合と同様に、圓珍あるいは從者の名の附近に斜めに大きく「印」と墨書された部分と、日附の部分、そして元赤として貼り繼がれた前紙との紙縫の個所の縣令らの名を自署した個所に捺印されている。ただし、溫州の橫陽縣と安固縣では縣印が、縣令とともに、溫州の州衙に持っていかれていたので、押捺はさ

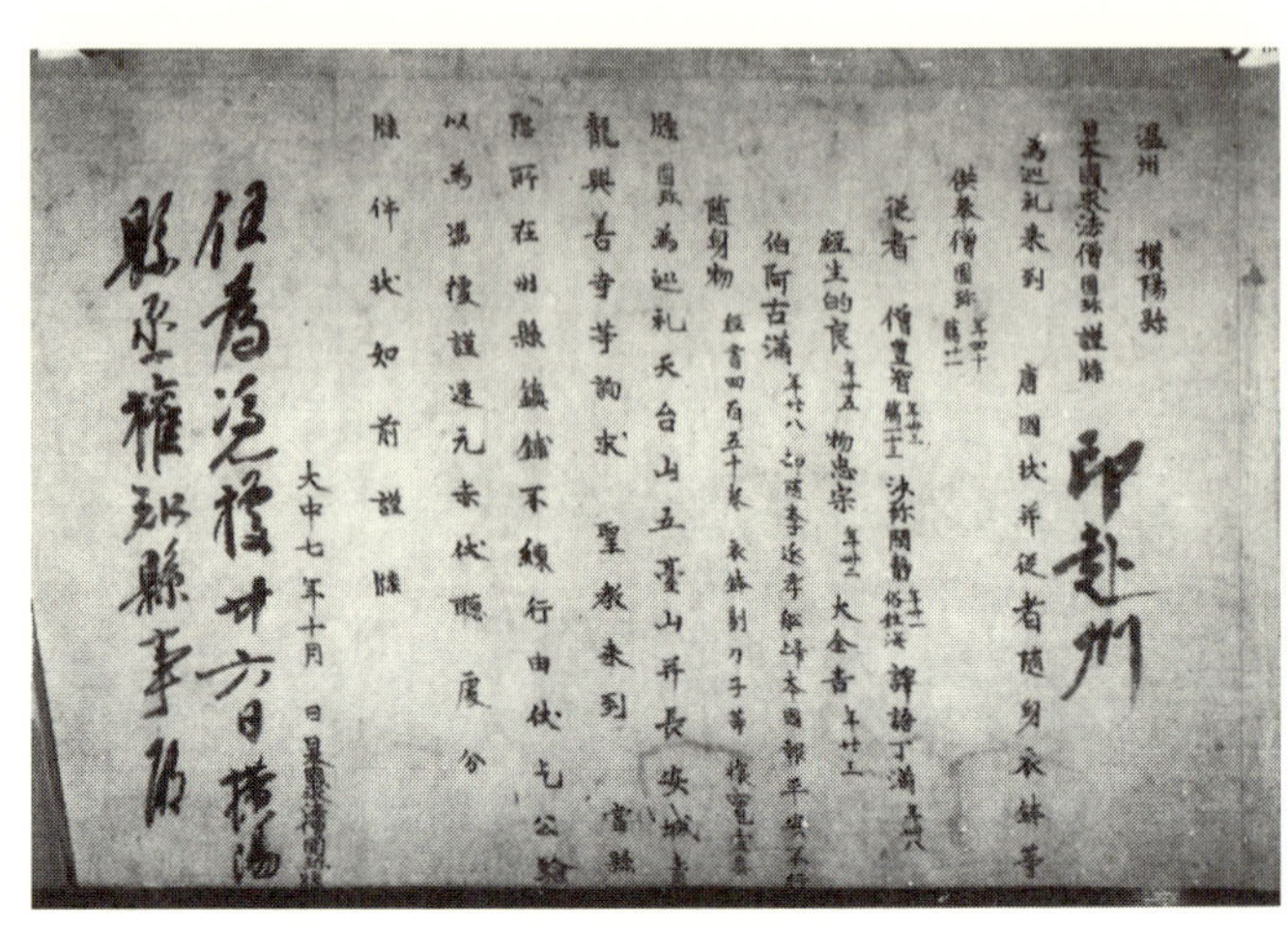

圖 8　圓珍の溫州橫陽縣公驗（藤枝晃撮影）

溫州　　橫陽縣

日本國求法僧圓珎謹牒　「印赴州」

爲巡礼來到　唐國狀。幷從者、隨身衣鉢等。

供奉僧圓珎年四十。臈廿一。

從者　僧豐智年卅三。臈一十三。　沙弥閑靜年卅一。俗姓海。　譯語丁滿年卌八。

經生的良年卅五。物忠宗年卅二。大全吉年廿三。

伯阿古滿年廿八。　却隨李延孝船。歸本國報平安。不行。

隨身物　經書四百五十卷。　衣鉢剔刀子等。　旅竈壹具。

牒。圓珎爲巡礼天台山・五臺山。幷長安城青龍・興善寺等。詢求　聖教。來到　當縣。恐所在州縣鎭鋪。不練行由。伏乞公驗。以爲憑據。謹連元赤。伏聽處分。

牒。件狀如前。謹牒。

大中七年十月　日　日本國求法僧圓珎牒

（別筆）任爲憑據。廿六日。橫陽

縣丞權知縣事「郝」

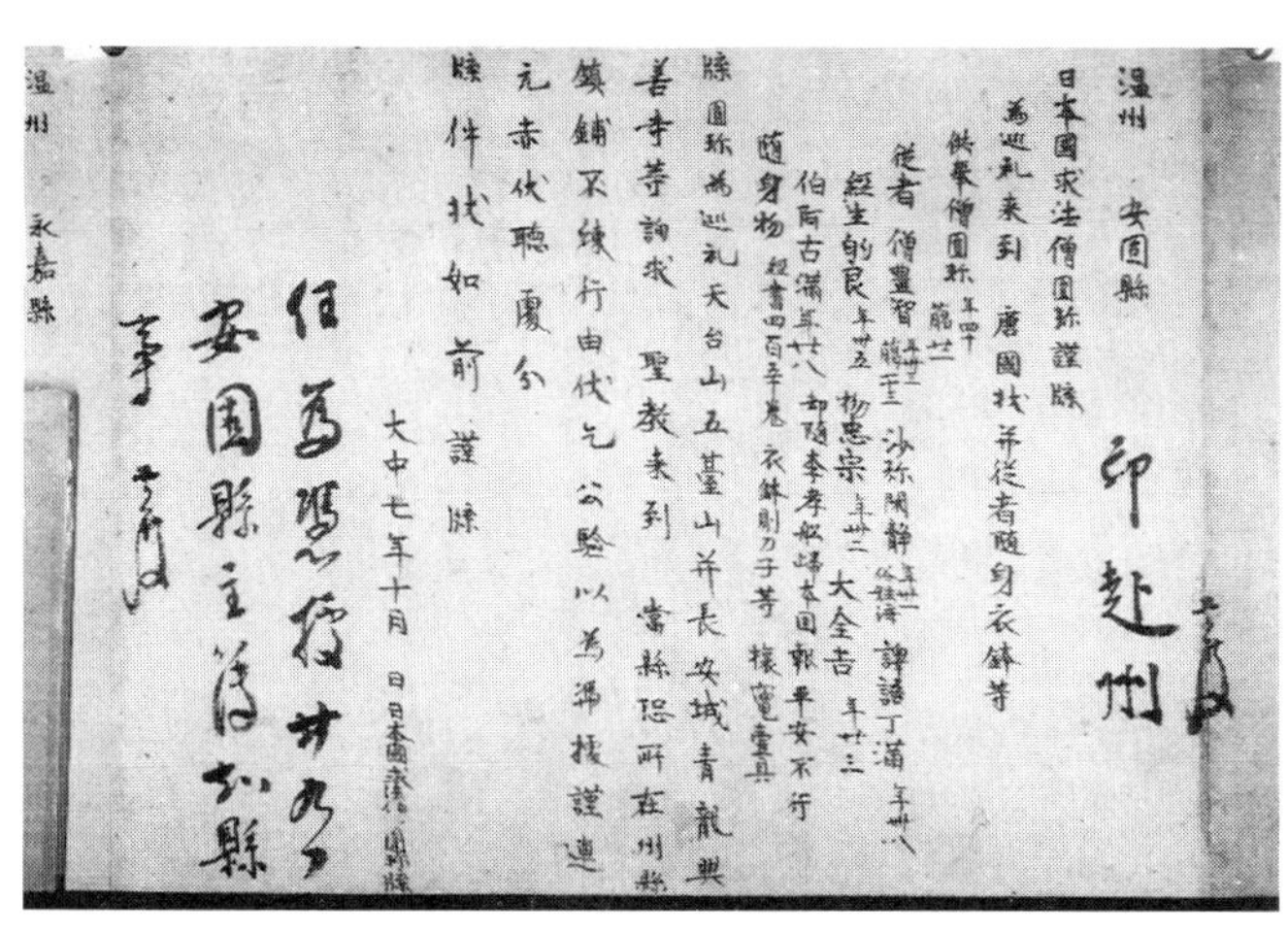

圖 9　圓珍の溫州安固縣公驗（藤枝晃撮影）

「□度」

溫州　安固縣　「印　赴　州」

日本國求法僧圓珎謹牒

爲巡礼來到　唐國狀。并從者、隨身衣鉢等。

供奉僧圓珎年四十。臘廿一。

從者　僧豐智年卅三。臘一十三。　沙弥閑靜年卅一。俗姓海。　譯語丁滿年卌八。

經生的良年卅五。　物忠宗年卅二。　大全吉年廿三。

伯阿古滿年廿八　却隨李孝船。歸本國報平安。不行。

隨身物　經書四百五十卷。　衣鉢剔刀子等。　旅竈壹具。

牒。圓珎爲巡礼天台山・五臺山。并長安城青龍・興善寺等。詢求　聖敎。來到　當縣。恐所在州縣鎭鋪。不練行由。伏乞公驗。以爲憑據。謹連元赤。伏聽處分。

牒。件狀如前。謹牒。

大中七年十月　日　日本國求法僧圓珎牒

（別筆）任爲憑據。廿九日。

安固縣主簿知縣

事「□度」

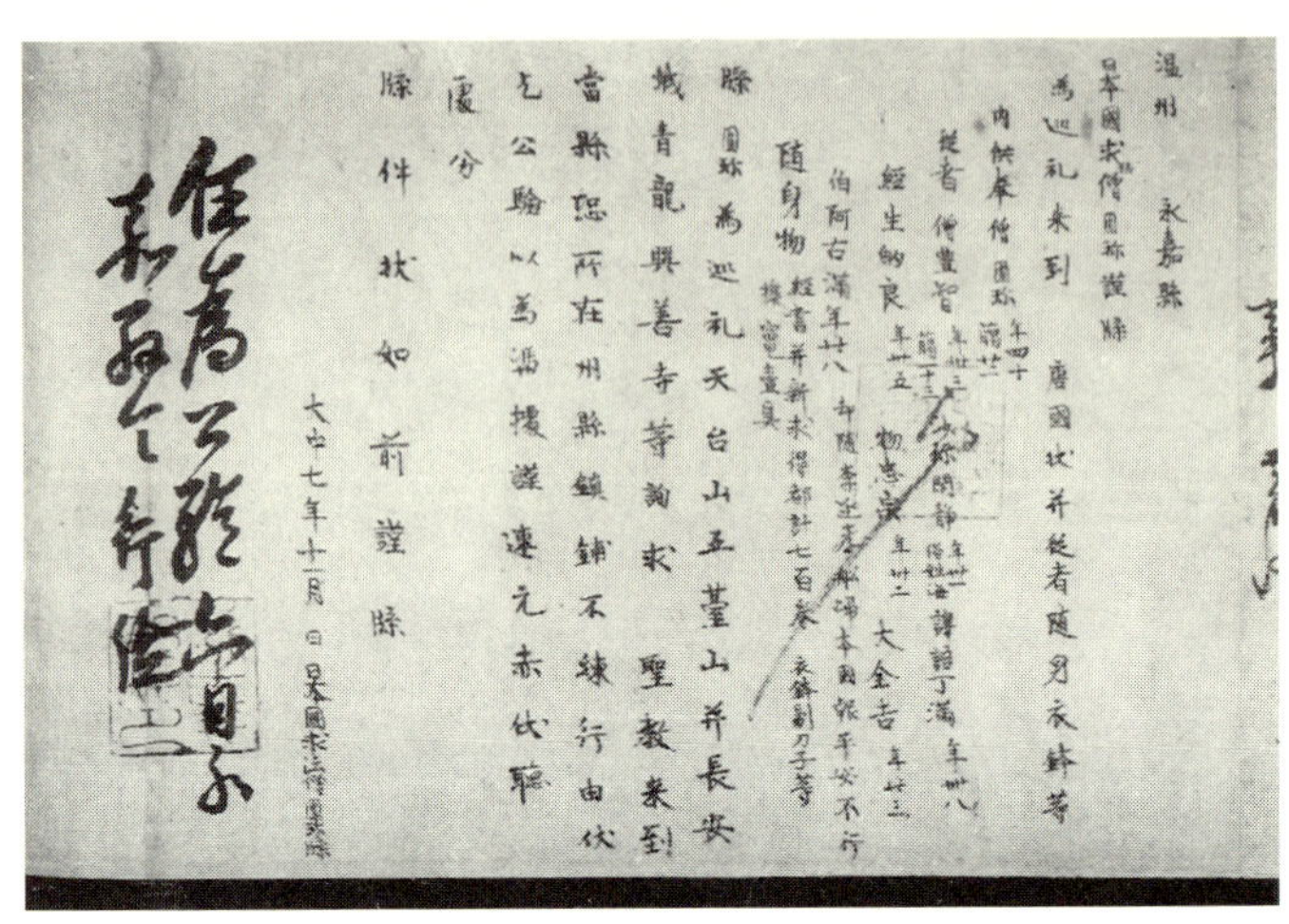

圖10　圓珍の溫州永嘉縣公驗之一（藤枝晃撮影）

溫州　永嘉縣

日本國求法僧圓珎謹牒

為巡礼來到　唐國狀。并從者、隨身衣鉢等。

內供奉僧圓珎年四十。臘廿一。

從者　僧豐智年卅三。臘一十三。沙弥閑靜年卅一。俗姓海。譯語丁滿年卌八。

經生的良年卅五。物忠宗年卅二。大全吉年廿三。

伯阿古滿年廿八　却隨李延孝船。歸本國報平安。不行。

隨身物　經書幷新求得。都計七百卷。衣鉢剔刀子等。旅竈壹具。

牒。圓珎為巡礼天台山・五臺山。幷長安城青龍・興善寺等。詢求　聖教。來到當縣。恐所在州縣鎮鋪。不練行由。伏乞公驗。以為憑據。謹連元赤。伏聽處分。

牒。件狀如前。謹牒。

大中七年十一月　日　日本國求法僧圓珎牒

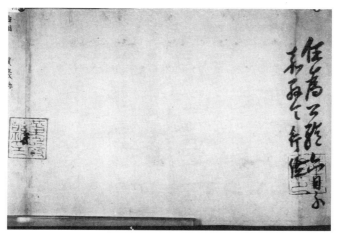

圖11　圓珍の溫州永嘉縣公驗之二（藤枝晃撮影）

（別筆）任爲公驗。六日。永

嘉縣令行儉

［印］

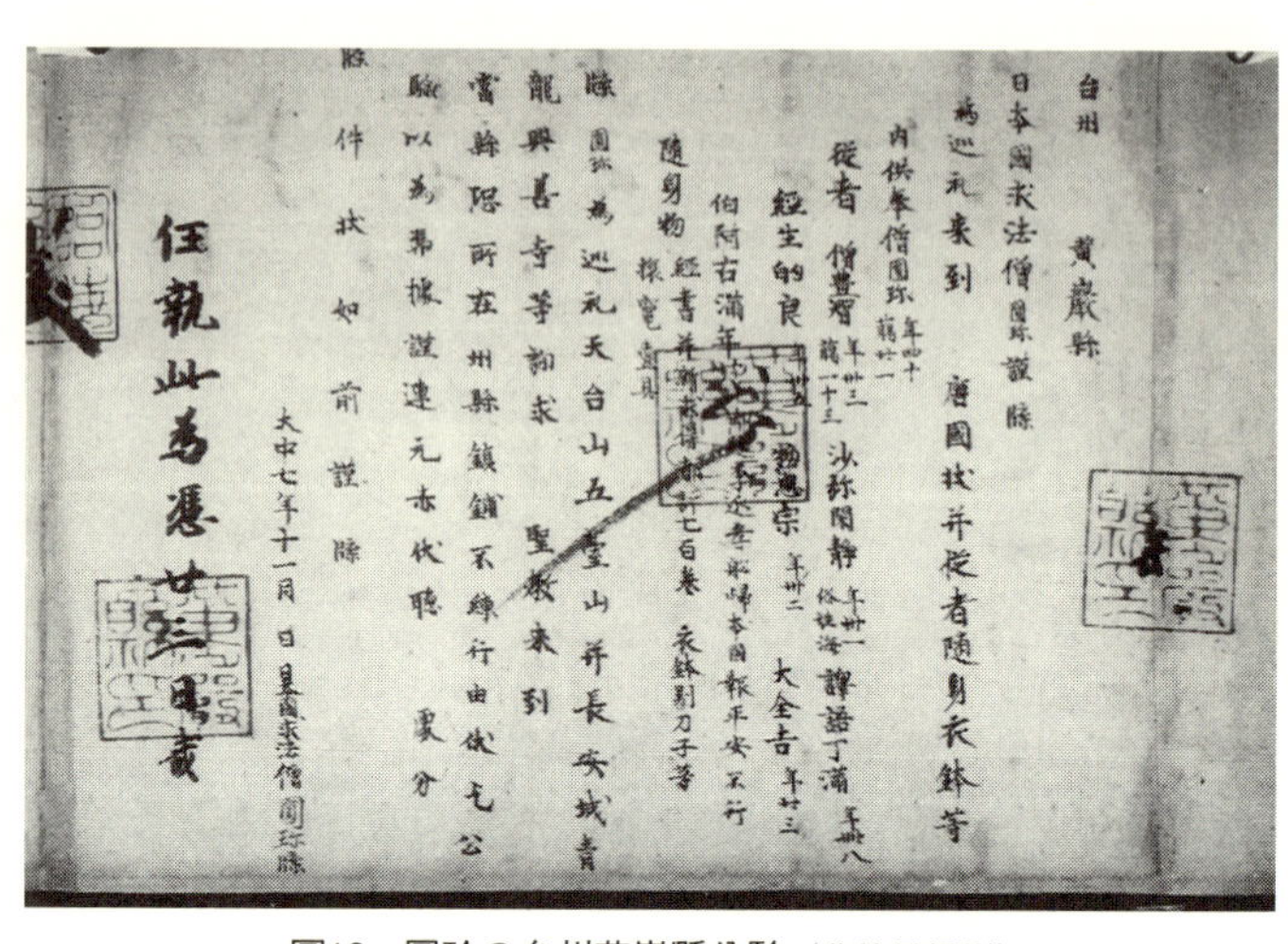

圖12　圓珍の台州黄巖縣公驗（藤枝晃撮影）

台州　黄巖縣

日本國求法僧圓珎謹牒

爲巡礼來到　唐國狀。幷從者、隨身衣鉢等。

內供奉僧圓珎年四十。臘廿一。

從者　僧豐智年卅三。臘一十三。　沙弥閑靜年卅一。俗姓海。　譯語丁滿年卅八。

經生的良年卅五。　物忠宗年卅二。　大全吉年廿三。

伯阿古滿年廿八却隨李延孝船。歸本國報平安。不行。

隨身物經書幷新求得。都計七百卷。　衣鉢剔刀子等。旅竈壹具。

牒。圓珎爲巡礼天台山・五臺山。幷長安城青

龍・興善寺等。詢求　聖教。來到

當縣。恐所在州縣鎭鋪。不練行由。伏乞公

驗。以爲憑據。謹連元赤。伏聽　處分。

牒。件狀如前。謹牒。

大中七年十一月　日　日本國求法僧圓珎牒

（別筆）任執此爲憑。廿三日。□

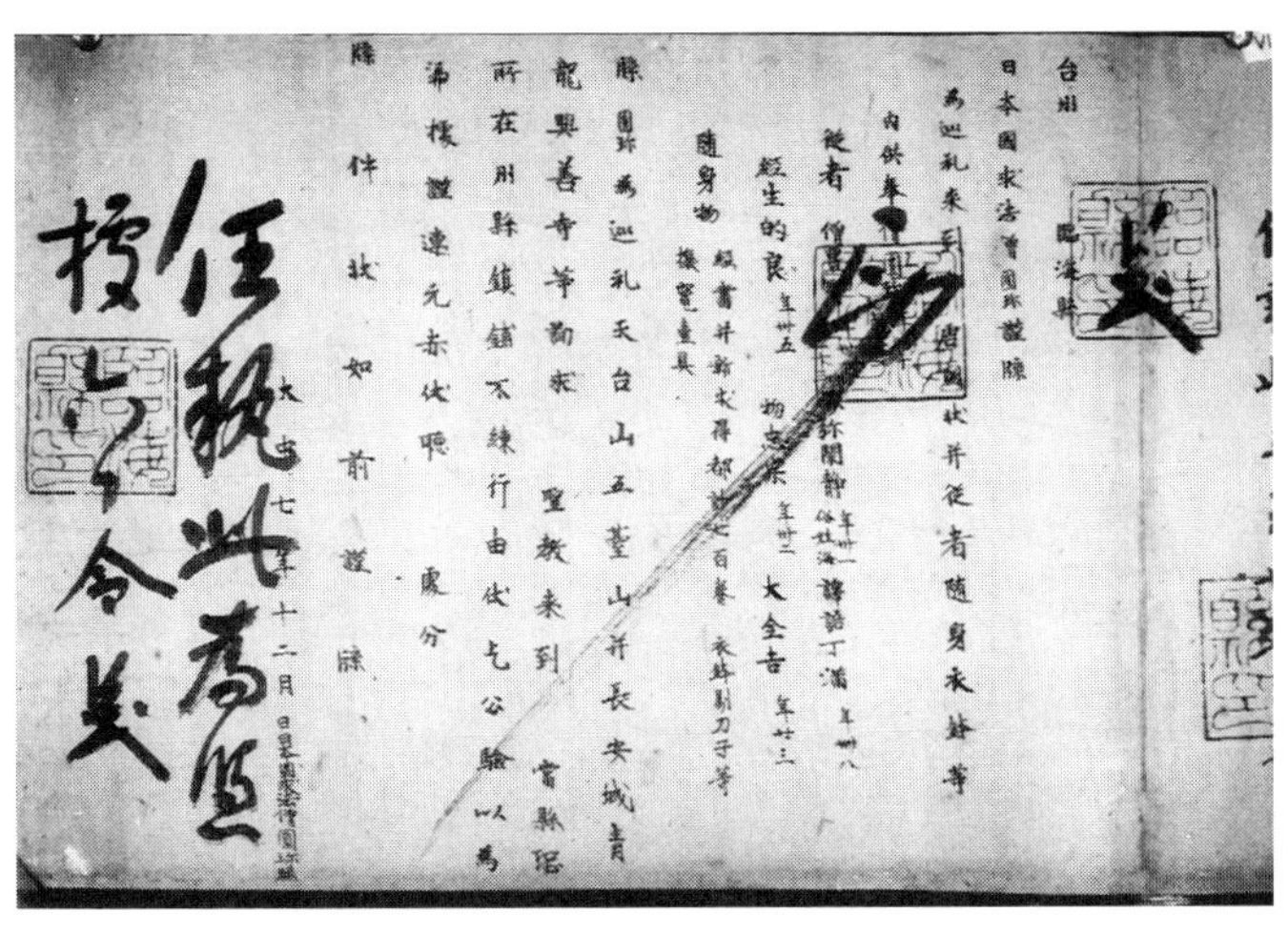

圖13　圓珍の台州臨海縣公驗（藤枝晃撮影）

台州　臨海縣

日本國求法僧圓珎謹牒

爲巡礼來到　唐國狀。幷從者、隨身衣鉢等。

內供奉僧圓珎年四十。臘廿一。

從者　僧豐智年卅三。臘一十三。沙弥閑靜年卅一。俗姓海。譯語丁滿年卅八。

經生的良年卅五。物忠宗年卅二。大全吉年廿三。

隨身物　經書幷新求得。都計七百卷。衣鉢剔刀子等。旅竉壹具。

牒。圓珎爲巡礼天台山・五臺山。幷長安城青龍・興善寺等。詢求　聖敎。來到　當縣。恐所在州縣鎭鋪。不練行由。伏乞公驗。以爲憑據。謹連元赤。伏聽　處分。

牒。件狀如前。謹牒。

大中七年十二月　日　日本國求法僧圓珎牒

（別筆）任執此爲憑據。六日。令□

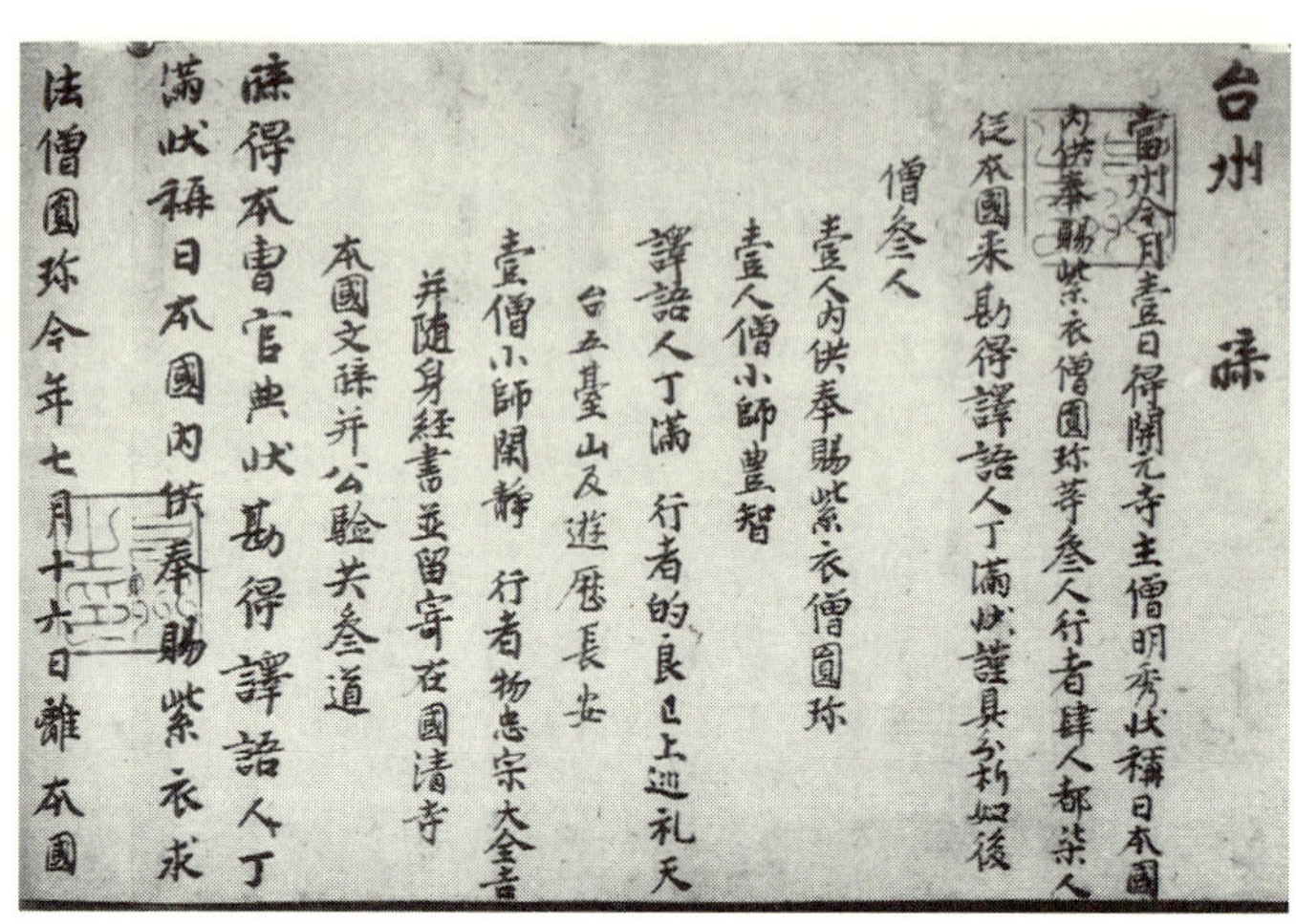

圖14　圓珍の台州牒之一（藤枝晃撮影）

台州　牒
當州今月壹日。得開元寺主僧明秀狀稱。日本國
內供奉賜紫衣僧圓珎等參人。行者肆人。都柒人。
從本國來。勘得譯語人丁滿狀。謹具分析如後。
　僧參人。
　　壹人。內供奉賜紫衣僧圓珎。
　　壹人。僧小師豐智。
　　譯語人丁滿。　行者的良。已上巡礼天
　　台・五臺山。及遊歷長安。
　　壹僧小師閑靜。　行者物忠宗・大全吉。
　　并隨身經書。並留寄在國清寺。
　　本國文牒并公驗。共參道。
牒。得本曹官典狀。勘得譯語人丁
滿狀稱。日本國內供奉賜紫衣求
法僧圓珎。今年七月十六日離本國。

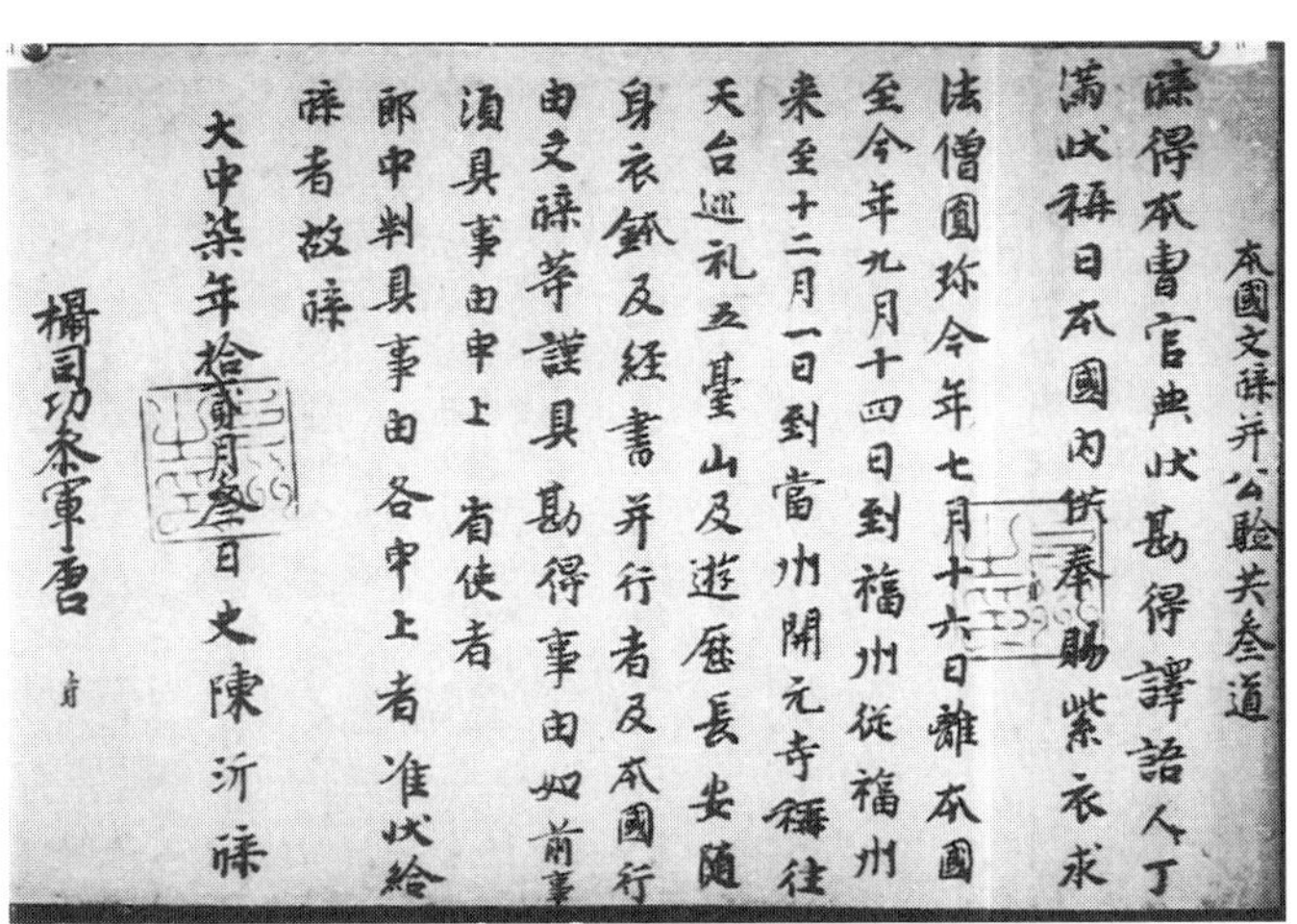
本國文牒并公驗共叁道
牒得本書官典状勘得譯語人丁
滿状稱日本國内供奉賜紫衣求
法僧圓珍今年七月十六日離本國
至今年九月十四日到福州從福州
来至十二月一日到當州開元寺稱往
天台巡礼五臺山及遊歷長安随
身衣鉢及經書并行者及本國行
由文牒等謹具勘得事由如前事
須具事由申上　者使者
郎中判具事由各申上者准状給
牒者故牒
大中柒年拾貳月叄日　史陳沂牒
攝司功參軍唐
員

圖15　圓珍の台州牒之二（藤枝晃撮影）

至今年九月十四日到福州。從福州
來。至十二月一日到當州開元寺。稱往
天台。巡礼五臺山。及遊歷長安。隨
身衣鉢及經書。幷行者。及本國行
由文牒等。謹具。勘得事由如前。事
須具事由申上　省使者。
郎中判具事由各申上者。准狀給
牒者。故牒。
大中柒年拾貳月參日　史陳沂牒
攝司功參軍唐「員」

れず、「印赴州」と大書されたのである。官印の文は「永嘉縣印」「黃巖縣印」「臨海縣印」であるが、溫州の安固縣と永嘉縣の公驗の紙縫になぜ「永嘉縣印」の捺印と縣令の自署がないのかについては、詳らかにしない。

從者の伯阿古滿が、圓珍一行の無事到着を本國に報告するために歸國した次第を、「福州都督府公驗」に書き込まれていたのと全く同じ注文が、「台州黃巖縣公驗」までの四通には依然として明記されていたのに、台州の郭下の縣たる「臨海縣公驗」に至って初めて記載しなくなったのは、當面の目的地たる天台山の所在地に近づいたためなのであろうか。いずれにせよ、「台州牒」に伯阿古滿の名が記載されていないことと軌を一にしていることは確かである。なお隨身物の明細が、當初は「福州都督府公驗」と全く同一であったのが、經書についてのみ、當初の四百五十卷が、「溫州永嘉縣公驗」以後、七百卷に增加しているのは、圓珍の「福州溫州台州求得目錄」[53]に照らし合わせて、興味深い。

一般に「台州公驗」と呼びならわされている「台州牒」は、台州の開元寺主の僧明秀の狀をうけた台州當局が、圓仁の通譯をつとめて唐での經驗豐富な譯語人の丁滿の狀と照合した上で發給した牒で、台州の司功參軍の史である陳沂が起草し、攝司功參軍の唐員が「員」という名のみを小さく自署している。逆旅や過所の發給を擔當する司戶參軍ではなく司功參軍が擔當したのは、『唐六典』卷三〇の都督府・州などの諸曹の職掌について、功曹・司功參軍の職掌の一つに「道佛」があり[54]、開元寺との窗口である司功參軍の部署が日本からの求法僧の圓珍一行についての牒を發給すべきだったからである。この牒によれば、天台・五臺山を巡禮し長安に遊歷するのは圓珍と僧の豐智、譯語人の丁滿、行者の的良の四人だけで、これまで沙彌と稱されてきた小師の閑靜と行者の物忠宗・大全吉、それに隨身の經書は天台山の國淸寺に留寄せんとしていたことがわかる。この牒に「台州之印」という官印が三顆、冒頭と紙縫と、文末の月日の上に捺されているのは例のごとくである。

藤枝晃と菊池英夫兩氏による共同調査によると、先の「福州都督府公驗」三紙と「溫州横陽縣公驗」一紙は、日本から持參した紙を用いていたが、つぎの「溫州安固縣公驗」以下は中國產の紙を用いて申請したとのことである(55)。現在は「溫州横陽縣公驗」の前に貼り繼がれている「台州牒」の紙が中國產であることは言を俟たない。

2　圓珍の過所

圓珍が「台州牒」と「台州臨海縣公驗」を下附されてから九カ月半のちの大中八（八五四）年九月二十日に越州の開元寺に到着し、天王院に居住した。そこに滯在すること六カ月、大中九（八五五）年三月十九日に越州都督府から兩京つまり長安と洛陽への往還の過所を發給してもらい、五月十五日に潼關を通過して長安に向かい、長安に六カ月滯在したのちの十一月十五日に尙書省司門から新たに發給をうけた過所を携帶して蒲津關を通過した。洛陽に一カ月、蘇州に四カ月滯在したのち、大中十年五月二十三日に越州に着き、十日後に天台山國淸寺に戻る。念願の五臺山巡禮を果たさないまま、大中十二（八五八）年六月八日に台州を辭して再び商人李延孝の船に乘り、歸國の途に就く。福州連江縣の管內に上陸してから五年近くの歲月がたっていたのである。圓珍が下附された「越州都督府過所」と「尙書省司門過所」については、第一節の「過所・公驗研究小史」で詳しく説明したことではあり、移錄した後に簡單な解說をするだけに止めたい。

（A）　圓珍の越州都督府過所

三井寺（園城寺）に所藏される圓珍將來の「越州都督府過所」と「尙書省司門過所」の二通は、一巻に裝され、目下のところ奈良國立博物館に寄託されている。第一通の「越州都督府過所」は縱三〇・九センチ、横四四センチ

で、一紙である(圖16)。

先の「台州牒」によれば、長安への遊歴を申請したのは僧の圓珍と豐智、譯語人の丁滿と行者の的良の四人であり、圓珍撰の『行歴抄』にも越州公驗を請得して進發したとき、「同行四人」と、明記されているのに、この「越州都督府過所」には圓珍と行者の丁滿の二人の名しか見えないのは、おそらくは二人ずつが別行動をとるかもしれぬことを豫想して、僧の豐智と行者の的良は別の過所を與えられたのであろう。これまでは譯語という肩書を公驗に書き込まれていた丁滿が行者という肩書に變わったのも、僧一人と行者一人が一組となるのが望ましかったからかもしれない。いずれにしろ、圓珍と豐智との關係が、圓載への對應をめぐって、微妙になっていたことは確からしい。(57)

この「越州都督府過所」が功曹參軍の府である葉新によって起草され、功曹參軍の某が自署していて、戶曹參軍が擔當していないのも、先の「台州牒」の場合と同じく、圓珍が求法僧だったからであろう。この過所において圓珍の年齢を四十三とするのは、二年前の大中七年の溫州台州諸縣公驗で「年四十」とするのと合わず、「鎭西府公驗」と「福州都督府公驗」が「年四十一」とするのに適合している。

「福州都督府公驗」と「溫州台州諸縣公驗」において、いずれも「恐所在州縣鎭鋪。不練行由」を理由として公驗の發給を申請していたのに對し、この過所で「恐所在州縣鎭鋪關津堰寺」を理由とすることを擧げているのは、長安に至るには京城四面關のいずれかを通過しなければならず、さてこそ過所が必要であったことについてはあらためて述べる必要はなかろう。「越州都督府印」の朱方印三顆が押捺されている個所は特に變わったことはない。(58)

この過所とつぎの「尙書省司門過所」における年齢や年月日などの數字の記載方式が、一・二・三・四といった數字を使わず、壹・貳・參・肆といった「大字」で書かれていて、これまでの「福州都督府公驗」や「溫州台州諸

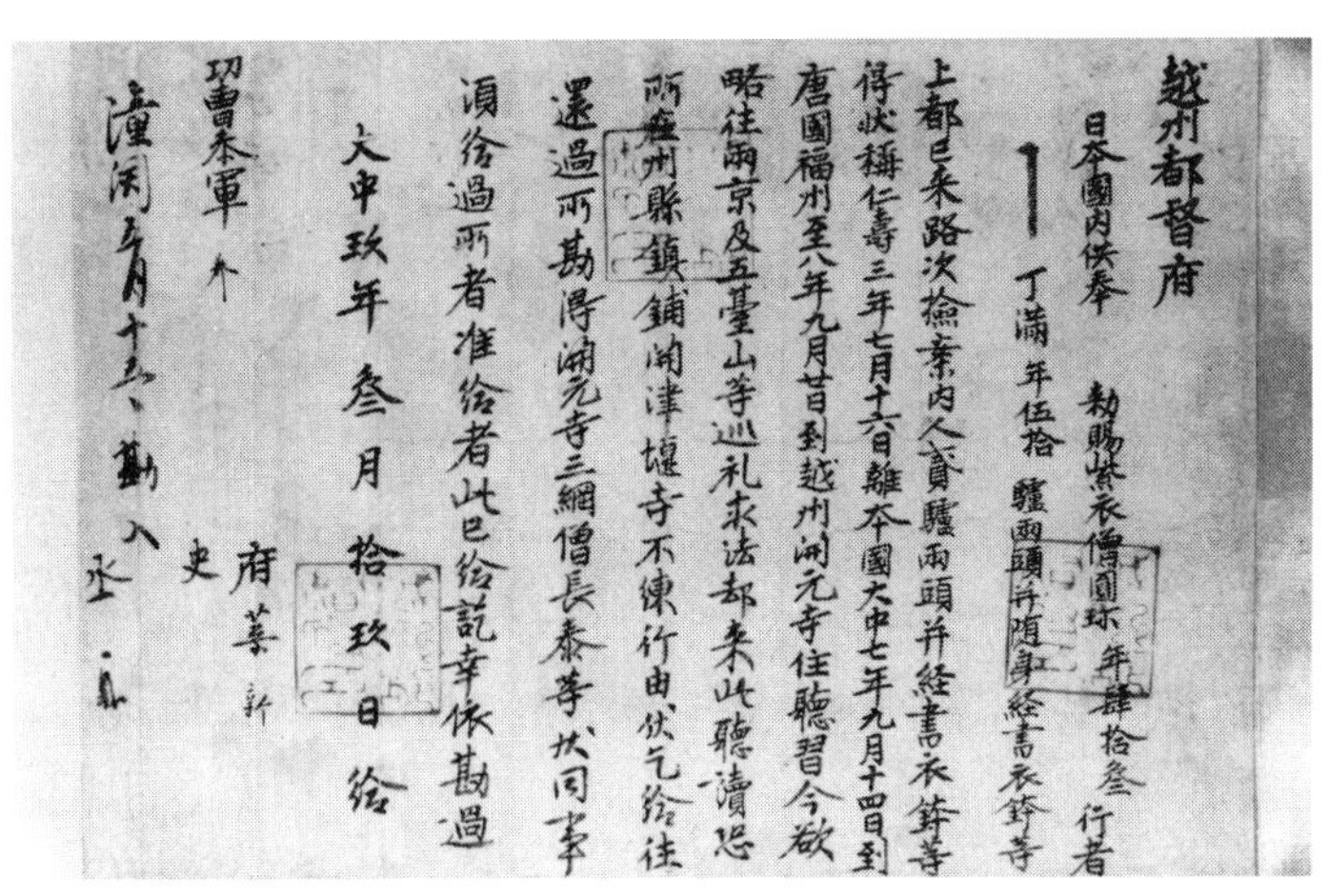

圖16　圓珍の越州都督府過所（四國新聞社編『三井寺祕寶展』四國新聞社より）

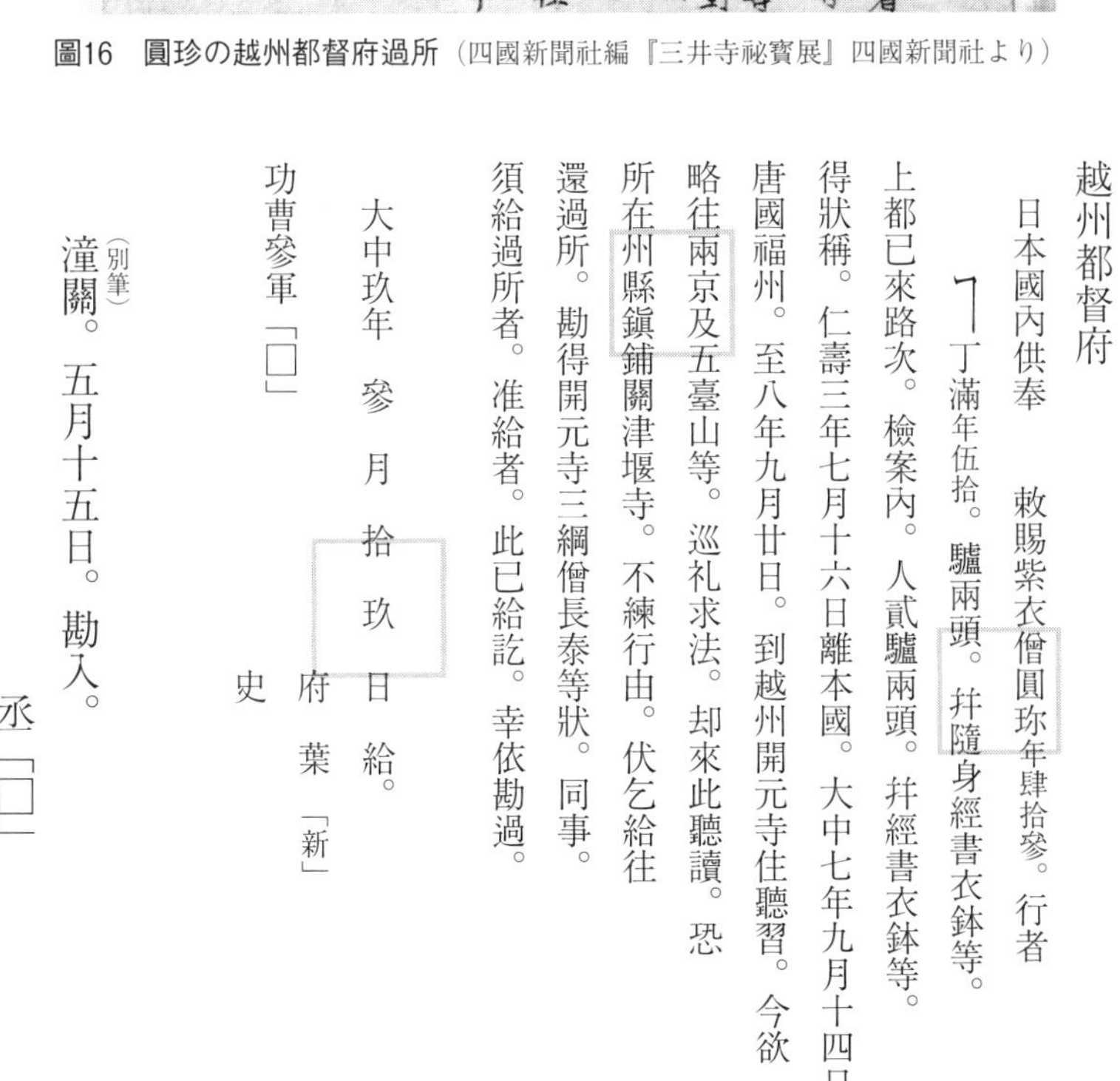

越州都督府

日本國內供奉　敕賜紫衣僧圓珎年肆拾參。行者

丁滿年伍拾。驢兩頭。并隨身經書衣鉢等。

上都已來路次。檢案內。人貳驢兩頭。并經書衣鉢等。

得狀稱。仁壽三年七月十六日離本國。大中七年九月十四日到

唐國福州。至八年九月廿日。到越州開元寺住聽習。今欲

略往兩京及五臺山等。巡礼求法。却來此聽讀。恐

所在州縣鎭鋪關津堰寺。不練行由。伏乞給往

還過所。勘得開元寺三綱僧長泰等狀。同事。

須給過所者。准給者。此已給訖。幸依勘過。

大中玖年　參月　拾　玖　日　給。

府　葉　「新」

功曹參軍「□」　史

（別筆）潼關。五月十五日。勘入。

丞「□」

縣公驗」における數字の書寫と異なっているのは（「台州牒」は大字で書かれている）、『唐會要』巻二六・牋表例に七世紀末の聖暦元（六九八）年の時點で「過所」は「大字」で書くべし、とされていたことを傳世の文物で示していることになる。圓珍らの狀を引用した文中における年月日の數字が大字でないのと對照的である。なお日本でも、公式令に、

凡そ公文は、悉くに眞書に作れ。凡そ是れ簿帳・科罪・計贓・過所・抄牓の類の、數あらん者は、大字に爲れ。

凡公文。悉作眞書。凡是簿帳・科罪・計贓・過所・抄牓之類有數者。爲大字。

とあるごとく、過所は大字で書くことになっていたのである。

「越州都督府過所」の末尾に別筆で書かれている「潼關。五月十五日。勘入。」なる文言は、京城の東面關の一である潼關の通判官つまり次官であるとともに上席檢勾官でもあった關丞[60]の某によって、畿內に入った月日を明記したものである。

（B）圓珍の尙書省司門過所

唐都の長安におよそ六カ月滯在した後、歸國の途に就かんとした圓珍が、尙書省の刑部司門より發給された過所は、「越州都督府過所」と同巻に裝されている。この第二通目の「尙書省司門過所」は縱三〇・七センチ、横六二・二センチで、二紙からなる。菊池英夫が一紙とし、特別大判の紙だと述べられたのには、從わない（圖17）。「准狀勘責狀同。此正准給。」の部分は、內藤虎次郎・仁井田陞をはじめとする先學たちは「准狀勘責。狀同此。正准給。」と句讀されてきた。しかし、吐魯番アスターナ五〇九號出土の高昌縣の「爲申麴嘉琰請過所狀」（『新疆出土文物』文物出版社、一九七五年、六一頁に圖版寫眞。『吐魯番出土文書』第九册では、「唐開元二十一年西州都督府案巻

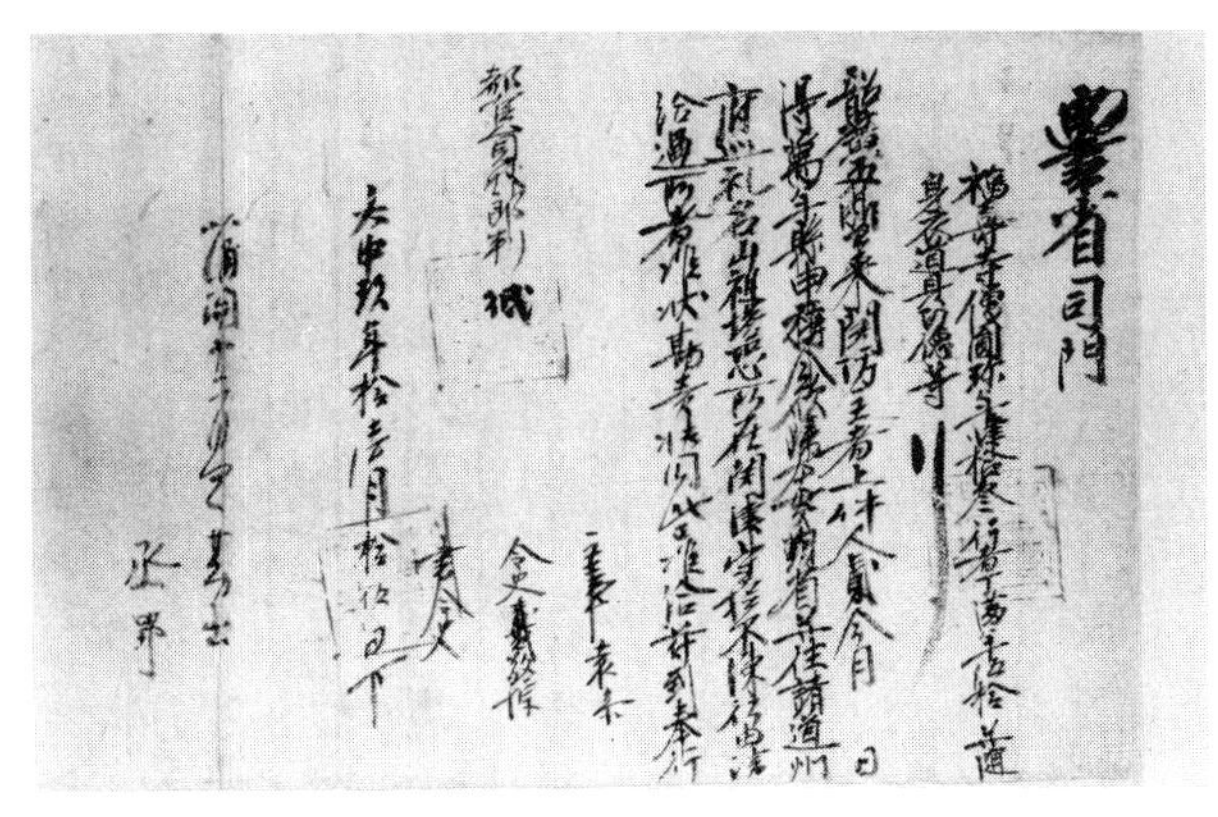

圖17　圓珍の尚書省司門過所
（四國新聞社編『三井寺祕寶展』四國新聞社より）

尚書省司門
福壽寺僧圓珎年肆拾參。行者丁滿年伍拾。幷隨
身衣道具功德等。　リ
韶廣兩浙已來關防主者。上件人貳。今月　日
得萬年縣申稱。今欲歸本貫覲省。幷往諸道州
府。巡礼名山祖塔。恐所在關津守捉。不練行由。請
給過所者。准狀勘責狀同。此正准給。符到奉行。
都官員外郎判「祇」
主事　袁參
令史　戴敬悰
書令史
大中玖年拾壹月拾伍日下
（別筆）
蒲關。十一月四日。勘出。
丞　郢

爲勘給過所事」の一部として、五六―五八頁に移録されている。）の終わりの部分に「麴嘉琰請將男及人畜等往臨洮軍。請過所。勘責狀同。錄申州戶曹聽裁者。」とあって、「勘責狀同」の四字を途中で割くのは望ましくないと考えるべきである上、「越州都督府過所」に「准給者。此已給訖。」の文言があったのに鑑みて直し、「狀に准じ責狀を勘するに同じ、此に正に准じ給す」と訓ずることにした。程喜霖は「正」の字は「已」の字の訛ではないか、と指摘している。(61)「正」の字は小さく書かれており、「已」の字の書き損じかもしれない。

內藤虎次郎が、この過所には「尙書省司門之印」を三處に簽したり、と述べ、印影の位置として初めの「行者丁滿」の上、都官員外郎「判祇」、終わりの日附の「拾伍日」の三カ所を明示して以來、近年の『三井寺祕寶展』の圖版解說に至るまで、字面に三顆捺している、と書かれてきた。しかし、本文の「關防主者」の上にも同じ朱方印が薄いながら捺されているのであって、早くに『大日本史料』が「四顆ヲ踏ス」と注記していた(62)のが正確だったのである。この過所の起案者として名をつらねる尙書省刑部司門の主典「主事袁參　令史戴敬悰　書令史」の文字はすべて同筆とみなされるので、主事の袁參は自署せず、令史の戴敬悰が代筆したのか、あるいは「參」だけは別筆だったのか、斷定は差し控えておく。

「尙書省司門」から發給された過所に判官として「都官員外郎判」の祇が署名しているのは、司門員外郎の職が空席かあるいは一時的に不在であるか、いずれにせよ刑部という同一官廳の他部局である司門員外郎の職務を比司である都官員外郎の祇が「攝判」(63)つまり代行していたからである。このとき司門郎中も不在であったか否かは不明である。『唐六典』卷六・刑部の條に、

　司門郎中・員外郎は、天下の諸門および關の出入往來の籍賦を掌り、その政を審かにす。

司門郎中・員外郎掌天下諸門及關出入往來之籍賦。而審其政。

とあって、過所の發給は司門郎中・員外郎の職掌とされているが、[64]『資治通鑑』巻一九五・太宗貞観十四（六四〇）年十一月の條に、

司門員外郎の韋元方、給使に過所を給するに稽緩たり。給使これを奏す。上、怒り、元方を出だして華陰令となす。

司門員外郎韋元方給給使過所稽緩。給使奏之。上怒。出元方爲華陰令。

とある記事を勘案すると、過所の發給を擔當していたのは、通常は司門員外郎であったらしく、司門郎中も不在であったと斷定することは躊躇せざるをえない。

先の「越州都督府過所」で兩京への往還の過所が下附されたにもかかわらず、なにゆえにあらためて尙書省司門から過所の發給をうけたのかは疑問である。前回に發給をうけてから八カ月經過して有效期限が超過したのか、あるいは前回は圓珍と丁滿のほかに驢兩頭を連れていたのに、歸途は驢馬がいなかったからなのか、あるいは愼重を期して再發行を需めたのか、課題として殘しておきたい。

「尙書省司門過所」の後に、一紙を貼り繼ぎ、紙縫に「蒲關。十二月四日。勘出。」と書いたのは、京城の東面關の一である蒲津關の關丞の某郢であって、畿內から出ていった月日を證明している。蒲津關については愛宕元「唐代の蒲州河中府城と河陽三城」[65]を參照されたい。なお、この過所の本體の數字が大字で書かれ、蒲關における勘過の月日が大字でないこと、「越州都督府過所」と同じである。

三　敦煌吐魯番出土の過所と公驗

前節では、わが國の入唐僧が將來し傳世した公驗と過所のすべてを、首尾の完備した寫眞を併載しつつ移錄する作業を行ない、移錄に關する疑問點を提示する傍ら、先學諸氏が見落とされていた問題點を指摘してきた。本節では、敦煌から出土した過所の斷片と吐魯番の墓葬から出土した過所と公驗を移錄するが、首尾の完備した文書は皆無である上に、官印の捺してある「石染典過所」などを除いては、官文書の實物なのか、控えないしは寫しなのかさえも判然としない。錄文本『吐魯番出土文書』に著錄されているものの、寫眞圖版が公表されているのは一部にすぎず、豫告されている寫眞圖版を併載した圖錄版が刊行された曉には、補正できる樂しみを殘しつつ、とりあえず移錄を行ない、解說については最小限に止めることにしたい。

1　敦煌出土の過所

敦煌の文物研究所の考古組が、一九六五年に莫高窟の一二二號窟の窟前で整理作業をしている間に、絹織物や雕板捺印佛像つまり印沙佛などと一緒に七行からなる文書の斷片を發見した。天寶七（七四八）載の年紀の記載された過所の一部分で、縱は二六・五センチ、橫は上邊が一四センチで下邊はわずか三センチである。この發見が報ぜられたのは『文物』一九七二年第一二期に掲載された敦煌文物研究所考古組「莫高窟發現的唐代絲織物及其它」であり、樊錦詩・馬世長による移錄と解說がなされた。この際に添えられた寫眞は不鮮明で小さく、移錄された文言の正否を確かめるには隔靴搔痒の感があった。その後、敦煌文物陳列館に陳列されたのを筆記された金岡照光の

報告[66]や、陳國燦・程喜霖の移錄[67]に接したが、なお一抹の不安が残った。ところが、その後、中村裕一『唐代官文書研究』（中文出版社、一九九一年）の口繪10として鮮明な寫眞が掲げられたので、その複寫を轉載させていただくとともに、私なりの移錄を行なうことにする（圖18）。

〔前　缺〕

請改給□

參軍攝司戶少鸞

史鄧□

天寶柒載肆月拾□

六月二日。東亭守捉健兒王頒逸勘東過。　六月三日。苦水守捉健兒徐□

六月四日。常樂勘過。守捉官李懷。　六月五日。懸泉勘過。守捉官鎮將靳崇信。

六月八日。晉昌郡□

〔後　缺〕

「攝司戶」と判讀した三字は、陳國燦と程喜霖は「攝司」の二字とし、中村裕一は「攝判」の二字として移錄されている[68]。しかし、「攝」の字の下の文字は「司戶」の二字を連寫したものに違いない。金岡照光が疑問符を附して「攝司戶」の三字と判讀されたのを支持したい。「少鸞」は諸家が指摘されたごとく、ペリオ將來敦煌文獻三三

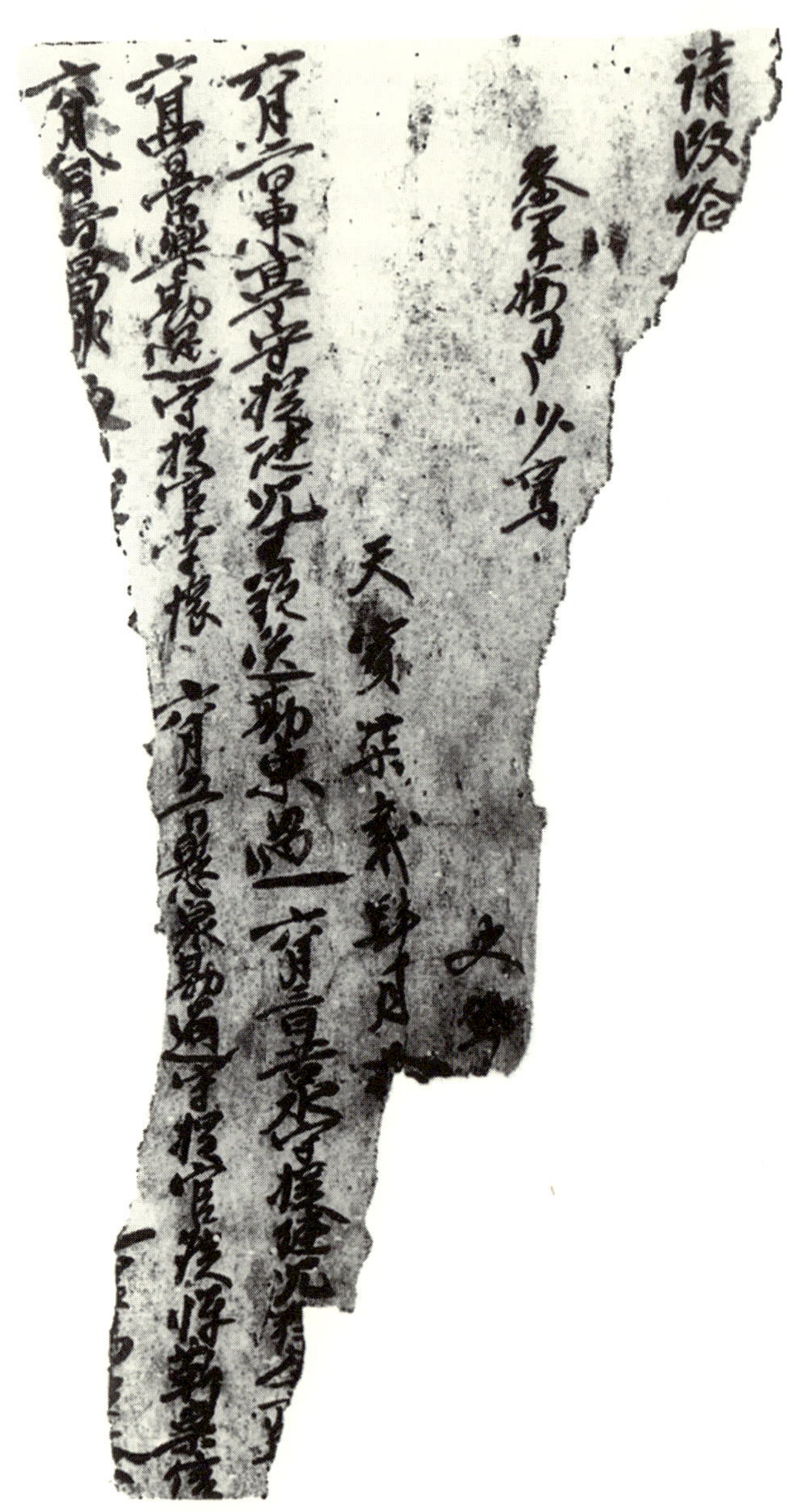

圖18　敦煌出土の天寶七載過所
（中村裕一『唐代官文書研究』中文出版社より）

四八號紙背文書の「河西豆盧軍和羅會計牒」に、

行綱敦煌郡參軍武少鸞。天寶三載十月十二日。充　旨支四載和羅壹萬段數。

と見える行綱つまり官物輸送隊の監督官をつとめた敦煌郡の參軍の「武少鸞」のことと考えられる(69)。敦煌郡のいわば遊軍の參軍である武少鸞が、司戶參軍の職務を一時的に攝判した天寶七載四月に、司戶參軍の史である鄧某が起案した過所で、「少鸞」の二字は武少鸞の自署のはずであるが、別筆とは認めがたく、數字が大字で書かれた「天寶柒載肆月拾」の個所に官印が捺されていないことからみて、原物ではなく、過所の寫しとみられ、『文物』誌上の說明でも、また陳國燦も、「錄白案記」の類の寫しかもしれない、と述べていたのである。「錄白案記」とは、日本の關市令に、

凡そ行人、過所を賫らし、及び驛傳馬に乘りて、關を出入せば、關司勘過して、錄白案記せよ。其れ正過所、及び驛鈴・傳符は、並に行人に附して、自ら隨えしめよ。

凡行人賫過所。及乘驛傳馬。出入關者。關司勘過。錄白案記。其正過所及驛鈴傳符。並附行人。自隨。

とあるのを指し、ただ白紙に錄して朱印を捺さない副本を寫すことを意味する。

「史鄧」の「史」の字の右側には「府」の字が書かれていたに違いない。天寶七載四月中旬に敦煌郡（沙州）の司戶から過所の發給をうけた人物は、六月二日に東亭守捉で東に通過したことを勘過されて以後、三日に苦水守捉、四日に常樂守捉、五日に懸泉守捉の地を通過して、八日に晉昌郡（瓜州）に到着していることが、この文書から確認できる。中村裕一は、當時の西域地方の旅程、官文書の傳達速度を考える史料として、この文書を活用されていて興味深いが、參軍の武少鸞について、戶曹參軍ではなく、他曹の參軍にあって戶曹參軍を兼務している、と解釋されている點、私は諸曹參軍よりも官品の低い單なる參軍であった武少鸞が一時的に司戶參軍つまり戶曹參軍の職

務を攝判していた、と解釋したい。たとえば『吐魯番出土文書』第九册の一〇三頁と一〇六頁に見える「參軍攝戶曹光琦」の場合も、西州のいわば遊軍である參軍の某光琦が一時的に戶曹參軍を攝判していたのである。

2　吐魯番出土の過所

一九七三年秋に吐魯番アスターナの古墓三十八座を發掘した際の概報「一九七三年吐魯番阿斯塔那古墓群發掘簡報」（『文物』一九七五年第七期）の一五頁に、五〇九號墓から出土した文書のなかに「唐益謙請往福州過所」をはじめとする七通の過所申請文書があったとして、それぞれの過所名が列擧されていた。しかし、その後における『吐魯番出土文書』の編纂過程において、これら七通すべてが、過所そのものではなく、司法關係の案卷に引用されていた文書の控えであって、過所の發給經過や勘過の實態、唐代における裁判の樣相を知る上では最上の資料ではあるが、過所の本來の書式を彷彿とさせるものは絶無であることが判明した。そこで本項では、これらの案卷の標題だけを掲げ、『吐魯番出土文書』の第何册の何頁に著錄されているかを記錄するに止め、「瓜州都督府給西州百姓游擊將軍石染典過所」と「年某往京兆府過所」の二通を移錄することにしたい。過所申請に關する案卷としては、

「垂拱元（六八五）年康義羅施等請過所案卷」一九六四年にアスターナ二九號墓より出土。『吐魯番出土文書』第七册八八―九四頁。

「果毅高運達等請過所（?）殘文書」[70]一九六四年にアスターナ二九號墓より出土。『吐魯番出土文書』第七册一〇五―一〇六頁。

「開元二十一（七三三）年唐益謙、薛光泚、康大之請給過所案卷」一九七三年にアスターナ五〇九號墓より出土。『吐魯番出土文書』第九册三一―三九頁。

「開元二十一（七三三）年染勿等保石染典往伊州市易辯辭」一九七三年にアスターナ五〇九號墓より出土。『吐魯番出土文書』第九册四四―四七頁。
「開元二十一（七三三）年西州都督府案卷爲勘給過所事」一九七三年にアスターナ五〇九號墓より出土。『吐魯番出土文書』第九册五一―七〇頁。
「西州天山縣申西州戶曹狀爲張無瑒請往北庭請兄祿事」[71] 一九七三年にアスターナ五〇九號墓より出土。『吐魯番出土文書』第九册一三五・一三六頁。

を舉げておく。なお、『吐魯番出土文書』に收錄されている文書は、一括して新疆維吾爾自治區博物館に收藏されている。

（A）瓜州都督府給石染典過所

開元二十（七三二）年に瓜州都督府が西州百姓游擊將軍の石染典に發給した過所については、第一節の「過所・公驗研究小史」において詳しく紹介しておいた。まず移錄から始める（圖19・20）。

一九七三年にアスターナ五〇九號墓より出土し、『吐魯番出土文書』第九册四〇―四三頁に移錄されている。研究小史ですでに述べたように、五カ所に捺された朱印のうち、首部のは「瓜州都督府之印」、中間の三印は「沙州之印」で尾部の印は「伊州之印」であり、別に朱筆と墨筆による勾勒、つまり横線による抹消のしるしがある、との說明がなされている。三紙からなり、縱二八・二センチ、橫は七六・五センチ。第一紙と第二紙の紙縫の表面には印章も署名もないが、背面に判讀できない書き判があるとのことである。第二紙と第三紙の紙縫には、「琛」なる署名と「沙州之印」が捺されている。

第一紙の首部は缺けているが、瓜州都督府が石染典に給した過所の原本であることは確實で、圓珍の越州都督府過所の例に照らしても、前缺の部分に「瓜州都督府之印」が一顆ないし二顆あったと思われる。この過所を起草したのは戸曹參軍の史である楊祇で、戸曹參軍の某亶が「亶」の字を自署している。府と史楊祇の姓名の個所に「瓜州都督府之印」の朱印が捺されているが、正しくは少しく左に寄せて參月拾肆日の日附の上にかかるべきであったろう。

開元二十（七三二）年三月十四日に瓜州都督府の過所を發給された游擊將軍（從五品下の武散官）の肩書をもつ西州百姓の石染典は、作人の康祿山、石怒忿、家生奴の移多地とともに、驢馬拾頭をつれて西に向かい、懸泉守捉・常樂守捉・苦水守捉・鹽池戍守捉で勘過をうけつつ沙州敦煌に到着し、沙州の市で交易を了えた。當初、はるか西

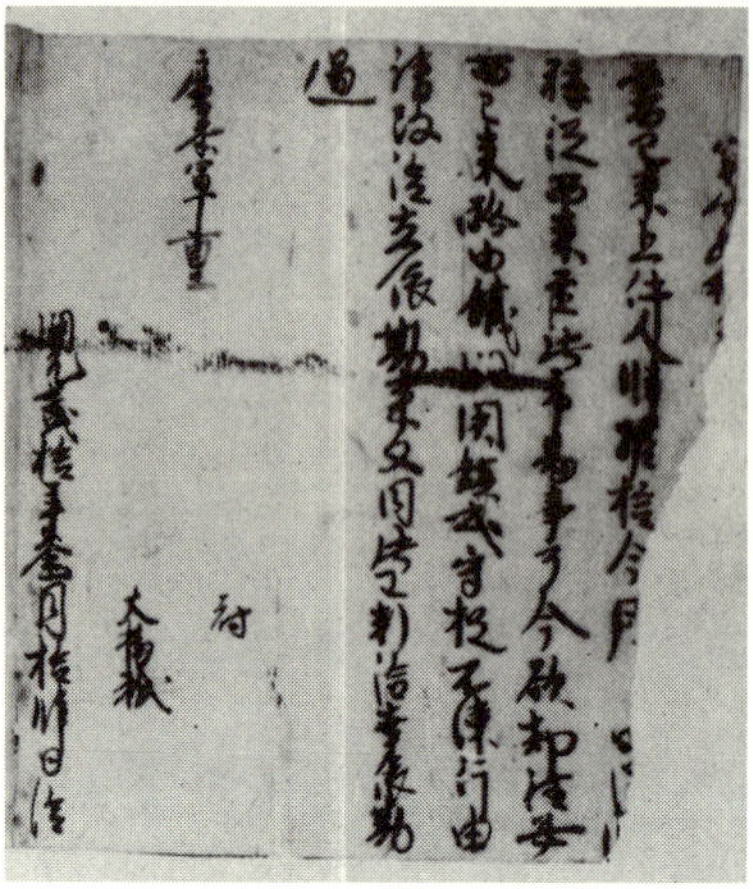

圖19　石染典の瓜州都督府給過所之一
（新疆維吾爾自治區博物館編『新疆出土文物』文物出版社より）

〔前　缺〕

家生奴移□

安西已來。上件人肆、驢拾。今月回□

稱。從西來。至此市易事了。今欲却往安

西已來。路由鐵門關。鎭戍守捉。不練行由。

請改給者。依勘來文同。此已判給。幸依勘

過。

戸曹參軍「亶」

府

史楊祇

（瓜州都督府之印）

開元貳拾年參月拾肆日給。

（紙縫背面に「□」あり）

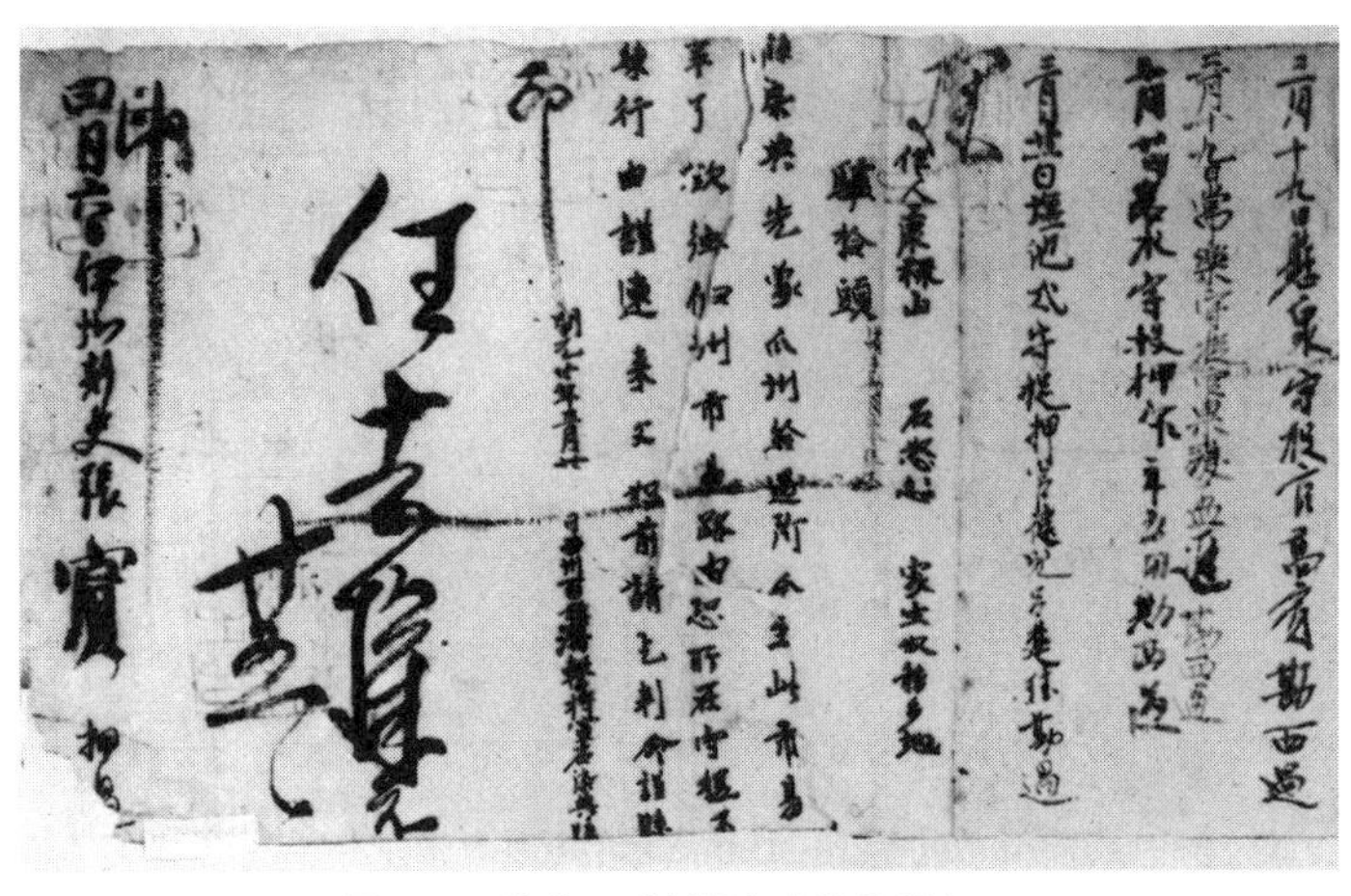

圖20　石染典の瓜州都督府給過所之二
（新疆維吾爾自治區博物館編『新疆出土文物』文物出版社より）

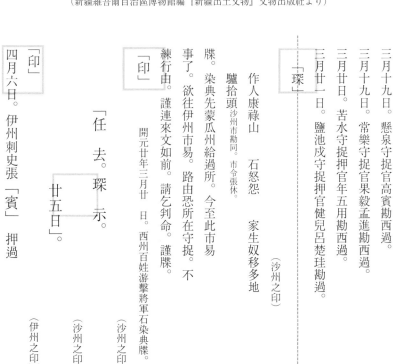

三月十九日。懸泉守捉官高賓勘西過。
三月十九日。常樂守捉官果毅孟進勘西過。
三月廿日。苦水守捉押官年五用勘西過。
三月廿一日。鹽池戍守捉押官健兒呂楚珪勘過。
「琛」　（沙州之印）

作人康祿山　石怒忿　家生奴移多地
驢拾頭 沙州市勘同。市令張休。
牒。染典先蒙瓜州給過所。今至此市易
事了。欲往伊州市易。路由恐所在守捉。不
練行由。謹連來文如前。請乞判命。謹牒。
「印」
開元廿年三月廿　日。西州百姓游撃將軍石染典牒。　（沙州之印）
「任　去。琛　示。
廿五日」。　（沙州之印）
「印」
四月六日。伊州刺史張「賓」押過　（伊州之印）

方から瓜州に交易にやってきた石染典は、鐵門關を通って西歸せんとし、さればこそ鐵門關通過に必要な瓜州都督府過所の發給をうけたのであるが、沙州で交易を了えた段階で伊州（哈密）に立ち寄って交易をしたくなり、沙州・伊州間には關所がないので、牒を書いて伊州へ行く許可を求めた。そこでおそらく沙州刺史であった□琛が「任去」（去るにまかす）と書き、みずからの名の「琛」と「示」の字および「廿五日」の日附を書くとともに、第二紙との繼ぎ目にも「琛」と自署したのである。「任爲公驗」とは書かれていないが、これを「沙州公驗」と稱しても差し支えなかろう。ところで、この石染典の牒文の二行目に書かれた「驢拾頭」の項に、沙州の市が瓜州都督府過所に記載されていた「驢拾」の頭數と異同がなかったことを確認して、「勘するに同じ。市令の張休。」と小さな字で書き込まれたのが、牒の提出前なのか後なのか斷定しがたいが、おそらくは提出前に確認をうけたのであろう。

この文書の最後に、四月六日附の伊州刺史張「賓」による通過證明がなされ、「伊州之印」の官印が捺されている。「賓」と自署した張氏とは、張九齢「敕伊吾軍使張楚賓書」（『曲江文集』卷八）に、「伊州刺史伊吾軍使張楚賓」と見える張楚賓のことで[72]、賓の一字だけを自署したのであろう。二字の名のうちの一字だけを自署するのは、當時の官文書において珍しくなかったのである。

（B）　年某往京兆府過所

敦煌から出土した天寶七載の過所の斷片は正本ではなくて副本であったのに對し、吐魯番アスターナ五〇九號墓から出土した開元二十年の石染典の過所は、官印の捺された正本であった。この石染典の過所が發見される前年の一九七二年に、アスターナ二二八號墓から年某なる人物が發給をうけた過所の副本の斷片が出土していたので、移録しておこう（次頁）。

〔前　缺〕

□□年參拾　馬□□敦壹赤驃拾□

□黄父參頭玖歳　兩頭柒歳　壹頭伍歳

□壹、馬肆、驢陸。今月　日、得牒稱。子將年

□兆府。今將前件人畜。路由關津不練。謹連

□前。請改給過所者。准狀勘責同。此已判給。幸依

□　　　　府□

□參軍□

〔後　缺〕

この文書は『吐魯番出土文書』第八册の四一六頁に「五　唐年某往京兆府過所」と題して收録されている。正本でなく副本であるとはいえ、移録に疑義があるので、程喜霖「唐代的公驗與過所」（『中國史研究』一九八五年第一期）一二五頁でなされた移録を參考にして、私なりの判斷で改めた個所がある。近い將來、寫眞圖版が刊行された曉に補正することを期したい。この二二八號墓から出土した文書に見える紀年のうち、最も早いのは開元十九（七三一）年で、最も晩いのは天寶三（七四四）載なので、この過所も開元・天寶期のものとみなされる。過所の發給をうけた子將年□の「子將」とは、『通典』巻一四八・兵典一の今制の條に、毎軍に子將八人が置かれたというがごとき肩書なので[73]、子將の年某が四頭の馬と六頭の驢馬を連れて京兆府つまり長安へ往くのに必要として過所

を給せられたのであろう。これは副本なので脱字があると考えられる。正本ならば、「路由關津不練」の後におそらく「行由」あるいは「來由」の二字があり、「准狀勘責同」は「准狀勘責狀同」となっていたであろう。

3　吐魯番出土の公験

中村裕一が『唐代官文書研究』の序説の「第二節　唐代官文書の種類」で明快に說かれたごとく、圓珍の過所と敦煌・吐魯番出土の唐代過所から、唐公式令にも過所式の規定が存在したことは明らかである（一六頁）のに對し、唐代文獻に散見する公験とは何かあることを官に申請して承認を得た文書をいい、特定の文書様式があるのではない（一八頁）。したがって『吐魯番出土文書』にも多様な公験が收錄されているが[74]、通行證明書としての公験は貞觀二十二（六四八）年と調露二（六八〇）年の二通だけで、前者はほぼ完全な公験ながら副本であるのに對し、後者は斷片ながら正本である。

（A）　庭州人米巡職の公験

貞觀二十二年の公験とは、一九七三年に吐魯番アスターナ二二一號墓より出土し、『吐魯番出土文書』第七册の八・九頁に「三　唐貞觀廿二年（公元六四八年）庭州人米巡職辭爲請給公驗事」と題して收錄されている（次頁）。この文書の第二行と第三行に判讀できない同じ文字が二字あり、辭文および判語の筆跡とは異なっているとのことで、この文書との關係は明らかでない。二二一號墓からは、永徽四（六五三）年の「交河縣尉張團兒墓誌」が出土したほか、貞觀二十二年と永徽元年に安西都護府が敕を承けて交河縣に下した符といった貴重な官文書の正本が出土している。

貞觀廿二□庭州人米巡職辭。
　米巡職年參拾。　奴哥多彌施年拾伍。
　婢娑匐年拾貳。　駞壹頭黄鐵勤敦捌歲。
　羊拾伍口。
州司。巡職今將上件奴婢駞等。望於西
州市易。恐所在烽塞。不練來由。請乞
公驗。請裁。謹辭。
　　　　巡職庭州根民。任往
　　　　西州市易。所在烽
　　　　塞勘放。懷信白。
　　　　　　廿一日

公驗の下附を申請したのが、北庭都護府の置かれた庭州の人で、米國つまり昭武九姓の一國の出身者で、三十歲のソグド商人の米巡職である上に、十五歲の奴の哥多彌施、十二歲の婢の娑匐と駱駝・羊を連れて西州吐魯番に往って交易したいのだが、所在の烽塞が旅行の事情を知らずに拘留しないように公驗を給してほしいとの辭をうけた州司、おそらくは庭州當局の、戶曹參軍であろうところの某懷信による判辭が書かれていたので、シルクロードにおける商業史にも貴重な史料といえよう。(75) 程喜霖は「唐代的公驗與過所」一二八・一二九頁で移錄と內容の解說を行ない、「庭州根民」の「民」は「底」字の誤りではなかろうか、「根底」というのは唐人の俗語で、某地人を意

味するからと述べている。程喜霖はさらに『漢唐烽堠制度研究』（三秦出版社本の三〇六・三〇七頁、聯經出版事業公司本の三四九・三五〇頁）で移録をするとともに、唐代の烽堠における「勘放」の唯一の史料として、漢代の居延漢簡にみえる史料との比較検討をしている。あわせ參看されたい。

（B）調露二年の某人行旅公驗

調露二（六八〇）年の公驗の斷片は、一九七三年にアスターナ五〇七號基から出土し、『吐魯番出土文書』第五册二一三・二一四頁に「二一四　唐調露二年（公元六八〇年）某人行旅公驗」と題して收録されている。

（前　缺）

粟陸拾碩リ

作人參

前件牛、馬、作

（中　缺）

公驗

牒至。任爲□□。

調露二年

□參軍判

（後　缺）

この公驗には某州之印とおぼしき朱印三顆が捺されているが、漫漶不清で、殘念ながら判讀できず、したがって何州で發給された公驗であるかを知ることはできない。五〇七號墓からは、「唐崔延武墓記」が出土したほか、多數の文書が出土している。吐魯番から出土した旅行公驗の唯一の正本なので、程喜霖により「《唐調露二年（公元六八〇年）某人行旅公驗》考」（『魏晉南北朝隋唐史資料』七、一九八五年、四六―五五頁）が發表されている。程が指摘したように、この文書の第一行の「粟陸拾碩」の下と第二行の「作人參」の下に書かれている墨迹の符號は、吐魯番出土の文書にしばしば見られるもので、その場所はすべて人畜と物品の記載されている部位である。「唐開元二十一年（公元七三三年）西州都督府案卷爲勘給過所事」に「右件作人。過所有名。點身不到者」とあって、到着が確認された作人の姓名の傍らに墨點を記すか、墨筆で勾勒しているが、到着していない者には墨迹の符號が見られない、と述べた上で、この調露二年の行旅公驗の第一・二行目に墨迹の符號があることから、公驗を申請した人が携帶した作人と糧食が事實であったことを某州の官員が確認して勾勒つまりチェックの印を附したのである、と說いている。

おわりに

日本からの入唐僧が浙江・福建の州縣當局や長安の尙書省司門から給附された過所と旅行公驗の全傳世品を寫眞併載の體裁で移錄し、同時に敦煌・吐魯番から出土した唐の過所と旅行公驗を網羅せんとした當初の意圖は果たし了えた。終わりに當たり、過所の發給機關について再確認しておきたい。

『唐六典』巻六・刑部・司門郎中・員外郎の條に、

凡そ關を度る者は、先ず本部本司を經て過所を請い、京に在りては則ち省より之を給し、外に在りては州より之を給す。部する所に非ずと雖も、來文ある者は、所在にて之を給す。

凡度關者。先經本部本司請過所。在京。則省給之。在外。州給之。雖非所部。有來文者。所在給之。

とあるように、過所の發給は京つまり長安にあっては尙書省が、地方にあっては州が行なうことになっていた。尙書省とは具體的には尙書省司門の郎中・員外郎のことで、州とは府と州の戶曹參軍事・司戶參軍事のこととし、そのほか、親王府の戶曹參軍事も發給を擔當する、と杉井一臣「唐代の過所發給について」（『東アジアの法と社會』汲古書院、一九九〇年）で主張される。ところが、第二節で述べたごとく、圓珍の越州都督府過所は、佛僧であったために、功曹參軍から發給されており、州における過所發給が必ずしも戶曹參軍事に限定されなかったことは明らかである。また『新唐書』卷四九上・百官志の十六衞の條で、左右衞の倉曹參軍事の職掌の一として「過所」が擧げられているのに、程喜霖「唐代的公驗與過所」（一九八五年）の注17では、この記事を否定される[76]。しかし、左右衞には錄事參軍事をはじめ倉曹・兵曹・騎曹・冑曹の各參軍事はいたが、戶曹參軍事はいなかったので、左右衞における過所の擔當が倉曹參軍事であった蓋然性は高く、『新唐書』の記事を安易に否定すべきではなかろう。

『新唐書』といえば、卷四六・百官志の刑部の司門郎中・員外郎の條に、

蕃客の往來は、その裝重を閲し、一關に入る者は、餘關にて譏せず。

蕃客往來。閲其裝重。入一關者。餘關不譏。

とある。圓珍が蕃客であったとし、越州都督府過所を所持して潼關で勘過をうけて京に入った後、尙書省司門過所の發給をうけずに蒲津關を通過していたら、勘過の署名をうける必要はなかったのであろうか。また、會昌廢佛後の復佛期とされる宣宗大中七（八五三）年秋に入唐した圓珍が、福州都督府からのみでなく、溫州と台州の諸縣か

らさえも公驗の發給を申請した背景として、その直前の大中六年十二月に、僧・尼が遠遊して師を尋ねる場合にも本州の公驗が要求されることが決まったことが影響しているのであろうか(77)。

現存する唐代の過所と公驗の全文書を移録して讀み返すと、昨今の僞造旅券による不法入國の報道と二重寫しになり、解きがたい疑問がつぎつぎに涌き上がってくる。それにつけても、苦勞して撮影された圓珍文書の全寫眞フィルムを惜しげもなく贈與してくださった藤枝晃名譽教授に、あらためて深謝する次第である。

註

(1) 拙稿「隋唐」(島田虔次ほか編『アジア歴史研究入門　1』同朋舍出版、一九八三年。一八九―二二六頁)の「一　隋唐時代研究資料の特質」一九四―一九七頁參照。

(2) 內藤虎次郎「三井寺所藏の唐過所に就て」(『桑原博士還曆記念東洋史論叢』桑原博士還曆記念祝賀會としては一九三〇年十二月二十七日發行、市販分は弘文堂書房、一九三一年一月一日發行、一三二五―一三四三頁。のち『內藤湖南全集』第七卷、筑摩書房、一九七〇年に再錄、六一五―六三一頁)。

(3) 拙稿「唐代社會における金銀」(『東方學報　京都』六二、一九九〇年、二三三―二七〇頁)。

(4) 國家文物局古文獻研究室・新疆維吾爾自治區博物館・武漢大學歷史系編『吐魯番出土文書』第一冊(文物出版社、一九八一年一月)の奧附に元來は「唐長孺主編」の五字が印刷されていたが、紙が貼られて隱されている。最終刊の第十冊(一九九一年十月)の「編後記」(三三六―三三八頁)も唐長孺の手になっている。

(5) 菊池英夫「中國古文書・古寫本學と日本――東アジア文化圈の交流の痕跡――」(唐代史研究會編『東アジア古文書の史的研究』刀水書房、一九九〇年)の「Ⅰ　日本僧圓珍によって日本にもたらされた唐の公文書」(一四七―一七七頁)は、補論として「唐代の文書に用いられた紙について」と題する興味深い文章を附載している。なお

〔附記〕によると、本稿は一九七三年七月にパリで開かれた第二十九回の國際東方學者會議においてスライドを使用した報告が原形で、今回若干の加筆補訂を加えた、とのことである。佐伯有清『圓珍』（人物叢書、吉川弘文館、一九九〇年）の參考文獻欄の三〇四頁によれば、この論文の私家版が報告の時點で近しい方に配附されていたことがわかる。

（6）『人文科學研究所五十年』（京都大學人文科學研究所、一九七九年）一四―一五頁、ならびに三六頁參照。

（7）天台宗寺門派御遠忌事務局編『園城寺之研究』（園城寺、一九三一年）。

（8）內藤虎次郎「智證大師關係の文牘と其の書法」（『園城寺之研究』四七―五八頁。のち『內藤湖南全集』第九巻、筑摩書房、一九六九年に再錄、三〇八―三一六頁）。

（9）大屋德城「智證大師の入唐求法」（『園城寺之研究』五九―一五二頁）。本篇は大屋『日本佛教史の研究』巻二（東方文獻刊行會、一九二九年）所收の「圓珍の入唐求法」を補訂したもので、新たに「智證大師將來の經論章疏に就いて」を附載している。

（10）たとえば宮崎市定「留唐外史」（『日出づる國と日暮るる處』星野書店、一九四三年。のち『宮崎市定全集』第二二巻、岩波書店、一九九二年に再録）の主人公は圓載であった。なお「はるかなり比叡山――遣唐留學僧・圓載の漂泊」（『NHK歴史ドキュメント　6』日本放送出版協會、一九八七年）參照。

（11）のちに『內藤湖南全集』第七巻所收の『讀史叢錄』の補遺として「三井寺所藏の唐過所に就て」が収録された際には、この編者による附加は、當然のことながら、見えない。

（12）『唐六典』巻六・刑部司門郎中員外郎の條に、

凡度關者。先經本部本司請過所。在京則省給之。在外州給之。雖非所部。有來文者。所在給之。

と見え、『唐令拾遺』關市令の冒頭に開元七年令として復舊されている。

（13）『唐六典』巻三〇・三府督護州縣官吏のうちの府州の官吏の職掌につき、

戸曹司戸參軍。掌戸籍計帳道路逆旅田疇六畜過所蠲符之事。而剖斷人之訴競。

とある。『唐六典』巻二九・諸王府公主邑司のうちの親王府の戸曹參軍事の條には、

戸曹。掌封戸田宅僮僕弋獵等事。

としか見えないが、那波利貞の「唐鈔本唐令の一遺文（一）」（『史林』二〇―三、一九三五年、五二七―五六六頁）で學界に初めて紹介されたペリオ將來敦煌文書四六三四號、永徽職員令の第四斷簡、親王府の條に（五五一頁）、

戸曹參軍事二人（掌封戸園宅債負過所奴婢田莊及戈獵之事）府二人史二人

と過所の文字のあることに仁井田は注目されたのである。寫眞に當たると、戸曹參軍事の「事」の字は脱落しており、戈獵の戈は「弋」が正しい。

(14)『餘芳編年雜集』は『大日本佛敎全書』第二八巻、すなわち『智證大師全集』第四（佛書刊行會、一九一八年、一二九〇―一三五二頁）に收められ、圓珍の入唐公驗や過所も移録されている（一二九九―一三〇四頁）。

(15)東京帝國大學編『大日本史料　第一編之一』（東京帝國大學文學部史料編纂掛、一九二二年）六三八―六四八頁に圓珍の入唐公驗と過所が移録されている。

(16)延暦寺・園城寺・滋賀縣立産業文化館・朝日新聞社共催の『天台三祖入唐資料展』と題するB６版、本文二八頁の解説目錄には奥附もなく、はしがきや附記にも年月の記載はない。一九五七年二月十一日に參觀された藤枝晃のメモ入りの目錄を頂戴した。駒井義明「公驗と過所」（『東洋學報』四〇―二、一〇六―一一〇頁）參照。

(17)奈良國立博物館編刊『大陸傳來佛敎美術展』は一九六六年四・五月に開かれた展覽會の解説目錄で、奈良國立博物館編『請來美術』（大塚巧藝社、一九六七年）は當時種々の事情で出陳されなかったもの若干をも加えて解説した豪華圖錄である。

(18)四國新聞社編刊『三井寺祕寶展』は一九八九年十月に開かれた展覽會の解説圖錄で、過所のカラー寫眞に關する限り、翌年に出された『三井寺祕寶展』（東京國立博物館他編、日本經濟新聞社刊、一九九〇年）よりも秀れている。なお、奈良國立博物館編刊『特別陳列園城寺藏國寶圓珍關係文書』は一九八二年七月六日―八月一日に開かれた展觀のための册子であり、奈良國立博物館に寄託されている文書だけで、東京國立博物館藏の公驗は含まれない。

(19) 內藤虎次郎著・萬斯年譯「三井寺藏唐過所考」(『國立北平圖書館館刊』五―四、一九三一年八月、一一―二四頁)は、『桑原博士還暦記念東洋史論叢』が公刊された年の八月に早速に漢譯されたことになる。その後、萬斯年編譯『唐代文獻叢考』(開明書店、一九四七年、二六―五〇頁)、萬斯年輯譯『唐代文獻叢考』(商務印書館、一九五七年、五一―七一頁)に再錄された。

(20) 敦煌文物研究所考古組「莫高窟發現的唐代絲織物及其它」(『文物』一九七二年第一二期、五五―六七頁)の「二、其它遺物」五七・五八頁を參照。

(21) 新疆維吾爾自治區博物館・西北大學歷史系考古專業「一九七三年吐魯番阿斯塔那古墓群發掘簡報」(『文物』一九七五年第七期、八―二六頁)の「三　唐朝設立的政權機構有效地治理西州地區」一三―一六頁。

(22) 新疆維吾爾自治區博物館編『新疆出土文物』(文物出版社、一九七五年十月)六一頁に「九三　石染典過所」と「九四　高昌縣爲申麴嘉琰請過所狀」の圖版寫眞が掲載された。

(23) 池田溫『中國古代籍帳研究――概觀・錄文――』(東京大學東洋文化研究所、一九七九年)の三六三―三六八頁に、王仲犖論文にほぼ依據した過所關係の文書の錄文が收められ、三六三頁と三六六頁に寫眞が轉載された。

(24) 小野勝年「唐の開元時代の旅行證明書について」(『東洋學術研究』一六―三、一九七七年、一四六―一五七頁)。小野が過所と公驗とを明確に使い分けられたのは、「山東における圓仁の見聞」(『塚本博士頌壽記念佛敎史學論集』塚本博士頌壽記念會、一九六一年、一七四―一九六頁)の「二　公驗について」の節で過所と公驗について考察し、

そもそも公驗は公的證明書をひろく指す言葉であつて、旅行證明書もその意味では公驗の一部ではある。しかし旅行證明書をもつとも多くの場合、公驗と呼んだことも事實である。その書式をみると、正式のものと略式のものとの二類があり、後者は當人の願書の末尾に任爲公驗などと大書し、それに年月と責任者の押署をしたのみの簡單なものであるが、正式なものでは大略、令の定める牒式に準據し、先ず、發行者や受取者を記し、次に願出の項目(件名)をあげ、さらに出願者の姓名身分を明示する。次に願出の內容を記し、それに對する官廳の判定と責任者の署名がある。(一八五頁)

と述べていたことを踏まえたものである。

(25) 『吐魯番出土文書』第九册（文物出版社、一九九〇年）の四〇―四三頁に石染典過所が著録され、

　本件有朱印五處、首爲「瓜州都督府之印」、中間三印爲「沙州之印」、尾部印爲「伊州之印」。另有朱筆、墨筆勾勒。

と注記されている。文書類に使用濟の標として二、三本の横線を大きく畫するのは、洛陽の隋唐含嘉倉遺趾より出土した銘甎に三本の斜線が刻されていたのと軌を一にする。

(26) 閻蔚然『絲綢之路』（文物出版社、一九八六年）の圖版「一一九　阿斯塔那古墓出土的唐代文書――過所、是發給商人的通行證――」參照。

(27) 新疆社會科學院考古研究所編『新疆考古三十年』（新疆人民出版社、一九八三年、三二四―三三三頁）と沙知・孔祥星編『敦煌吐魯番文書研究』（甘肅人民出版社、一九八四年、一四二―一六〇頁）に再錄されたが、圖版や圖の寫眞は收められていない。

(28) 文化廳監修『原色版　國寶　3　平安Ⅰ』（毎日新聞社、一九六七年）には唐と北宋から請來された繪畫と書跡についての詳細な解説があり、きわめて有益である。當面の園城寺藏「智證大師關係文書」と東京國立博物館藏「圓珍關係文書八巻」の解説（一三三―一四四頁）は、文化財保護委員會監修『國寶　2』（毎日新聞社、一九六四年）の解説版七九―八八頁をほぼ踏襲している。監修の名稱が異なるのは、一九六八年に文部省の文化局と外局の文化財保護委員會が統合されて文化廳が創設されたためである。

(29) 王仲犖『㟭華山館叢稿』（中華書局、一九八七年）所收の「吐魯番出土的幾件唐代過所」（二七四―三一四頁）。舊稿では、はじめに圓珍の尙書省司門の過所一通を移錄していただけであったが、今回は公驗四通と過所二通を移錄し、第一節が舊稿では「唐瓜州、西州戶曹給石染典的過所」とあったのを、今回は「唐西州戶曹給石染典的公驗」と改稱し、内容も增補し、舊稿の第二節のつぎに「薛光泚請給過所的牒文」「審訊王奉仙的對案和錄狀」「關於史計思過所中〝過所有名點身不到〟的問題」の三節を增添するといった案配で、大幅な改訂增補がなされている。

（30）瀧川政次郎「過所考」（『日本歴史』一一八、一二〇—一二八頁、一一九、八四—八九頁、一二〇、一四—一二三頁、一九五八年）。

（31）曾我部靜雄「日唐の度牒と公驗」（『日本歴史』二九七、一九七三年、一—一二頁）。のち『中國社會經濟史の研究』（吉川弘文館、一九七六年、一六一—一七七頁）に再錄された際、注9・11・14・15の部分が新たに附加された。

（32）館野和己「日本古代の交通政策——本貫地主義をめぐって——」（岸俊男教授退官記念會編『日本政治社會史研究　中』塙書房、一九八四年、一一五—一四七頁）。

（33）池田溫「中國における吐魯番文書整理研究の進展——唐長孺教授講演の紹介を中心に——」（『史學雜誌』九一—三、五九—八五頁）の七五・七六頁。原文は唐長孺「新出吐魯番文書發掘整理經過及文書簡介」（『東方學報　京都』五四、一九八二年、八三—一〇〇頁）の九七頁、「新出吐魯番文書簡介」と改題して『山居存稿』（中華書局、一九八九年、三一〇—三三二頁）に再錄の三二九頁。

（34）郭平梁「唐朝王奉仙被捉案文書考釋——唐代西域陸路交通運輸初探——」（『中國史研究』一九八六年第一期、一三六—一四五頁）。

（35）程喜霖「《唐開元二十一年（七三三）西州都督府勘給過所案卷》考釋——兼論請過所程序與勘驗過所——」（武漢大學歴史系魏晉南北朝隋唐史研究室編『魏晉南北朝隋唐史資料』八、一九八六年、四八—五九頁、九・十、一九八八年、七四—八二頁）。

（36）王仲犖『隋唐五代史』上册（上海人民出版社、一九八八年）の第四章第一節の「驛站制度與過所制度」（四八一—四九一頁）の四八六頁に日本僧圓珍の尙書省司門の過所を引用した際にも「都官員外郎　判　依」と移錄している。

（37）程喜霖は「唐代的公驗與過所」（『中國史研究』一九八五年第一期）に掲載するはずであった「唐代的公驗與過所一覽表」を、「《唐調露二年（公元六八〇年）某人行旅公驗》考——讀《吐魯番出土文書》札記之一——」（『魏晉南北朝隋唐史資料』七、一九八五年、內部發行、四六—五五頁）に收めている。程は「唐代公驗與過所案卷所見的經

濟資料――部曲奴婢――」（『中國社會經濟史研究』一九八六年第二期、五九―七〇頁）、「從唐代過所文書所見通〝西域〟的中道」（『敦煌研究』一九八八年第一期、五八―六七頁）、「唐代過所文書中所見的作人與傭主」（唐長孺主編『敦煌吐魯番文書初探二編』武漢大學出版社、一九九〇年）のほか、『漢唐烽堠制度研究』（西安の三秦出版社、一九九〇年刊と、臺北の聯經出版事業公司、一九九一年刊の二種があり、後者の方が概して詳細）においても過所と公驗を利用している。

なお、『魏晉南北朝隋唐史資料』は第七號まで內部發行であったが、一九九二年二月に至り武漢大學歷史系魏晉南北朝隋唐史研究室編『魏晉南北朝隋唐史資料（一―七）』と題する合訂本が香港中華科技（國際）出版社より刊行された。但し、影印本ではなく、內部發行本と時には異同がある。

(38) 凍國棟『唐代的商品經濟與經營管理』（武漢大學出版社、一九九〇年）の第八章第六節「商稅問題」一五八―一六三頁。荒川正晴「唐の對西域布帛輸送と客商の活動について」（『東洋學報』七三―三・四合併號、三一―六三頁）で「唐開元二十一年（七三三）西州都督府案卷爲勘給過所事」の一部を和譯している。

(39) 山本信吉編『國寶大事典　三　書跡・典籍』（講談社、一九八六年）二三四頁の湯山賢一の文による。『比叡山と天台の美術』（朝日新聞社、一九八六年）二八一頁も同じ寸法を記している。

(40) 『舊唐書』卷一八九下と『新唐書』卷一六八の陸質傳、『資治通鑑』卷二三六・順宗永貞元年四月戊申の條を參照。姜亮夫纂定・陶秋英校『歷代人物年里碑傳綜表』（中華書局、一九六一年）一八六頁で陸質の沒年を憲宗元和元年（八〇六）とするのは、柳宗元撰の「陸文通先生墓表」の執筆年を沒年と同一視した誤りである。

(41) 圓仁が公驗を得るのに苦勞した樣子については、足立喜六譯注・鹽入良道補注『入唐求法巡禮行記1』（平凡社、東洋文庫一五七、一九七〇年）の第九章「公驗を得るが爲に靑州に向かう」（二一七―二六三頁）と第十章「公驗を得て五臺山に向かう」（二六四―三〇〇頁）の兩章を參照。

(42) 小野勝年『入唐求法行歷の研究――智證大師圓珍篇――』上（法藏館、一九八二年）の卷頭には「大宰府公驗」「鎭西府公驗」「福州都督府公驗」の寫眞のほか、圓珍求法行歷圖が載せられていて、有益である。

(43) 佐伯有淸『圓珍』(吉川弘文館、人物叢書、一九九〇年) の卷末に附された參考文獻はきわめて充實している。
(44) 前掲註 (43) 佐伯有淸『圓珍』第三の「一　渡海する圓珍」六七―六九頁參照。
(45) 圓珍の年齢と戒臘についてては古來より疑問がもたれていたのであって、大屋德城「智證大師の入唐求法」七三―七四頁の (備考) ならびに小山田和夫「智證大師圓珍關係文書小考」(『社會文化史學』一八、一九八〇年、二〇―三二頁) の注 (47) を參照されたい。
(46) 律令研究會編『譯註日本律令　五　唐律疏議譯註篇一』(東京堂出版、一九七九年) の名例律四〇・同職犯公坐の條の滋賀秀三による緻密な譯註 (二三五―二四六頁) を參照。
(47) 周一良「入唐日僧圓珍與唐朝史料」(『中國歷史博物館館刊』一三・一四期合刊、一九八九年、一四五―一四八頁) の一四七頁。
(48) 拙稿「藩鎭割據の時代」(『週刊朝日百科　世界の歷史』三六、一九八九年、二四八―二五一頁) の二四八頁に掲載した「圓珍の福州公驗」のカラー寫眞が、朱筆や朱印の狀態を明瞭に示している。
(49) 前掲註 (43) 佐伯有淸『圓珍』七七頁。
(50)『大日本史料　第一編之二』六四一頁。前掲註 (42) 小野勝年『入唐求法行歷の硏究――智證大師圓珍篇――』上の八六頁。
(51) 裴閱が忠州刺史から溫州刺史に轉じた際の制誥は杜牧の手になる。杜牧「裴閱除溫州刺史伊實除獻陵臺令等制」(『樊川文集』卷一八)。
(52) これら六通を柳田暹暻藏原牒雙鉤本に依って移錄された『大日本佛敎全書』本の『餘芳編年雜集』(一九一八年、一三〇〇―一三〇三頁) では、なぜか「溫州安固縣公驗」が冒頭にあり、「溫州橫陽縣公驗」「溫州永嘉縣公驗」「台州黃巖縣公驗」「台州臨海縣公驗」「台州府公驗」の順序となっていた。ところで〔北白川宮御所藏文書〕として綿密な移錄がなされた『大日本史料　第一編之二』(一九二二年、六四一―六四六頁) が、「台州公驗」を冒頭に置いた後、「溫州橫陽縣公驗」「溫州安固縣公驗」「台州黃巖縣公驗」「台州臨海縣公驗」とつづけ、最後に「溫州永

嘉縣公驗」を置いているのは理解に苦しむ。その結果、「溫州安固縣公驗」の後の紙縫目文字の上に黃巖縣印がある、という注記によって戸惑わされてしまうのである。

(53) 小野勝年『入唐求法行歴の研究——智證大師圓珍篇——』下（法藏館、一九八三年）の末に附された「新編諸請來並隨身文書等目錄」の「四　福州溫州台州求得目錄（抄）」五〇四―五〇六頁。

(54)『唐六典』卷三〇・三府督護州縣官吏の三府・都督府・州の諸曹の職掌につき、「功曹・司功參軍、掌官吏考課、假使、選擧、祭祀、禎祥、道佛、學校、表疏、書啓、醫藥、陳設之事。」とある。

(55) 前揭註（5）菊池英夫「中國古文書・古寫本學と日本」の「Ⅰ　日本僧圓珍によって日本にもたらされた唐の公文書」の一六六―一六九頁參照。

(56) 圓珍撰『行歷抄』（『大日本佛敎全書』本『智證大師全集第四』一二二六―一二三五頁）の一二三〇頁に「因此請得越州公驗。取二月（ママ）廿九日進發。同行四人」とある。

(57) 前揭註（43）佐伯有淸『圓珍』第四の「四　圓珍と豐智と圓載」一一五―一二一頁。

(58) 拙稿「唐代の畿內と京城四面關」（唐代史研究會編『中國の都市と農村』汲古書院、一九九二年、一八五―二〇一頁）參照。

(59)『唐會要』卷二六・牋表例に「天册二年二月一日敕。自今已後。施敕行制。及內外官司奏狀文案。並大字。至聖曆元年四月十一日制敕。公文錢物倉庫。計贓科罪。傳符過所。各依式及別敕。作大字。餘尋常文按。解牒進奏。並依常式。」とある。

(60)『唐六典』卷三〇に、「關令掌禁末遊。伺姦慝。凡行人車馬出入往來。必據過所以勘之。丞掌付事勾稽。監印。省署抄目。通判關事。錄事掌受事發辰。勾檢稽失。」とある。

(61) 程喜霖「唐代的公驗與過所」（『中國史研究』一九八五年第一期）一二四頁。

(62)『大日本史料　第一編之二』六四八頁。なお『餘芳編年雜集』一三〇三頁では印は三カ所としていた。

(63)『唐律疏議』卷二・名例律の疏議の問答に「問曰。依令。內外官敕令攝他司事者。皆爲檢校。若比司卽爲攝判。」

とあり、滋賀秀三の解說、『譯註日本律令　五』九五頁を參照。

(64)『册府元龜』卷一九一・閏位部立法制の後梁太祖開平三年の條に「十月敕。司門過所。先是司門郎中員外郎出給。今以寇盜未平。恐漏姦詐。令宰臣趙光逢專判。凡諸給過所。先具狀。經中書點檢。判下郎本判郎官據狀出給。」とあるのも參照。

(65) 愛宕元「唐代の蒲州河中府城と河陽三城」（『中國の都市と農村』汲古書院、一九九二年、二六三―二九五頁）の二七五頁に、圓珍が蒲津浮梁を渡った狀況を紹介している。

(66) 金岡照光「敦煌の現狀」（榎一雄編『講座・敦煌　第一卷』大東出版社、一九八〇年、六五―一二五頁）の一一二頁。

(67) 陳國燦「唐瓜沙途程――唐開天〝過所〟實地考察小記――」（『魏晉南北朝隋唐史資料』第六期、一九八四年）の一七頁。程喜霖「唐代的公驗與過所」（『中國史研究』一九八五年第一期）の一二二・一二三頁。

(68) 中村裕一『唐代官文書研究』（中文出版社、一九九一年）の四七七頁および「官文書」（池田温編『講座・敦煌第五卷』大東出版社、一九九二年、五三三―五八四頁）の五七一頁。

(69) 那波利貞が「唐天寶時代の河西道邊防軍に關する經濟史料」（『京都大學文學部研究紀要　第一』（京都大學文學部、一―一三〇頁）の二七頁で、嚴密に命名すれば「天寶四載乃至六載豆盧軍軍倉收納穀物並に收支經濟計算文書」というのが最も適當であろう、と述べたペリオ三三四八號紙背文書は、前揭註（23）池田溫『中國古代籍帳研究』の四六三―四六六頁に「唐天寶四載河西豆盧軍和糴會計牒」と題して移錄されている。なお前揭註（38）荒川正晴「唐の對西域布帛輸送と客商の活動について」の三九頁を參照。

(70) 程喜霖「唐調露二年（公元六八〇年）某人行旅公驗考」（『魏晉南北朝隋唐史資料』七、一九八五年）の「三　唐代的公驗與過所一覽表」によると、高宗時期（六五〇―六八三年）に西州都督府が扱ったものかと疑問を呈し、殘損が甚しいが文意からみて過所申請文書ではないか、と注記している。

(71) 前揭註（70）の一覽表では、開元二十一年から二十五年の間、つまり七三三―三七年のものとし、過所の二字は

見えないが、文意からみて過所あるいは公験を申請した文書、と注記している。しかし『吐魯番出土文書』の解説によると、アスターナ五〇六號墓から出土した張無瑒の兄の張無價の告身などからみて、天寶・大暦間の文書とみるべきだそうである。

(72) 張九齢「敕伊吾軍使張楚賓書」が開元二十二（七三四）年に執筆されたことは、郁賢皓『唐刺史考』（中華書局・江蘇古籍出版社、一九八七年）四三五頁に考證されている。なお榮新江「唐刺史考補遺」（『文獻』四四、一九九〇年）八九頁參照。

(73) 『通典』巻一四八・兵典一の今制の條に「毎軍。大將一人。副二人。判官二人。典四人。總管四人。子將八人。云云」とあり、『唐六典』巻五・兵部の注に「五千人置總管一人。以折衝充。一千人置子將一人。以果毅充。五百人置押官一人。以別將及鎮戍官充。」とある。なお仁井田陞『唐令拾遺』（東方文化學院東京研究所、一九三三年）三七二・三七三頁參照。

(74) 前掲註（37）程喜霖「唐代的公驗與過所」一二九・一三〇頁參照。

(75) 李明偉「貿易路上的西北商鎮」（李明偉主編『絲綢之路貿易史研究』甘肅人民出版社、一九九一年、六七―八四頁）七四頁に、『吐魯番出土文書』の「唐開元年代西州用練買牛簿」「唐開元二十一年正月西州百姓石染典買馬契」とともにこの公験を擧げて、高昌地區が唐代において異常に商業が繁榮していたことを説いている。

(76) 程喜霖がこの注17で指摘したごとく『文物』一九七二年第一二期に掲載された「莫高窟發現的唐代絲織物及其它」の注⑥に引く『舊唐書』巻四九・職官志とは『新唐書』巻四九・百官志の誤りである。

(77) 『資治通鑑』巻二四九・宣宗大中六年十二月の中書門下の奏に「嚴禁私度僧尼。若官度僧尼有闕。則擇人補之。仍申祠部給牒。其欲遠遊尋師者。須有本州公驗。」とあり、「從之。」と書かれている。この個所の胡三省の注に「公驗者。自本州給公文。所至以爲照驗。」と見える。宣宗の大中年間における復佛の實態については、吉川忠夫「裴休傳――唐代の一士大夫と佛教――」（『東方學報　京都』六四、一九九二年、一一五―二七七頁）を參照されたい。

附記

本文で言及したアスターナ二二八號墓「年某往京兆府過所」については、その後、唐長孺主編『吐魯番出土文書』肆（文物出版社、一九九六年）の一九九頁に寫眞圖版が掲載された。あわせて參看されたい。

附　章　入唐僧と旅行記

はじめに

參考文獻資料（章末參照）を掲げておりますので、それに沿ってはじめさせていただきます。題を「入唐僧と旅行記」としたのは、今回のシンポジウムの主催が入唐求法巡禮行記研究會であるということを意識して、こういうテーマにしました。まず、「はじめに」というところで、『世界の旅行記*101*』というのをあげました。東京・本郷にある新書館という出版社が刊行した、樺山紘一さん編のものです。事實上、この出版社は三浦雅士さんが中心となって維持されていて、これまでいろんなかたちで「*101*」というのを取り上げて、『中國史重要人物*101*』、これは井波律子さんの編集です。あるいは『日本史重要人物*101*』、これは五味文彦さんの編集です。そのシリーズとして『世界の旅行記*101*』というのが編纂されたわけでございます。

このなかに、いろんな分類がなされているわけですけれども、「宗教と旅」というのが四番目の分類として出ており、「宗教と旅」には九つの旅行記が取り上げられています。九つというのは、まず中國からインドへ佛典を求めて旅をした法顯の『佛國記』、『法顯傳』ともいいます。それから玄奘の『大唐西域記』、そして義淨の『南海寄歸內法傳』、この三つが中國からインドへ求法の旅をした方の旅行記です。つぎが、日本から中國へ旅行した記錄、

それは二つだけでして、一つは『入唐求法巡禮行記』。まさにこの研究會のテーマである『入唐求法巡禮行記』、圓仁の著ですね。これは非常に有名ですけれども、もう一つ一般的にはあまり知られていない圓珍の『行歴抄』が取り上げられているのです。あとの四つは、キリスト教が日本に傳道するについてのイエズス會士の記録とかそういう書物であって、アレシャンドロ・ヴァリニャーノ『日本巡察記（日本諸事要錄）』、ドゥアルテ・デ・サンデの『天正遣歐使節記』、ルイス・フロイスの『日本史』と、ルイス・デ・グスマンの『東方傳道史』です。

九つ選ばれた世界の「宗教と旅」の旅行記のなかで二つ、そのうち一つは誰がいっても『入唐求法巡禮行記』であることは問題ないわけですけども、もう一つ、普通だったら成尋の『參天台五臺山記』あたりを取り上げるのかと思いますが、これはそこで『行歴抄』を取り上げられたのは一つの見識だと考えます。私に執筆を依頼されたときに、義淨の『南海寄歸內法傳』と同時に、『入唐求法巡禮行記』、それから圓珍の『行歴抄』とを解説したわけです。

本の讀み方、これは難しいですね。「旅行」の讀みは「りょこう」、それを「りょぎょう」と讀んだら、皆おかしいと思われると思うんですけれども。ただ、『入唐求法巡禮行記』、これは旅行の「こうき」ですね。しかし、『行歴抄』は「こうれきしょう」と讀めばいいと思うのに、慣用的に「ぎょうれきしょう」と讀んでいるのです。それはさておき、『入唐求法巡禮行記』の場合には、ご存じのように、新しい研究、また翻譯が出來上がっています。それに對して、一般的にはあまり知られていない『行歴抄』というのはどういう本かということです。圓仁の『入唐求法巡禮行記』は四巻本でした。その弟子の圓珍は、私たちが熱心に調べたりしているのは、彼が持ち歸った過所とか公驗という旅行證明書の分析などであって、旅行記そのものについてはほとんどの方はご存じないだろうと思いますが、これは抜き書きなんですね。『行歴記』か、もとの本の名前はどういうかたちで出たのかわかりま

せんが、抜き書きだから「抄」という言葉がついているわけです。もとは三巻本であったとも、五巻本であったともいわれています。それが今、抜き書きだけが殘されており、それの複製が作られたりしているわけでございます。

この書物を擧げられた方は、私は見識があると思っているわけですが、その入唐僧という場合、遣唐使と一緒で遣唐僧ということもあるわけです。しかし遣唐僧という場合であれば、それは日本の朝廷から派遣された遣唐使らの一員として中國に渡った方ということであって、それに對して入唐僧というのは、もう少し廣く、商人の船に乘って出向いたり、あるいは向こうで長期滯在した、在留求法僧といいましょうか、そういう方も含めて入唐僧という言葉でくることが多いようです。幅廣いという意味で「入唐僧と旅行記」という題をつけた次第です。

一　『遊方傳叢書』第一—第四（『大日本佛敎全書』第一一三—第一一六册）

入唐僧の研究がどういうかたちで進められてきたかというと、遣隋使の時の旅行記は殘っていないわけですが、遣唐使に關しましてはおおむね關西地方の寺院に殘されているということがいえるかと思います。そういうものをまとめて一般の方々に提供されたのは、『遊方傳叢書』という本でありまして、これは大正年間（一九一二—二六）に高楠順次郎、望月信亭などが編修して作った叢書なんですね。普通こういう佛敎のシリーズといえば、『大正新脩大藏經』は非常に有名ですけれども、『大日本佛敎全書』というのは、取り上げることは少ないわけです。それぞれの宗派の細かい日本における解釋とか注釋とか、そういうのが收まっているから、その道の人にとっては非常にありがたい本ですけれども、一般の人にはあまり知られてはいないと思います。だから『大正新脩大藏經』の場合でしたら、大正ナンバーといったかたちで番號を附して出典などにも、引用するわけです。その點からいうと、

『遊方傳叢書』を含む『大日本佛敎全書』というものはあまり知られていませんが、じつは日本から中國へ渡ったお坊さん方の旅行記としては、歴代を通じていろんなものを全部まとめて、それを活字に起こして句讀點をつけることがなされているわけです。

一九一五年、大正の初年に出されたものなのですが、旅行記に關して四冊出ているということで、二段組でびっしりと詰まっている叢書です。そのなかには唐代から明代に至るまでのお坊さん方が中國へ行かれた記録がほとんど當時集められたかたちで網羅されています。これは個人的には樂しみなのですが、私が持っている書物には、ロベール・デ・ロトゥールというサインがありますし、函の方にも逆さまですけれども、その同じサインが入ってるわけです。つまり藏書家で知られたフランスの唐代史家デ・ロトゥールの舊藏書なのです。

こういうものが四冊出ていたというので、どういうものが收まっているかという例を擧げますと、第一には『入唐求法巡禮行記』、また『行歴抄』だけではなく『入唐五家傳』などの書物が入っています（圖1）。第二には『入唐記』心覺撰というのが入っておりますし、第三には先ほど名前を擧げました成尋の『參天台五臺山記』などが入っているわけです。それだけではなくて、それについての新しい研究、高楠順次郎自身が編修した『成尋所記入宋諸師傳考』のようなものも收められているということで、この『遊方傳叢書』というものは、こういう研究をするものにとってはまず參照すべき書物なのです。だから、何度かリプリント版が出ています。リプリント版の方が買いやすいということもあるかと思います。それからまた『大日本佛敎全書』全百巻というかたちで、鈴木學術財團の刊行で、發賣が講談社という書物があります。これは鈴木大拙が中心となった財團ですが、そこで出版された場合には同じ名前ですが、『大日本佛敎全書』全百巻というのと、もとの『大日本佛敎全書』全百六十冊とでは内容が少し減って、編成替えもなされています。それから『遊方傳叢書』という名前では入っていないのです。私が

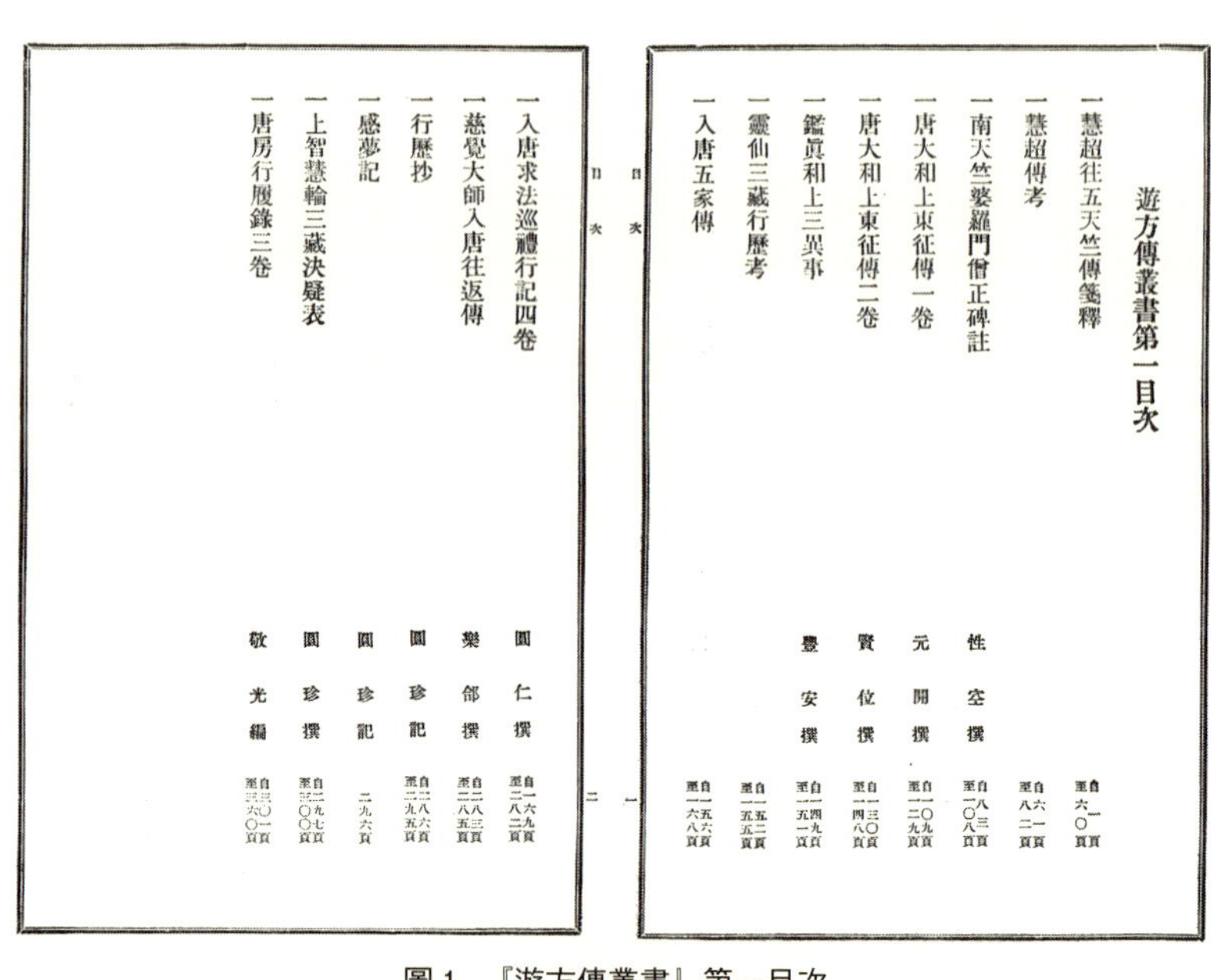

遊方傳叢書第一目次

圖１　『遊方傳叢書』第一目次

個人的に持っておりますのは、『大日本佛教全書』のなかでは『遊方傳叢書』四冊と、『僧傳排韻』二冊という、お坊さんの傳記についての索引が收められています。『僧傳排韻』は同じかたちのままで再版されましたが、この『遊方傳叢書』はそうではなくて、二冊のところにばらばらに抜かれているのです。

この『遊方傳叢書』が出版されて研究が進むにつれて、これまでの常識を覆すようなかたちの論文が出されました。それは宮崎市定（一九〇一―九五）の、私の先師ですが、圓載を主題とした「留東外史」という文章であって、一九四三年、戰爭中に、『日出づる國と日暮るる處』という書物の巻頭に冠するかたちで出されたものです。これは圓仁と一緒に中國へ遣唐使として行きながら、そのまま長期滯在し、途中で會昌の廢佛に遭って、還俗させられたりしたんですけども、都合四十年中國に滯在して、數千巻にわたる經典を持ち歸ってこようとして、李延孝という唐商人の船に乗り、臺風にあって沈沒してしまうのです。ここで話題

にしたいのは、こういう研究會で取り上げられる『入唐求法巡禮行記』は、非常に運のいいといいますか、ちゃんとしたかたちで殘っています。圓仁という方は几帳面な方なわけですから、旅行中に出された書類なども全部書き寫すかたちで持ち歸ってきて、それが今に至るまで寫本のかたちで殘されている。それをまた私が學生の頃には、駐日アメリカ大使のエドウィン・ライシャワーが英譯しました。本文だけの英譯ではなくて、論文そのものがそれについての研究書であり、二冊本からなる博士論文です。ただし日本語に翻譯されたのは研究書の方だけです。注釋の方はもちろん翻譯する必要がなかったわけです。それからもいろんなかたちで出版されているので、ご存じの方が多いかと思います。じつは宮崎市定の「留東外史」では、圓載が結局中國で四十年、そして日本の他のお坊さん方になしえなかったようなかたちで、唐の文人たちとも親交を重ねた方である、と論じたのです。しかし、今殘されている『行歴抄』によりますと、圓載の悪口ばかり書かれているのです。ですから、もとの『行歴記』、『行歴記』と一往呼んでおきますと、これが殘されていたらまた別かもしれないですが、今殘されている『行歴抄』は、これはもう不屆きな圓載の悪行を暴露するというかたちの書物になっているわけです。それに對して、むしろ辯護する立場に立ったのが、宮崎市定の「留東外史」なのです。

この書物は、戰後に神田の古本屋さんで見つけた佐伯有清さんが、これを見て感激されたのですね。佐伯有清さんの一連の圓仁・圓珍研究というものの出發點は、この「留東外史」から始まったといえるわけです。それだけではなくて、じつはＮＨＫの、今はＥテレといいましょうか、教育テレビが取り上げて、「はるかなり比叡山」という名前の番組を放送しました。日本へ外國からやって來られる方にも焦點を合わせながら、圓載の傳記をテレビで放映されたのです。のちに同じタイトルの本が出版されると、その參考文獻の最初に、佐伯有清さんの『最後の遣唐使』という書物が載っています。『最後の遣唐使』、つまり圓仁と圓載とが同時に行き、目的をなかなか果たせら

れずに、不法滞在のかたちで留められた。圓仁自身は天台宗なわけですから、天台山に行くのが目的だったのに、天台山まで行けずに五臺山へ行ったのです。圓載の方はちゃんと天台山にも行き、その當時天台宗で問題になっていた疑問點を解決するという、唐で決するといわれる、「唐決」というのですが、三十條の疑問點を直接中國で教えてもらって、最初の五年間は滯在費も唐政府が持つというかたちでいたんです。そのあたりのところは、眞相はどこまでかわかりませんが、唐朝は圓仁などの長安への旅行を阻止したんですね。都の長安へ行けないだけではなくて、近くの天台山、南の天台山にも行けない。むしろ眞言宗の圓行という方だけに許可が出たということで、そのあたりのいきさつは今一つわかりません。しかしいずれにしても、NHK本の參考文獻の最初には、佐伯有清さんの『最後の遣唐使』を出しているわけです。これには宮崎市定の「留東外史」は『アジア史論考』上巻（一九七六年）に再錄されたがために、そちらの出版年が入ってしまったのですね。だから出版年からいうと後になってしまったということがあるわけです。このNHKの「はるかなり比叡山」という番組は、「遣唐留學僧・圓載の漂泊」という副題で放映されました。これがそのNHKの歴史ドキュメントという本で、そのシリーズに収められた段階では、いろんな方の論文や注釋が入っています。この最初に「悲劇の遣唐留學僧圓載　無言の辯明」という題で書いてあるのが、もう亡くなられた陳舜臣さんで、九十歳で老衰で亡くなりましたが、この時にはそういう論文も書いておられます。

陳舜臣さんの論文にも「あらぬ容疑」と書いてあるのですが、今殘っている『行歴抄』がむしろ圓載の悪口の部分を抜き書きしたのではないかと陳舜臣さんの研究ではそうなっています。今も留學生として外國へ行く場合、國立大學の場合には短期と長期とがあって、二年間長期で行くのは若い方で、定年間際の方が短期で行ってくるというのが、ずっと今でもかたちを變えながらつづいているわけですけれども、そういうのが遣唐使のその頃の場合に

も入唐僧では二種類ありまして、短期でその長老の方が「慰勞」の意味を込めた旅行、それと若い方は長期、何年間か長期留學して勉強するのです。皆さんご存じの天台宗を創めた最澄は年配ですから、すぐに歸ってくる短期留學僧ですね。空海の場合は長期留學僧です。結果的には長くおりますと、最新の向こうの佛教界、佛教の傳統を學んで天皇に傳えられる、そういうことが今までつづいてきているわけなのです。

私が皆さんにお薦めする『遊方傳叢書』をまずご覧になってください。その場合に唐の最後の遣唐使、あるいは最澄のお弟子さんの圓仁と弟弟子の圓珍、そして圓載は三人三様です。完全な記録を殘したのが圓仁であって、ある時期まではあったのでしょうが、今は抜き書きしか殘っていない圓珍、そして全部船のなかに何千巻かの、それこそ日本にまだ傳わっていなかったお經が沈んでしまった圓載、そういう典型的な三つのパターンがあるということです。それをご承知おき願いたいと思います。

それで遣唐使についてですが、田島公さんが、『日本、中國・朝鮮對外交流史年表（稿）』の増補改訂版を私家版として出版しています。これはもともとは、橿原考古學研究所が出した『貿易陶磁』という豪華本に載せられたもので、臨川書店の出版です。それ自身も非常に役立っておりますが、この私家版の方はどれくらい配られているのかわかりません。ともかく、これは非常に便利といいますか、山上憶良にしろ、そういういろんな方を調べようと思うと、この年表が非常に役に立つわけです。私家版をいただいた時の田島さんからの添え書きによれば、近いうちにもう一度改訂して、汲古書院から出す豫定であるということのようでした。いずれにしても最初の臨川書店の方は刊行時で四萬五千圓、なかなか個人では買えないような書物だったのです。

二　入唐僧關連展覽會の圖錄

つぎに、入唐僧關連展覽會の圖錄ですが、これは私がかつて講談社の『中國の歴史』シリーズを編纂した時に、「日本にとって中國とは何か」という文章を書きました。その時には、日本でこれだけたくさんの中國に關する展覽會が行われるのは珍しかったということもあり、それを參考文獻でできるだけ參照するようにしたのです。この頃、博物館で開かれる展覽會などはもの凄く分厚い圖錄が出て、持ち重りしてたいへんだというところがあるわけですね。それに對して入唐僧に關する最初の展覽會かもしれないですが、天台三祖、つまり最澄と圓仁・圓珍に關する史料を集めたごく薄いものがあります。「天台三祖入唐資料展」で、これは私が東洋史に入る一九五八年の前年に、滋賀縣で開かれました。後になって私が藤枝晃先生からその小さなカタログをいただきまして、書き込みがあって有益なのです。それよりも、何といっても入唐僧の展覽會の圖錄で、畫期的だったのは、「大陸傳來佛敎美術展」という展覽會が奈良の國立博物館で開かれた際の、今と違って白黑でごく薄いものですけれども、非常に便利なものなんですね。しかもこれは、翌年に講談社から奈良國立博物館編『請來美術』という題で豪華な本が出まして、今もたぶん五、六萬圓出せば古本で買えると思います。圖錄というものは、小さなものはどこかに紛れてしまうものなのですが、大きいものはどこかで殘っていくということになります。これは薄いものなのですが、この仕事をされたのが小野勝年さんだったのです。私が東洋史に入りました昭和三十三（一九五八）年の頃は、「社會經濟史にあらずんば歴史に非ず」というような風潮の時期でした。たまたま私が三回生・四回生の二年間、非常勤講師として唐代の文化史を講義されたのが、奈良國立博物館の學藝員だった小野勝年さんで、だから京都大學に出

講されたのはその時だけだと思いますから、私はごく小人數の受講生の一人というわけです。

それ以降、いろんなかたちの展覧會がありましたが、なかでも「波濤をこえて――古代・中世の東アジア交流――」というのが石川縣立歴史博物館で行なわれました（一九九六年十月五日―十一月四日）。これは金澤で開かれた展覧會ですが、この展覧會のなかに「海を渡った高僧たち」というコーナーがありまして、その副題が「入唐求法僧と入宋巡禮僧」となっていました。なかなかうまい題がつけられたものです。唐代のお坊さんが中國に行く場合には、本來の佛教はいかなるものだったか知りたいということがあったのですが、唐の後半からは、『入唐求法巡禮行記』もそうですけども、「求法」と「巡禮」の、二つの目的があるんですね。求法するためには中國からインドへ行き、日本から中國へ行きと、そういうことだったわけですが、宋代になりますと、有名な聖地を巡禮するという巡禮僧が、むしろ中心になってくるというので、そういうコーナータイトルがつけられた展覧會があり、圖録もございます。

私がなかでも感心したのは、「慈覺大師圓仁とその名寶」という展覧會であって、その展覧會はじつに圓仁についての美術關係のものを集めたものでした。これは三カ所で巡回展をされ、出生地の栃木縣でまず最初に開き、それから東北に行き、最後に比叡山南麓の滋賀縣大津で開催されたわけです。これは圓仁に關する展覧會としては抜群のものだったと思います。

三　小野勝年と佐伯有清

小野勝年さん（一九〇五―八八）は非常に細かく『入唐求法巡禮行記』の研究をしています。まず最初には線裝

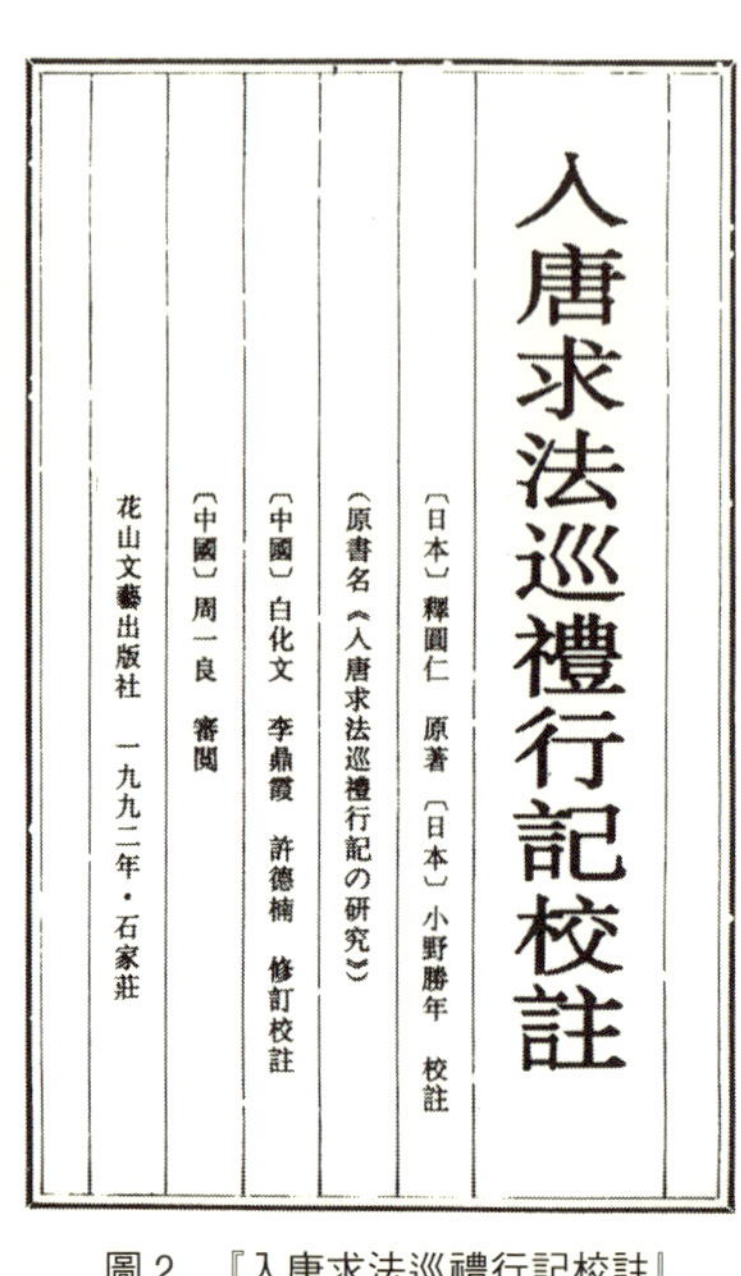

入唐求法巡禮行記校註

〔日本〕釋圓仁　原著　〔日本〕小野勝年　校註

（原書名《入唐求法巡禮行記の研究》）

〔中國〕白化文　李鼎霞　許德楠　修訂校注

〔中國〕周一良　審閲

花山文藝出版社　一九九二年・石家莊

圖2　『入唐求法巡禮行記校註』

圖3　『行歴抄校注』

本の『三千院本慈覺大師傳』を出していて、これは何部くらい出版されたのか全くわかりません。京都大學東洋史での一年先輩の村上嘉實さんが個人的につくった本屋さんから出版されました。小野勝年さんは定年退官ののち、龍谷大學の教授となり、つぎつぎと綿密な業績を發表します。有名なのが『入唐求法巡禮行記の研究』全四巻で、先ほど言いました鈴木學術財團からの出版で、足かけ六年にわたってなされました。それからまた『入唐求法行歴の研究』が圓珍についての研究なのですが、これはその『行歴抄』を中心に、また過所や公驗などの史料を全部持ち込んで、二册本のものが法藏館から出ました。今でも最も信用すべき注釋書です。

　ところで、中國で出版された『入唐求法巡禮行記校註』（圖2）と、『行歴抄校注』（圖3）という書物があり、たいへん有益です。二つとも北京大學の教授であった白化文夫妻が譯されたものです。これがおかしいんですね。背表紙などには白化文と奥さんの名前が

書いてありますが、小野勝年先生の本であることには觸れていないのです。ところが表紙を開きますと、釋圓仁の原著であって、日本の小野勝年の校註だと、それをもう一度中國語に翻譯したものだということになっているわけです。しかもこの中國版『行歴抄』についてはこういう本が出ているわけですけれども、どちらも河北省の省都、石家莊市の出版社（花山文藝出版社）から出版された本で、日本人で中國に入って法を求めたお坊さんたちの旅行記の、そういう叢刊の二だと書いてあるんですね。一のことを一と書いていないんです。二が出版されるかわからなかったのでしょう。同じ出版社のものです。

先ほど言いましたように、佐伯有清さん（一九二五―二〇〇五）は日本の古代史の研究家ですが、宮崎の「留東外史」（『日出づる國と日暮るる處』）をみて、それから非常に關心をもったらしくて、〈人物叢書〉の『圓仁』も『圓珍』も、そして最後には『悲運の遣唐僧　圓載の數奇な生涯』という單行本を書いております。この書の「あとがき」には、宮崎市定さんの思い出や中公文庫本の巻末に附した私の解説文なども引用されているわけです。

おわりに

同じく「入唐僧と旅行記」といっても、ちゃんとしたかたちで殘る場合と、部分的に本來の姿とだいぶ姿を變えたもの、それから消えてしまったものもあるかと思います。東野治之さんの『遣唐使船　東アジアのなかで』などは、非常に簡便な本として有益でしょう。私自身は『興亡の世界史』というものの月報に、圓仁について書きました（本書第Ⅳ部コラム1）が、「大師」といえば弘法大師のことだ、というふうに關西では皆思ってしまうのです。しかし、關東ではそうでもないですね。圓仁のことが「大師」。それというのも大師號を最初に朝廷からもらった

のは圓仁であり、彼が亡くなって二年後のことで、それは四十四年前に亡くなっていた最澄と同時だったのです。それから「大師」というのは、關西では弘法大師のことだと思っているのですけれども、そうではない。弘法大師が大師號をもらったのは、圓仁が亡くなってから四、五十年後になってからようやくのことだったということを書いたわけです。

一番最後に、數十年來の學友である大谷大學名譽教授の河内昭圓さんが、「圓仁「釋迦舎利藏誌」騒動の顚末」を書かれました。京都の文榮堂から出された、ご自身の喜壽を祝う論文集に収められています。『江南遊記』という題の單行本です。圓仁の石刻「釋迦舎利藏誌」。關西ではあまり關心がもたれませんでしたが、こちらの方では大いに話題にされたようですね。本書には『朝日新聞』が畫期的な發見だと報道し、『讀賣新聞』が本物ではないという意見を出し、『朝日新聞』と『讀賣新聞』との對決だとか、そのような次第が詳しく書かれてあります。論題からわかるように河内昭圓さんは本物説ではないわけで、私も河内説に左袒しています。

これで私の報告を終わります。ご清聽ありがとうございました。

参考文献資料

はじめに

樺山紘一編『世界の旅行記*101*』（新書館、一九九九年）。

Ⅳ　宗教と旅

28　佛國記（法顯傳）　法顯

29　大唐西域記　玄奘（三藏法師）

＊30　南海寄歸內法傳　義淨
＊31　入唐求法巡禮行記　圓仁
＊32　行歷抄　圓珍
33　日本巡察記（日本諸事要錄）　アレシャンドロ・ヴァリニャーノ
34　天正遣歐使節記　ドゥアルテ・デ・サンデ
35　日本史　ルイス・フロイス
36　東方傳道史　ルイス・デ・グスマン

＊は礪波執筆

一　『遊方傳叢書』第一―第四（『大日本佛敎全書』第一一三―第一一六册）
佛書刊行會編『遊方傳叢書』、一九一五年（東京で購った家藏本は、高楠順次郎・望月信亨編、有精堂出版部、一九三二年刊で、フランスの唐代史家ロベール・デ・ロトゥール舊藏書）

第一に［入唐五家傳］［入唐求法巡禮行記　圓仁撰］［行歷抄　圓珍撰］など。

第二に［入唐記　心覺撰］［優塡王所造栴檀釋迦瑞像歷記　十明撰］など。

第三に［參天台五臺山記　成尋撰］［成尋所記入宋諸師傳考　高楠順次郎編］など。

第四に［吉備大臣入唐記繪詞］［入唐五家傳考　高楠順次郎編］など。

宮崎市定「留東外史」（『日出づる國と日暮るる處』星野書店、一九四三年）。

「はるかなり比叡山」（『NHK歷史ドキュメント⑥』NHK、一九八七年）。

田島　公『日本、中國・朝鮮對外交流史年表（稿）――大寶元年～文治元年――［增補改定版］』（二〇一二年、私家版）。

二　入唐僧關連展覽會の圖錄

礪波　護「日本にとって中國とは何か」（『中國の歴史』12、講談社、二〇〇五年）。

『天台三祖入唐資料展』（滋賀縣立產業文化館、一九五七年）。

『大陸傳來佛教美術展』（奈良國立博物館、一九六六年）。圖錄は『請來美術』一九六七年。

『遣唐使が見た中國文化』（奈良縣立橿原考古學研究所附屬博物館、一九九五年）。

『波濤をこえて――古代・中世の東アジア交流――』（石川縣立歴史博物館、一九九六年）。

『遣唐使と唐の美術』（東京國立博物館・奈良國立博物館、二〇〇五年）。

『慈覺大師圓仁とその名寶』（滋賀縣立近代美術館・NHKプロモーション、二〇〇七年）。

『智證大師歸朝一一五〇年特別展　國寶三井寺展』（大阪市立美術館・毎日新聞社、二〇〇八年）。

『平城遷都一三〇〇年記念　大遣唐使展』（奈良國立博物館ほか、二〇一〇年）。

三　小野勝年と佐伯有清

小野勝年編譯『三千院本慈覺大師傳』五典叢書第一册（五典書院、一九六七年）。

小野勝年『入唐求法巡禮行記の研究』全四卷（鈴木學術財團、一九六四―六九年）。

小野勝年『入唐求法行歷の研究』上・下（法藏館、一九八二・八三年）。

白化文・李鼎霞・許德楠校註『入唐求法巡禮行記校註』（花山文藝出版社、一九九二年）。

白化文・李鼎霞校注『行歷抄校注』〈日本入華求法僧人行記校注叢刊之二〉（花山文藝出版社、二〇〇四年）。

『小野勝年博士頌壽記念　東方學論集』（龍谷大學東洋史學研究會、一九八二年）。

佐伯有清『最後の遣唐使』（講談社現代新書、一九七八年）。

佐伯有清『慈覺大師傳の研究』（吉川弘文館、一九八六年）。

佐伯有清『圓仁』（人物叢書）』（吉川弘文館、一九八九年）。

佐伯有清『智證大師傳の研究』（吉川弘文館、一九八九年）。

佐伯有清『圓珍（人物叢書）』（吉川弘文館、一九九〇年）。

佐伯有清『悲運の遣唐僧　圓載の數奇な生涯』（吉川弘文館、一九九九年）。

おわりに

東野治之『遣唐使船　東アジアのなかで』（朝日選書、一九九九年）。

礪波　護「圓仁」（『興亡の世界史』02挿入の月報07、二〇〇七年、本書第Ⅳ部コラム1）。

河内昭圓「圓仁「釋迦舍利藏誌」騒動の顚末」（『江南遊記』文榮堂、二〇一四年）。

初出一覧

第Ⅰ部　隋唐の佛教と國家

第一章　天壽國と重興佛法の菩薩天子と（『大谷學報』八三―二、二〇〇五年三月）

第二章　法琳の事蹟にみる唐初の佛教・道教と國家（吉川忠夫編『中國古道教史研究』同朋舍出版、一九九二年二月。のち『隋唐の佛教と國家』中公文庫、中央公論社、一九九九年に再錄）

第三章　嵩岳少林寺碑考（川勝義雄・礪波護編『中國貴族制社會の研究』京都大學人文科學研究所、一九八七年三月）

コラム１　嵩岳少林寺碑（「裴漼「嵩岳少林寺碑」」『人文』二七、一九八三年三月）

第四章　玄祕塔碑考（永田英正編『中國出土文字資料の基礎的研究』京都大學文學部東洋史學研究室、一九九三年三月）

第五章　文物に現れた北朝隋唐の佛教（『佛教史學研究』四八―一、二〇〇五年八月）

コラム２　塚本善隆著『大石佛』（「私の忘れ得ぬ一冊」『ミネルヴァ通信』二〇〇四年十月）

コラム３　京都大學人文科學研究所の宗教研究室（原題「京大人文研の宗教研究室」『牧田諦亮著作集』六・附錄、臨川書店、二〇一四年九月）

附　章　禮敬問題――東晉から唐代まで――（『新アジア佛教史　中國Ⅱ　隋唐　興隆・發展する佛教』佼成出版社、二〇一〇年六月）

第Ⅱ部　祀天神と釋奠

第一章　中國の天神・雷神と日本の天神信仰（『日本歷史』六五二、二〇〇二年九月）

第二章　唐代の釋奠（『平成十四年度　足利學校釋奠記念講演筆記』二〇〇三年三月）

コラム１　寒食展墓の開始（「唐中期の佛教と國家――おわりに――」福永光司編『中國中世の宗教と文化』京都大學

人文科學研究所、一九八二年三月。のち『唐代政治社會史研究』同朋舍出版、一九八六年二月に再錄）
第三章　釋迢空『死者の書』と唐代の宗教（新稿。二〇一〇年春分、高倉會館での講演）
附　章「兩晉時代から大唐世界帝國へ」補遺（『世界の歴史6　隋唐帝國と古代朝鮮』中公文庫、二〇〇八年。第一部補遺）
コラム2　E・H・シェーファー著『サマルカンドの金の桃——唐代の異國文物の研究』序言（E・H・シェーファー著・伊原弘監修・吉田眞弓譯『サマルカンドの金の桃——唐代の異國文物の研究——』アシアーナ叢書2、勉誠出版、二〇〇七年八月）

第Ⅲ部　隋唐の石刻

第一章　唐代長安の石刻——その社會的・政治的背景——（京都文化博物館編『長安——絢爛たる唐の都——』角川選書二六九、角川書店、一九九六年四月）
コラム1　決定版『雲岡石窟』——世界に誇る石窟寺院研究の金字塔——（「〈推薦者のことば〉京都大學人文科學研究所が世界に誇る石窟寺院研究の金字塔」決定版『雲岡石窟』パンフレット、國書刊行會）
第二章　京都大學所藏の唐墓誌（唐代史研究會編『東アジア古文書の史的研究』刀水書房、一九九〇年九月）
第三章　魏徵撰の李密墓誌銘——石刻と文集の間——（『東方學』一〇三、二〇〇二年一月）
コラム2　魏徵の李密墓誌銘（「魏徵撰の李密墓誌銘——石刻と文集の間」『東方學』九三、一九九七年一月。『京洛の學風』中央公論新社、二〇〇一年に再錄）

第Ⅳ部　遣隋使と遣唐使

第一章　遣隋使と遣唐使（『九州大學　東洋史論集』三三、二〇〇五年五月）
第二章　遣唐使の二つの墓誌——美努岡萬と井眞成——（專修大學・西北大學共同プロジェクト編『遣唐使の見た中國と

日本——新發見「井眞成墓誌」から何がわかるか——』朝日選書七八〇、朝日新聞社、二〇〇五年七月）

コラム１　圓仁——日本最初の大師「慈覺大師」の見聞記——（『興亡の世界史』02〈講談社〉月報07、二〇〇七年）

コラム２「漢俳」第一號に寄せて（『日中文化交流』七四六、二〇〇八年八月）

第三章　唐代の過所と公驗（礪波護編『中國中世の文物』京都大學人文科學研究所、一九九三年三月）

附　章　入唐僧と旅行記（二〇一五年度國學院大學文化講演會「國際シンポジウム　古代東アジアの佛教交流」基調講演の抄出）

後記

私が京都大學文學部史學科東洋史學專攻を卒業した翌年、卒業論文の題名と副題を入れ替えた「三司使の成立について――唐宋の變革と使職――」(『史林』四四―四、一九六一年)を發表して學界にデビューしてから四半世紀後に、卒業論文と修士論文に基づいた「中世貴族制の崩壞と辟召制――牛李の黨爭を手がかりに――」(『東洋史研究』二一―三、一九六二年)を巻頭に掲げた論文集『唐代政治社會史研究』(東洋史研究叢刊40、同朋舍出版、一九八六年)を上梓した。それから三十年が經ち、ここに第二論文集『隋唐佛敎文物史論考』と第三論文集『隋唐都城財政史論考』の兩冊を雁行して刊行することになり、まず前者の校正を終えるまでに至った。

前著『唐代政治社會史研究』は、四部構成で、各部の名稱と所收論文の初出誌の發表年次はつぎの通りである。

序　論(新稿、一九八六年)

第Ⅰ部　唐宋の變革と使職

第一章　三司使の成立について――唐宋の變革と使職――(一九六一年)

第二章　中世貴族制の崩壞と辟召制――牛李の黨爭を手がかりに――(一九六二年)

第三章　唐代使院の僚佐と辟召制(一九七三年)

附　章　唐末五代の變革と官僚制(一九六四年)

第Ⅱ部　行政機構と官僚社會
　第一章　唐代の縣尉（一九七四年）
　第二章　唐代の制誥（一九七五年）
　第三章　唐の三省六部（一九七九年）
　附　章　唐の官制と官職（一九七五年）
第Ⅲ部　隋唐の社會と財政政策
　第一章　隋の貌閲と唐初の食實封（一九六六年）
　第二章　唐の律令體制と宇文融の括戶（一九七〇年）
　第三章　兩稅法制定以前における客戶の稅負擔（一九七二年）
　附　章　唐中期の政治と社會（一九七〇年）
第Ⅳ部　佛敎と國家
　第一章　唐中期の佛敎と國家（一九八二年）
　第二章　唐代における僧尼拜君親の斷行と撤回（一九八一年）

初出誌の發表年次を揭げたのには理由がある。前著の後記で述べたごとく、私の研究論文は、わが身を置いてきた學舍の風氣から計り知れぬ感化を受けて來たからである。すなわち、［第Ⅰ部　唐宋の變革と使職］の各論文は「第三章　唐代使院の僚佐と辟召制」以外は、すべて一九六〇年代前半、京都大學大學院生時代に發表の論文であり、［第Ⅲ部　隋唐の社會と財政政策］はすべて一九六〇年代後半から七二年にかけての、京都大學人文科學研究所助手時代に執筆の著作であるのに對し、第Ⅰ部の「第三章　唐代使院の僚佐と辟召制」と［第Ⅱ部　行政機構と

官僚社會」の各論文は、一九七〇年代の中期から後期にかけて、つまり神戸大學文學部助教授から京都大學人文科學研究所助教授時代に執筆した論文である。そして［第Ⅳ部　佛教と國家］は、一九八〇年代初頭の成果で、その續きなのである。

前著は博士請求論文であるが、割に好評で、二種類の海賊版が韓國で刊行され、海外ではこの海賊版が出回ったらしい。一九九〇年代の終わりに、前著の［第Ⅱ部　行政機構と官僚社會］の各論文を、巻頭に「律令體制とその崩壞」（初出は中國中世史研究會編『中國中世史研究』東海大學出版會、一九七〇年）と「貴族の時代から士大夫の時代へ――宋代士大夫の成立――」（初出は「宋代士大夫の成立」の原題で、小倉芳彦編『中國文化叢書⑧　文化史』大修館書店、一九六八年）の二篇を冠し、中公文庫の一冊として、『唐の行政機構と官僚』（中央公論社、一九九八年）を出版し、また［第Ⅳ部　佛教と國家］所收の二論文を中核として、巻頭に「隋唐時代の中國と日本の文化」（初出は住友商事株式會社廣報室編『NEXTAGE』№50、一九九七年）を冠し、つぎに「唐初の佛教・道教と國家――法琳の事跡にみる――」（吉川忠夫編『中國古道教史研究』同朋舍出版、一九九二年）を配し、井波律子の解説を附して、同じく中公文庫に『隋唐の佛教と國家』（一九九九年）として出版した。後者の『隋唐の佛教と國家』が、のちに『松岡正剛の千夜千册』の連環篇、一四三六夜（二〇一一年十月二十七日）に取り上げられていたことを知らされ、嬉しかった。

それから一紀十二年、前著の［第Ⅰ部　唐宋の變革と使職］の四論文の前に、「安史の亂前後の唐」（週刊朝日百科『シルクロード紀行』№45、朝日新聞社、二〇〇六年）と「黄巣と馮道」（週刊朝日百科『世界の歴史』№38、朝日新聞社、一九八九年）、それに「五代・北宋の中國――國都・開封の頃――」（週刊朝日百科『日本の歴史』№66、朝日新聞社、一九八七年）の三篇を冠した『唐宋の變革と官僚制』（中公文庫、中央公論新社、二〇一一年）を刊行したが、そ

までである。

の後の出版界を取り巻く悪環境の所爲で、［第Ⅲ部　隋唐の社會と財政政策］を一書に再編する案は、難航したままである。

本書『隋唐佛教文物史論考』は、前著の［第Ⅳ部　佛教と國家］を引き繼いで發表してきた諸論文を集録した産物である。同じく四部構成とし、かつて書いたものを集めた論文集なので、全體にわたる表記統一を圖ったことを除けば、初出のままで收載したが、圖版に關しては、第Ⅰ部の第四章「玄祕塔碑考」のように、初出の折には掲載できなかった何點かは、新たに增やした。また讀者の理解に資するために、時に〈コラム〉の項を設けて、前後の脈絡を傳えようと心掛けた。なお第Ⅰ部の第三章「嵩岳少林寺碑考」は、アントニノ・フォルテ博士の配慮で、ペニー・ハーバート博士による英譯の單行本『The Shaolin Monastery Stele on Mount Song』（イタリア國立東方學研究所、一九九〇年）が出版されている。また韓昇教授の編譯になる華譯『隋唐佛教文化』（覺群佛學譯叢、上海古籍出版社、二〇〇四年）は、前掲の中公文庫『隋唐の佛教と國家』を上編「隋唐時代的佛教文化與國家政策」と改題し、下編を「佛教文物」と題して本書所收の第Ⅰ部の第三章「嵩岳少林寺碑考」と第四章「玄祕塔碑考」、それに第Ⅳ部の第三章「唐代的過所與公驗」を收めている。

第Ⅰ部の第二章「法琳の事蹟にみる唐初の佛教・道教と國家」で、主たる史料として檢討を加えた『法琳別傳』について、大槻信・小林雄一・森下眞衣「『新撰字鏡』序文と『法琳別傳』」（『國語國文』八二―一、二〇一三年一月）において、現存最古の漢和辭書として知られる『新撰字鏡』序文の冒頭部分が、禁書の『法琳別傳』の序文と酷似していることを指摘された。『法琳別傳』が、『新撰字鏡』の編纂時（九〇〇年頃）までに、日本に傳來していたことになるわけで、誠に驚きの指摘である。初出以後の學界事情を述べる餘裕がないまま、特に取り上げておきたい。

前著刊行後六年、私は研究を重點に置く人文科學研究所から、教育活動に忙殺される文學部に配置替えとなった。人文科學研究所では、個人研究のほかに、共同研究班への參加が義務づけられる。前著の第Ⅳ部の第一章「唐中期の佛教と國家」、ならびに本書所收の第Ⅰ部の第二章「法琳の事蹟にみる唐初の佛教・道教と國家」と第三章「嵩岳少林寺碑考」、そして第Ⅳ部の第三章「唐代の過所と公驗」は、倍大の論文であるが、いずれも共同研究班の正式報告書に收錄されたものである。すなわち「唐中期の佛教と國家」は福永光司編『中國中世の宗教と文化』に、「法琳の事蹟にみる唐初の佛教・道教と國家」は吉川忠夫編『中國古道教史研究』に、「嵩岳少林寺碑考」は川勝義雄・礪波護編『中國貴族制社會の研究』に、そして「唐代の過所と公驗」は礪波護編『中國中世の文物』に發表されたものである。紙數に制限がなく、思う存分に執筆できたのは僥倖の言葉につきる。

二〇〇一年春に京都大學を停年退官して、大谷大學文學部教授となり、特任教授と客員教授を含めて九年間勤めた。特に最後の五年間は博物館長として、文物に接する機會が多かった。個人研究室に收藏していた書物をひきあげて五年後の昨年の正月、大谷大學での受業生で、法藏館編集部の今西智久君から、前著につぐ學術論文集出版の提案を受けた。快諾し、當初は一册と考えたが、分量が多すぎ、二册に分けることになった。編集作業は順調に進み、隋代史を專攻する今西君の適切な配慮により、完成が近づきつつあることに滿腔の感謝を述べておく。

七十一年前の三月十三日の深夜、東大阪市の自宅で、大阪大空襲に遭い、燒夷彈により西の空が眞っ赤に燃えるのを、恐怖で遠望したことを回顧しつつ、平和に過ごして來られた有り難さを嚙み締めている。

二〇一六年三月十四日

礪波　護

や行

ら行

た行

な行

は行

ま行

人名索引

＊印を附した頁數は章・節・項を設けている項目。

あ行

か行

さ行

は行

ま行

や行

ら行

た行

な行

さ行

事項索引

＊印を附した頁數は章・節・項を設けている項目。

第Ⅲ部　隋唐的石刻

第Ⅳ部　遣隋使與遣唐使

礪波　護　著

隋唐佛教文物史論考

目　次

TONAMI Mamoru

Essays on the History of Buddhist Antiquities from the Sui and Tang Periods

CONTENTS

【著者略歴】

礪波　護（となみ　まもる）

1937年、東大阪市生まれ。八尾高校をへて、60年、京都大學文學部史學科東洋史學專攻卒業。同大學大學院博士課程を了え、京都大學人文科學研究所助手、神戸大學文學部助教授、京都大學人文科學研究所教授、同大學大學院文學研究科教授を歴任し、2001年、停年退官。京都大學名譽教授。その後、大谷大學文學部教授、同大學博物館長を勤める。文學博士。專門は中國の政治・社會・宗教史。
著書に『唐代政治社會史研究』（同朋舍出版）、『地域からの世界史②　中國　上』（朝日新聞社）、『世界の歴史6　隋唐帝國と古代朝鮮』（共著、中央公論社。のち中公文庫）、『馮道――亂世の宰相』、『唐の行政機構と官僚』、『隋唐の佛教と國家』、『唐宋の變革と官僚制』（ともに中公文庫）、『京洛の學風』（中央公論新社）、編著に『中國貴族制社會の研究』、『中國中世の文物』（ともに京都大學人文科學研究所）、『京大東洋學の百年』（京都大學學術出版會）、『中國の歴史』（全12巻、講談社）、『中國歴史研究入門』（名古屋大學出版會）。ほかに編集・監修・解說多數。

隋唐佛教文物史論考

二〇一六年　四月二五日　初版第一刷発行

著　者　礪波　護

発行者　西村明高

発行所　株式会社　法藏館
京都市下京区正面通烏丸東入
郵便番号　六〇〇―八一五三
電話　〇七五―三四三―〇〇三〇（編集）
〇七五―三四三―五六五六（営業）

印刷・製本　亜細亜印刷株式会社

ISBN 978-4-8318-7392-7　C3022

JN203211